普通高等教育经管类专业系列教材

电子商务导论

主　编　李洪心
副主编　孙　军　邵必林

机械工业出版社
CHINA MACHINE PRESS

本书从电子商务基础知识、电子商务模式和电子商务战略与规划入手，介绍与电子商务相关的基础技术，包括电子商务的网络技术、电子商务网站设计与开发技术，电子商务的安全技术；然后介绍电子货币与网上支付、网络营销和电子商务物流；最后介绍移动商务与移动支付、电子商务的新发展，并探讨电子商务涉及的法律建设问题。

本书可作为普通高等学校相关专业的授课教材，也可作为企业管理人员了解和实践电子商务的参考书。

图书在版编目（CIP）数据

电子商务导论 / 李洪心主编. —北京：机械工业出版社，2020.5（2022.1 重印）
普通高等教育经管类专业系列教材
ISBN 978-7-111-65848-1

Ⅰ.①电… Ⅱ.①李… Ⅲ.①电子商务-高等学校-教材
Ⅳ.①F713.36

中国版本图书馆 CIP 数据核字（2020）第 099428 号

机械工业出版社（北京市百万庄大街22号 邮政编码100037）
策划编辑：易 敏　　　责任编辑：易 敏 何 洋
责任校对：王 欣　　　封面设计：马精明
责任印制：李 昂
北京捷迅佳彩印刷有限公司印刷
2022年1月第1版·第2次印刷
185mm×260mm · 18 印张 · 443 千字
标准书号：ISBN 978-7-111-65848-1
定价：48.00 元

电话服务　　　　　　　　　　　　网络服务
客服电话：010-88361066　　　　　机 工 官 网：www.cmpbook.com
　　　　　010-88379833　　　　　机 工 官 博：weibo.com/cmp1952
　　　　　010-68326294　　　　　金 书 网：www.golden-book.com
封底无防伪标均为盗版　　　　　　机工教育服务网：www.cmpedu.com

前 言

修订背景

近年来,随着我国互联网基础设施的完善、互联网用户的增长、互联网应用的普及,互联网市场迅猛发展,充分显示了我国向"互联网大国"发展的态势。电子商务与实体经济深度关联,不断影响着社会经济和人们的生活,已经成为国民经济的重要组成部分。具体表现有:

(1) 据中国互联网络信息中心(CNNIC)的统计,截至 2018 年 6 月 30 日,我国网民规模达 8.02 亿人,普及率为 57.7%,网民规模稳居世界第一。手机网民规模达 7.88 亿人,网民中使用手机上网人群的占比由 2016 年的 95.1% 提升至 98.3%,移动互联网展现出巨大的发展潜力。

(2) 2018 年,网上零售保持快速增长。1~6 月,全国实物商品网上零售额同比增长 29.8%,较 2017 年同期提高 1.2 个百分点,占社会消费品零售总额比重达 17.4%,较上年同期提高 3.6 个百分点。全国农村网络零售额达到 6322.8 亿元人民币,同比增长 34.4%,增速高于全国水平 4.3 个百分点,占全国网上零售额比重为 15.5%。

(3) 随着全球网络渗透率的提高,以及跨境支付、物流等服务水平的提高,跨境电商零售作为互联网时代新的贸易形式正大放异彩。2017 年,我国货物贸易进出口总值 27.79 万亿元人民币,比 2016 年增长 14.2%;跨境电商交易规模达 8.06 万亿元人民币,占我国进出口总额的 29%。

(4) 我国手机网上支付用户规模增长迅速,截至 2018 年 6 月,达到 5.66 亿人,网民手机网上支付的使用比例从 2016 年的 67.5% 提升至 71.9%,手机支付向线下支付领域快速渗透,移动支付的习惯已经形成。

(5) 从 2018 年中国网络应用使用率的调查结果可以看出,各类应用用户规模均呈上升趋势,其中互联网理财、网约专车或快车用户规模增长最快,半年增长率分别达到 30.9% 和 26.5%。截至 2018 年 6 月,我国网络购物用户和使用网上支付的用户占总体网民的比例均超过 71%,网络购物与互联网支付已成为网民使用比例较高的应用。广大互联网用户上网开展商务活动的比重持续增长。

修订内容

我国电子商务的发展及其环境的变化均对电子商务的高等教育提出了新的要求,促使我们要尽快在原有教材的基础上推出新的内容。

参考教育部高等学校电子商务专业教学指导委员会制定的电子商务专业知识体系框架，以及电子商务类专业教学质量国家标准，重点在以下方面对第 2 版教材进行了修订：

（1）对多章内容进行了重新组织和更新，对第一章和第二章进行了结构调整，并糅合了近年来国内外电子商务发展相关各方面的新资料，更换了章后案例；第三章更新了案例；第四章新增了第五节"电子商务中的新兴网络技术"，介绍了 ZigBee 技术、近场通信（NFC）技术、60GHz 毫米波无线通信技术和无线自组网（Ad hoc）技术；第五章根据 Web 标准图标样式对插图进行了更新，在网站设计与开放技术方面，删除了许多过时的技术和概念，新增了第五节"移动电子商务技术"；第六章对一些陈旧表述进行了修改，使其更符合行业现状，增加了口令攻击、近年来比较流行的中间人攻击等内容，并按照新的版式更新了本章图片；第七章删除了第 2 版第一节"电子银行及构成"，新增了第四节"互联网金融"；第八章删除了第 2 版的第二节"电子商务网站建设"和第四节"网络广告"，删除了过时的营销方法相关内容，增加了微商营销、手机网络营销的内容，新增了第三节"网络营销策略"和章后案例；第九章更新了数据和章后案例；第十二章对电子商务法律建设内容进行了修改、完善和补充，加入了新资料，对电子货币、第三方支付监管主体相关内容进行了更新，并更换了案例。

（2）根据电子商务近几年的新发展，本次修订将第 2 版第十一章"电子商务与现代服务业"删除，新增了"电子商务的新发展"一章，重点介绍目前发展迅速的"跨境电子商务"和"农村电子商务"，并进行了案例分析。本次修订还删除了第 2 版第十章"电子商务的供应链管理"，新增"移动商务与移动支付"一章，以适应电子商务新模式的发展。

相关信息

李洪心统筹全书的修订工作，孙军完成了第二章的修改任务，第四章的修改由邵必林执笔，李洪心承担其余各章内容的修订工作，并完成最后统稿。

在本书的编写过程中，东北财经大学的研究生巩文玲、夏天娇、赵晟莹和乌兰其其格参与了部分书稿的编写，向他们表示特别的谢意。另外，我们在修订过程中还参阅了大量国内外资料，包括书籍和网上资料，在此谨向资料的作者和提供者表示由衷的感谢。书中的不当之处，也恳请专家与读者指正。

李洪心

目 录

前言

第一章 电子商务基础知识 ······ 001

内容提要 ······ 001
第一节 电子商务的基本概念 ······ 001
第二节 电子商务的起源与发展 ······ 007
第三节 电子商务的特点 ······ 017
复习思考题 ······ 021
案例分析 ······ 022

第二章 电子商务模式 ······ 025

内容提要 ······ 025
第一节 电子商务的类型 ······ 025
第二节 基于 EDI 的国际电子商务 ······ 029
第三节 企业间电子商务 ······ 031
复习思考题 ······ 033
案例分析 ······ 033

第三章 电子商务战略与规划 ······ 037

内容提要 ······ 037
第一节 电子商务战略 ······ 037
第二节 电子商务战略实施 ······ 042
第三节 电子商务系统规划 ······ 049
复习思考题 ······ 056
案例分析 ······ 057

第四章 电子商务的网络技术 ······ 059

内容提要 ······ 059
第一节 电子商务的网络技术基础 ······ 059
第二节 电子商务的网络环境 ······ 068

第三节　计算机网络系统 …………………………………………………… 073
　　第四节　网络接入与应用 …………………………………………………… 078
　　第五节　电子商务中的新兴网络技术 ……………………………………… 082
　　复习思考题 …………………………………………………………………… 092

第五章　电子商务网站设计与开发技术 ………………………………………… 093

　　内容提要 ……………………………………………………………………… 093
　　第一节　电子商务网站规划 ………………………………………………… 093
　　第二节　网站开发技术综述 ………………………………………………… 096
　　第三节　服务器的概念与应用 ……………………………………………… 100
　　第四节　Web 数据库设计 …………………………………………………… 109
　　第五节　移动电子商务技术 ………………………………………………… 116
　　第六节　电子商务网站评价与维护 ………………………………………… 117
　　复习思考题 …………………………………………………………………… 119

第六章　电子商务的安全技术 …………………………………………………… 120

　　内容提要 ……………………………………………………………………… 120
　　第一节　电子商务的安全性要求 …………………………………………… 120
　　第二节　防火墙技术 ………………………………………………………… 125
　　第三节　数据加密技术 ……………………………………………………… 129
　　第四节　电子商务的认证技术 ……………………………………………… 133
　　第五节　安全技术协议 ……………………………………………………… 138
　　复习思考题 …………………………………………………………………… 143

第七章　电子货币与网上支付 …………………………………………………… 144

　　内容提要 ……………………………………………………………………… 144
　　第一节　电子货币及其类型 ………………………………………………… 144
　　第二节　电子支付与清算体系 ……………………………………………… 153
　　第三节　第三方支付 ………………………………………………………… 158
　　第四节　互联网金融 ………………………………………………………… 165
　　复习思考题 …………………………………………………………………… 168
　　案例分析 ……………………………………………………………………… 168

第八章　网络营销 ………………………………………………………………… 171

　　内容提要 ……………………………………………………………………… 171
　　第一节　网络营销概述 ……………………………………………………… 171
　　第二节　网络营销方法 ……………………………………………………… 174
　　第三节　网络营销策略 ……………………………………………………… 181

第四节　网络营销技术 ……………………………………………………… 185
　　复习思考题 …………………………………………………………………… 189
　　实验题 ………………………………………………………………………… 189
　　案例分析 ……………………………………………………………………… 189

第九章　电子商务物流 …………………………………………………………… 191

　　内容提要 ……………………………………………………………………… 191
　　第一节　电子商务物流概述 ………………………………………………… 191
　　第二节　电子商务下的物流管理 …………………………………………… 196
　　第三节　电子商务环境下的现代物流信息技术 …………………………… 198
　　第四节　电子商务下的物流外包方式 ……………………………………… 204
　　复习思考题 …………………………………………………………………… 210
　　案例分析 ……………………………………………………………………… 210

第十章　移动商务与移动支付 …………………………………………………… 213

　　内容提要 ……………………………………………………………………… 213
　　第一节　移动商务 …………………………………………………………… 213
　　第二节　移动支付 …………………………………………………………… 219
　　复习思考题 …………………………………………………………………… 224
　　案例分析 ……………………………………………………………………… 224

第十一章　电子商务的新发展 …………………………………………………… 228

　　内容提要 ……………………………………………………………………… 228
　　第一节　跨境电子商务 ……………………………………………………… 228
　　第二节　农村电子商务 ……………………………………………………… 239
　　复习思考题 …………………………………………………………………… 249
　　案例分析 ……………………………………………………………………… 250

第十二章　电子商务法律建设 …………………………………………………… 257

　　内容提要 ……………………………………………………………………… 257
　　第一节　国内外电子商务法律综述 ………………………………………… 257
　　第二节　电子商务交易的法律规范 ………………………………………… 262
　　第三节　我国电子支付相关法律 …………………………………………… 267
　　第四节　电子商务中的知识产权法律问题 ………………………………… 272
　　复习思考题 …………………………………………………………………… 275
　　案例分析 ……………………………………………………………………… 275

参考文献 ……………………………………………………………………………… 277

第一章

电子商务基础知识

> ❖ 内容提要 ❖
>
> ❶ 电子商务的定义及其内涵。
> ❷ E-Commerce 和 E-Business 的区别。
> ❸ 电子商务发展的重要里程。
> ❹ 电子商务发展的关键技术。
> ❺ 电子商务与传统商务的竞争。

第一节 电子商务的基本概念

电子商务是网络技术、通信技术、数据处理技术在商贸领域中应用的产物,是当代高新技术手段与商贸实务、营销策略相结合的结果。电子化和网络化环境彻底改变了传统商业实务操作的基础,形成了对传统营销策略和市场理念的巨大冲击和挑战。互联网技术加速了社会信息化的进程,互联网将会是今后若干年内人们传递信息和从事商务活动的主要载体。本节在介绍电子商务定义的同时,分别从狭义和广义的角度介绍了电子商务的基本组成与全貌,并简要地介绍了电子商务赖以生存和发展的基本环境和基础设施。

一、电子商务的定义

如今所说的电子商务是指在互联网上进行商务活动。"电子"解决怎么做的问题,而"商务"则解决做什么的问题。电子商务的主要业务包括网上的广告、订货、付款、客户服务和货物递交等销售、售前和售后服务,以及市场调查分析、财务核算及生产安排等多项利用互联网开展的经营活动。

电子商务一直缺乏比较权威的定义,许多提法只是在实践应用的基础上加以总结形成的。例如:

(1)国际经和组织(OECD)是较早对电子商务进行系统研究的机构,它将电子商务定义为:电子商务是关于利用电子化手段从事的商业活动,它基于电子处理和信息技术,如文本、声音和图像等数据传输,主要遵循 TCP/IP 协议和通信传输标准,遵循 Web 信息交换标准、提供安全保密技术。

(2) 美国政府在其《全球电子商务纲要》中比较笼统地指出:"电子商务是指通过互联网进行的各项商务活动,包括广告、交易、支付、服务等活动,全球电子商务将涉及全球各国。"

(3) 加拿大电子商务协会给出了电子商务的较为严格的定义:电子商务是通过数字通信进行商品和服务的买卖及资金的转账,还包括公司间和公司内利用电子邮件(E-mail)、电子数据交换(EDI)、文件传输、传真、电视会议、远程计算机联网所能实现的全部功能(如市场营销、金融结算、销售及商务谈判)。

(4) IBM 公司提出了一个电子商务的公式,即电子商务 = Web + IT。它强调的是在网络计算环境下的商业化应用,是把买方、卖方、厂商及其合作伙伴在互联网(Internet)、企业内部网(Intranet)和企业外部网(Extranet)上结合起来的应用。

(5) 惠普(HP)公司提出,电子商务以现代扩展企业为信息技术基础结构,是跨时域、跨地域的电子化世界(E-World, EW),EW = EC(Electronic Commerce)+ EB(Electronic Business)+ EC(Electronic Consumer);电子商务的范畴包括所有贸易伙伴,即用户、商品和服务的供应商、承运商、金融机构及所有其他外部信息源的受益人。

(6)《中国电子商务蓝皮书》中提到,电子商务是指通过互联网完成的商务交易。交易的内容可分为商品交易和服务交易,交易是指货币和商品的易位,交易要有信息流、资金流和物流的支持。

以上定义分别出自专业组织、政府、电子商务协会、著名公司等,只是人们从不同角度各抒己见而已。从宏观上讲,电子商务是计算机网络的第二次革命,是在通过电子手段建立一个新的经济秩序。它不仅涉及电子技术和商业交易本身,还涉及金融、税务、教育等社会其他层面。从微观角度上讲,电子商务是指各种具有商业活动能力的实体(如生产企业、商贸企业、金融机构、政府机构、个人消费者等)利用网络和先进的数字化传媒技术进行的各项商业贸易活动。

1997 年 10 月,欧洲经济委员会在比利时首都布鲁塞尔举办了全球信息社会标准大会。大会主题为"面向 21 世纪构筑全球信息社会,创造新的应用和商务机会,发展有序的标准和法规"。这次大会明确提出了一个关于电子商务的比较严密的定义:"电子商务是各参与方之间以电子方式而不是以物理交换或直接物理接触方式完成任何形式的业务交易。"这里的电子方式包括电子数据交换(EDI)、电子支付手段、电子订货系统、电子邮件、传真、网络、电子公告系统、条码、图像处理、智能卡等。一次完整的商业贸易过程是复杂的,包括交易前的了解商情、询价、报价、发送订单、应答订单、发送接收送货通知、取货凭证、支付汇兑过程等,此外还有行政认证等行为,过程涉及资金流、物流、信息流。严格地说,只有上述所有贸易过程都实现了无纸化,即全部使用各种电子工具完成,才能称之为一次完整的电子商务过程。

对电子商务概念的理解应该从"现代信息技术"和"商务"两个方面考虑。一方面,电子商务概念所包括的"现代信息技术"应涵盖各种以电子技术为基础的通信方式;另一方面,对"商务"一词应做广义解释,使其包括不论是契约性还是非契约性的一切商务性质的关系所引起的种种事项。将"现代信息技术"看作一个子集、"商务"看作另一个子集,电子商务所覆盖的范围应当是这两个子集所形成的交集,如图 1-1 所示。

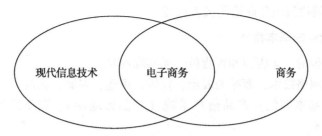

图1-1 电子商务是"现代信息技术"和"商务"的交集

二、狭义的电子商务

狭义的电子商务（E-Commerce）也称作电子交易，主要是指利用 Web 提供的通信手段在网上进行的交易活动，包括通过互联网买卖产品和提供服务。产品可以是实体化的，如汽车、电视，也可以是数字化的，如新闻、录像、软件等数字产品，此外，它还可以提供各类服务，如安排旅游、远程教育等。总之，电子商务并不仅仅局限于在线买卖，从生产到消费，它将在各个方面影响商务活动的开展方式。除了网上购物，电子商务还极大改变了产品的定制、分配和交换的手段。而对于顾客，查找和购买产品乃至享受服务的方式也大为改进。

图1-2 展示了 E-Commerce 的基本框架结构。

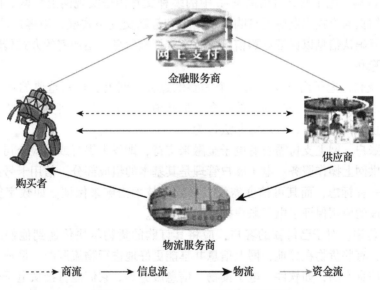

图1-2 E-Commerce 的基本框架结构

1. E-Commerce 的基本业务流程

（1）供应商将商品照片、价格、介绍、送货条件等资料传送到商城主页上，进行展示、宣传。

（2）购买者在线选购商品，发出订单，并在线支付货款。

（3）金融服务商确认消费者付款后，通知供应商。

(4）供应商协调物流服务商给购买者送货。

2. E-Commerce 的基本特征

（1）商城是虚拟的，无店面和售货员、无实际商品。

（2）充分利用网络技术，商品的展示、宣传、挑选、咨询、谈判、结算均在网上进行。

（3）包含三个基本系统：商品信息系统（产品数据库）、资金结算系统和商品配送系统。

3. E-Commerce 的功能

从上面对电子商务的描述可以看出，电子商务可提供网上交易和管理等全过程的服务，因此，它具有广告宣传、咨询洽谈、网上订购、网上支付、电子账户、服务传递、意见征询、交易管理等功能。

（1）广告宣传。电子商务可凭借企业的 Web 服务器和客户的浏览，在互联网上播发各类商业信息。客户可借助网上的检索工具迅速找到所需商品的信息，而商家可利用网上主页（Home Page）和电子邮件（E-mail）在全球范围内做广告宣传。与以往的各类广告相比，网上广告成本十分低廉，而带给客户的信息量却非常丰富。

（2）咨询洽谈。电子商务可借助非实时的电子邮件（E-mail）和即时通信工具来洽谈交易事务。网上咨询和洽谈突破了人们面对面洽谈的限制，提供了多种方便的异地交谈形式。

（3）网上订购。电子商务可借助 Web 中的多种交互传送实现网上订购。网上订购通常都是在产品介绍页面上提供友好的订购提示信息和订购交互格式框。当客户填完订购单后，通常系统会回复确认信息以保证订购信息的收悉。订购信息采用加密的方式传输，不会泄露客户和商家的隐私。

（4）网上支付。电子商务要成为一个完整的过程，网上支付是重要的环节。在网上直接采用电子手段支付可以省去交易中的很多人员开销。网上支付需要更为可靠的信息传输安全性控制以防止欺骗、窃听、冒用等非法行为。

（5）电子账户。网上支付需要有电子金融来支持，即发卡银行或保险公司等金融单位要为金融业务提供网上操作服务。电子账户管理是其基本的组成部分。信用卡号或银行账号都是电子账户的一种标志，而其可信度需配以必要的技术措施来保证。如数字凭证、数字签名、加密等手段的应用保证了电子账户操作的安全性。

（6）服务传递。对于已付款的客户，应将其订购的货物尽快传递到他们的手中。而有些货物在本地，有些货物在异地，网上信息共享能更好地进行物流调配。最适合在网上直接传递的货物是信息产品，如软件、电子读物、信息服务等。它们能直接从电子仓库中发送到用户端。

（7）意见征询。电子商务能十分方便地采用网页上的"选择""填空"等格式的文件来收集客户对销售服务的反馈意见。除此之外，还能通过客户评价等多种渠道广泛收集意见。这样能使企业的市场运营形成一个封闭的回路。客户的反馈意见不仅能提高售后服务的水平，还能使企业获得改进产品、发现市场的商业机会。

（8）交易管理。整个交易的管理涉及人、财、物多个方面，包括企业和企业、企业和客户及企业内部等各方面的协调和管理。因此，交易管理是涉及商务活动全过程的管理。

电子商务的发展将提供一个更加良好的交易管理网络环境及多种多样的应用服务系统,这样的系统反过来又能保障电子商务获得更广泛的应用。

三、广义的电子商务

广义的电子商务(E-Business)是包括电子交易在内的利用 Web 进行的全部商业活动,如市场分析、客户联系、物资调配等,这些商务活动包括企业内部的商务活动,如生产、管理、财务等,以及企业间的商务活动。它不仅是硬件和软件的结合,还是把买家、卖家、厂家和合作伙伴在 Internet、Intranet 和 Extranet 上利用互联网技术与现有的系统结合起来开展商贸业务的综合系统。

也有人把广义的电子商务系统称为企业电子商务系统。这个电子商务系统是以实体企业的基本职能和业务模块为背景构造和运行的。

企业的基本职能和业务模块的组成大同小异,都是以某种形式组织生产制造或提供增值服务,向供应商采购生产原料或获得其他企业的服务项目,与客户保持联系,进行商品交易和财务管理,对内部的资源进行统筹和调配,收集经营实践经验,制定企业发展战略。图1-3所提出的企业电子商务系统结构,可以把各类企业的共性和个性及企业赖以生存的生态环境有机地融为一体。

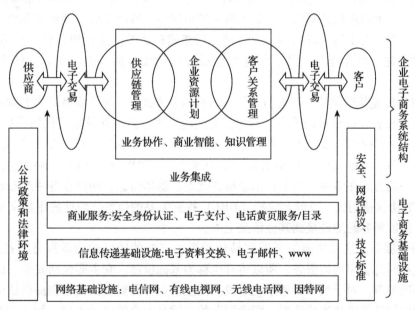

图 1-3 企业电子商务系统结构与基础环境

图 1-3 可以分为两部分:一部分是广义的电子商务系统;另一部分是企业电子商务系统的生态环境,即电子商务系统的基础设施。下面先介绍前者。

企业电子商务系统是指企业商务活动的各方面,包括供应商、客户、银行或金融机构、信息公司或证券公司以及政府等,利用计算机网络技术全面实现在线交易电子化的全部过程。该系统由多个子系统组成,包括企业前端客户关系管理(CRM)系统、企业交易流程中的供应链管理(SCM)系统、企业后台的资源计划(ERP)系统、企业的门户电子商务交易（EC）等子系统。企业的电子商务系统以客户为中心，基于供应链管理，将链上节点组成虚拟企业。所有操作均可以网络为平台进行，实现企业电子商务系统和企业电子商务市场及外部电子商务市场的自动化数据连接。企业资源计划（ERP）系统是整个系统的基础，通过企业资源计划系统的建立和完善，解决好内部管理和信息畅通的问题。在此基础上才能顺利扩展到供应链管理（SCM）系统和客户关系管理（CRM）系统，直到扩展为真正意义上的企业电子商务。这样的电子商务系统使供应商、生产商、分销商、客户通过供需链紧密集成，实现物料的不间断流动，使实现零库存成为可能，可以极大限度地提高企业的效率。

四、电子商务系统的基础设施

无论是狭义的电子商务系统还是广义的电子商务系统，所需要的基础设施都是一样的，即图1-3的下半部分。

1. 电子商务系统的基础设施

电子商务系统的基础设施包括网络基础设施、信息传递基础设施和商业服务三个重要部分。

（1）网络基础设施。信息高速公路实际上是网络基础设施的一个较为形象的说法，它是实现电子商务的最底层的基础。正如公路系统由国道、城市干道、辅道共同组成一样，信息高速公路也是由骨干网、城域网、局域网层层搭建构成的。这使得任何一台联网的计算机能够随时同这个世界连为一体。信息可能通过电话线传播，也可能以无线电波的方式传递。

（2）信息传递基础设施。网上信息的分送有两种方式：一种是非格式化的数据交流，比如人们用传真和E-mail传递的消息，它主要是面向人的；另一种是格式化的数据交流，EDI就是典型代表，它的传递和处理过程可以是自动化的，无须人的干涉，也就是面向机器的。订单、发票、装运单都比较适合格式化的数据交流。HTTP是互联网上通用的信息传输协议，它以统一的方式在多种环境下显示非格式化的多媒体信息。用户在各种终端和操作系统下通过HTTP协议使用统一资源定位器（URL）找到需要的信息，而这些用超文本标记语言展示的信息还能够容易地链接到其他信息上去。

（3）商业服务。这是指能为开展贸易活动提供支持的通用的商业服务，是所有企业、个人进行贸易时都会用到的服务，所以将其也称为基础设施。它主要包括安全、认证、电子支付和目录服务等。对于电子商务系统来说，网上的业务需要确保安全和提供认证，以便在有争议的时候能够提供适当的证据。商业服务的关键是安全的电子支付。网上交易中，购买者利用网上支付工具发起一笔电子付款，并随之发出一个付款通知给卖方，当卖方通过中介机构对这笔付款进行认证并最终接收，同时发出货物时，这笔交易才算完成。为了保证网上支付是安全的，就必须保证交易是保密的、真实的、完整的和不可抵赖的。目前的做法是用交易各方的电子证书（即电子身份证明）来提供交易的安全保障。

2. 电子商务系统的基础环境

为了保证企业电子商务系统的正常运行，还需要有两个支柱：一个是公共政策法规和法律环境；另一个是安全、网络协议和技术标准。

(1) 公共政策法规和法律环境。国际上，人们对信息领域的立法工作十分重视。美国政府在"全球电子商务的政策框架"中，对法律问题做了专门的论述，俄罗斯、德国、英国等国家也先后颁布了多项有关法规。1996 年，联合国贸易组织通过了《电子商务示范法》。目前在我国，政府在信息化方面的注意力还主要集中在信息化基础建设方面，针对电子商务的法律法规还有待健全，电子商务行为主要依靠通用法律来规范，如个人隐私权、信息定价等问题需要进一步界定。比如，是否允许商家跟踪用户信息、对儿童能够发布哪些信息，这些问题随着越来越多的人介入电子商务，必将变得更加重要和迫切。另外，提到政策法规，就要考虑各国不同的政策和国情，而这同互联网和电子商务的跨国界性是有一定冲突的，这就要求加强国际合作研究。此外，由于各国的道德规范不同，也必然存在需要协调的方面。在通常情况下，由于过去很少接触跨国贸易，人们不易感觉到这种冲突，而在电子商务要求全球贸易一体化的号召下，用户能很容易地通过网络购买外国产品，这时就会出现矛盾。

(2) 安全、网络协议和技术标准。技术标准定义了用户接口、传输协议、信息发布标准、安全协议等技术细节。就整个网络环境来说，标准对于保证兼容性和通用性是十分重要的。如在交通方面，有的国家是左行制，有的国家是右行制，会给交通运输带来一些不便，不同国家 110V 和 220V 的电器标准会给电器使用带来麻烦，今天在电子商务领域也遇到了类似的问题。目前许多厂商、机构都已意识到标准的重要性，正致力于联合起来开发统一标准，一些像 VISA 这样的国际组织已经同商业界合作制定出用于电子商务安全支付的协议。

现在，电子商务发展迅速，人们对通过互联网进行交易已经习以为常。基于电子商务推出的金融电子化方案、信息安全方案、互联网接入方案，形成一个又一个新兴产业，给信息技术带来许多新的机会，把握和抓住这些机会，正成为国际信息技术市场竞争的主流。

第二节 电子商务的起源与发展

电子商务并非一种刚刚出现的事物，早在 20 世纪 70 年代末，企业间的电子数据交换和电子资金传送作为电子商务应用的雏形已经出现。当使用自动付款机或信用卡时，就是在以电子形式进行交易。其后，许多金融、制造、航空等领域的公司建立了与客户之间的电子通信，这种方式加快了供方的信息处理速度，有助于实现最优化管理，并且能提高服务质量。

然而，电子数据交换和自动付款机是工作于封闭系统中的，它们使用传统的通信媒介，并严格限制使用方。早期的解决方案都是建立在大量功能单一的专用软硬件设施的基础之上，因此价格十分昂贵，只有大型企业才能负担得起。此外，早期网络技术的局限性也限制了应用范围的扩大和应用水平的提高。

20 世纪 90 年代后期，互联网的出现把信息技术和网络技术的应用推向了一个新的高潮，网络化已经由一个高新技术的产物演变成为一个社会化进程。社会的网络化导致当代经济发生很多变化,其中最引人注目的变化之一就是经济的全球化。因为有了网络之后,人们获取信息的能力大大增强,而且经营范围不再受地域的约束和局限,于是企业就有可能把经济和经营的触角深入世界的各个角落。全球化的经济必然要求物资能够在世界各地自由流动,所以说经济的全球化在客观上会要求贸易的自由化,即物资可以在各个国家之间自由流动。正是社会的网络化、经济的全球化和贸易的自由化这三大进程的合一,促成了电子商务的诞生。此外,现代电子商务还起源于信息系统的形成及互联网技术的飞速发展。

一、信息系统的形成和发展

信息系统是由于计算机的产生而逐步形成和发展起来的。1946 年,人类发明了第一台电子计算机,当时由于技术条件所限,计算机只能做数值处理,它的应用也局限在军事上和科学运算上,这种情况一直持续到 20 世纪 50 年代末。从 20 世纪 60 年代开始,由于信息处理技术的进步,计算机开始大举进入管理领域。从那时起直到现在,计算机大量被用于处理管理领域中的各种问题。

1. 管理信息系统(MIS)

管理领域是一个涉及范围很广的领域。随着信息技术在管理领域应用的发展,面对各种各样问题的管理信息系统,在形成和长期的发展过程中演变出以下多种分支:

(1) 生产加工型企业中的管理信息系统,通常称为计算机辅助生产系统,或者称为计算机辅助管理系统。

(2) 生产计划和制造活动中的管理信息系统,包括 MRP、MRPⅡ和 ERP。20 世纪 70 年代中后期,当时的生产企业大量采用物料需求系统(MRP);在 20 世纪 80 年代中期,物料需求系统渐渐不能满足于生产计划和制造活动的需求,人们又提出 MRPⅡ,也就是通常所说的生产资源规划系统;20 世纪 90 年代中后期,人们又提出企业资源规划系统(ERP),等等。这几种系统都是管理信息系统在企业(尤其是生产制造企业)的计划和管理过程中应用的一些分支。

(3) 财务领域中的 MIS,称为财务信息系统,也就是通常所说的会计电算化系统。

(4) 在商务领域、商业零售业中,人们大量使用 POS 系统,这个系统就相当于条码装置、银行卡的刷卡机、商业网点的前后台。

(5) 在金融领域,从 20 世纪 70 年代开始,银行中有代表性的管理信息系统技术应用例子有 ATM 系统,也就是自动柜员机系统,以及信用卡系统等。

把以上这些系统归纳为信息系统在管理领域中的应用分支。从 20 世纪 60 年代开始,这些管理信息系统已经发展成一个庞大的家族。与此同时,计算机在生产加工过程控制中也开始大量应用。

2. 计算机集成制造系统(CIMS)

20 世纪 60 年代,人们开始研究用电子技术控制一个车床或者设备,并把这种技术称为数控机床技术。早期是控制单台车床,后来是流水线,到 70 年代中期,随着柔性加工系统(Flexible Manufacturing System,FMS)设想的提出,这项技术取得了突破性的进展。这种技术实际上就是把原来的数控机床技术和生产指挥技术结合起来,通过只改变数字指令而不改变传统工业布局和工业设计的方式来改变整个生产过程，用老的生产设备、生产流水线，生产出完全不同的产品。柔性加工系统的提出极大地促进了信息技术在生产制造领域中的应用。20世纪80年代，计算机开始应用于机械绘图和设计，计算机辅助设计（CAD）系统问世。紧接着出现的计算机辅助制造（CAM）系统，使人们可以直接利用计算机把图样设计出来，然后由计算机辅助把这个设计结果再制造出来。20世纪80年代末期，人们将计算机在工程领域中的加工处理技术与管理领域中管理信息系统的生产指挥技术结合起来，形成计算机集成制造系统（CIMS）。这个系统把这两大领域的技术集成起来，形成了一整套利用信息技术来组织生产的方法。

3. 商业智能（BI）系统

20世纪80年代初，微处理器出现，个人计算机（PC）问世。PC和以PC为基础的局域网络的出现，以及计算机价格的大幅度下跌，使得计算机、局域网、信息处理技术开始大举进入企业的办公领域，用于提高企业的办公效率，办公自动化（OA）系统迅速普及。

同时，信息处理技术在知识处理和商业智能领域又有了新的突破。知识处理和商业智能的出现，使得计算机不仅可以处理定量的问题，而且能够处理定性的问题，信息系统和信息技术由此开始进入管理领域的更高层次，这就是从20世纪80年代开始发展的决策支持系统（DSS）。目前计算机已经广泛应用在各种层次的企业决策支持系统和政府辅助决策支持系统中，并且基于数据仓库、数据挖掘和在线分析处理技术的商务智能（BI）系统也开始在企业电子商务的进程中发挥着越来越重要的作用。

4. 电子商务系统

信息系统的另外一个应用就是电子数据交换（EDI）。早在20世纪60年代，美国的军方和运输部门就开始用电报来传递各种各样的商务单证。但后来人们发现，自然语言在书写中的随意性经常导致出现贸易纠纷。为了改善这种手段，20世纪70年代末，北美和欧洲先后开始研究并且推出了各自的EDI标准。EDI标准的推出极大地促进了贸易单证和贸易手续的信息化。

20世纪90年代，互联网技术的应用和发展对企业信息系统的建设和应用产生了很大的促进作用，其中最有代表性的发展分支就是电子商务系统的出现。电子商务系统极大地扩展了传统信息技术和信息系统应用的范围，把信息系统的应用范围从传统的只能处理管理问题扩展到能够处理经营问题。这是电子商务系统形成和发展的关键。

二、互联网的形成及商业化应用

电子商务系统的形成和发展，很大程度上依赖于互联网技术的发展。

1. 互联网的形成

互联网（Internet）的前身是1969年美国国防部所属的一个发展研究机构为了应付冷战而建立的一套网络和信息系统，目的是战时在军事上抗打击，以及在现有资源被破坏时能提供必要的信息资料以便迅速地组织和恢复美国的经济和生产。这便是著名的ARPANET。它是计算机技术与通信技术深度结合的产物，也是计算机网络发展史上的里程碑。

ARPANET 在 1969 年 11 月试验性开通时，仅有 4 个节点，1975 年发展为 100 多个节点。由于 ARPANET 在网络的定义、分组交换技术与分散控制技术、层次化的网络体系结构以及协议模型等诸方面均实现了历史性突破，并率先转向 TCP/IP 协议的研究，因此其发展十分迅速。在 1986 年，在预计冷战即将结束的形势下，美国国家自然科学基金委员会把美国军方和各大学的代表和机构代表召集到一起，提议以 ARPANET 为基础，利用 TCP/IP 协议，把美国的所有计算机网络连成一片，并将其命名为 NSFNET。经过各方的努力，在 1987 年，这个系统被正式定名为 Internet。互联网投入商业化使用后，刚开始只是应用于美国的各大学、研究机构、政府机关和一些大型公司，自 20 世纪 90 年代以后，互联网在全球开始迅速普及和发展。到目前为止可以认为，全球的任何一个办公室，或者说任何一个房间，几乎都已经与互联网紧密地连在一起。

2. 互联网的用户及用途

（1）网络大众化。互联网从形成到发展到目前的状况，其用户构成经历了较大的转变。IDC 集团对 1993 年 12 月 31 日以前的互联网用户做了一个调查，调查的结果是，90% 以上的用户是大学生、教授、大公司的高级雇员等。这部分人都有比较深厚的技术背景，所以可以说 1994 年以前的互联网仅是一个学术网络。在三年以后的 1996 年 12 月 31 日，这个公司又做了一次调查，发现用户的成分发生了巨大的变化。原来有比较深厚的技术背景的用户群现在已经迅速地下降到只占总数的 12%。而且在它的报告中还特地指出，其实有比较深厚的技术背景的用户群人数一直在增加，只是相对人数减少得比较快。普通公民上网人数的剧增让互联网由一个学术网络发展成一个大众网络。

图 1-4 是中国互联网络信息中心（CNNIC）统计的 2016—2017 年中国网民学历结构对比。可以看出，网民中中等受教育水平的群体规模最大。其中，初中、小学及以下网民群体增长速度超过整体网民增速，高中、大学本科及以上学历网民占比继续降低，中国网民群体继续向低学历人群渗透。

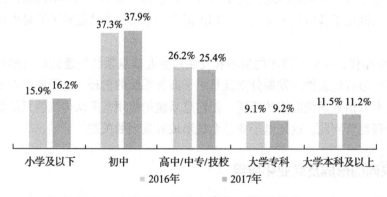

图 1-4 2016—2017 年中国网民学历结构对比

（2）应用发展预期。未来的互联网主要有两大发展方向：一大方向是信息娱乐业，包括新闻、报纸、电影、电视等；另一大方向就是电子商务，即企业利用这种大众媒体来开展各种各样的商业活动。

（3）中国互联网用户基础。2012 年后，全球互联网已进入中速增长期。据世界互联网统计网站 Internet World Stats 统计，2017 年全球互联网网民总规模已达 37 亿人，网络渗透率达 49.7%。从图 1-5 可以看出，CNNIC 的调查表明，中国网民规模经历近 10 年的快速增长后，网民达 8.02 亿人左右，互联网普及率为 57.7%，网民增长率趋于稳定。

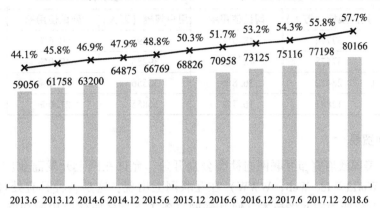

图 1-5　中国网民规模与互联网普及率

（资料来源：CNNIC 中国互联网络发展状况统计调查，2018）

如今，中国移动网民在网民中的占比已经达到 98.3%，移动互联网的发展成为带动网民增长的首要因素。受人群上网技能和文化水平等多方面因素的限制，经历过多年快速增长后，网络普及过程中的人口红利已殆尽，网民和移动网民数量趋于稳定。受全面放开"二孩"政策的影响，伴随着新一代的成长，未来网民及移动网民数量还将出现新波峰。

（4）中国互联网应用现状。表 1-1 列出了近年来中国互联网应用的调查结果。可以看出，使用率排名前三的分别是即时通信（94.3%）、网络新闻（82.7%）和搜索引擎（81.9%）。作为基础的互联网应用，即时通信、搜索引擎、网络新闻虽然使用率最高，但从发展速度上看，商务交易类应用遥遥领先于这三者。特别是互联网理财，半年增长率达到了 30.9%。

表 1-1　各类网络应用使用状况及用户增长

应用	2017.12		2018.06		半年增长率
	用户规模（万人）	网民使用率	用户规模（万人）	网民使用率	
即时通信	72023	93.3%	75583	94.3%	4.9%
网络新闻	64689	83.8%	66285	82.7%	2.5%
搜索引擎	63956	82.8%	65688	81.9%	2.7%
网络视频	57892	75.0%	60906	76.0%	5.2%
网络音乐	54809	71.0%	55482	69.2%	1.2%
网上支付	53110	68.8%	56893	71.0%	7.1%
网络购物	53332	69.1%	56892	71.0%	6.7%
网络游戏	44161	57.2%	48552	60.6%	9.9%
网上银行	39911	51.7%	41715	52.0%	4.5%

(续)

应用	2017.12		2018.06		半年增长率
	用户规模（万人）	网民使用率	用户规模（万人）	网民使用率	
网络文学	37774	48.9%	40595	50.6%	7.5%
旅行预订	37578	48.7%	39285	49.0%	4.5%
电子邮件	28422	36.8%	30556	38.1%	7.5%
互联网理财	12881	16.7%	16855	21.0%	30.9%

3. 互联网贸易

1991 年，美国政府宣布互联网向社会公众开放，允许在网上开发商业应用系统。1993 年，万维网（World Wide Web，WWW）在互联网上出现，这是一种具有处理数据、图文、声像、超文本对象能力的网络技术，使互联网具备了支持多媒体应用的功能。1995 年互联网上的商业业务信息量首次超过了科教业务信息量，这既是互联网爆炸性发展的标志，也是电子商务从此大规模起步发展的标志。从此以后，互联网贸易和网络经济市场在全球范围内快速增长。

图 1-6 是 iResearch 公司最近统计和预测的中国网络经济市场规模。可以看出，2016 年网络经济营收规模达到 14707 亿元，同比增速为 28.5%，网络经济发展进入稳健期，其中移动网络经济营收规模为 7907.4 亿元，营收贡献占比 53.8%。从整体上看，移动网络经济已领先于 PC 网络经济的发展，进一步提升了整体网络经济的营收贡献率，未来将引领网络经济整体发展。

图 1-6　2011—2019 年中国 PC 网络和移动网络经济营收规模及增长率

经济全球化的今天，中国企业要想在全球市场上占有优势，更需要采用电子商务与世界各国的企业和消费者进行交互式联系。随着全球网民渗透率的提高，以及跨境支付、物流等服务水平的提高，跨境电商零售作为互联网时代新的贸易形式正大放异彩。

图 1-7 是电子商务研究中心统计和预测的中国跨境电商交易规模。2017 年，中国跨境电商交易规模为 8.06 万亿元，同比增长 20.3%。其中，出口跨境电商交易规模 6.3 万亿元，占比 78.2%，进口跨境电商交易规模 1.76 万亿元，占比 21.8%。从结构上看，出口跨境电商已经进入黄金时代，未来随着行业的高速发展，进口跨境电商竞争将越发激烈，以增长的

趋势向前发展，还有很大的扩展和进步空间。

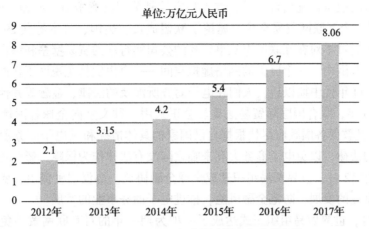

图1-7 2012—2017年中国跨境电商交易规模

（图表编制：电子商务研究中心　数据来源：WWW.100EC.CN）

三、电子商务的发展历程

因为互联网及电子商务的发展对企业和对国家来说都非常重要，世界各国、各种国际经济组织都竭尽全力推动其发展。电子商务迅速发展的一个重要时期是20世纪90年代。

1. 电子商务发展的重要里程

1990年3月，联合国向全球颁布了电子数据交换（EDI）的国际化标准。这个标准的统一和迅速推广极大地促进了人们利用电子技术促进贸易事业发展的进程。1992年，联合国贸易发展大会第一次明确地提出，要研究电子数据交换技术的应用，并且要利用这种技术提高贸易效率。1994年，联合国贸易发展大会再一次召开，研究和总结了两年以来EDI应用技术的发展历程，并明确提出开放EDI的概念。大会认为，前两年EDI技术的进程有很多可取的地方，但是由于以前的EDI技术对技术本身要求较高，因此极大地影响到一些中小企业的使用。大会认为，如果中小企业不能很好地使用电子数据交换技术，不能把EDI应用的技术要求降到最低限度，就不可能真正推动世界贸易的发展。自这次大会明确提出要开放EDI以后，EDI技术就迅速从原来以广域网为基础的应用系统向互联网发展。

1993年11月，美国国会正式讨论并通过了《北美信息高速公路计划法案》。这本是美国国内的一个工程项目，但该项目一经提出，立刻在世界范围引起了强烈的反响。在美国通过了这个议案以后仅两个月，加拿大国会也通过了同样的议案，正式加入北美信息高速公路系统；又过了几个月，日本议会也通过了他们的议案，随后欧洲议会也开始讨论且通过了同样的议案，并加入这套系统。同年，我国也提出中国的信息高速公路计划，同时在国内启动了中国的"金"字化系列工程。于是，北美信息高速公路计划在不到一年的时间内就迅速地从美国国内的一个工程项目演变成全球的一致行动。

1997年7月1日，在向全国人民发表的国情咨文中，克林顿政府明确宣布，暂时不对在网络上从事贸易的公司增加任何新的税种。这个政策的宣布，预示着美国政府开始采用政策和经济双重杠杆来推动电子商务事业的发展。如果在这以前人们认为各种各样的网络商务，或者电子商务行为是一种个人、商业或者公司行为，那么从此它就演变成一种政府行为。克林顿政府的政策措施出台以后，首先响应的是美国的竞争对手欧盟。欧盟在1997年7月8日发起了一个互联网贸易会议，邀请了欧盟成员、美国、日本等共29个主要贸易国参加。会议原则通过不对在互联网上从事贸易的公司实行新的贸易壁垒和增设新的税种，这就意味着在世界范围内，一个巨大的网络虚拟空间——自由贸易免税区正在酝酿形成。

自20世纪90年代中期以后，人们在电子商务所涉及的法律、金融等其他方面也做了大量的工作。1996年，联合国际贸易法委员会正式用六种文字向全球各国颁布了《电子商务示范法》，并且敦促各国政府尽快根据自己国家的具体情况和《电子商务示范法》的文本制定本国相应的法律，以免电子商务大潮来临之际没有法律作为保障，影响正常的经济和金融秩序。1997年12月，世界贸易组织达成全球金融协议。协议明确提出，要利用电子技术促进世界金融事业的发展，防范金融风险，推进电子商务事业的发展。

1998年5月，世界贸易组织正式达成了一项为期一年的对互联网贸易免税的临时性协议。1998年6月，美国国会众议院通过一项互联网免税法案，规定了在三年期限以内，可以对从事电子商务的企业实行免税。1998年10月，美国国会参议院正式通过了为期一年的《互联网免税法案》，为此美国每年大概要承受120亿美元的损失。美国政府和美国国会这样积极地促进电子商务发展，目的就是要以极小的代价去换来巨大的收益，以此增强美国企业和国家在21世纪的综合竞争能力。

1998年11月，亚太经济工作组织召开会议，专门设议题就电子商务的发展及国际协作问题展开讨论。在亚太各国积极活动、促进电子商务事业发展的同时，欧盟也不甘落后，1998年11月，欧盟开始从各种不同的角度敦促各成员国尽快讨论与电子商务相关的法律、税务以及国际合作问题。

1998年以来，我国政府对电子商务给予了空前的重视。1998年年初，我国四部委共同宣布把1998年定义为中国电子商务年。随后，各种各样的政府上网工程、企业上网工程，以及我国各级地方政府的电子商务示范工程等迅速在全国各地开展。所有这些举措都极大地促进了我国电子商务事业的发展。

2. 电子商务发展的关键技术

网络交易安全技术的逐步完善是电子商务形成和发展的关键。

1994年，美国网景公司（Netscape）成立。该公司开发并推出安全套接层（SSL）协议，用以弥补互联网上的主要协议TCP/IP在安全性能上的缺陷（如TCP/IP协议难以确定用户的身份）。SSL协议支持B to B方式的电子商务并支持按X.509规范制作的电子证书，借以识别通信双方的身份。但SSL协议缺少数字签名功能，没有授权，没有存取控制，不能抗抵赖，用户身份还有可能被冒充，这些是SSL协议在安全方面的弱点。实践中，由SSL协议构筑的安全防线也确实曾有被黑客击中并攻破的实例。

1996年2月，VISA与MASTER CARD两大信用卡国际组织共同发起制定保障在互联网上进行安全电子交易的SET协议，并得到了IBM、Microsoft、Netscape、GTE、VeriSign等一批技术领先的跨国公司的支持。SET协议把数字加密技术用于数字签名和颁发电子证书，借以保障交易安全。SET协议适用于B to C电子商务模式，围绕客户、商户、银行（收单行或开户行）以及其他银行相互关系确认身份。

1997 年 12 月，VISA 与 MASTER CARD 两个组织共同建立了一个公司，专门从事管理与促进 SET 协议在全球的应用推广，该公司被赋予代表上述两大银行卡国际组织管理颁发具有最高权威等级的根认证机构（Root CA）的特许权力。在根认证机构之下，建立分层结构的认证体系，即分层逐级而下的品牌认证机构（Brand CA）、地域政策认证机构（Geopolitical CA），以及持卡人认证机构（CardHolder CA）、商户认证机构（Merchant CA）、支付网关认证机构（Payment Gateway CA）。SET 协议操作起来比较复杂，成本较高。

加拿大北电网络有限公司（Nortel）所属的 Entrust 公司开发了公钥基础设施（Public Key Infrastructure，PKI）技术，支持 SET、SSL、IP 及电子证书和数字签名，可弥补 SSL 协议的缺陷。IBM、Sun 等公司均采用 Entrust 公司的 PKI 技术，以支持 B to B 方式的电子商务进行安全结算。

四、电子商务对社会经济产生的影响

随着电子商务的魅力日渐显露，虚拟企业、虚拟银行、网络营销、网上购物、网上支付、网络广告等一大批新词汇正在为人们所认同和熟悉，这些词汇同时也从另一个侧面反映了电子商务正在对社会和经济产生深刻影响。

1. 电子商务改变了商务活动的方式

传统商务活动最典型的情景就是"推销员满天飞""采购员遍地跑""说破了嘴、跑断了腿"。一提到商务，人们不是联想到在商场中精疲力竭地搜索自己所需的商品，就是联想到在谈判桌前，买卖双方唇枪舌剑地谈判。现在，通过互联网，只要动动手就可以了：人们可以进入网上商场身临其境地浏览、采购各类产品，而且还能得到在线服务；不仅能够购买物理类产品，如汽车、电视机，也能购买数字类产品，如信息、录像、录音、数据库、软件及各类知识产品；此外还能获得各类服务，如安排旅游行程、网上医疗诊断和远程教育。

2. 电子商务改变了企业经营的方式

一家企业在网上开了商店，于是，它便发现世界就在它的面前：

1) 客户可以在网上与供货方联系，利用网络进行财务结算和支付。

2) 实现实物商品、物资的优化配送，提高运输效率，减少运输费用，并可以实现电子商品的直接传送。

3) 企业可以方便地与政府部门以及竞争对手联系，而政府可以方便地进行电子招标、政府采购等。这种网上联系使企业的经营方式在各个方面发生改变。

3. 电子商务改变了人们的消费方式

网上购物是"足不出户、看遍世界"，而网上的搜索功能可使消费者方便地"足不出户、货比三家"。网上购物的最大特征是消费者的主导性，购物意愿掌握在消费者手中；同时，消费者能以一种十分轻松自由的自我服务方式来完成交易，从而满意度大为提高，使消费者主权在网络购物中充分体现。

4. 电子商务改变了企业的生产方式

电子商务能将市场与生产、生产与消费直接沟通，有利于生产企业模拟市场，生产适销对路的产品，提高企业的经济效益。由于电子商务采用快捷、方便的购物手段，消费者的个

性化、特殊化需要可以完全通过网络展示在生产厂商面前，为了取悦消费者，突出产品的设计风格，制造业中的许多企业纷纷发展和普及电子商务。如美国福特汽车公司早在1998年就将分布在全世界的12万个计算机工作站与公司的内部网连接起来，并将全世界的1.5万个经销商纳入内部网。福特汽车公司的最终目标是实现能够按照用户的不同要求，做到按需供应汽车。

5. 电子商务促进形成新的贸易机制

利用电子化信息对商品描述、买卖规则进行规范非常有效，因此，电子商务有利于规范商品贸易行为。电子网络可以打破条块分割、地域分割限制，有利于形成集中约束的贸易管理体制。建立在电子商务基础上的管理体制是集约型的高效的管理体制，有利于形成全国甚至全世界统一的大市场、大流通、大贸易。

6. 电子商务能实现资源的最佳配置

电子商务将给传统的营销业带来一场革命，有利于实现生产要素的最佳配置，极大地节约资源。电子商务是在商务活动的全过程中，通过人与电子通信方式的结合，极大地提高商务活动的效率，减少不必要的中间环节。传统制造业由此进入小批量、多品种的时代，"零库存"成为可能；传统的零售业和批发业开创了"无店铺""网上营销"的新模式；各种线上服务为传统服务业提供了全新的服务方式。

7. 电子商务带来了一个全新的金融业

由于在线电子支付是电子商务的关键环节，也是电子商务得以顺利发展的基础条件，随着电子商务在电子交易环节上的突破，网上银行、银行卡支付网络、银行电子支付系统，以及电子支票、电子现金等服务，将传统的金融业带入一个全新的运作环境，极大地减少了现金的生产、存储、流通和管理。1995年10月，全球第一家网上银行"安全第一网络银行"在美国诞生。这家银行没有建筑物，没有地址，营业厅就是首页画面，员工只有10人，与总资产超过2000亿美元的美国花旗银行相比，"安全第一网络银行"简直是微不足道，而与花旗银行不同的是，该银行的所有交易都通过互联网进行。

8. 电子商务能转变政府行为

电子商务有利于将"看得见的手"与"看不见的手"相结合，共同促进经济的发展和繁荣。政府承担着大量的社会、经济、文化的管理和服务的功能，尤其是作为"看得见的手"，在调节市场经济运行、防止市场失灵带来的不足方面有着很大的作用。在电子商务时代，企业应用电子商务进行生产经营，银行实行金融电子化，消费者实现网上消费，这些对政府管理行为提出了新的要求，电子政府或称网上政府，将随着电子商务发展而成为一个重要的社会角色。

另外，在电子商务市场中，造成工农差别、城乡差别的重要障碍（时差、地差）被消除，因此有利于缩小工农差别、城乡差别，实现共同富裕。

总而言之，作为一种商务活动过程，电子商务将带来一场史无前例的革命。除了影响上述这些商务活动以外，它还会影响就业、法律制度及文化教育等，其对社会经济的巨大影响远远超过商务本身。

第三节 电子商务的特点

电子商务并没有脱离传统商务的业务流程,而是将反映在各种票据上的资金流、实物流和信息流进行分类和重组,以电子文件的方式将各种单据的往来传递在网络实现,将使传统商务活动和交易得以运行的合同票据与纸面单证转换成数字化载体,将传统商务赖以生存的实物市场交易转移到虚拟的网络空间。这一切都依赖于电子商务所蕴含的鲜明的技术特点和应用特性。

一、电子商务的技术特点

电子商务源于 20 世纪 80 年代的专用增值网络和 EDI 的应用。在互联网商用的推动下,电子商务得到迅速发展,而且表现出一些与互联网相关的技术特点。

1. 信息化

电子商务是以信息技术为基础的商务活动,它必须通过计算机网络系统来实现信息交换和传输。计算机网络系统是融数字化技术、网络技术和软件技术为一体的综合系统,因此,电子商务的实施和发展与信息技术发展密切相关,也正是信息技术的发展推动了电子商务的发展。

2. 虚拟性

互联网作为数字化的虚拟电子市场(Electronic Marketplace),它的商务活动和交易是数字化的。由于信息交换不受时空限制,因此可以跨越时空形成虚拟市场完成过去在实物市场中无法完成的交易。这正是电子商务飞速发展的根本所在。

3. 集成性

电子商务是一种新兴产物,其中用到了大量新技术,但并不是说新技术的出现就必然导致老设备的"死亡"。互联网的真实商业价值在于协调新老技术,使用户能更加有效地利用已有的资源和技术,更好地完成任务。

电子商务的集成性还在于事务处理的整体性和统一性,它能规范事务处理的工作流程,将人工操作和电子信息处理集成为一个不可分割的整体。这样不仅能提高人力和物力的利用率,还能提高系统运行的严密性。

4. 可扩展性

要使电子商务正常运作,必须确保其可扩展性。互联网上有数以百万计的用户,而传输过程中时不时地会出现高峰状况。倘若一家企业原来设计每天可受理 40 万人次访问,而事实上却有 80 万人次,就必须尽快配置一台扩展的服务器,否则客户访问速度将急剧下降,甚至还会拒绝数千次可能带来丰厚利润的客户的来访。

对于电子商务来说,可扩展的系统才是稳定的系统。如果在出现高峰状况时能及时扩展,就可使得系统阻塞的可能性大大下降。在电子商务中,耗时仅 2 分钟的重新启动都可能导致大量客户流失,因而可扩展性极其重要。

5. 安全性

对于客户而言,无论网上的物品如何具有吸引力,如果他们对交易的安全性缺乏把握,他们根本就不敢在网上进行买卖。企业和企业之间的交易更是如此。

在电子商务中,安全性是必须考虑的核心问题。欺骗、窃听、病毒和非法入侵都在威胁着电子商务,因此要求网络能提供一种端到端的安全解决方案,包括加密机制、签名机制、分布式安全管理、存取控制、防火墙、安全万维网服务器、防病毒保护等。

6. 系统性

电子商务系统涉及面广(如买方、卖方、中间商、承运商、海关、税务、安检、保险、银行等)、覆盖区域大(如各地区、各国之间等),一般不太可能各单位都单独组织开发。因此在一般的系统开发过程中,企业都是以考虑如何建立本单位的商贸管理信息系统为主,同时规划如何加入已有的电子商贸网络。

二、电子商务的应用特性

电子商务的应用特性可归结为以下几点:商务性、服务性、协调性、社会性、全球性和移动性。

1. 商务性

电子商务最基本的特性就是商务性,即提供交易的服务、手段和机会。

就商务性而言,电子商务可以扩展市场,增加客户数量;通过将万维网的信息连至数据库,企业能记录下每次访问、销售、购买形式和购货动态以及客户对产品的偏爱,这样企业就可以通过统计这些数据来获知客户最想购买的产品是什么。

2. 服务性

在电子商务环境中,客户不再受地域的限制,也不再仅仅将目光集中在最低价格上,因而,服务质量在某种意义上成为企业生存的关键。技术创新带来新的结果,万维网应用使得企业能自动处理商务过程,而不再像以往那样强调企业内部的分工。

企业通过将客户服务过程移至互联网,使客户能以一种简捷的方式获取过去他们较为费事才能获得的服务。如将资金从一个存款账户移至一个支票账户,查看一张信用卡的收支,记录发货请求,乃至搜寻并购买稀有产品,这些都可以足不出户在线完成。显而易见,电子商务提供的客户服务具有一个明显的特性——方便。这不仅对客户来说是如此,对于企业而言,同样也能受益。

3. 协调性

商务活动是一种协调过程,它需要员工和客户、生产方、供货方及商务伙伴之间的协调。为提高效率,许多组织都提供了交互式的协议,电子商务活动可以在这些协议的基础上进行。

传统的电子商务解决方案能加强企业内部相互作用,电子邮件就是其中一种。但那只是协调员工合作的一小部分功能。利用互联网将供货方连接至管理系统,并通过一个供货渠道连接到客户订单加以处理,这样企业就节省了时间,消除了纸张文件带来的麻烦,并提高了效率。

4. 社会性

虽然电子商务依托的是网络信息技术，但电子商务的发展和应用是一个社会性的系统工程，因为电子商务活动涉及企业、政府组织、消费者参与，以及适应电子虚拟市场的法律法规和竞争规则的形成等。缺少任意一个环节，都势必制约甚至妨碍电子商务的发展，如电子商务交易纳税等敏感问题。

5. 全球性

作为电子商务的主要媒体，互联网是全球开放的，因而电子商务的开展是不受地理位置限制的，它面对的是全球性统一电子虚拟市场。企业通过电子商务低廉、高效地将经济活动扩展到全球，其订单有可能来自世界上任何一个国家和地区，同时也要与来自世界各地的其他企业激烈竞争。电子商务把地理因素的制约降到了最低限度，世界各地的商业资源得到更有效的利用。

6. 移动性

在移动通信方式下，移动用户使用移动终端设备在任何时间、任何地点访问互联网信息和服务。移动网络的覆盖面是广域的，用户能不受时间、位置和通信设备限制地进行电子商务交易。电子商务的移动性能满足用户多样化、个性化的需要，比如用户可以随时预订和更改机票、基于位置订购外卖或者打车、实时接收股票价格信息等。

三、电子商务的优点

电子商务是一个专门围绕商贸业务而展开的系统，它极大地提高了传统商务活动的效益和效率。与传统商务活动相比，它具有下列优点：

1. 能降低交易成本

首先，企业通过网络营销活动可以提高营销效率和降低促销费用。据统计，在互联网上做广告可以大幅提高销售，同时它的成本只是传统广告的 1/10。其次，电子商务可以降低采购成本，因为借助互联网，企业可以在全球市场寻求价格最优惠的供应商，而且通过与供应商共享信息，可以避免由于信息不准确带来的损失。有资料表明，使用 EDI 通常可以为企业节省 5%~10% 的采购成本。

2. 能减少库存

企业为应对变化莫测的市场需求，不得不保持一定的库存产品，而且由于企业对原料市场把握不准，因此也常常维持一定的原材料库存。产生库存的根本原因是信息不畅。以信息技术为基础的电子商务可以改变企业决策中信息不确切和不及时的问题。通过互联网，市场需求信息可以迅速传递给企业，供其做生产决策，同时，企业的生产信息也可以马上传递给供应商以适时补充供给，从而实现零库存管理。

3. 能缩短生产周期

一个产品的生产是许多企业相互协作的成果，因此，产品的设计开发和生产销售可能涉及许多关联企业。电子商务可以将过去信息封闭的分阶段合作，改为信息共享的协同工作，从而最大限度地减少因信息封闭而造成的时间延迟。

4. 能增加商机

传统的交易受到时间和空间限制，而基于互联网的电子商务则可以 24 小时全球运作。网上的业务可以开展到传统营销人员销售和广告促销所达不到的市场范围，如我国有许多从事种植和养殖的农民通过互联网将其产品卖给国外未曾谋面的公司。

5. 能减轻物资依赖

传统企业的经营活动必须有一定的物质基础才能开展业务活动，而通过互联网可以创办虚拟企业，如网上商店和网上银行的开设和发展基本不需要很多的实物基础设施，而企业还可以将节省费用产生的利益与消费者共享。这正是著名的网上书店鼻祖亚马逊（Amazon）能给消费者提供传统书店无法提供的优惠折扣的原因所在。

6. 能减少中间环节

电子商务重新定义了传统的流通模式，减少了中间环节，使得生产者和消费者的直接交易成为可能。

四、电子商务与传统商务的竞争

进入 21 世纪，全球范围内人们对电子商务的认识发生了质的变化，升华到"电子商务既是全球经济一体化的产物，也是全球经济一体化发展的重要推动力"的高度。"互联网正在改变一切"已经不再是人们对未来夸张的预言，而是全球商业发展中不可缺少的决定性因素。那么，多年以后，电子商务是不是也会取代传统商务，就像电灯取代蜡烛、汽车和火车取代骑马走路、电话取代信件一样呢？这个问题是没有准确的答案的，因为未来是不可知的，我们只能根据自己的知识尽可能地预测未来。信息成为一件越来越容易得到的东西，这也造成电子商务和传统商务的竞争越来越激烈。但传统公司仍可以采用一些战略与电子商务公司竞争，以保持部分市场。

1. 竞争因素的比较

比较电子商务和传统商务的竞争，主要是要比较两个因素：运作效率和交易效率。

所谓运作效率，是指公司内部的成本结构，主要是指边际成本。边际成本越低的公司在市场上的竞争力就越强。这个边际成本通常是反映一个公司的运作效率，效率越高的公司边际成本越低。交易效率是指公司之间（或公司和个人之间）为了完成一项交易而要消耗的资源。交易效率越低的公司在市场上的竞争力就越差。互联网的应用能够大幅度提高公司的运作效率和交易效率。

研究显示，当电子商务公司和传统公司的运作效率和交易效率相差不是很大的时候（假设电子商务公司效率高），电子商务公司和传统公司将共享市场，传统公司并不会彻底消失，但很大的一部分市场份额会被电子商务公司夺取。直到它们的效率相差到一定的程度，传统公司的市场才会被电子商务公司全部占据。

2. 信息技术的应用

其实，在电子商务公司与传统公司的竞争中，传统公司也不是毫无办法的。传统公司与电子商务公司进行竞争的过程中，后者主要是靠成本和价格上的优势取胜，所以，传统公司直接能做的就是也采用最新的信息技术来降低它的边际成本。但是，通常这是很难的，采用新技术通常要大幅度甚至彻底改造公司的组织模式及物流系统。

传统公司采用新的信息技术向电子商务公司靠拢，将把自己塑造成一个双渠道的公司，既可以进行电子商务又可以进行传统商务，这是一个与电子商务公司竞争的有效战略。其优点是两个渠道可以互补，缺点是两个渠道本身可能发生竞争。比如，对于电子商务，逆向物流（Reverse Logistics）很难开展；但对于双渠道公司，在电子渠道上产生的逆向物流，可以通过传统渠道实现。另一方面，电子渠道和传统渠道不可避免地形成竞争。例如，书商可能发现他们的一些顾客不再来书店买书了，而是通过他们自己的网上零售网站来购书；保险公司利用较大的折扣和丰厚的礼品进行保险产品的网上促销，不可避免地造成采用传统营销方式的保险业务员的客户流失。

3. 服务质量的比较

除了采用信息技术与电子商务公司竞争，传统公司还可以通过增加自己产品的服务的方式来与电子商务网站进行竞争。其实，产品都是一样的，比如书，在网上购买和在书店购买是没有差别的，对于顾客来说。同样的一本书，无论是从网上购买还是从书店购买，只要价钱便宜就行。但是，如果把产品和服务加起来就有区别了。传统公司可能没法在价格上与电子商务公司竞争，但完全可以在提供的服务上竞争。假设一家电子商务公司的分配中心在美国的东海岸，那么这个公司能向顾客保证的是1~3天投递，东海岸1天，西海岸3天。而传统公司的优势是它更多地投资在实物设施上（电子商务更多地投资在信息技术上），比如在西海岸建配送中心，那么传统公司就可以向顾客保证1天投递，无论西海岸还是东海岸。这样，传统公司就能够得到那些相对价格而言更关心服务的顾客，从而可以与电子商务公司进行竞争了。

4. 电子商务重塑传统商务

网上购物与传统店铺形成竞争之势的同时，电子商务也在改造传统店铺的营销方式。运用现代信息技术，电子商务使得交易更加便利化、快捷化，因而几乎各大连锁运营商都建立了自己的网站，使顾客可以随时随地在线下订单。

例如，在沃尔玛（Wal-Mart），通过该零售商网站下达的在线订单中，四成以上要求在当地沃尔玛商店自行提货。这些顾客想省下送货上门的花费，并避免送货时间不确定的麻烦。针对这种情况，沃尔玛正在试验开展"免下车"（drive-through）提货服务，并改造店面，在前面增设提货柜台。

所以，在与电子商务公司的竞争中，传统公司可以尽可能缩小与其在信息技术应用上的差距，也可以提供比电子商务公司更好的售前和售后服务。实际上，现阶段，传统公司和电商公司的边界正变得模糊。传统公司都在或多或少地利用和发展电子商务，融入电子商务大潮。

研究显示，在一定差别的运作效率和交易效率下，传统公司如果能把自己的产品通过服务在一定程度上与电子商务公司区分开来，比如与知名品牌达成具有差异性的交易，或者开发自有品牌商品，传统公司将与电子商务公司在竞争中共存，并将拥有自己的一部分市场份额。

复习思考题

1. 试述电子商务的含义。
2. 广义和狭义的电子商务的区别是什么？
3. 如何正确理解"E"概念？

4. 电子商务的基础设施包括什么内容？
5. 电子商务得以形成和发展的主要原因是什么？
6. 促进电子商务发展的关键技术是什么？
7. 试述电子商务发展的重要里程。
8. 电子商务对社会经济的主要影响是什么？
9. 试解释电子商务的技术特点。
10. 在与电子商务的竞争中，传统商务如何保持不败？

案例分析

京东商城⊖

京东商城（简称京东）是目前国内最大的综合网络零售商之一，自 2004 年正式成立以来，一直保持着高速成长，提供家电、数码通信、计算机、家居百货、服装服饰、母婴、图书和食品等多品类的商品和服务，并且一直采用快速、安全的配送方式，让消费者能够及时收到购买的物品。另外，京东商城还为第三方卖家提供了在线销售平台，卖家缴纳一定的加盟费即可在该平台上出售商品。图 1-8 所示为截至 2016 年第二季度艾瑞数据公开的 2016 年中国 B2C 购物网站交易规模市场份额，天猫的市场份额位居第一，京东位居第二。

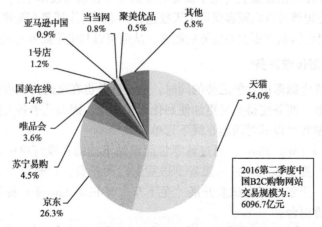

图 1-8 2016 年第二季度中国 B2C 购物网站交易规模市场份额

注：1. B2C 市场拥有复合销售渠道的运营商规模仅统计其与网络相关的销售额。
2. 阿里 GMV 只包括在中国零售市场交易的 GMV，排除定价 50 万元以上的汽车和房产交易、定价 10 万元以上的所有产品和服务，以及一天内购买金额超过 100 万元的用户的所有订单。
3. 京东 GMV 排除 B2C 平台上订单金额在 2000 元以上的没有最终销售和递送的订单。
4. 苏宁易购、唯品会、国美在线、当当网、聚美优品综合其财报发布的营收、交易规模等相关数据与专家访谈，根据艾瑞统计模型核算；1 号店、亚马逊中国综合其企业公开信息及专家访谈，根据艾瑞统计模型核算。

（资料来源：综合企业财报及专家访谈，根据艾瑞统计模型核算。）

⊖ 资料来源：陈德人，《中国电子商务案例精选》，人民邮电出版社，2017。

一、京东商城的盈利来源

京东商城的盈利主要来自以下四个方面：

1. 直接销售收入

直接销售收入是指商品采购价与销售价之间的差价。京东商城有几十万种在线销售产品，产品价格大多比线下零售商店更低，范围一般保持在10%~20%。京东商城的商品库存周转率一般为12天，比国美、苏宁等平台与供货商现货现结的费用率低7%，毛利率维持在5%左右，能够为上游的供货商、终端客户提供更多价值，以实现京东"低盈利、大规模"的商业模式。

2. 虚拟店铺出租费

京东为第三方卖家提供了在线销售平台，这些商家要入驻京东，需要缴纳一定的店铺租用费。表1-2所示为京东商城部分商品类别的资费标准。

表1-2 京东商城部分商品类别的资费标准

一级分类	二级分类	三级分类	费率（SOP）	平台使用费（元/月）	保证金（元）
服饰内衣	男装/女装/内衣		8.00%	1 000	30 000
	服饰配件	其他三级类目	8.00%		
		口罩	6.00%		
鞋靴			8.00%	1 000	30 000
珠宝首饰	黄金/铂金/K金饰品		3.00%	1 000	50 000
	金银投资	投资金/黄金托管	1.00%		
		其他三级类目	5.00%		
	银饰	银吊坠/项链/银戒指/银耳饰	10.00%		30 000
		银手镯/手链/脚链	8.00%		
		宝石银饰	5.00%		
	翡翠玉石		8.00%		50 000
	钻石	裸钻	5.00%		
		其他三级类目	8.00%		
	水晶玛瑙/时尚饰品/发饰		10.00%		30 000
	木手串/把件/彩宝/珍珠		8.00%		

3. 资金沉淀收入

资金沉淀收入是指买家在京东上购买商品并支付货款后，这部分货款由支付平台暂存，当买家确认收货后，商家才会收到这部分货款。这个时间差所产生的资金沉淀可以供京东用来进行其他投资从而盈利。

4. 广告费

网络广告是电子商务的主要盈利模式之一，京东商城也不例外。为了获得更多的商品展示机会，京东商城为商家提供了面向全网的精准流量定价展示广告模式，主要包括全网广告展位、首页单品展位、京东快车、周末耍大牌和商务舱五种模式，以帮助商家快速提高品牌知名度和销量，实现高效、精准的全网营销。

二、京东商城的核心竞争力

京东集团 CEO 刘强东在耶鲁北京中心发表主题演讲时表示，京东商城的核心竞争力有以下几点：

1. 通过技术手段降低供应链成本，提升供应链效率

京东商城是典型的自营 B2C 电子商务企业，通过自建物流的技术手段来降低供应链成本，提升供应链效率。在传统的供应链方式下，一件商品出厂后到达消费者手中要搬运 5~7 次，社会化物流成本非常高，大量企业利润都被物流吞噬。因此，京东商城建设了自己的供应链系统，注重两点：前端是用户体验，后端是供应链成本和供应链效率。

对于电商和传统零售商来说，库存周转率是衡量供应链效率的最核心因素。它是指每采购一批货物平均需要花费多少时间来售出。一般企业的库存周转率是六七十天，而京东大约是 34 天，缩短了几乎一半，并且还是建立在京东比传统零售企业拥有更加庞大的 SKU 数量的基础上。

京东通过降低供应链的方式来降低商品成本，能够持续不断地为消费者提供相同品质但价格更优惠的商品。

2. 金融服务

2013 年 10 月，京东成立了京东金融集团，依托于京东生态平台积累的交易记录数据和信用体系，向社会各阶层提供融资贷款、理财、支付和众筹等各类金融服务。目前，京东金融建立了供应链金融、消费金融、众筹、财富管理、支付、保险和证券共七大业务板块，并开发了京东金融 App，为消费者提供更加便捷的服务。

3. 农村电商

为了更好地发展京东商城，2014 年 3 月，京东与腾讯达成了战略合作，全面推进移动社交电商新模式的发展，成为全球移动社交的积极探索者和实践者。2015 年，京东开始大力发展农村电商，推进 3F 战略，即工业品进农村战略（Factory to Country）、农村金融战略（Finance to Country）和生鲜电商战略（Farm to Table）。截至 2016 年 8 月 31 日，京东已开设 1600 多家"京东帮服务店"，服务覆盖 43 万个行政村；建立了 1500 多家"县级服务中心"，拥有近 30 万名乡村推广员，服务 23 万个行政村；地方特产馆特产店已达到 1000 多家，京东农资电商的合作涉农企业已达到 200 多家；已授权的京东农资服务中心达到 100 多家。

案例思考题：

1. 京东商城的盈利来源有哪些？
2. 京东商城的核心竞争力体现在哪些方面？
3. 与传统零售企业相比，京东商城具有哪些战略优势？

第二章

电子商务模式

> **内容提要**
> ❶ 电子商务的类型。
> ❷ 基于 EDI 的国际电子商务。
> ❸ 企业间电子商务。

第一节　电子商务的类型

与传统商务相比,在电子商务条件下,交易所需要的信息不是通过面对面地谈判或交换来处理,而是通过无纸化的电子数据传输方式进行。在电子商务条件下,企业可以选择全球作为市场,在世界范围内提供产品信息、销售产品和提供服务,并且可以做到选择产品不受时间、空间限制,交货快捷及时,生产根据消费者的需要进行,从而使生产和消费都更加有效率。

一、按电子商务参与主体划分

1. B to B 电子商务模式

B to B（Business to Business,简写为 B2B）电子商务模式,是指企业与企业之间通过 Internet 或专用网络方式进行的电子商务活动,也称为商家对商家或商业机构对商业机构之间的电子商务模式。B2B 电子商务模式主要是通过增值网络（Value Added Network,VAN）上运行的电子数据交换（EDI）,使企业对企业的电子商务迅速扩大和推广。这是发展最快的一种电子商务类型。企业之间使用网络进行订货,接受订货合同认证和电子支付货款,能使企业双方都更加清晰地掌握各自的供销体系和财务状况,更快得到产品信息,从而为扩大市场、降低库存和成本、提高效益打下坚实的基础。

B 2 B 电子商务发展到今天,已经不再是简单的初级"单对单"模式,而是利用供应链（SCM）技术,整合企业的上下游生产,利用互联网的关联性,把中心制造厂商与产业上游的原材料和零配件供应商,产业下游的经销商、物流运输商、产品服务商,以及来往结算银行等整合为一体;对于国际上的 B 2 B,还涉及海关、商检、担保、外运外汇等行业部门,组合成为一个面向消费者的完整的电子商务供应链。这样做旨在降低企业的采购和配送成本，提高其对市场和最终消费者的响应速度，提高企业产品的竞争能力。这种电子商务类型快速发展的驱动力在于企业能够获得更低的劳动成本、更高的生产效率和更多的商务机会。

2. B to C 电子商务模式

B to C（Business to Customer，简写为 B2C）电子商务模式，是指商家对个人或商业机构对消费者的营销商务模式。事实上就是企业通过 Internet 为消费者提供一个购物商店，使消费者在网上购物的同时进行网上支付。这种电子商务等同于电子零售商业，在 Internet 上表现为提供图书、美容用品、电子产品等各类商品和多种服务的商业中心，消费者在网上完成购物、支付后，企业利用邮寄、快递等方式将货物送到消费者手中。网上购物是现代人的需求，且减少了商品流通环节，但这只是企业与消费者之间直接进行电子商务的一种形式。对于网上服务，如订票、旅游订房等，还可以实现订单跟踪、远程客户咨询服务等。

3. C to B 电子商务模式

C to B（Customer to Business，简写为 C2B）电子商务模式，是指消费者个人对商家企业的一种电子商务。这种电子商务模式是在用户个性化需求驱动下产生的反向定制模式。消费者根据自身需求定制产品和价格，或主动参与产品设计、生产和定价，产品、价格等彰显消费者的个性化需求，生产企业进行定制化生产。随着电商的发展、网购的普及，用户个性化需求持续增长。这种个性化需求通过便捷的网络直接传达给生产商，同时也取得了迅速的信息反馈，这为 C2B 电子商务模式提供了发展导向。采用 C2B 模式最为业界所熟知的企业之一是戴尔公司，它通过直销网站实现了用户先定制方案、戴尔再组织生产。手机行业也出现了"青橙""百分之百"等定制手机，用户可以选择手机配置、外壳颜色、预装应用等。

4. C to C 电子商务模式

C to C（Customer to Customer，简写为 C2C）电子商务模式，是指消费者之间进行的电子商务。这一电子商务模式的典型代表就是网上二手市场。买卖双方在网上讨价还价、买卖商品，网站作为第三者起到监督双方买卖、保证公平交易的作用，同时从中收取一定比例的提成。C2C 模式往往需要依托于平台，如帮助个人出售闲置物品的"闲鱼"等。

5. B to G 电子商务模式

B to G（Business to Government，简写为 B2G）电子商务模式，是指企业对政府的电子商务活动模式，涵盖了政府与企业间的各项事务，包括政府采购、税收、商检、管理条例发布、法规政策颁布等。政策采购电子化已经成为当今电子商务的基本模式之一，也称为政府集中网上采购。其基本运作方式是，政府将各部门分散的财政开支集中到一个主管部门统一管理，开展采购工作。政府在网上发布采购信息，各生产企业从网上得到信息以后，根据自己的生产经营情况报价竞标，中标者得到采购订单。实行网上采购，由于批量大，一般比分散采购成本要低。另一方面，政府对企业宏观调控、指导规范、监督管理的职能，通过网络以电子商务模式能更充分、及时地发挥。借助网络及其他信息技术，政府职能部门能更及时、全面地获取所需信息，做出正确决策，做到快速反应，能迅速、直接地把政策法规及调控信息传达到企业，起到管理与服务作用。在电子商务中，政府还有一个重要作用，就是对电子商务的推动、管理和规范。在发达国家，发展电子商务主要依靠私营企业的参与和投资，政府只起引导作用；而在像我国这样的发展中国家，则更需要政府的直接参与和帮助。与发达国家相比，发展中国家的许多企业相对规模偏小、信息技术落后、债务偿还能力低，政府的参与有助于引进技术、扩大企业规模和提高企业偿还能力。另外，由于电子商务的开展涉及很多方面，没有相应的法规予以规范很难进行，而对法规的制定、实施监督及违法行为的制裁，政府发挥着不可替代的作用。

6. C to G 电子商务模式

C to G（Customer to Government，简写为 C2G）电子商务模式，是指消费者对政府机构的电子商务模式。它主要包括个人向政府缴纳各种费用、个人事务办理等各方面。

当今世界上，许多政府都将 B2G、C2G 的电子商务看作是树立良好形象、提供优良服务的基本办法。主要运作方式是建立政府网站，将政府职能上网，在互联网（Internet）上实现政府的职能工作。政府上网后，可以在网上发布各类信息，并公开政府部门的各项活动，提高办事执法的透明度，为企业和公众与政府打交道提供方便，同时也接受社会的民主监督，增强公众的参政议政意识。

7. E to E 电子商务模式

E to E（Enterprise to Enterprise，简写为 E2E）电子商务模式，是指生产企业之间的电子商务模式。据统计，E2E 电子商务模式发展迅速，其交易额远远大于消费者网上交易额。这种模式的参与者是生产企业，采购的多数是中间产品，即用于制造最终产品的原材料、零部件等。一般来说，生产企业之间的电子商务较为结构化，通常以既定的合作关系为基础，比较重视相对稳定的贸易关系的建立。因此，它们的基本定位和运转方式多采用 EDI 系统，通过 EDI 来处理订单、发票、付款等贸易单证。

8. O to O 电子商务模式

O to O（Online to Offline，简写为 O2O）电子商务模式，是指将线下商务机会与互联网结合在一起，让互联网成为线下交易的前台，实现互联网与实体店完美融合与对接的电子商务模式。这样线下服务就可以用线上来揽客，消费者可以在线上筛选服务，成交可以在线结算，从而很快扩大规模。该模式最重要的特点是推广效果可查，每笔交易可跟踪。根据易观监测数据显示，2017 年，我国（未含港澳台地区）O2O 市场整体规模（涵盖餐饮/住宿、电影/演出、商超/便利店、洗衣/家政、洗护/美容、休闲娱乐、社区、结婚等本地商业领域）达 9992.1 亿元，与 2016 年相比增长 71.5%，行业发展方兴未艾。其中，团购行业是 O2O 模式的典型代表。同时，电商企业对食品饮料和日用百货的营销力度加大也促使其 O2O 程度加深。如京东、美团、盒马等电商企业，一方面利用其线下完善物流网络布局来拉动 O2O，另一方面与线下便利店结合来实现落地。

实践中，由于电子商务的飞速发展，电子商务盈利模式不断创新，各种模式之间也在交叉和融合，并推动着电子商务的进一步发展。

二、按电子商务使用的网络类型划分

1. 基于 EDI 的电子商务

EDI 是按照一个公认的标准和协议，将商务活动中涉及的文件标准化和格式化，通过计算机网络，在贸易伙伴的计算机网络系统之间进行数据交换和自动处理。EDI 主要应用于生产企业与生产企业、生产企业与批发商、批发商与零售商之间的单证业务传递联系。EDI 电子商务在 20 世纪 90 年代已得到较大发展，技术上较为成熟，但是，因为开展 EDI 对企业有较高的管理、技术和资金要求，EDI 在进入初期普及率较低，而在 EDI 尚未进入大规模的普及阶段时，基于 Internet 的电子商务开始迅速发展，从而阻碍了 EDI 的发展。但由于 EDI 使用专用网络，安全性比 Internet 高，所以目前仍然在安全性要求较高的领域中使用。

2．基于 Internet 的电子商务

基于 Internet 的电子商务是目前电子商务的主要形式，它采用了当前先进的计算机技术、通信技术、多媒体技术、数据库技术，通过 Internet 实现营销、购物等商业服务。它突破了传统商业生产、批发、零售，以及进、销、存、调的流转程序和营销模式，实现了少投入、低成本、零库存、高效率。目前还出现了利用手机、平板电脑、PDA 等移动通信设备，通过连接 Internet 和专用网络进行的电子商务活动，即移动电子商务。移动电子商务的运行需要构建在由计算机网络与 Internet、电信服务、传统电子商务模式共同支撑的应用系统之上。

3．基于 Intranet 的电子商务

基于 Intranet 的电子商务是指在一个大型企业的内部或一个行业内开展的电子商务活动。它能够有效地实现企业内部之间、企业与企业之间、企业与合作伙伴及客户之间的授权内数据共享和数据交换，并将每一个各自独立的网络通过互联延伸形成共享的企业资源，以方便查询关联企业的相关数据，形成一个商务活动链。

三、按电子商务活动运作方式分类

1．完全电子商务

完全电子商务是指可以完全通过电子商务方式实现和完成整个交易过程的交易，也称为直接电子商务或无形货物和服务。例如，计算机软件、影视作品、声像作品、事务咨询、翻译、图文信息、游戏等内容的订购、付款和交付，以及全球规模的信息服务等。

2．不完全电子商务

不完全电子商务，是指无法完全依靠电子商务方式实现和完成完整交易过程的交易。它需要依靠一些外部要素，如依靠物流系统来完成交易。

四、按开展电子交易的信息网络范围分类

1．本地电子商务

本地电子商务通常是指用本城市内或本地区内的信息网络实现的电子商务活动。其电子交易的地域范围较小。

本地电子商务系统是利用 Internet、Intranet 或专用网将下列系统连接在一起的网络系统：①参加交易各方的电子商务信息系统，包括买方、卖方及其他各方的电子商务信息系统。②银行金融机构电子信息系统。③保险公司信息系统。④商品检验信息系统。⑤税务管理信息系统。⑥货物运输信息系统。⑦本地区 EDI 中心系统（实际上，本地 EDI 中心系统连接着各个信息系统）。

本地电子商务系统是开展远程国内电子商务与全球电子商务的基础系统。

2. 远程国内电子商务

远程国内电子商务是指在本国范围内进行的电子交易活动。其交易的地域范围较大，对软硬件和技术要求较高，要求在全国范围内实现商业电子化、自动化，实现金融电子化，交易各方具备一定的电子商务知识、经济能力和技术能力。

3. 全球电子商务

全球电子商务是指在全世界范围内进行的电子交易活动，参加电子交易的各方通过网络进行贸易。其涉及有关交易各方面的相关系统，如买方国家进出口公司系统、海关系统、银行金融系统、税务系统、运输系统、保险系统等。全球电子商务业务内容繁杂，数据来往频繁，要求电子商务系统严格、准确、安全、可靠，因此应制定世界统一的电子商务标准电子商务（贸易）协议，使全球电子商务顺利发展。

第二节 基于 EDI 的国际电子商务

全球贸易范围不断扩大，贸易金额大幅度上升，促使各种贸易单证和文件的处理数量急剧增加。与传统国际贸易方式相比，EDI 贸易方式具有构成简单、覆盖面广、形式多样和灵活快捷的特点和优势，使国际贸易往来过程不再依赖纸面单证，纸面单证逐渐被电子单证代替。EDI 贸易能够使企业获得竞争优势，成为企业提升国际市场竞争能力的一个重要手段。

一、国际贸易业务的特点

在国际贸易的实务操作过程中，交易前的准备、贸易磋商和签订合同的过程与国内企业间的贸易是类似的。但是，由于国际贸易涉及不同的国家，其操作流程是比较独特的。它涉及的机构很多，并受贸易双方国家有关部门的管理；贸易单证比国内贸易的单证复杂；资金清算需通过国际银行进行。

国际贸易的相关机构包括各国的海关、税务、进出口管理、安检/商检、保险、银行、运输等部门；单证包括订购单、发货单、报关单、保税仓储单、进出口许可证、产地证及配额指标、纳税单、保险单、付款单等。

二、EDI 标准的概念、形成及发展

1. EDI 标准的基本概念

所谓 EDI 标准，是指贸易各方在进行电子数据交换时必须遵守的格式要求。EDI 标准体系是指具有内在联系的一系列 EDI 标准所组成的一个有机整体。EDI 标准体系又可以划分为若干个子体系，各子体系之间存在一种相互制约、相互依赖、相互补充的内在关系。

EDI 标准一般由国际、国家（或地区）和行业的权威机构负责制定和颁布。在现行 EDI 标准的制定中发挥重要作用的国际性机构是联合国 EDIFACT 标准化组织，其制定的 UN/EDIFACT 已经成为全世界通用的 EDI 标准。其中，联合国欧洲经济委员会简称 UNECE 或 ECE 设立的行政、商业、运输业程序和惯例简化中心，下设两个专家组，分别负责管理 UN/EDIFACT 报文标准的制定与发展，以及工作流程、规章、文件的管理和推进与各国（地区）的应用。

2．EDI 标准的形成及发展

EDI 其实是电子商务的先驱和早期形式，它产生于 20 世纪 60 年代。早期 EDI 是点对点，靠计算机与计算机直接通信完成的。当时，美国一些大公司（主要是航空业）开始组建专有网络，实现点到点的通信，以便在商业伙伴之间分享销售、供应等信息和实现资金传送、订单处理等。这种早期的电子数据交换方式要求商业伙伴之间建立相同的信息管理系统，它优化了企业之间的采购过程，几乎消除了纸面作业和人工干预。

随着计算机技术和网络技术的不断成熟，EDI 于 20 世纪 70 年代得到了迅速发展。20 世纪 70 年代初，美国开始着手制定 EDI 行业标准，并于 1975 年出台第一个行业 EDI 标准。

20 世纪 90 年代中期，随着 EDI 增值服务的出现和行业标准的逐步通用化，EDI 得到了更快的发展，实现了跨行业的应用。EDI 在贸易伙伴间长期、稳定的供求链发挥着重要作用。

早期的或者说传统的 EDI 存在着明显的弱点：初期投资成本较高，专网连接使得大多数中小企业难以承受。随着 Internet 的发展与普及，EDI 从专用网扩大到了互联网。Internet 为 EDI 提供了一个较为廉价的服务环境，较好地满足了大量中小企业使用 EDI 的需求，也给 EDI 带来了新一轮的发展机遇。

3．EDI 技术在国内外的应用

（1）EDI 技术在国外的应用。20 世纪 60 年代末，美国在航运业首先使用 EDI。1968 年，美国运输业的许多公司联合成立了一个运输业数据协调委员会（TDCC），研究开发电子通信标准的可行性。

20 世纪 70 年代，数字通信网的出现加快了 EDI 技术的成熟和应用范围的扩大，出现了一些行业性数据传输标准并建立行业性 EDI。例如，银行业开发了电子资金汇兑系统（SWIFT）；美国运输业数据协调委员会（TDCC）开发了一整套有关数据元目录、语法规则和报文格式，这就是 ANSI X.12 的前身；英国简化贸易程序委员会出版了第一部用于国际贸易的数据元目录（UN/TDED）和应用语法规则（UN/EDIFACT），即 EDIFACT 标准体系。20 世纪 70 年代，EDI 的应用集中在银行业、运输业和零售业。

20 世纪 80 年代，EDI 应用迅速发展，美国 ANSI X.12 委员会与欧洲一些国家联合研究国际标准。1986 年，欧洲和北美 20 多个国家代表开发了用于行政管理、商业及运输业的 EDI 国际标准（EDIFACT）。随着增值网络的出现和行业性标准逐步发展成通用标准，EDI 的应用和跨行业 EDI 加快发展。

20 世纪 90 年代出现 Internet EDI，使 EDI 从专用网扩大到互联网，降低了成本，满足了中小企业对 EDI 的需求。

20 世纪 90 年代初，全球已有 2.5 万家大型企业采用 EDI，美国 100 家最大企业中有 97

家采用 EDI；20 世纪 90 年代中期，美国有 3 万多家公司采用 EDI，西欧有 4 万家 EDI 企业用户，包括化工、电子、汽车、零售业和银行。

21 世纪初，美国的零售业、加拿大的港口 EDI 系统数量都在增加，英国港口的 EDI 系统可以从欧盟的经济贸易表摘取数据，法国港口的系统可以实现货物通关情况实时数据交换。

（2）EDI 技术在国内的应用。自 1990 年开始，我国国家计划委员会、科学技术委员会把 EDI 列入"八五"国家科技攻关项目，产生了对外经济贸易部的国家外贸许可证 EDI 系统、中国对外贸易运输总公司、中国外运海运/空运管理 EDI 系统，中国化工进出口公司的"中化财务、石油、橡胶贸易 EDI 系统"，以及山东省抽纱进出口公司的"EDI 在出口贸易中的应用"等应用。1991 年 9 月，由国务院电子信息系统推广应用办公室牵头，会同多部门和组织发起成立"中国促进 EDI 应用协调小组"；同年 10 月，成立"中国 EDIFACT 委员会"并参加亚洲 EDIFACT 理事会。

1993 年起实施的"金关工程"即对外贸易信息系统工程，是 EDI 技术在外贸领域应用的试点，网络和服务中心建设已取得重要成果。

"九五"期间，海关、交通、商检及商业的 EDI 应用项目被列为国家重点项目。

21 世纪以来，我国 EDI 进入平稳发展阶段，主要发展行业集中在大宗商贸、海关等。国内因互联网发展较为迅速，中小企业主要选择的还是互联网，对 EDI 的发展造成了较大的冲击。

第三节　企业间电子商务

一、企业间电子商务的现状

企业间电子商务（B2B）应该是我国目前盈利状况最好的一种电子商务商业模式。B2B 主要是通过互联网平台聚合众多的企业商家，形成买卖的大信息海洋，买家与卖家在平台上选择交易对象，通过在线电子支付完成交易。B2B 是电子商务的几种模式中最值得关注和探讨的，因为它具有发展的潜力。2018 年，全国电子商务交易额达到 31.63 万亿元，同比增长 8.5%。从企业电子商务市场的规模来看，2018 年我国 B2B 电子商务市场规模占我国整个电子商务市场规模的 71.1% 左右，交易额达到 22.5 万亿元，较 2017 年增长了 9.7%。

二、企业间电子商务的过程

1. 交易前的准备

交易前的准备主要是指买卖双方和参加交易的各方在签约前的各项活动，主要包括以下内容：

(1) 买方交易前的准备。买方根据自己要买的商品，筹备购货款，制订购货计划，进行货源市场调查和市场分析，反复进行市场查询，了解各卖方国家的贸易政策，反复修改购货计划和进货计划，再按计划确定购买商品的种类、数量、规格、价格、购货地点和交易方式等，尤其是要利用互联网和各种电子商务网络寻找自己满意的商品和商家。

(2) 卖方交易前的准备。卖方根据自己所销售的商品，召开商品新闻发布会，制作广告宣传，全面进行市场调查和市场分析，制定各种销售策略和销售方式，了解各买方国家的贸易政策，利用互联网和各种电子商务网络发布商品广告，寻找贸易伙伴和交易机会，扩大贸易范围和商品所占市场份额。

其他参加交易各方——中介方、银行金融机构、信用卡公司、海关系统、商检系统、保险公司、税务系统、运输公司等也都为进行电子商务交易做好准备。

2. 交易过程

交易过程主要包括交易谈判与签订合同、办理交易手续，以及交易合同的履行和索赔三个阶段。

(1) 交易谈判与签订合同。这一阶段，买卖双方对所有交易细节进行谈判，将磋商结果以文件的形式确定下来，即以书面文件形式或电子文件形式签订贸易合同。电子商务的特点是可以签订电子合同，交易双方可以利用现代电子通信设备和通信方法，经过认真谈判和磋商后，将双方在交易中的权利，所承担的义务，交易商品的种类、数量、价格、交货地点、交货期限、交易方式和运输方式、违约和索赔等合同条款，全部以电子合同形式做出全面、详细的规定。合同双方可以利用 EDI 进行签约，通过数字签名等方式签名。

(2) 办理交易手续。买卖双方签订合同后，需要办理各种手续。交易中涉及中介方、银行金融机构、信用卡公司、海关系统、商检系统、保险公司、税务系统、运输公司等。买卖双方要利用 EDI 或 Internet 与有关各方进行各种电子票据和电子单据的交换，直到办理完可以将商品按合同规定从卖方开始向买方发货的一切手续为止。

(3) 交易合同的履行和索赔。交易合同的履行和索赔阶段是从买卖双方办完所有手续之后开始，卖方要备货、组货，同时投保、取证等，将买方所购商品交付给运输公司包装、起运、发货。买卖双方可以通过电子商务服务器跟踪发出的货物，银行和金融机构也按照合同处理双方收付款、进行结算、出具相应的银行单据等，直到买方收到自己所选购的商品，才完成了整个交易过程。如果交易过程出现违约，受损方要向违约方索赔。

3. 售后服务

售后服务对于 B2B 电子商务是不可或缺的。在互联网这个虚拟的交易平台上进行交易，买方往往更担心的是交易达成后，一旦所采购的商品出现问题，该如何解决及如何得到帮助，而卖方也会担心自己货物发出后，如果被拒付或无理退货该如何处理。因此，只有提供良好的售后服务，才能解决买卖双方的后顾之忧，从而让双方更好地合作。

三、企业间电子商务的实施与管理

从企业实施 B2B 的具体情况来看，可以分为自建网站和加入第三方平台两大模式。自建网站有电子商务模块和交易网页，这种方式也称为独立网站、垂直网站，它们是建设主体，同时也是交易主体之一。自建网站可以采用虚拟主机、主机托管、自备主机等方式。加入第三方平台也可称为联盟模式、网站模式，加入的网站可以是信息中介平台、大型采购网站、供应分销平台、行业网站。第三方交易平台为企业提供信息、交易等服务，这种网站可以是服务型企业电子商务模式，如阿里巴巴、相约中国，或者政府辅助型企业电子商务模式，如中国出口商品网、中国电子商务网，或者行业辅助型企业电子商务模式，如中国化工网、中国水泥网等。在实际操作中，企业一般自建网站同时也加入第三方平台，如图2-1所示。

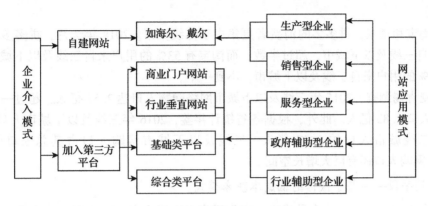

图2-1 企业实施电子商务的模式

复习思考题

1. 电子商务发展的主要模式有哪些？
2. 简述电子商务的分类。
3. 什么是EDI标准？它在国际电子商务中起什么作用？
4. 试述B2B电子商务的模式，各举出实际例子并比较不同模式的特点。
5. 对你熟悉的典型B2B、B2C网站进行观察，并尝试在线购买。

案例分析

新一代电子商务模式代表：拼多多

我国电子商务行业从1997年起步至今已有20多年，阿里巴巴和京东成为两大巨头，其他电商平台通过垂直电商等细分市场以获得发展空间。在这种格局下，拼多多依靠低价、社交、拼团、平台推荐、反向定制等方式，成为电商领域新一代运营模式的代表，撼动了行业格局。拼多多成立3年跻身国内前三大电商平台，获得腾讯投资、赴美上市。自2015年9月成立起，伴随着微信群里的拼团链接以及综艺节目广告，拼多多实现爆发式增长，活跃买家数从2017年第一季度的0.68亿人快速增长至2018年第二季度的3.44亿人。2018年拼多多营业收入为131.2亿元人民币，同比增长652.26%。

拼多多的崛起离不开以下六大要素：

1. 市场空间——低线城市价格敏感型消费者规模巨大

2017年，全国居民平均年消费支出为1.8万元，月均消费支出为1526元。中产阶级的崛起引起了大家对消费升级的关注，网易严选、京东等纷纷瞄准该市场，提供高品质、中高价格的产品，阿里巴巴也将流量向有品质保证的品牌商品倾斜。但 2017 年全国居民人均年消费支出仅为 18322 元，月均仅 1526 元，中低收入人群规模庞大，价格敏感型消费者仍是主流。根据国家统计局，2016 年有约 8.28 亿人的年可支配收入在 2.1 万元以下，低于当年全国居民人均可支配收入 2.38 万元，中低收入人群规模庞大。

拼多多抓住了这一人群特征，从该人群特征入手，引起该群体注意，开始扩大自己的市场影响力。

相比淘宝和京东，拼多多的消费者更集中于低线城市。2018 年 2 月，拼多多的用户中有 57% 来自三线及以下城市，超过半数；而淘宝有 53% 的用户来自三线及以下城市；京东则仅有 43% 的用户来自三线及以下城市，不到一半。

根据麦肯锡调查，2015 年三线及以下城市网络购物人口达 2.57 亿人，超过一二线城市网络购物人口 1.83 亿人。此外，根据各省统计年鉴，2016 年三线及以下城市人口约 10.34 亿人，一二线城市人口约 3.47 亿人。三线及以下城市网购人口占其总人口的比重为 24.85%，网购人口还有巨大增长空间。

2. 营销手段——基于微信的低成本获客模式

2015 年 9 月，拼多多公众号成立，宣告拼多多正式面市。2017 年 1 月 9 日，拼多多小程序上线，是微信第一批小程序。拼多多的迅速崛起非常依赖微信场景。

"社交 + 电商"为移动购物行业解决了用户增长放缓、低活跃、高流失等问题，促进了电子商务行业高速发展。拼多多基于微信的强社交关系，采取裂变式营销手段，取得了低成本甚至零成本获客的效果。例如，在"砍价免费拿"页面，为了免费获得原价为 92.4 元的 10 个陶瓷碗，可以进行"砍价"，自己可以砍价 14.78 元，假设之后分享到 5 个群后共有 10 个人帮忙砍价。朋友要想帮忙砍价，必须同意拼多多获取其个人微信头像和昵称，进入拼多多微信小程序，于是也成了拼多多的注册用户和月活跃用户。这 10 个人共砍掉 44.5 元，砍掉的金额有下降趋势，按照每人砍价 1 元左右计算，大约还需要 48 个人才可免费获得产品。同款产品在淘宝上仅售 20~30 元，这意味着拼多多只付出了约 20 元成本就获取了约 58 个微信用户。如果其中一半是拼多多的新用户，那么平均获客成本仅 0.69 元。如果消费者没有在限时 24 小时内成功邀请足够多的好友，则前面邀请的用户相当于免费帮拼多多获客。

拼多多类似的手段很多，如邀请朋友开宝箱获无门槛现金券等，本质都是借助社交平台低成本获客。2017 年，拼多多单个活跃买家产生的销售和营销费用为 5.5 元，其获客成本远低于阿里巴巴（2018 年为 44.1 元）和京东（2017 年为 51.0 元）。

拼多多的所有商品都有团购模式，团购价格和单独购买价格的明显价差，促使消费者在亲朋间主动传播。以团购价购买该商品后，需邀请朋友拼单。拼多多的所有点击都指向"分享给微信好友"，快速激活社交关系将其变现，充分利用了微信平台上亲人、朋友、同事等强社交关系，进行快速分享和传播，且熟人推荐转化率更高。

3. 广告赞助——集中赞助 13 档热门综艺打开知名度

（1）拼多多通过"拼多多"神曲和赞助 13 档热门节目与卫视平台进行合作以打开知名度。2017 年至今，拼多多赞助了多档收视率非常高的综艺和各卫视主打综艺节目，覆盖了湖南卫视、东方卫视、浙江卫视、江苏卫视等热门卫视。尤其是 2018 年 3~4 月，拼多多赞助的 6 档热门综艺先后开播。

（2）2017 年拼多多的销售和营销支出为 13.4 亿元，其中广告支出为 8.7 亿元，占 64%，2018 年一季度又进一步提升至 87.9%。

4. 低价定位——通过 C2M 模式和反向推荐打造低价爆款产品

拼多多的商品集中在生活用品、服饰等品类，大部分商品价格都不过百元。同一款产品，拼多多的价格经常是淘宝价格的六七折、京东的五折。拼多多要求参加活动的商户给出低于淘宝的价格。

拼多多如何做到比淘宝价格更低，且拉开明显差距的呢？一是拼多多弱化搜索，反向推荐。淘宝本质上是类似百度的搜索引擎式电商，它不直接销售产品，而是把所有商品和商家汇聚在淘宝平台上，提供搜索框让消费者自行寻找需要的商品并进行购买，通过收取广告费将首页等好位置和搜索后的好位置卖给商家。拼多多则是反向推荐式电商，首页未设置搜索框，而是把海量流量导向有限商品，打造爆款产品。对消费者来说，可以低价买到特定的产品；对商家来说，虽然单位产品价格低，但是订单量巨大，薄利多销。

二是缩短供应链。拼多多直接对接工厂，打造 C2M（客对厂）模式。以拼多多上热销的两款纸巾产品为例，植护和可心柔共计完成了 1097 万件拼单（截至 2018 年 6 月 26 日）。这两家的上游供应商是理文造纸厂，负责加工原浆、切割纸巾。理文造纸厂、植护、可心柔与拼多多合作，为拼多多的爆款产品提供全套生产服务，被称为"拼工厂"。拼多多上有很多类似的中小品牌商家，拼多多通过建立理文造纸厂这样配置齐全的"拼工厂"，制造出最符合基层消费者需求的爆款产品。对于消费者而言，直接从工厂购买产品缩短了供应链和成本，能以最低的价格买到产品；对于工厂而言，外贸大单整体减少，用工成本、用料成本越来越高，拼多多解决了它们的产能利用和对接品牌的销路问题；对于中小品牌商而言，拼多多为它们打造了"少库存、高单量"模式。

5. 购物流程——从首页到支付仅有 4 个环节，减少购物复杂性

微信用户与淘宝用户规模之间存在 5 亿人的差距，只用微信而不用淘宝的 5 亿名用户多为集中于低线城市的大龄用户。不用淘宝是因为他们不愿意多下载一个 App，或者不会用淘宝和支付宝。但在微信上可以直接从小程序进入拼多多，也可以使用红包里的零钱，甚至不用绑定银行卡，便利了那些对网络购物不熟悉的低线城市大龄用户。

拼多多的购物环节也少，从登录首页到支付仅有 4 个环节。而淘宝搜索式购物流程有 6 个环节，浏览式购物流程有 7 个环节。拼多多通过四大做法降低了网购的复杂性：①拼多多首页直接推荐产品，不放无效信息，避免点击多次才能到达产品页面；②拼多多没有设置购物车，一件产品直接支付购买，减少了消费者的犹豫时间；③所有产品都包邮，减少与客服沟通的需要；④先付款后拼团，拼多多把拼团环节放在支付环节之后，让消费者提前用团购价完成支付，随后再找人拼团，拼成功了便发货，不成功便退款。这种将支付环节提前的做法能尽快锁定消费者。

6. 商家服务——开店门槛低，流量向中小商家倾斜

拼多多开店门槛低，零门槛入驻，无佣金和广告费。拼多多目前不收取任何提点，商家入驻及发布产品也无须提前支付保证金，拼多多仅代微信、支付宝、QQ 钱包等第三方支付机构收取 0.6% 的支付服务费。但如果商家需要发布超过货值或库存限额的商品，或者想要

提现、报名活动时，需要先支付足额的店铺保证金，一般是 1000～2000 元，少数是 10000 元。

淘宝是搜索引擎式电商，通过收取佣金和广告费决定商品搜索排名，付出较高成本的商家和产品才可以获得较好的搜索位置，这也决定了这些产品不会是低价产品。拼多多目前则是低价导向制，虽然也有竞购搜索结果相关的关键词以及广告位，但也受销售额、商品质量和服务质量的影响。价格有优势就可以有较大销售额，可以参加活动继续增加流量。

根据拼多多的上市招股说明书，2018 年 3 月，拼多多平台的活跃商家超过 100 万家，约为 2017 年同期的 10 倍，活跃卖家高速增长。

案例思考题：
1. 拼多多的电子商务模式属于电子商务的哪种模式？
2. 拼多多是怎样实现企业间电子商务实施与管理的？
3. 试结合拼多多的案例，说说你对现在电子商务模式的看法。

第三章

电子商务战略与规划

> ● 内容提要 ●
>
> ❶ 电子商务战略的含义。
> ❷ 电子商务战略的层次性。
> ❸ 电子商务战略的实施途径及原则。
> ❹ 电子商务系统规划。

20 世纪 90 年代中期以来,电子商务开始萌发,对电子商务的研究成为国际学术界研究的热点。经过多年的努力,在经历了技术实现、商业模式探讨的阶段之后,企业电子商务应用才真正站稳脚跟。尤其是经历了互联网低潮之后,实务界和学术界逐渐认识到传统企业才是电子商务的真正主体,电子商务与传统商务流程的整合是新经济的真正优势所在。企业开始借助电子商务,实现业务模式的转变和企业核心竞争力再造。在此背景下,电子商务研究的重点开始转向企业的电子商务战略。

第一节 电子商务战略

一、电子商务战略概述

企业经营战略是指在市场经济条件下,企业为谋求长期生存和发展,在外部环境和内部环境分析研究的基础上,以正确的指导思想对企业的经营理念与使命、主要目标、重大经营方针、策略和实施步骤做出长远的、系统的和全局的谋划。

对现代企业而言,网络经济的发展,特别是作为网络经济核心内容之一的电子商务的发展,意味着企业在战略思想、理念、运行方式、组织结构等各个方面的革命性变化,速度、敏捷性、灵活性成为企业首先考虑的问题。电子商务将逐渐取代传统商务活动模式成为 21 世纪经济活动的核心,其实质并不只是网络交易,而是利用互联网彻底改变传统的商业运作模式,使企业获得突破性成长。为适应这种全新的经营环境,应对来自全球竞争者的挑战,期望在电子商务环境中迅速增长的企业,除了要重新选择适合自身发展的商业模式外,还必须重新审视传统的关于品牌、广告、分销、客户的价值观，重新定位实施新的战略。

（一）电子商务战略的含义

迈克尔·波特（Michael E. Porter）从定位的角度提出，战略是由独特而有价值的定位所创造出来的，它涉及一连串不同的活动。其本质是选择能与竞争对手有所差别的活动。传统企业的电子商务战略是指在企业总体战略体系内，利用电子商务对传统业务进行改造和创新，发掘和提升企业的竞争优势。现阶段，国内众多实施电子商务的传统企业往往只重视电子商务的应用，而忽视了前期的企业电子商务战略的开发。没有电子商务战略的电子商务应用是无本之木，难以成功。要正确理解电子商务战略，必须做到以下几点：

1. 灵活把握传统企业实施电子商务的本质

电子商务不仅仅是企业之间或是企业与消费者之间在信息网络上的买卖活动，更重要的是一种在信息网络上以建立新型经济联系和经济关系为目的的经济行为。在互联网时代，企业利用信息技术来改善内部沟通、提高运作效率、加强与供应商的联系、利用网站塑造企业和产品形象等一系列商务活动，都可以被理解为电子商务活动。所以，针对不同企业的业务特点和经营方式，对电子商务的本质应该有准确把握。

（1）企业业务流程的改造是开展电子商务的核心。企业电子商务必然伴随着企业业务流程的重组，业务流程重组必须先于电子商务实施。哈默（Hammer）曾经明确表示，在没有将企业业务流程理顺的情况下应用信息技术就是误入歧途，因为当企业只是追求自动化地处理原有业务时，往往会把那些原有业务中无效的环节，甚至无效的任务牢固地锁定在流程里。电子商务实施中最重要的工作不是软件开发，而是业务流程的改造与规划。

（2）培育企业的核心竞争力。核心竞争力是企业赢得竞争的基础和关键，是企业的立足之本，尤其对于供应链管理来说，核心竞争力是必不可少的。因此，加强企业核心竞争力的培养是企业实施电子商务最为重要的支撑条件。构成核心竞争力的要素包括企业员工拥有的技能、企业的技术体系、管理体系和在企业中占主导地位的价值观。企业的核心竞争力是上述四种要素构成的一个有机整体，它反映了企业的基本素质和发展潜力。如果说企业在市场上的竞争，短期内主要表现为产品价格与性能的竞争，那么从长期来看，这种竞争实际上是核心竞争力的竞争。

2. 将电子商务战略纳入企业总体战略体系

在进行电子商务战略规划时，企业应该把电子商务战略纳入企业总体战略体系，从战略高度指导企业的经营策略和电子商务应用。电子商务战略和企业战略之间具有很强的耦合性，企业战略决定了电子商务战略的目标和定位，而电子商务又促进和改变了企业战略的目标和实现途径。

3. 明确系统规划电子商务战略的重要性

现阶段，很多传统企业已经意识到电子商务能够给企业的经营活动带来活力和价值，但往往非常重视电子商务的后期应用，而对前期的电子商务战略缺少系统而全面的规划，因此为后期的系统实施留下很多隐患，甚至危及企业经营。

（二）电子商务战略的关键问题

电子商务的内容是非常丰富的，有管理制度的规范、运作模式的再造、供应链集成，还有企业核心能力的打造，以及品牌、文化的重塑等。在这些问题中，电子商务战略能否顺利实现的关键主要有以下几点：

（1）电子商务运作模式。一些专家学者从不同角度对电子商务运作模式进行了分类。彼得·韦尔（Peter Weill）等认为："企业的电子商务运作模式是根据企业自身的要求对原子电子商务模型所进行的整合。"所谓原子电子商务模型，是指从事电子商务最基本的方式，其数量有限，是复杂模式的基本构建模块。原子电子商务模型包括7种：内容提供商、直销、全面服务提供商、中介网站、共享基础设施、增值网络集成商和虚拟社区。不同企业可以选择不同的原子电子商务模型组合建立自身的电子商务运作模式。对于传统企业而言，它们应该把重点放在探索适合自己运作流程的模式上，同时，根据波特的价值链理论来寻找企业在电子商务价值链中的位置。

（2）电子商务核心竞争力。核心竞争力是竞争优势产生的基础。一般来讲，电子商务核心竞争力可能来自很多方面，如良好的客户关系和服务、高效的内部运作管理和敏捷的供应链集成等。企业应选取一个或几个点进行集中强化，才能在电子商务的应用中形成竞争优势，从而在电子商务供应链体系中占有一席之地。

（3）电子商务战略定位。定位的目的是把电子商务提供的核心价值传递给受众（消费者、供应商、社会公众等），并使该价值在受众的心目中得到强化。电子商务战略定位主要集中在技术、产品、服务、品牌等方面。

在当今的市场环境下，企业只有从战略的高度来看待电子商务应用，把握住电子商务战略中的关键问题，才能保证电子商务战略的成功实施。

（三）电子商务战略的作用

市场竞争机制正在将电子商务新的战略作用带入人们关心的焦点。企业实施电子商务，涉及企业运营、管理、组织的各个层面，包括完善和规范企业生产经营管理的模式，学习和掌握先进的 MRP Ⅱ、JIT、ERP 等管理思想和经验，促进企业内部结构的调整和革新，融入行业供应链和协作竞争等。通过那些成功应用了电子商务的企业可以看到一个事实：电子商务能够影响企业的效益，获得新的产品、新的市场。尤其重要的是，它可能导致组织结构的改变，促进企业革新，极大地改变机构发展的方向和速度。事实上，电子商务在企业经营活动中承担着重要的战略作用。

1. 打造核心竞争力的工具

未来的市场竞争必然是传统市场逐渐被电子虚拟市场替代的过程。在电子虚拟市场中，企业必须与其供应商、合作伙伴集成在一个供应链或者供应网中，在互联网的广阔空间内进行协作竞争。因此，企业的首要任务是找准自己所在价值链的位置，准确把握本企业在价值创造的链条中所具备的优势，努力打造企业参与竞争的核心竞争力。总之，参与全面的市场竞争战略需要得到现代管理技术和计算机技术构成的电子商务系统的支持，确定企业与竞争者、供应商及客户的关系形式，进而达成战略目标。

2. 对企业经营运作机制和组织结构的影响

企业经营战略与目标是确定企业内部结构的决定因素，称为"结构服从战略"。事实上，处于市场竞争中的企业，都在经常地调整内部结构以充分支持战略。电子商务对企业的作用就表现在运作模式和组织结构的改变上。企业要适应电子商务下的竞争环境，必须有相应的运作机制和组织结构支持。在运作机制上，电子商务首先使得企业必须按照规范化、灵活性、快速性和虚拟化的要求来组织经营活动，改过去由产品推动的运作模式为由客户需求拉动的模式，真正实现零库存的准时制生产。在组织结构上，企业内部实现扁平化结构；对外，企业通过互联网，适时地组成虚拟价值链和供应链，以快速响应市场和客户需求。

3. 企业革新的源泉和催化剂

革新是任何企业保持持续竞争优势的原动力。对企业而言，仅有"创造性"是不够的。因为"创造性"只是获取一种思想，而只有"革新"才可能将这种"创造性"转变为事实。电子商务使得企业高度协调化和信息交流网络化，使得企业直接接触客户、市场、竞争对手，使得知识的挖掘和共享成为可能，而知识是创新的源泉，电子商务的高度集成协调化又为革新创造了良好的环境。

4. 企业价值的增值器

电子商务不仅促使企业应用 ERP 等系统实现低成本高效运行，还从价值链的高度优化企业经营活动，从而最大限度地实现企业价值。更为重要的是，电子商务的应用使得企业把客户纳入其管理体系中，把客户作为一种重要经营资源来进行企业价值创造活动。企业通过客户关系管理，提升客户服务水平，提高满足客户满意度和忠诚度，最大化客户终身价值。客户资源的管理，还可以使得企业发现新的市场机遇和利润点。

综上所述，正确认识电子商务在企业发展中的战略作用，是企业系统目标正确定位的基本前提，而正确的系统目标定位则是系统建设和应用获得成功的根本保证。

（四）电子商务战略体系

在企业战略体系的构成问题上，建立和管理电子商务战略的问题与传统企业的战略管理相似。传统的企业战略管理理论认为，企业战略是企业在分析外部环境和内部条件现状及其变化趋势的基础上，为求得企业长期生存和不断发展而进行的整体性、全局性、长远性的谋划及其相应的对策。

在电子商务环境下，虽然企业的竞争环境和竞争特点都发生了变化，但是企业之间的竞争仍然是战略的竞争。能否正确地制定企业的电子商务应用战略和顺利实施，是企业制胜的关键。因此电子商务战略应用过程中，战略要素由五个方面组成：外部环境、内部资源及能力、战略目标与定位、战略途径和战略实施。这五个方面分别在不同阶段保证企业顺利进行电子商务战略应用。

1. 外部环境

企业外部环境分析主要包括社会政治环境分析和市场性分析。通过分析，企业可以了解电子商务应用的外部可行性和可能性。

2. 内部资源及能力

企业内部资源主要包括企业现有人力、资金、组织、技术条件、基础设施和信息化水平等。通过内部资源分析，企业可以把握企业电子商务应用的优势和瓶颈，估算企业电子商务应用能力和应用层次。

3. 战略目标与定位

企业电子商务战略目标必须与企业经营战略目标一致；电子商务战略的目标就是帮助实现企业经营战略和改进经营战略。

4. 战略途径

战略途径主要是解决电子商务战略中如何应用的问题，找出电子商务应用的突破点。这需要企业准确把握电子商务的价值创造本质，同时针对企业特点制定出电子商务应用的重点和要点。

5. 战略实施

由于电子商务的实施周期比较长、牵涉面广，在实施过程中存在各种问题，都增加了电子商务战略应用的不确定性和风险，与一般的信息系统项目相比困难更大。因此，企业必须根据自身条件选择合适的电子商务战略目标，并制订出详细的电子商务实施计划和评价指标，分阶段、分步骤实施。

（五）电子商务战略的特点

电子商务战略由于其特殊性，体现出以下特点：

1. 整体性和系统性

电子商务战略涉及企业经营业务活动的各个方面，需要从企业整体出发，用系统的思想来指导电子商务战略应用。

2. 层次性

电子商务战略具有鲜明的层次性，体现在企业应用过程中，底层应用有企业运作的规范化、流程化和数据化，中层应用有信息化和集成化，高层应用有供应链管理和网络交易等。企业电子商务应用必须按照从底层到高层的发展过程逐步推进。

3. 强耦合性

电子商务战略服从于企业经营战略，但并不是直接从企业战略中分解出来的，电子商务战略和企业战略之间有很强的耦合性。电子商务战略通过改变企业的竞争能力和竞争方式，会影响到企业经营战略，甚至会改变企业的经营战略。

4. 一次性和风险性

电子商务战略在企业的实施是一个从底层到高层、从基础建设到高级应用的过程，在这个过程中，信息基础设施、基础数据整理、软件开发、流程再造基本都是一次性的投入，而且耗时耗费，不可能推倒重来。因此，电子商务战略的制定必须谨慎，采取科学的态度和方法来实施。

总之，电子商务战略应用是一个复杂的过程，发展电子商务的企业必须根据电子商务战略的特点，科学、系统地应用电子商务战略。

二、电子商务战略的实施过程

电子商务战略的实施过程，也是电子商务价值的逐步实现过程，是一个从简单到复杂、从低端到高端的过程。在这个过程中，必须充分兼顾商务和技术两个方面的因素，以科学、合理的程序实施电子商务战略。从任务的性质和时间来看，电子商务战略的实施过程可以划分为五个阶段：

1. 商务分析阶段

这是实现电子商务战略应用战略的第一步。这一阶段的工作主要是充分进行宏观商务分析，主要包括市场分析（包括市场环境分析、客户分析、供求分析和竞争分析等）和需求分析（包括企业自身需求分析、市场需求分析以及客户需求分析等）两个方面。

在电子商务条件下，市场范围扩大，创新速度加快，竞争的压力越来越大，竞争的频率越来越高，因此必须对拟建的电子商务系统在未来可能面临的竞争尽可能地做出分析，从而最大限度地避免竞争失利。此外，还要对企业自身状况进行分析，包括企业组织、管理、业务流程、资源、产品、未来发展的分析等。要结合电子商务的特点，从供应链的角度重新审视企业组织、管理与业务流程、客户和产品，寻找与电子商务的最佳结合。

2. 系统规划与模型转变阶段

在完成上述商务分析的基础上，掌握电子商务最新技术进展，充分结合商务和技术两方面因素，提出电子系统的总体规划、系统作用和总体格局，也即确定电子商务系统的商务模式，以及与商务模式密切相关的网上品牌、网上商品、服务支持和营销策略四个要素。其任务就是将现有的商务模型成功转移到网络世界中，以创造一个面向互联网的电子商务模型，为企业创造最大价值。在这个转移过程中，要把每一个过程放在整体环境中加以考虑和整合，否则无法带来期望的客户服务改善和电子商务应用价值提高的效果。

3. 设计开发阶段

这个阶段的工作分为两条路线：一条路线是按照电子商务系统规划的模型，全面调整、变革传统的组织、管理和业务流程，以适应电子商务运作方式的要求；另一条路线是按照电子商务系统设计，全面进行网络平台建设和电子商务系统集成，完成电子商务系统技术支持体系的建设，从技术上保障电子商务战略的顺利实施。

4. 整合运行阶段

设计开发阶段完成后，就可以将经过变革的组织流程、管理流程和业务流程与已经建好的电子商务技术平台整合起来，进行电子商务系统的试运行；再经过必要的调整、改进后，就可以开始企业电子商务的全面应用。

5. 资源利用阶段

这是信息和知识的开发利用阶段。这个阶段的核心任务是知识发掘和管理，就是把电子商务业务系统中收集的大量业务数据抽取出来，专门用于业务和管理分析，把挖掘出的知识（如对客户和业务流程进行模式识别）用于实现持续学习，改进和指导下一步的经营活动和战略决策，从而形成电子商务战略的闭环应用。

第二节 电子商务战略实施

一、电子商务战略的层次性

电子商务战略的选择是资源与机遇的匹配过程，企业需要审视内、外部现有资源，根据自身的资源情况和现实情况来规划电子商务，制定本企业实施电子商务战略的近期、远期目标。因此，企业电子商务战略的选择更需要理性，遵循电子商务环境下的市场规律，顺应市场需求，因势利导，绝不能脱离现实，同时在实施过程中，注意调整和完善电子商务战略。

根据目前电子商务的应用状况与企业应用的纵深度和集成度，电子商务战略可分为三个层次：

（一）初级电子商务战略

1. 初级电子商务战略的表现形式和特征

此阶段电子商务战略主要是指企业注册一个域名，建立互联网站点，提供一些基本的功能，包括企业介绍、产品宣传和展示、与客户的沟通和联系等。从技术、商业和市场营销的角度来说，这具有划时代意义，它使企业和客户能够以全新的方式看待各方之间的关系。电子商务通过互联网可提供广告宣传、企业信息发布、交易的咨询洽谈、电子账户、销售前后的服务传递、客户的意见征询、对交易过程的管理等各项功能。从技术表现形式来看，企业网站又可以分为静态型网站和动态交互型网站。

静态网站是简单地把企业和产品相关资料放到网上以供访问者单向浏览的网站，即访问者不能向企业反馈信息，企业也不能够通过网站获得访问者的意向和相关信息。这样的网站能够实现的功能有限，不能够很好地帮助企业开展经营活动和提高经营效率。静态网站的最主要功能就是宣传和展示企业的形象和产品。

动态网站通过适当的数据库和 Web 技术，可以实现某些动态交互功能，包括访问者与网站的交互、访问者与企业的交互和企业对网站内容的动态更新维护等。也就是说，访问者可以通过网站向企业表达自己的合作、购买、投诉和建议等意向，实现购买，进行反馈评价等。

此外，企业内部开始使用财务电算化系统、进销存信息管理系统、办公自动化系统等，着眼于某些工作岗位和个别业务执行效率的提高。

2. 初级电子商务战略的实施

初级电子商务战略的首要目标是拓展渠道，其实施较为简单。

在技术方面，首先要建立适合的社区。客户不再仅仅是市场的组成部分，而是社区的成员。这个社区由对相似产品感兴趣的人们组成，企业可以通过尝试进入这些社区从而得到关于现有产品和服务的反馈信息。不仅在 B2B 领域如此，在 B2C 领域也是这样。

在组织方面，对企业的流程或文化进行变革是关键的。企业必须坚持电子商务的既定目标，彻底改变企业行为，使之与目标中的企业文化和流程模型相一致；同时，保证企业拥有精确、及时、详细的传达各种信息的能力。企业必须做到正确传递信息，向愿意迎接电子商务挑战的员工证明其开放性，从而将员工整合起来。企业还应创建一个交互式的工作环境，改变沟通方式，制订明确的沟通方法和知识管理计划，鼓励每个人为这些计划贡献自己的力量。

在网络营销方面，互联网是一个全新的营销渠道，企业必须制定营销战略，促使客户访问企业的网站。企业也不应忽视传统媒体的力量以及对新老媒体的结合使用，营销部门需要应用网页技术为自己的目标市场制定合适的促销和广告策略。企业还应专门建立一个内容管理团队来负责企业网站的管理工作。

在客户服务方面，为了成功地实现客户服务电子化，企业应该利用数据仓库和数据挖掘技术。企业数据库中的数据经过提取、汇集、编辑、索引然后建立数据仓库，使企业能够进行数据挖掘。通过数据挖掘，企业可以从数据库中发现数据之间存在的广泛联系和模式，发现一些对企业有利的潮流趋势和潜在机会。企业应使用 Web 可以给某个特定的客户，如个人、家庭或企业提供定制的产品，并且根据客户反馈提供定制的服务。使用互联网技术，企业可以给客户提供更快、更好、更便宜的网络购物，同时通过互联网技术提供客户服务来培养购销双方的信任，在销售过程中和销售之后为客户提供快速、迅捷并且平等的个性化服务。

3. 初级电子商务战略的适用性及存在的问题

初级电子商务不要求企业有完善的电子支付系统、良好的物流配送系统、优秀的企业信息系统等，企业只是将电子商务作为宣传媒体和传统业务流程的辅助，没有将电子商务作为主要的业务方式，更没有充分挖掘电子商务作为企业自身改造手段的巨大作用。

因此，电子商务在发展广度的同时，也要向纵深发展，即提高电子商务的应用层次。对于开始实施电子商务战略的企业来说，一开始就应该有明确的实施目标，并制订比较全面的执行计划。如果企业条件比较适合开展电子商务，就应该以完全的电子商务化为最终目标。

（二）中级电子商务战略

此阶段的电子商务战略是完整的电子商务。完整的电子商务应该是利用信息技术进行全部的价值创造活动，即在网上将信息流、商流、资金流和部分物流完整地实现，也就是说，包括采购、生产、销售、服务、产品开发等，整个商务过程通过网络形成一个集成价值链。

完整的电子商务不仅具有一个基于互联网的能够发布产品和服务信息、接受客户订单的前台系统，而且包括强大的后端应用系统，如企业资源规划（ERP）系统、供应链管理（SCM）系统、客户关系管理（CRM）系统等支持基础业务运行的系统，以实现企业全部业务流程高度集成、信息自动密集交换和程序化管理。

电子商务企业将从网上商店和门户的初级形态，过渡到将企业的核心业务流程、客户关系管理等都延伸到互联网上，使产品和服务更贴近客户需求。互动、实时成为企业信息交流的共同特点，网络成为企业资源计划、客户关系管理及供应链管理的中枢神经。企业将创建并形成新的价值链，把新老上下游利益相关者联合起来，形成更高效的战略联盟，共同谋求更大的利益。

1. 中级电子商务战略的要求

企业要实现中级电子商务战略，必须满足以下三个方面的要求：

（1）基础管理的规范化和企业内部信息化。企业应按照电子商务的客观要求进行管理创新，在基础数据管理、基础业务流程设计及管理、内部控制的设计及管理方面，建立科学的规范，并实现高度信息化。

（2）业务流程的整合和管理模式的转变。电子商务不仅仅意味着管理手段的变化，而且更多地体现为价值创造过程中流程的优化和再设计，以面向客户为中心的管理模式和管理理念。

（3）完整的电子商务除了涉及买家和卖家外，还要有银行或金融机构、政府机构、认证机构、配送中心等机构的参与和配合才能共同完成。

2. 中级电子商务战略的适用性

中级电子商务战略有明确的商业模式和盈利模式，是目前企业应用的重点，有很好的市场需求（现实的和未来的）。但它对企业素质和信息化水平要求较高，同时涉及业务流程、供应链的再造和设计，因此实施难度非常大，需要实施团队有丰富的电子商务经验、充足的资金准备。另外，还需要网上银行、网上认证、物流配送等社会服务体系不断完善。

（三）高级电子商务战略

到高级电子商务战略阶段，内部业务流程变化的作用已经到了尽头，企业要做的是重新定义本企业所控制的行业价值链中的各元素，最终使企业达到无边界的行业融合。这个层次独立于以上以应用深度和广度为主线的层次体系，是以业务或技术创新为导向或保障的新业务形式。

1. 高级电子商务战略的体系结构

高级电子商务战略的网络平台建设主要涉及 Intranet、Extranet 和 Internet 三种类型。其中，Intranet 是一种利用互联网技术实现的能提供企业各部门之间进行信息交互与业务集成的通用平台；Extranet 能使企业实现与上级机关或政府部门、合作伙伴、相关企业、主要客户之间的信息共享和业务协作；在 Internet 上，企业可以实现业务运作和客户服务的全球化经营。

2. 高级电子商务战略的特征

（1）实施价值网络管理。企业将致力于创建和管理品牌、建立一个强有力的价值网络团队以及协调与客户的关系，成为整个价值网络的控制者。

（2）价值网络管理是优化客户关系、内部运作、业务合作伙伴关系以及供应商关系的一门艺术。价值网络管理者需要持续地监测企业运作的各个指标，包括工作负载、预报市场条件变化、生产能力、生产瓶颈、网络伙伴的运作以及企业正常生产的威胁等。企业需要应用优化软件将企业的产品和服务或者定位于满足内部最大的生产能力上，或者定位于满足网络业务合作伙伴的订单需求上，同时与网络上的所有生产计划同步。

（3）价值网络管理是一个有效决策的过程。如果企业能够将这一能力转化为自身核心竞争力，将在今后的市场竞争中获得战略优势。

二、电子商务战略的实施途径

互联网经济的高度不确定性、高度交互性、模糊的组织边界以及复杂的价值创造机理，对企业竞争战略的适应性和动态性提出了更高的要求。如何制定出适合企业要求的电子商务战略来提高整个企业的商业智能和持续获利能力，已经成为企业迫切需要解决的问题。

（一）电子商务战略途径

战略途径是指企业为其长期战略决策在多维竞争空间所勾画的途径，它体现了战略决策的途径依赖性和动态性两个特点。这对于分析、研究企业在经营环境发生变化时的"转换能力"有着重要意义，同时也说明了企业的战略途径决定于并影响着最终的战略决策。

电子商务战略途径是指在动态的竞争环境里，企业在向电子商务企业转变的过程中所经历的途径。它涉及如何有效地利用其已有的资源，根据行业环境的变化来部署其电子商务的重心，以促进公司战略的实现。简单地说，它就是连接电子商务战略与公司战略的纽带。

霍夫特（Hooft）在战略信息系统规划理论的基础上提出的联合规划模型反映了电子商务战略与信息战略及公司战略之间的关系。首先，企业需要鉴别电子商务对企业所处行业的影响，分析企业目前的竞争状态，并结合IT发展的新趋势分析电子商务将如何影响企业的未来。电子商务对企业未来的影响可以通过影响商业战略、信息战略、商业架构和信息架构来实现。企业需要结合其现有的商业架构和信息架构确定电子商务的应用范围，建立恰当的电子商务应用，以支持企业战略目标的实现。

电子商务战略途径直接影响企业能否成功、有效地实施电子商务战略，决定了电子商务战略与公司整体战略的一致性。这一途径的选择虽然与企业的竞争地位和信息技术能力密切相关，但从根本上还是决定于企业的业务本质。哈佛商学院的哈格尔三世（Hagel Ⅲ）和辛格（Singer）认为，任何企业都由三种基本的业务形式组成：客户关系业务、产品创新业务以及基础架构业务。这三种形式的业务相互关联，同时又各自具有独特的经济的、竞争的甚至文化的规则：客户关系业务主要涉及如何发现客户并与客户建立恰当的关系；产品创新业务考虑的是有吸引力的新产品或服务，并计划应该如何将新的产品/服务推向市场；基础架构业务关注的是如何建立、管理相应的设施以保证高效的运营，如物流、制造以及通信等。

综合考虑企业的业务形式和电子商务的本质，可以将电子商务战略途径分为三种基本形式：产品创新、业务优化和关系促进。产品创新是指企业通过引入电子商务系统来提高其产品创新能力；业务优化是指企业使用电子商务技术来提高内部的运行效率，这通常与降低成本、提高质量、加快响应速度相关；关系促进在信息时代显得特别重要，是指企业通过改进企业与客户、企业与供应商、企业与其他业务伙伴之间的关系来最大化它的价值。

电子商务的三个基本战略途径是电子商务战略与公司整体战略的三个基本连接纽带，它们本身并不相互排斥。企业需要通过这三种基本战略途径的不同组合，形成适合其自己的实现公司整体战略的途径。

（二）电子商务战略途径的选择

企业在选择电子商务战略途径的过程中，必须意识到企业价值的复杂性和多面性，对电子商务战略所带来的各方面的价值变化以及对企业的微生态系统所带来的影响，特别是对伙伴关系的影响，有充分的了解和详细的规划。因此，结合电子商务战略的本质，可以用一种过程观点来分析、选择电子商务战略途径，通过企业之间、企业与环境之间双向交互的变化过程，较详细地描述分析电子商务战略途径所需要考虑的因素。在电子商务战略途径选择的决定因素中，集成范围、价值创造和时间这三个决定因素既反映了企业在电子商务战略规划过程中需要考虑的战略重点，又体现了电子商务战略途径的动态特性。

1. 集成范围

由于电子商务不仅涉及企业的内部业务流程，而且与客户关系管理、供应链管理以及其他伙伴关系管理有关，因此，企业在制定电子商务战略时必须明确地定义其集成范围，才能保证达到既定的目标。电子商务的集成范围可以分成三类：内部价值链集成、外部供应链集成和价值体系集成。

霍夫特和斯特格威（Stegwee）提出的电子商务价值链可以帮助分析电子商务在企业内部的应用情况。在电子商务战略的部署中，为了避免产生信息孤岛，辅助的价值活动和主要的价值活动应该集成在一起。企业还要考虑这些辅助的价值活动如何支持将来的电子商务发展，并根据需要重新部署原有的价值活动，以便更好地与电子商务应用集成在一起实现目标最大化。哈克巴斯（Hackbarth）和凯廷格（Kettinger）提出的"客户/供应商生命周期"是一个特别有用的计划工具，它允许企业同时从买方和卖方两方面来规划它的电子商务战略。正如哈克巴斯和凯廷格所说："在这种情况下，系统地检查所有存在的顾客与供应商的接触点，考虑如何应用电子商务技术改善交互过程是非常必要的。"

另外，传统的线性价值链也随着信息技术的发展和全球化的趋势向三维的价值体系发展。在电子商务环境下，创造价值的源泉不仅来源于企业的顾客和供应商，还可能来源于其他商业伙伴，根据商业目标和伙伴关系确定恰当的集成范围也是至关重要的。

2. 价值创造

传统的价值创造的观点是以企业为中心、以效率为驱动的，它通常认为价值创造应该是一个企业内部生产商品和服务的低成本、高效率的过程。目前有许多研究是关于电子商务是如何提高企业的运营效率和如何降低企业成本的。但是实际上，电子商务的概念本身鼓励企业去突破它现有的局限，从更广泛的角度看待其具有的价值。Boulto 等提出了一个动态价值框架，以便帮助企业更好地鉴别、利用企业的有形和无形资产，克服传统价值评估体系的局限。将它应用到电子商务的战略制定过程中，不仅可以帮助企业明确电子商务战略和企业战略的关系，还可以通过全面评估电子商务战略对企业的价值贡献来帮助企业确定其战略目标。根据价值动态框架，电子商务的战略价值可以从五个方面的资产来衡量：物理方面、财务方面、面向雇员与供应商方面、面向客户方面、面向组织的资产方面。这个框架的另一个意义在于它可以帮助企业在规划电子商务战略时鉴别其对内向和外向关系资产的影响。企业的外向关系包括客户和市场联盟等，而雇员和供应商则属于企业的内向关系资产，这些关系型资产在电子商务环境中是不能忽略的。

从这个模型可以分析出，电子商务在价值创造机理上有如下特点：

（1）电子商务不但影响企业的有形资产，而且也影响企业的无形资产。在评估电子商务的战略意义时，不能仅仅考虑资产负债表中数字的变化，更应考虑电子商务在改进伙伴关系等方面的作用。

（2）在电子商务战略的部署过程中，不仅要利用企业所拥有的资源，一些位于企业外部、不为企业所控制的资源（客户和伙伴）也可以发挥相应的作用。

（3）电子商务战略应该通过它对这五方面资产的综合影响提高企业的整体价值。比如，通过客户关系管理系统增加企业所拥有的客户资产，通过知识管理系统提高企业的学习能力、增加企业所拥有的面向组织的资产。

（4）电子商务对每类资产的影响都有不同的生命周期，如何有效地管理这五个方面的价值影响是值得企业注意的问题。

3. 时间

在如今日益复杂、多变的市场环境中，企业的竞争优势难以持久，企业需要以一种"未来－回顾"的观点来动态地部署企业战略。在电子商务战略的框架中引入时间这一维度，有利于反映企业电子商务战略演变的持续性。

电子商务的时间维度有两层含义：首先，企业必须意识到电子商务战略为企业所创造的价值是随着时间的变化而变化的。由于技术的飞速演进和通信网络的迅猛扩张，在任何时候都应将自己置于不断更新电子商务战略以占据新的竞争位置的过程之中。同时，由于技术发展十分迅速，技术势必变得越来越便宜，企业还需要权衡长期的经济目标和当前的技术价值。其次，电子商务的集成范围应该与企业整体的发展战略在时间上相匹配，要争取以最小的风险获得最大的价值。

电子商务战略具有动态性和途径依赖性的特点，根据这种特性，提出产品创新、业务优化和关系促进三种基本的电子商务战略途径，并结合电子商务战略途径的过程分析模型，可以通过考虑集成范围、价值创造与时间这三个电子商务战略的决定因素，为企业制定动态的电子商务战略提供一个具有指导意义的分析框架。

三、电子商务战略的实施原则

（一）确立"商务为本"的指导思想

在选择电子商务实施方案时，要注重企业的商务选择和利益判断，避免过度技术化的倾向，避免追求表面的商务"电子化"而忽略了商务活动本身的需求；要认真研究企业的商务需求，以此确定其技术方案和服务方式。

（二）适用与创新相结合

首先是适用，即面向企业电子商务的企业管理软件技术方案要充分适应我国企业目前的商务水平。为此，必须做好企业管理软件系统的总体规划，确定切实可行的商务模式，设计和开发实用、有效的技术解决方案，在现有条件下最大限度地推动企业管理水平和经营效益显著提高。实施电子商务系统，必须重组企业业务流程，不能沿用旧的或习惯的管理方式，但必须在尊重客观事实的基础上进行创新和重组。

（三）提倡前瞻的实施原则

电子商务尚未发展成熟，其游戏规则尚不明确，电子商务技术也在不断发展和完善，因此，企业无论在实施思想还是实施技术方面都要留有进一步发展、变通的空间，以前瞻的眼光实施电子商务战略。

四、电子商务战略成功的关键因素

电子商务战略的实施，要注重每个细节的执行，并且应该制定出详细的战略实施方案。从企业全局的角度来看，领导、人员、资源和组织四个方面尤其需要关注，是战略成功实施的重要保障。

（一）领导

电子商务战略应该是"一把手"负责的工程，不论在战略规划还是实施过程中，必须坚持"一把手"领导，才能引起企业上下足够的重视和配合；另外，要实行"一把手"领导下的分工负责制，选取企业副总以上的管理人员担任项目直接负责人。

（二）人员

电子商务战略应用是一个广泛的工程，在不同阶段需要来自不同部门、不同背景的相关人员参加，涉及人员包括高层决策人员、管理人员、基层业务人员和信息部门的技术人员等。电子商务战略的规划和制定必须由高层决策人员和管理以及技术专家来完成；系统分析和设计则需要业务专家和信息技术人员密切配合；对于基层人员，除了要征求他们的意见、取得他们的配合外，还要对他们进行充分的培训，使他们从思想上和业务上均为电子商务应用做好准备。

（三）资源

电子商务战略应用对资源的需求是庞大的，不仅需要企业持续的资金投入，还需要技术资源等作为保障。

（四）组织

电子商务战略应用是一个复杂的过程，涉及很多业务环节和部门，因此需要加强管理和组织工作。为此，企业必须成立电子商务项目组，在电子商务项目生命周期中，科学地组织各项活动。

第三节　电子商务系统规划

电子商务系统的核心是商务，是以客户为中心的业务流程再造和价值链重新设计。因此，在电子商务系统应用的过程中，必须充分研究商务方面的因素，即电子商务系统规划必须以商务为导向，而不是让技术来引导。

一、电子商务系统规划概述

（一）电子商务系统规划的含义及其意义

一般来讲，规划是为了完成未来的某个目标计划而进行的目标定义、任务范围分析，并设计相关的实施步骤。其主要内容是给出达到这一目标的行动计划，要求指明行动过程中的任务构成、人员组织、时间及安排。

电子商务系统规划是指以完成企业核心业务转向电子商务为目标，给定未来企业的电子商务发展战略，明确未来企业的商务模式、盈利方式和商务模型，设计支持未来这种转变的电子商务系统的体系结构，说明系统各组成部分的结构及其组成，选择构造这一系统的技术方案，给出系统建设的实施步骤及时间安排，说明系统建设的人员组织，给出评估系统的指标体系。

电子商务系统规划的首要依据是企业商务战略目标，这就保证了电子商务系统能够与企业战略目标高度一致，从而避免了电子商务实施过程中偏离商务战略目标的风险。

电子商务系统规划明确了系统的目标、范围、规模、实施方式等内容，提出了一个轮廓性、框架性的方案，为企业电子商务分阶段实施提供了参考依据，增强了电子商务实施的可预见性，增加了电子商务实施成功的可能性。

电子商务规划通过分析商务战略、市场需求、核心业务等，帮助企业发现新的利润点、价值增长模式，从而培育电子商务环境下企业的竞争优势，保证企业商务活动的成功转型。

（二）电子商务系统规划的内容

电子商务系统规划的主要目标是在确定系统目标和定位的基础上，制定出电子商务系统的长期发展方案和战略，决定电子商务系统在整个建设过程中的发展方向、规模和发展进程。它对于企业开展电子商务具有决定性的作用。它的主要任务包含以下几个方面的内容：

1. 电子商务战略分析与定位

由于电子商务系统的开发需要企业投入很多资源，因此，开发电子商务系统首先应该明确系统的目标和定位。

对于企业而言，其商务目标是为了最大限度地持续扩大利润空间，增加企业收入。为了达到这一目标，需要提高企业的核心竞争力，扩大市场份额。商务和电子技术结合开发的电子商务系统就是为了提高企业的核心竞争力，所以在设计电子商务系统之前，必须明确、完整地了解企业的战略目标。电子商务活动是企业经营活动的一部分，所以，电子商务系统规划的目标和定位是同企业整体战略目标和企业定位一致的。制定电子商务发展战略，就需要分析调查企业、市场和竞争对手，明确企业的目标和经营策略，评价现有信息系统，明确市场的各种特点和竞争对手的情况，在此基础上确定电子商务系统战略。

2. 确定商务模型

开发电子商务系统的一个重要目的就是盈利，即企业采用什么样的商务运作模式来获取市场利益，其获利方式有哪些，这些需要确定企业的核心业务所适用的商务模型。明确企业的获利方式、服务对象和服务内容，不同的商务模型直接关系企业构造电子商务系统所采取的策略和电子商务系统的基本功能。

成功的商务模型一般至少要包括以下几个要素：利润点、收入模式、商业策略、客户价值、定价模式。

3. 确定电子商务系统模型

在确定了商务模型后，需要结合电子商务的特点，确定企业的电子商务系统模型如何实现，确定实现这一电子商务系统模型的各个具体组成部门的逻辑框架，即系统模型。

4. 进行可行性分析

根据电子商务系统的环境、资源等条件，评估系统建设的成本和收益，对系统在技术上、经济上、管理上的可行性进行分析，判断要建设的电子商务系统是否有必要，是否有可能获得成功。

（三）电子商务系统规划方法

从业务流程上来看，电子商务系统与传统企业信息系统的主要差别在于电子商务系统实施的是以客户为中心的商务模式，而不是传统企业信息系统以改善企业生产和管理效率为主要手段的模式。

从信息交换和数据处理上来看,电子商务系统涵盖了企业的市场、销售、生产、支付、物流、客户关系等各个业务环节,不仅需要与企业内部的信息流整合,还需要集成外部的信息系统,形成一个复杂的网状结构。所以,它的规划不能采用传统的方式处理。下面介绍几种流行的电子商务系统规划方法:

1. IBM 公司的系统规划方法

IBM 公司作为电子商务领域的先驱和领导者,将电子商务系统规划划分为如下几个阶段:

(1) 战略开发阶段:确定电子商务系统的发展战略和开发路线。

(2) 体系结构设计阶段:设计电子商务的体系结构,包括处理、内容、应用和技术等。

(3) 开发阶段:按照设计思路,开发系统并进行测试。

(4) 运营阶段:根据实际运营状态和业务流程的变更等对系统进行应用维护。

2. Prient 公司的系统规划方法

电子商务解决方案提供商 Prient 公司则认为,电子商务系统规划应该划分为如下几个方面:

(1) 战略规划:对电子商务的商业运作模式、市场策略、资金运作模式等的策划。

(2) 内容管理:网站信息内容的策划组织、个性化动态内容的设计和应用。

(3) 应用管理:Web 应用的开发和应用、与现有信息系统的集成、建立快速强大的电子业务应用平台。

(4) 知识管理:业务信息的集成和信息交互及协同,包括客户关系管理、智能业务管理、数据仓库和数据挖掘,实现技术与业务领域的有效结合。

由以上两个公司对电子商务系统规划设计的考虑来看,可以知道:电子商务系统规划的过程是一个集企业商务模型变革和系统开发为一体的过程。电子商务系统不仅仅是企业现有商务活动的网上翻版,而应该是企业商务运作再思考和彻底再设计的过程,成为企业价值链的增值器,使企业与合作伙伴、客户形成一个新的互动的整体,以求得企业效益的最大化。

3. 一般系统规划方法

电子商务系统规划可以从两个层次进行:商务模型规划和商务系统规划,如图 3 – 1 所示。

(1) 商务模型规划。商务模型规划是一种战略层的规划,目标是明确企业将核心业务从传统方式转变为电子方式时需要采取的措施,确定企业的商务模型。概括地说,就是确定企业未来核心业务的路线。确定这一规划时,技术人员是其次的,更重要的是商务管理和决策层面的人员。

(2) 商务系统规划。商务系统规划是战术层的规划,它侧重于以商务模型为基础,规划支持企业商务活动的技术手段,确定信息系统的体系结构。商务系统规划给出电子商务系统开发可依据的一个基本框架,所以要解决的基本问题是如何实现商务活动。由于这一规划过程侧重于技术实现,所以它的主要参与人员以熟悉网络和计算机技术的各类工程技术人员为主。

另外,在电子商务系统规划过程中,还可以借鉴和使用传统的信息系统规划方法,如关键成功因素法(Critical Success Factors,CSF)、企业系统规划法(Business System Planning,BSP)等。

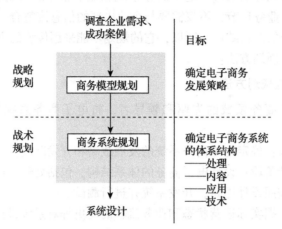

图 3-1 电子商务系统规划的层次

二、电子商务系统规划的过程

电子商务系统规划通常可分为电子商务战略分析与定位、商务模型规划和商务系统规划三个阶段,最后给出规划报告。

(一)电子商务战略分析与定位

在进行电子商务系统规划之前,详细的调查和分析是非常必要的。电子商务战略分析与定位是系统规划的重要依据和成功的保障,包括企业目标和战略分析、外部战略环境分析、内部资源和能力分析、电子商务战略目标确定。

1. 企业目标和战略分析

电子商务战略分析的第一步是考察企业总体战略目标。企业总体战略目标限定了企业竞争活动的范围,即各种行业和市场。实施电子商务应该从考察总体战略目标出发,调查电子商务战略是否适应企业的总体战略目标,为电子商务的应用范围指引明确的方向。

2. 外部战略环境分析

外部环境是企业战略的出发点。外部环境对企业的发展影响很大,因此企业实行战略管理要适应外部环境变化的需要,包括国家发展战略、行业发展规划及技术政策和本地区经济发展动态。

企业的外部环境可以分为三个主要层次:总体环境、行业环境和竞争环境。

(1)总体环境(General Environment)。总体环境包括广阔的社会环境中影响一个行业和企业的各种因素,如人口、经济、法律政策、社会文化、技术和全球大环境。这些环境因素不可控制,企业必须收集并分析总体环境的各方面因素及其意义,找出其中的规律,以及可能存在的风险与机遇。

(2)行业环境(Industry Environment)。与总体环境相比,行业环境对竞争优势和利润的影响更为直接。一个行业的竞争程度和行业利润潜力可以由五个方面的竞争力量反映并决定：新进入者的威胁、供应商讨价还价的能力、买方讨价还价的能力、替代品的威胁、竞争对手之间的竞争。

通过对五种行业力量的分析，企业应当能够对该行业的吸引力做出判断，看是否有机会获得足够甚至超常的投资回报。

（3）竞争环境（Competitive Environment）。竞争环境分析主要是竞争对手分析，分析应该包括与企业直接竞争的每一个公司。通过对竞争对手未来目标、当前战略、想法、能力的分析，企业应该清楚三个问题：竞争对手未来会做什么，与竞争对手相比企业的优势在哪里，以及这些优势将会怎样改变企业与竞争对手的关系。

3. 内部资源及能力分析

内部资源及能力是企业战略的核心。企业进行战略管理主要是为了提高竞争力，以"强筋壮骨"、称雄市场。对于企业来说，发展条件的好坏不是绝对的，关键要看自己的长处，以己之长攻彼之短，方能百战不殆。企业竞争战略是多层次的，但战略竞争的核心竞争力是由全体员工的知识技术体系、企业技术体系、企业管理体系及企业文化体系等要素组成的，这是更高层次的竞争，也是一些企业所缺乏的。

企业是资源和能力的组合，这些资源和能力是组织战略的基础，也是企业利润的重要来源。资源、能力及核心竞争力是企业竞争优势的基础。内部分析就是通过对企业资源和能力的分析，发现企业的核心竞争力，从而形成企业的竞争优势。

4. 电子商务战略目标与定位

企业电子商务的目标就是企业通过电子商务可以达到的目的，这个目标的确定，实际上也就为未来的电子商务系统建设目标提供了最初的也是最基本的依据。

在进行了行业结构分析、市场和产品分析、竞争对手分析、企业资源和能力分析后，可以结合电子商务和网络技术的特点，确定企业开展电子商务的目标。企业开展电子商务可能有以下目的：

1）利用信息系统和网络改善企业的运作模式，提高运营效率，降低成本。
2）利用电子商务开发满足客户需要的新增值服务或新产品，提高产品竞争力。
3）利用电子商务促进企业的价值链增值，提升企业价值。
4）利用电子商务开展个性化服务，提高客户服务水平，改善客户关系。
5）利用电子商务与合作伙伴形成虚拟的、更为紧密的企业联盟或共同市场，产生协同效应。
6）利用电子商务使企业的信息流、资金流、物流三流合一，实现企业快捷生产，缩短商务周期，提高市场反应能力。
7）利用电子商务直接与最终消费者沟通，有效树立企业的品牌和形象。
8）利用电子商务实现技术创新。
9）利用电子商务提高企业的管理能力和组织水平，创建学习型组织。

（二）商务模型规划

商务模型规划并不是直接针对需要构造的电子商务系统，它的主要目的是为电子商务系统的规划设计提供框架性指导。商务模型规划的基本过程分为两个阶段：

第一阶段：分析企业的核心业务流程和商务活动的基本模式类型，确定企业未来的商务模式，包括企业服务的对象、企业的核心业务及盈利模式、企业业务的增值点和延伸范围等。

第二阶段：规划企业的商务模型。规划企业商务模型的基本思路为：在对企业核心业务过程进行分析、对影响企业基本业务流程的环境因素进行分析的基础上，根据已确定的商务模式和亚模式，对企业核心业务过程进行流程再造，以缩短企业的产品供应链、加速客户服务响应、提高客户个性化服务水平、提高企业信息资源的共享和增值为目标，抽象企业商务模型的基本组成单元，界定其相互关系。具体内容包括：分析电子商务手段对企业商务活动各个环节的影响，分析企业内部信息系统在企业电子商务过程中的支持作用，确定与企业外部信息系统的交互接口，抽象企业商务模型中的基本组成单元等环节。与此同时，确定企业的外部环境。最后明确企业信息流、资金流和商品流的关系，进而建立起企业的商务模型。

商务模型规划的基本过程如图3-2所示。

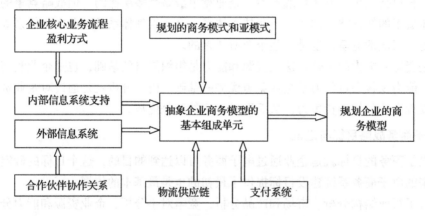

图3-2 商务模型规划的基本过程

（三）商务系统规划

商务系统规划的基本思路是：将电子商务系统划分为不同的层次，使复杂的问题简单化，在每个层次解决特定的和有限的问题，通过逐层细化，最终获得规划的完整结果。

商务系统规划的目标是完成从商务模型到电子商务系统体系结构的转化。电子商务系统规划所要解决的问题通过逐层细化，给出支持企业商务活动的电子商务系统的体系结构。

商务系统规划的主要内容包括以下三点：
1）电子商务系统的核心业务功能。
2）关键业务流程。
3）电子商务系统的体系结构：规划电子商务系统的基本组成部分，说明各个层次的联系、各个组成部分对电子商务系统的作用、电子商务系统的结构、应用软件系统的拓扑结构、基础网络环境。

商务系统规划的基本过程具体包括构造应用模型、规划应用平台、界定基础设施环境等步骤，如图3-3所示。

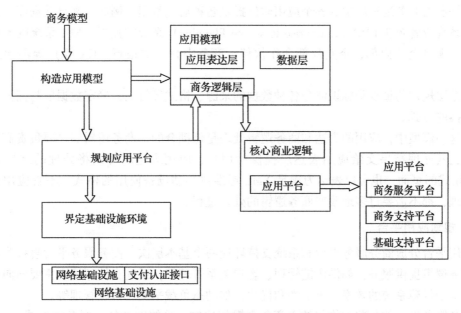

图 3-3　商务系统规划的基本过程

1. 构造应用模型

应用模型（Application Model）表达的是应用之间的一种逻辑关系。应用模型可分为三个层次，即应用表达层（Presentation）、商务逻辑层（Business Logic）和数据层（Data），如图 3-4 所示。

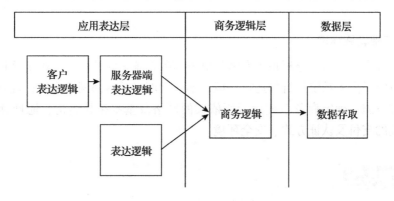

图 3-4　商务系统中应用模型的基本层次

应用表达层为最终用户提供界面，同时也是系统接受用户请示的窗口。应用表达层支持多种标准数据格式，如 HTML、XML、Java 等；支持多种数据终端，如基于浏览器的 HTML 终端、传统 C++ 的应用；支持用户的个性化要求。

商务逻辑层是整个商务模型的核心，它描述商务处理过程和商务规则。商务逻辑层包括两个部分：一部分是实现企业核心业务流程的应用软件；另一部分是为商务逻辑提供支持的通用软件，如内容管理、供应链管理等，这些通用软件集成在一起构成了支持商务逻辑的商务支持平台。因此，商务逻辑层是应用软件和商务支持平台两部分的一个集合体。

数据层为商务逻辑层中的各个应用软件提供各种后端数据。例如，来自数据库、企业内部信息系统或者企业 ERP（Enterprise Resource Planning）系统的数据，EDI 系统的不同格式的数据；来自企业内部、企业外部合作伙伴、商务中介（如银行、CA 等）等不同来源的数据。

数据层规划的重点是标识清楚各种数据的来源、格式等特征，确定数据层与商务逻辑层数据交换的方式。

在这一模型中，应用的表达和商务逻辑处理是低耦合的。商务逻辑层主要负责商务逻辑的处理，其处理结果交给应用表达层提供给用户，应用表达层可以将处理的结果表达成 HTML 格式的页面，也可以表达为满足 XML 标准供移动设备使用的格式。不管应用表达层如何处理，都不需要过多地改变商务逻辑的处理过程。

2. 规划应用平台

应用平台分成商务服务平台和系统支持环境两个基本层次。商务服务平台直接为企业的核心商务逻辑提供服务，如供应链管理、客户关系管理等；系统支持环境则主要面向系统性能，侧重于保障系统的效率、可靠性和优化，如动态负载平衡、系统管理等。

商务服务平台的某些功能与核心商务逻辑相比较，是辅助性的、服务性的或支持性的。它包括的主要内容有供应链管理、客户关系管理、电子市场、社区及协作服务。

系统支持环境从计算机系统、网络、集成、开发等方面为核心应用提供支持，如网络关、开发工具、网络平台、搜索工具等。系统支持环境包括商务支持平台和基础支持平台两部分。其中，商务支持平台的作用是提高商务逻辑的效率，简化开发的任务；基础支持平台支持应用之间的协同与集成，提高商务逻辑赖以运行环境的可管理性和高性能。

3. 界定基础设施环境

该部分的基本步骤为：分析每个实体与电子商务系统之间的联系，确定这种联系所对应的接口；分析电子商务系统运行的运行环境，如外部网络、内部网络系统；规划电子商务系统的网络基础设施，确定商务系统运行所依赖的网络及基本拓扑结构、地理分布及网络接口；确定系统的支付及认证方式、安全环境。

复习思考题

1. 试述电子商务战略对企业的意义及对企业经营管理的影响。
2. 电子商务系统生命周期每个阶段的内容是什么？
3. 电子商务战略的层次性对企业实施电子商务有什么指导意义？
4. 电子商务战略规划的实施途径是什么？如何选择？
5. 简述电子商务系统规划模型对于系统规划的意义。
6. 电子商务系统规划包括哪些具体内容？
7. 电子商务战略分析主要考虑哪些问题？
8. 电子商务系统规划中都需要哪些人员的参与？他们的具体贡献是什么？

> 案例分析

海尔的全面电子商务战略[一]

海尔的前身是隶属于青岛二轻局家电公司的青岛电冰箱总厂，于1984年成立。发展至今，海尔已经成为全球大型家电第一品牌，从传统的家电产品制作企业转型成为开放的创业平台，成为一家符合当前互联网环境的、以用户价值交互为基础、以诚信为核心竞争力的互联网企业。海尔在发展过程中，时刻关注经济与社会的发展，在战略、组织和制造等方面不断调整，在不同时期制定了不同的策略来适应时代的发展与消费者的需求，大致包括品牌战略阶段、多元化战略阶段、国际化战略阶段、全球化品牌战略阶段和网络化战略阶段五个阶段。

1. 品牌战略阶段（1984—1991年）

该阶段是海尔品牌形成的阶段。在这个阶段，海尔注重于产品品牌的形成，创造出了冰箱行业第一个中国名牌。当时正值改革开放，家电市场涌入了大量的新鲜血液，仅国内生产电冰箱的厂家就有近100家，再加上国外的各种品牌，海尔面临着非常激烈的竞争。虽然电冰箱市场增长迅速，但很多厂家的产品质量不足以满足消费者的需求，此时，海尔抓住时机，以高质量产品为目标，打响了自己的品牌。这时发生了海尔厂长"砸冰箱"事件：当时的海尔因为产品质量问题，决定将所有有瑕疵的冰箱当众砸毁，并提出"有缺陷的产品就是不合格产品"的观点。这件事不仅为企业赢得了信誉，还进一步唤醒了海尔"零缺陷"的质量意识。到1989年，由于市场疲软，在很多同类企业都采取降价销售的策略时，海尔凭借其过硬的质量与信誉，在提价12%的情况下，仍然受到消费者的热烈追捧。1990年，海尔获得国家质量管理奖和中国企业管理金马奖，1991年又荣登全国十大驰名商标，成为我国冰箱行业的质量标杆。

2. 多元化战略阶段（1991—1998年）

该阶段是海尔核心内容的扩展阶段，从电冰箱这一单一的产品线发展到多元化，包括洗衣机、空调和热水器等，形成了集团式的管理框架。当时，市场并不看好海尔，认为海尔应该专注于专业化。但在海尔高质量的产品和服务体系环境下，海尔在扩展单一产品线的同时，还不断输入管理理念和企业文化，既完成了对外的全面转型，又进行了有效的企业内部改造，在战略决策、经营管理、资源配置、科技开发、生产质量、服务体系和企业文化等方面进行了整合和完善。

3. 国际化战略阶段（1998—2005年）

该阶段是海尔走出国门、享誉全球的阶段。该阶段正值我国加入WTO，海尔响应国家号召，于1999年在美国建立第一个海外工业园，按照"走出去、走进去、走上去"的战略思路，以缝隙产品进入国外主流市场，以主流产品进入当地主流渠道，再以高端产品成为当地主流品牌，实现了海尔国际品牌的树立，并成为中国品牌走向全球的代表之一。

4. 全球化品牌战略阶段（2005—2012年）

该阶段是海尔实现本土化、成功成为全球大型家电品牌的阶段。本土化是指海尔在海外

[一] 资料来源：陈德人. 中国电子商务案例精选［M］. 北京：人民邮电出版社，2017.

建立本土化设计、本土化制造和本土化营销的"三位一体"中心，招募当地员工，使其更符合当地的需求。在该阶段，海尔成功收购了三洋电机在日本、东南亚的洗衣机、冰箱等多项业务，实现了跨文化融合；并购了新西兰高端家电品牌斐雪派克。这个时期，海尔成功地在全球建立了十大研发中心、21 个工业园、66 个营销中心，全球员工总数达到 73 万人。

5. 网络化战略阶段（2012 年至今）

该阶段是海尔从传统家电产品生产企业转型为互联网企业的阶段。为了适应互联网环境，海尔建立了以用户为中心的共创共赢生态圈，从企业组织、员工、用户、薪酬和管理等方面展开，将员工从雇用者、执行者转变为创业者、动态合伙人，以构建社群体验生态圈，满足客户的个性化需求。将传统自我封闭的经营模式转变为开放的互联网企业模式，互通互联网中的各项资源，打造以诚信为核心竞争力、以社群为基本单元的共赢创新平台。

总结：在以上战略的指导下，海尔成功成为一个集线下、线上于一体的互联网企业。在海尔不同的战略阶段，海尔电子商务也呈现不同规模的发展。海尔电子商务网站于 2000 年开放，2008 年 8 月发布了新的商城网站，对网站的功能、服务和易用性等进行升级，完善了网站结构并提供了更加便捷的购物方式。此外，在淘宝、京东等 C2C、B2C 电子商务平台上，海尔还通过特许店、零售网站合作等方式进行了更大范围的覆盖，让海尔电子商务成为一个真正的电子商务平台。

海尔对互联网运行的理解与经营是成功的，在适当的时机进入互联网并开始发展，通过特色鲜明的网站来缩短与客户之间的距离，实现互联网下的零距离接触。同时，与企业内部 ERP 紧密集成的 B2B 采购平台，使海尔与供应商之间可以实现信息互动与沟通，更方便地进行采购、流程跟踪等。在这些条件下，海尔成功从一家传统的家电企业转变为互联网企业。

案例思考题：

1. 海尔电子商务战略提出的背景是什么？
2. 海尔电子商务战略成功的原因是什么？

第四章

电子商务的网络技术

> **内容提要**
>
> ❶ 计算机网络的定义、组成、分类及拓扑结构。
> ❷ OSI，OSI 与 TCP/IP 之间的关系。
> ❸ Internet、Intranet 与 Extranet 三者之间的区别与联系。
> ❹ 计算机网络的硬件设备、软件系统及实现技术。
> ❺ 互联网的接入及互联网应用。
> ❻ 电子商务中的新兴网络技术。

第一节 电子商务的网络技术基础

一、计算机网络概述

网络技术，特别是广域网技术作为电子商务的关键支撑技术之一，对电子商务的正常、稳定运行及其深层次发展起着决定性的作用。因此，学习掌握和应用电子商务，必须对计算机网络有较为全面的了解和认识。

（一）计算机网络的定义与功能

1. 计算机网络的定义

计算机网络自 20 世纪 50 年代出现以来，随着技术进步和社会需求不断增长，获得了前所未有的发展，经历了从简单到复杂、从低级到高级的发展过程。其发展历程大致可分为面向终端的联机系统、多主机互联的通信网络、具有统一体系结构和标准化协议的网络，以及多功能集成的现代计算机网络等四个阶段。不同的阶段，人们对其定义也有所不同。确切地说，凡将地理位置不同且具有独立功能的多个计算机系统通过通信设备和线路进行连接，并由功能完善的网络软件实现资源共享的系统，均可称为计算机网络。

2. 计算机网络的功能

计算机网络的功能主要包括：资源（硬件资源、软件资源和数据资源）共享；数据通信；信息的有机集中与综合处理；资源的调剂。

（二） 计算机网络的组成与分类

1. 计算机网络的组成

从逻辑功能上看，计算机网络主要包括资源子网和通信子网两个部分；从结构上看，计算机网络主要由网络硬件和网络软件两部分构成。其中，网络硬件主要包括计算机（服务器、工作站）、通信设备、传输介质、外围设备等；网络软件则主要包括操作系统、应用软件，以及通信协议、数据文件等其他相关软件。

2. 计算机网络的分类

计算机网络的分类方法很多，常见的主要有以下几种：

（1）按传输信号的不同，可分为数字网络和模拟网络。网络中处理的数据可分为离散的数字数据和连续的模拟数据，相应地，网络中的信号分为数字信号和模拟信号两种。传输数字信号的网络就称为数字网络。例如，传统的管理信息系统、办公自动化系统等大都属于数字网络。传输模拟信号的网络则称为模拟网络。例如，以前的电话网络、电视网络等都属于典型的模拟网络。

（2）按传输信道频率范围的不同，可分为基带网络和宽带网络。基带网络是指用一个确定的频带带宽来传送数字信号的网络。例如，用于传送文本数据的同轴电缆都属于基带网络。宽带网络是指用几个不同的频带带宽在同一线路上传递各种不同类型信号的网络。例如，用于多媒体信号传递的CATV电缆等大都属于宽带网络。

（3）按照传输范围或互连距离的不同，可分为局域网、城域网和广域网。局域网（Local Area Network，LAN）也称局部区域网，一般地，覆盖范围在10m～10km的网络都称为LAN。例如，在一个实验室、一幢大楼、一所学校内部建立的网络系统都是LAN。城域网（Metropolitan Area Network，MAN）也称市域网，是指覆盖范围在10～100km的网络系统。广域网（Wide Area Network，WAN）也称宽域网或远程网，其覆盖范围可以跨省市、跨国家，互连距离可达数百千米，甚至上万千米。互联网就是典型的广域网。

（4）按网络控制方式的不同，可分为集中式、分散式和分布式网络。集中式网络的处理和控制功能都高度集中于一个或少数几个节点上，所有的信息流都必须经过这些节点之一。星形网就是典型的集中式网络。分散式网络是集中式网络的扩展，又称非集中式网络。其拓扑形式大多是融星形和网状等于一身的混合型拓扑结构。分布式网络不存在处理和控制中心，网络中任一节点都至少和另外两个节点相连接，信息从一个节点到达另一个节点可能有多条路径。网络中各节点均以平等的地位相互协调工作或交换信息。总线型、网状形网均属于这类网络。分布式网络具有信息处理的分布性、可靠性、可扩充性及灵活性等优点，因此是网络的主要发展方向之一。云计算、云存储便是典型的分布式网络。

（5）按拓扑结构的不同，可分为星形、总线型、环形、混合型、网状等不同形式的网络。

（6）按照网络使用范围的不同，可分为公用网和专用网。公用网（Public Network）也称公众网，向所有用户开放。用户使用公共网必须按规定交纳相关费用。专用网（Private Network）是指某个行业系统或者某个单位为满足本部门的特殊工作需要而构建的网络。这种网络通常会租用公用网的线路，一般不向本单位以外的用户提供服务。例如，军队、铁路、电力系统等的网络便属于典型的专用网。

此外，计算机网络根据数据交换方式的不同，可分为电路交换网、报文交换网、分组交换网和混合交换网；按传输介质不同，可分为有线网络和无线网络；按网络用途，可分为教育网、科研网、商业网、企业网等多种网络；按通信传输的方式不同，可分为点到点式网络和广播式网络；按网络配置，可分为同类网（对等网）、单服务器网、混合网；等等。

（三）计算机网络的拓扑结构

1. 计算机网络拓扑的定义

计算机网络拓扑结构是指网络中各个节点连接的方法和形式，且主要是指通信子网的拓扑构型。拓扑结构是决定通信网络整体性能的关键因素之一。也就是说，对于不同环境下的网络，选择一种合适的拓扑结构十分重要。

2. 典型的网络拓扑结构

网络拓扑按通信信道的不同，可分为点－点链路拓扑和共享链路拓扑两大类。采用点－点链路通信子网的基本拓扑结构包括星形、环形、树形、混合型及网状等拓扑形式；采用共享链路通信子网的基本拓扑结构包括总线型、环形、混合型、无线型及卫星通信型等多种拓扑形式。

（1）星形拓扑，如图 4-1a 所示。星形拓扑的优点是结构简单，组网容易，维护方便，重新配置灵活，故障易检测隔离等。缺点是过分依赖中央节点，通信线路利用率较低，电缆费用高等。

（2）总线型拓扑，如图 4-1b 所示。总线型拓扑的优点是信道利用率高，结构简单，安装容易，节省电缆，增、删节点方便等。但其网络维护较为困难，总线延伸距离和容纳节点数量有限，不易检测和隔离故障，一个节点出现差错，可能导致整个网络瘫痪。

（3）环形拓扑，如图 4-1c 所示。其优点是传输控制机制简单，初装容易，实时性强。但随着网上节点数量的增加，网络重新配置难度加大，且可靠性降低，特别是如果物理上采用单环结构，则一旦环上任一节点出现差错，都可能导致全网瘫痪。

（4）混合型拓扑，如图 4-1d 所示。由两种以上拓扑结构构成的拓扑形式称为混合型拓扑。其优点在于可以结合各种拓扑结构的优点。常见混合型拓扑有总线－星形拓扑、星形－环形拓扑等。

（5）网状拓扑，如图 4-1e 所示。网状拓扑又分全连接网状拓扑和不完全连接（不规则）网状拓扑。全连接网状拓扑中，每一节点和网中其他节点均有连接。不完全连接网状拓扑中，任意两个节点间不一定有直接链路连接，而依靠其他节点转接。其优点是路径多，冲突少，可靠性高，扩充方便，局部故障不影响全局；缺点是网络结构和控制机制复杂，安装配置困难等。

（6）树形拓扑，如图 4-1f 所示。树形拓扑是星形拓扑的扩展。这种拓扑形式适合汇聚信息的应用场合，能实现广播通信，但对根部的依赖过大。

（7）无线型拓扑，如图 4-1g 所示。网中所有站点共享一条无线信道或者射频，节点间采用微波介质以分组的形式进行广播通信。由于共用传输介质，因此，通常一次通信只有一个站点可以广播传送一个数据分组。无线电通信简单实用，但保密性差。

（8）卫星通信型拓扑，如图 4-1h 所示。卫星网可以看成是一种特殊的微波通信网，但数据信号在卫星网中并非从发送方直接传送给接收方，而是由发送方通过发射机将数据信号传送到通信卫星,经过通信卫星中继放大后,再传送给各个接收方。卫星通信具有广播功能强、通信覆盖范围大(一颗地球同步卫星能覆盖1/3左右的地球表面)等优点;但其成本高,保密性较差,传输延迟较大。如利用地球同步卫星进行通信,信号来回传送一次,其传输延迟高达1/4s。

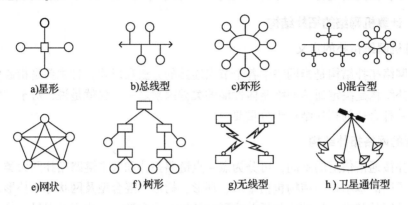

图4-1 计算机网络的拓扑结构

(四) 计算机网络的传输介质

传输介质是通信双方的物理链路或通信线路,是数据信息的传输载体。传输介质分为有线和无线介质两大类。有线介质包括双绞线、同轴电缆和光纤三种。双绞线是最为常见的一种网络传输介质,常分为屏蔽双绞线(STP)和非屏蔽双绞线(UTP)两类。同轴电缆包括基带同轴电缆和宽带同轴电缆两种,其中基带同轴电缆又有粗缆和细缆之分。光纤是有线介质中带宽最宽、信号衰减最小、抗干扰能力最强的一种传输介质,一般分为单模光纤和多模光纤。无线介质也是网络的主要通信介质,主要有微波、红外线、激光等。典型的无线通信形式主要有无线电(Radio)、微波(Microwave)、红外(Infrared)、激光(Laser)、卫星(Satellite)通信等。

二、网络体系结构与网络协议

在计算机网络中,由于设备类型、连接及通信方式不同,通信协议需要根据不同的情况开发,特别是异构网间的互联,不仅涉及基本的数据传输,还可能涉及网络的各种应用。在这种情况下,要做到无论网络设备的内部结构如何,网中各节点间都能相互发送能被对方理解的信息将十分困难。解决这一问题的关键在于通信双方共同遵守的约定或规则的标准化。

(一) 网络体系结构

1. 网络体系结构的概念

体系结构阐述的是网络系统中各个组成部分及其相互之间的关系。它采用层次配对结构,定义描述了一组用于规范网络设备之间进行互联的标准和规则。分层的目的在于将一个问题的复杂性弱化,因为任何网络系统都会涉及一整套复杂的协议集,而协议又是保证计算机之间有条不紊地进行数据交换的前提和基础。这就是人们常说的"分而治之,各个击破",即将要实现的多种功能分配在不同的层次中,每个层次要完成的服务及服务实现过程都有明确规定;不同地区的系统分成相同的层次;不同系统的同等层次具有相同的功能;高层使用低层提供的服务时，不需要知道低层服务的具体实现方法。那么，什么是网络的体系结构？

为完成计算机之间的通信合作，把每个计算机互联的功能划分为定义明确的层次，这些同层次间的通信协议及相邻层间的接口统称为网络体系结构，即网络层次结构模型与各层协议的集合。

2. 开放系统互联参考模型

20 世纪 70 年代，国外一些重要的计算机生产厂商相继推出了适合本公司的网络体系结构。这些体系结构的出现，极大地推动了网络技术进步。然而随着社会的发展，人们不仅要求同构网间能方便互联，而且要求异构网间也能彼此互联，从而实现更大范围的资源共享。这就提出一个新的课题：如何使网络体系结构和协议标准化？1977 年，国际标准化组织（International Organization for Standardization，ISO）成立了一个分委员会，专门负责研究该问题。1980 年 2 月，ISO 提出了一个旨在使各种计算机实现互联的标准框架建议书，即著名的开放系统互联参考模型（Open Systems Interconnection Reference Model，OSI/RM），简称 OSI。所谓"开放"，就是表示能使任何两个遵守该协议及有关标准的系统进行通信连接。

OSI 制定的策略是针对计算机网络所执行的各种功能，进行层次化的结构设计。其实质内容包括：①将网络功能分解为许多层次，在每个层次中，通信双方共同遵守许多约定和规程以避免混乱，这叫同层协议。②层次之间逐层过渡，任意一层做好进入相邻的上一层次或下一层次的准备工作，这叫接口协议。层次是根据功能来划分的，所划分的层次结构必须存在于网络的每个实体之中，才能完成互相通信的任务。在划分层次之后，每一层次都要规定通信双方共同遵守的规则或约定，称为层次协议。层次协议只对所属层次的操作有约束力，意在对某层内部协议做修改补充时，不致影响到其他层次。网络协议和接口确定之后，网络的体系结构也随之确定。按照这一原理，OSI 将整个网络通信的功能划分成七个层次：物理层（Physical Layer）、数据链路层（Data Layer）、网络层（Network Layer）、传输层（Transport Layer）、会话层（Session Layer）、表示层（Presentation Layer）和应用层（Application Layer）。1983 年，OSI 被正式批准为国际标准，即 ISO 7498 国际标准，也被称为 X.200 建议。OSI 网络体系结构如图 4-2 所示。

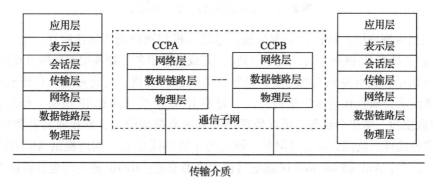

图 4-2 OSI 网络体系结构

（二）计算机网络协议

1. 网络协议的概念

在网络中，为使各计算机之间或计算机与终端之间能正确地传送信息，必须在有关信息传输顺序、信息格式和信息内容等方面有一组约定或规则，这组约定或规则即所谓的网络协议。简单地说,协议就是实体间数据交换规则的集合。它是网络之间相互通信的技术标准,也是一种大家公认并必须遵照执行的"共同语言"。在层次式结构中,每一层都可能有若干个协议。

2. TCP/IP

TCP/IP 是 20 世纪 70 年代中期美国国防部为其 ARPA NET 开发的网络体系结构和协议标准。TCP/IP 代表了一组通信协议,形成了一个完整的协议簇,其中最基本和最主要的是传输控制协议(Transmission Control Protocol,TCP)和网际协议(Internet Protocol,IP)。

TCP/IP 是计算机网络最成熟、应用最广泛的一种互联技术,拥有一整套完整而系统的协议标准。TCP/IP 虽不是国际标准,但由于它的广泛应用和快速发展,已成为事实上的国际标准。与 OSI 类似,TCP/IP 也是分层体系结构,每一层提供特定的功能,层与层相互独立,因此改变某一层的功能不会影响其他层。TCP/IP 分为主机 – 网络层、互联层、传输层和应用层四层。与 OSI 相比,TCP/IP 没有表示层和会话层,这两层的功能由最高层(应用层)提供(见图 4 – 3)。TCP/IP 与 OSI 在名称定义和功能细节上也存在一定差异。例如,对于 OSI 的数据链路层和物理层,TCP/IP 不提供任何协议,由网络接口协议所取代,完全撇开了网络的物理特性。

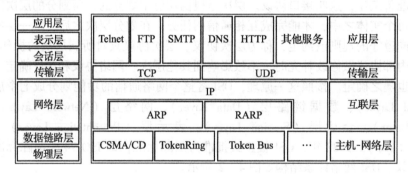

图 4 – 3 TCP/IP 与 OSI 层次对照图

(1) 主机 – 网络层:TCP/IP 的最底层,也是主机与网络的实际连接层,用于接收并发送 IP 数据报(具有 IP 报头等的二进制序列),完成 OSI 中各种物理层网络协议功能等。

(2) 互联层:负责将源主机的报文分组发送到目的主机;负责处理来自传输层的分组及分组发送请求,如收到请求后进行分段、封装 IP 数据报(添加 IP 报头、报尾、填充字段)、发送数据报、重组分组等;负责处理接收到的数据报分组,如接收转发数据报分组;负责处理路径选择、流控、拥塞等问题。该层的主要协议是 IP,同时提供 ARP/RARP 地址解析协议。其中,ARP 将 Internet IP 地址转换为物理地址;RARP 将物理地址转换为 Internet IP 地址。

(3) 传输层:负责进程间端到端的通信会话连接,并将数据无差错地传送给相邻的上一层或下一层。它与 OSI 的传输层类似。该层定义了两种主要的协议:一种是 TCP(传输控制协议),另一种是 UDP(用户数据报协议)。其中,TCP 提供的是一种可靠的面向连接的服务,该协议的通信可靠性高,但效率低;UDP 提供的是一种不太可靠的无连接服务,该协议的通信效率高,但不可靠。

（4）应用层：TCP/IP 的最高层，能提供各种 Internet 管理和各种网络服务，如文件传输、远程登录、域名服务和简单网络管理等。因此，该层提供大量的网络协议，形成了一个协议簇或协议栈。主要协议有：Telnet（网络终端协议），负责网中终端的远程登录；FTP（文件传输协议），负责主机间的文件传送；SMTP（简单邮件传输协议），负责电子邮件的传送；DNS（域名服务），负责主机名与 IP 地址间的映射；RIP（路由信息协议），负责设备间路由信息的交换；NFS（网络文件系统），负责网中不同主机间的文件共享；HTTP（超文本传输协议），用于网中客户机与 WWW 服务器间的数据传输；SNMP（简单网络管理协议），负责网络管理等。

3. IP 地址

国际互联网依靠 TCP/IP 在全球范围内实现不同硬件、不同操作系统、不同网络体系的互联，而在每一个节点上，要依靠唯一的地址互相区分和互相联系。这个地址就是 IP 地址（Internet Protocol Address）。目前 IP 的版本号是 4（IPv4），发展至今已经使用了 30 多年，下一个版本 IPv6 正处于过渡阶段。

（1）IPv4。在 IPv4 版本中，IP 地址是一个由 4 个字节 32 个比特位构成的二进制序列，例如，一个采用二进制形式的 IPv4 地址是"00001010000000000000000000000001"。为方便记忆和使用，IP 地址经常被写成十进制的形式，中间使用"."分开不同的字节。于是，上述 IP 地址可表示为"10.0.0.1"。这种表示法称作点分十进制表示法，这显然比 1 和 0 容易记忆得多。

每个 IP 地址由网络标识（Net ID）和主机标识（Host ID）两部分组成，分别表示一台计算机所在的网络和在该网络内的这台计算机。按照网络规模的大小，IPv4 地址通常被分成 A、B、C、D、E 五类，但常用的 IP 地址主要是 A、B、C 三类。每类地址规定了网络 ID、宿主机 ID 各使用哪些位，因此也就定义了可能有的网络数目和每个网络中的主机数。IP 地址格式如图 4-4 所示。

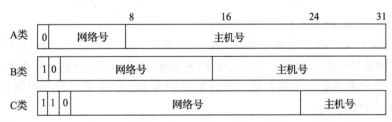

图 4-4　IP 地址格式

1）A 类地址。A 类地址首字节的首位为 0，紧跟的 7 位表示网络号，其余 24 位表示主机号。A 类地址共可有 126 个 A 类网络（理论上是 $2^7=128$ 个 A 类网络，其中 0 与 127 号网络被保留用于特殊目的），而每个 A 类网络可以有 16777214 个主机（理论上是 $2^{24}=16777216$ 个主机，其中主机号全为 0 和全为 1 被保留用于特殊目的），所以 A 类网络是具有最大数量主机的网络。其有效地址范围为 1.0.0.1~126.255.255.254。

2）B 类地址。B 类地址首字节的前两位为 10，紧跟的 14 位表示网络号，其余 16 位表示主机号。B 类地址共有 $2^{14}=16384$ 个 B 类网络，而每个 B 类网络可以有 65534 个主机（理论上是 $2^{16}=65536$ 个主机，其中主机号全为 0 和全为 1 被保留用于特殊目的），一般用于较大规模的网络。其有效地址范围为 128.0.0.1 ~ 191.255.255.254。

3）C 类地址。C 类地址首字节的前三位为 110，紧跟的 21 位是网络号，其余 8 位为网内的主机号。C 类地址包含 2^{21} = 2097152 个 C 类网络，而每个 C 类网络可以有 254 个主机（理论上是 2^8 = 256 个主机，其中主机号全为 0 和全为 1 被保留用于特殊目的）。其有效地址范围为 192.0.0.1 ~ 223.255.255.254。

IPv4 地址结构是一个 32 位的二进制数，理论上 32 位地址可以提供 42 亿个 IP 地址，但实际使用中要去除网络地址、广播地址、路由器地址、保留地址和子网的额外占用，因此有效的地址数目比地址总数要少许多。而且，IP 地址的分配情况极不平衡。由于美国是互联网技术的发源地，占有了 IP 地址的 70%，而且许多企业不是单个申请 IP 地址，而是成批申请 IP 地址，导致其他国家 IP 地址资源十分匮乏。我国是 IP 地址短缺问题最严重的国家之一。到 2019 年年底，我国实际被分配到的 IPv4 地址大约有 3.85 亿个，IPv4 地址已经接近分配使用的最大值。近几年，我国大力推广 IPv6 地址，截至 2019 年 6 月，我国 IPv6 规模化部署不断加速，基础电信企业已分配的 IPv6 地址用户数达 12.07 亿户，地址数量全球第一。

考虑到 IP 地址耗尽的问题，互联网工程任务组（Internet Engineering Task Force，IETF）1998 年制定了下一代互联网地址标准草案——IPv6。

（2）IPv6。IPv6 的地址格式与 IPv4 有所不同，它是一个 128 位长的二进制数序列。IPv6 地址是独立接口的标识符，所有的 IPv6 地址都被分配到接口，而非节点。与 IPv4 地址类似，IPv6 地址也采用字段的表示形式。所不同的是，IPv4 采用的是 4 个字段，每个字段包括 8 个比特位，共 32 个比特位的编址方式；而 IPv6 采用的是 8 个字段，每个字段包括 16 个比特位，用 4 个十六进制数表示，共 128 个二进制数的编址方式。为便于记忆，IPv6 采用"冒号十六进制"表示，即地址以 16 位为界划分，每 16 位转换为一个包括 4 个十六进制数的序列，每个十六进制数中最前面的"0"可省略，如果整个字段均为"0"，同样也可省略。数值间用"："隔开，而非 IPv4 的"."，有连续的 0 则可简写为"::"（但一个地址中只允许出现一次）。例如，2002：00A6：0B00：0000：0000：00DF：FA28：9A5A，可简写为 2002：00A6：0B00：：00DF：FA28：9A5A。

由于 IPv6 用于编址的二进制位数达 128 位，因此，IPv6 理论上可包括 2^{128} 个 IP 地址。这是一个庞大的地址空间，如果网管中心每秒钟分配 10 亿个 IP 地址，那么需要 1019 年才能分配完所有的 IPv6 地址。也就是说，在可想象的未来，IPv6 地址是不可能用完的，从而解决 IPv4 地址不足的问题。

IPv6 的地址分配一开始就遵循聚类的原则，这使得路由器能在路由表中用一条记录表示一片子网，大大缩短了路由器中路由表的长度，提高了路由器转发数据包的速度。

IPv6 加入了对自动配置的支持。这是对 DHCP 协议的改进和扩展，使得网络（尤其是局域网）的管理更加方便和快捷。

IPv6 具有更高的安全性。在 IPv6 网络中用户可以对网络层数据进行加密并对 IP 报文进行校验，极大地增强了网络的安全性。虽然 IPv6 比 IPv4 有明显的优越性，但是 IPv6 还没有全面普及，目前正处于 IPv4 与 IPv6 的过渡阶段。

IP 地址分配实行分级管理。全球互联网 IP 地址分配由互联网域名与地址管理机构（ICANN）负责，亚太互联网络信息中心（APNIC）则负责亚太地区国家的 IP 地址分配工作。根据 APNIC 规定，亚太地区需要 IP 地址的用户，均可申请成为其会员。会员单位使用

IP 地址，除了每年每个地址要交纳一定的资源占用费外，每个会员还要根据等级的不同交纳不等的地址使用费。

在我国，企业、单位或团体申请 IP 地址可以直接向 APNIC 申请，但是费用较高，如通过国内互联网络注册机构申请，费用会更合理；局域网的用户到局域网管理部门申请 IP 地址；个人用户可以向电信部门提出申请或寻找合适的 ISP 办理申请手续，接入国家许可网络。

4. 域名

IP 地址的表达方式比较抽象，不容易记忆，所以引入了域名的概念来管理 IP 地址。互联网在 1985 年采用了域名管理系统 DNS（Domain Name System），加入互联网的计算机除了有一个 IP 地址外，还可以有一个或多个域名。在通信时，由 DNS 完成域名与 IP 地址之间的转换。例如，www.baidu.com 的 IP 地址是 202.108.22.5，www.sina.com.cn 的 IP 地址是 202.108.35.210。

域名与 IP 地址之间是一对一或多对一的关系，因为一个企业网站只有一个 IP 地址，但可以有多个域名。全球任何一个互联网用户只要知道网站的域名，就可以立即访问该网站。

域名由若干部分组成，每部分至少由两个字母或数字组成，各部分之间用"."分隔，最右边是一级域名（也称顶级域或最高域），往左边分别是二级域名、三级域名，如图 4-5 所示。

图 4-5 域名的组成

（1）国际一级域名。国际域名是由国际互联网信息中心注册的。一级域名分为两类：一类表示国家或行政区，如"cn"表示中国，"us"表示美国，"jp"表示日本等；另一类表示机构类别，如"com"表示商业企业，"edu"表示教育机构，"net"表示网络服务机构等。

（2）我国的二级域名。根据工业和信息化部修订后的《互联网域名管理办法》（工业和信息化部令第 43 号），我国的互联网域名体系在国家顶级域名".CN"".中国"之外，设有多个英文和中文顶级域名，其中".政务"".公益"顶级域名为面向我国党政群机关等各级政务部门及非营利性机构的专用中文顶级域名。我国互联网域名体系如图 4-6 所示。国家顶级域名".CN"之下，设置"类别域名"和"行政区域名"两类二级域名。

"类别域名"有："政务"适用于党政群机关等各级政务部门；"公益"适用于非营利性机构；"GOV"适用于政府机构；"ORG"适用于非营利性的组织；"AC"适用于科研机构；"COM"适用于工、商、金融等企业；"EDU"适用于教育机构；"MIL"适用于国防机构；"NET"适用于提供互联网服务的机构。

"行政区域名"适用于我国各省、自治区、直辖市、特别行政区的组织。

2003 年 3 月 17 日，国家信息产业部宣布 cn 二级域名已经全面开放注册，即用户在顶级域名的注册下可以直接申请注册二级域名，也就是说，企事业单位用户可以直接在.cn 下注册二级域名。例如，原来的地址是 http://www.abc.com.cn，如果二级域名注册成功，地址将被简化成 http://www.abc.cn。这是我国自 1990 年设立 cn 域名以来域名体系的一次重大变革，它使我国的域名长度大大缩短，记忆起来更加容易。

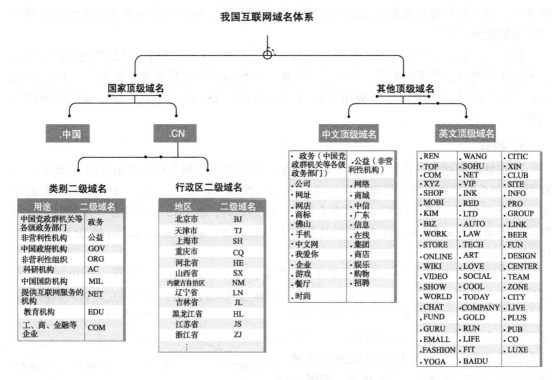

图 4-6　我国互联网域名体系

第二节　电子商务的网络环境

电子商务作为一种存在于企业与客户之间、企业与企业之间以及企业内部的联系网络，已经成为企业强化内部管理、提高决策效率、扩大业务范围、降低经营成本的有效途径。通过电子商务，企业可以及时调整战略布局，改变产品结构，创新经营模式，提升企业的知名度。但是，电子商务的正常运行必须依赖于稳定的网络环境。目前电子商务的网络环境主要表现为三种互不相同但又相互关联的网络模式。即互联网（Internet）、企业内部网（Intranet）和企业外部网（Extranet）。这三种网络模式在电子商务中扮演的角色和起到的作用各有不同。

互联网（Internet）：对大多数企业来说，首先进入的是互联网。互联网为企业和客户提供了一个相互沟通的新渠道。它不仅能让全球消费者了解企业的产品和服务，还可以增进企业和客户之间的关系。

企业内部网（Intranet）：企业为了在互联网时代更具竞争力，必须利用互联网技术和协议，建立主要用于企业内部管理和通信的应用网络——企业内部网。企业内部网可让员工共享重要的程序和信息，增强员工之间的互助与合作、简化工作流程，让企业内部的运行更加有效。

企业外部网（Extranet）：各个企业之间遵循同样的协议和标准，建立交换信息和数据的非常密切的联系，可以达到提高协同能力和水平的目的。企业外部网有机地涵盖了企业和与其相关的协作厂商之间的联系，它让协作厂商真正成了企业团队的一分子。

一、企业内部网（Intranet）

（一）Intranet 的定义与特点

"Intranet"一词来源于 Intra 和 Network，即内部网，也称内联网。它是指采用 Internet 技术，以 TCP/IP 为基础，以 Web 为核心的应用，集 LAN、MAN、WAN 和高速数据服务于一体，将企业内部信息计算机化，实现企业内部资源共享的网络系统。Intranet 是使用企业自有网络来传送各类信息的"私有"互联网，是一种面向全球的内部专用网络。其主要特点如下：

（1）信息资源的共享。Intranet 使企业内部员工可以随时随地共享信息资源。此外，电子化的多媒体文件节省了印刷及运送成本，并使文件内容更新更为方便、快捷。

（2）安全的网络环境。与 Internet 相比，Intranet 能提供更安全的网络环境。因为 Intranet 属于企业内部网络，只有企业内部的计算机才可存取企业的信息。Intranet 对拥有权限的控制非常严格。除公共信息外，其他信息只允许某个或某几个部门，甚至是某个或某几个人才有读写权限。

（3）快速的信息传输。Intranet 可快速传送图形、文件等各种数据信息。

（4）采用 B/S 结构。由于 Intranet 采用 B/S 结构，用户端使用标准的通用浏览器，所以不必开发专用的前端软件，从而降低了开发费用、节省了开发时间，应用系统的全部软件和数据库集中在服务器端，因此维护和升级工作也相对容易。

（5）静态与动态的页面操作。Intranet 不再仅仅局限于静态的数据检索及传递，而更加注重动态的页面。由于企业的大部分业务都与数据库有关，因此要求 Intranet 能够实时反映数据库的内容。用户除了查询数据库外，还可对数据库的内容进行增、删、改等操作。

（6）支持非结构化信息。传统的 MIS 通常只支持结构化的数据信息，而 Intranet 不仅支持结构化信息，还支持图像、声音、影像等非结构化信息。

（二）Intranet 的结构与网络平台

1. Intranet 的结构

Intranet 主要由物理网、防火墙（Firewall）、服务器（如数据库服务器、www 服务器、电子邮件服务器等）、工作组客户（客户机）等几个基本部分构成。其基本结构如图 4-7 所示。

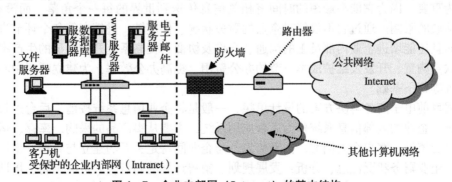

图 4-7　企业内部网（Intranet）的基本结构

Intranet 是一种必须具有极高安全性的内部专用网,因此,防火墙成为一个非常重要的部件。防火墙会将内部网和公共网之间的信息流分成两类:一类是允许进入 Intranet 的数据流(如 Web、电子邮件等信息),另一类是不允许进入 Intranet 的数据流(如对企业内部服务器或客户机中文件的读取请求等)。当然,这些信息可以根据内部网安全性的要求,通过防火墙设置哪些可以进入内部网,哪些不能进入内部网。

2. Intranet 的网络平台

Intranet 将所支撑的应用系统集成在一个开放、安全和可管理的统一应用平台,在这个平台上进行信息共享、业务处理和协同工作,以满足企业内部综合办公事务处理、专业管理统计信息和决策支持的需要。

一个完整的企业内部网应包括网络平台、开发平台、网络安全平台、网络服务平台、数据库平台、环境平台、网络用户平台、网络应用平台、网络管理平台和通信平台,如图 4-8 所示。

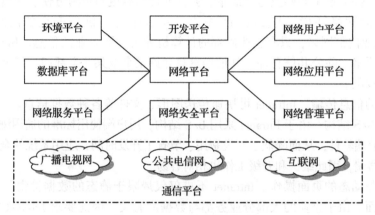

图 4-8 Intranet 的构成平台

Intranet 在应用中涉及 Web 浏览器、Web 服务器、E-mail、FTP、Web 上的数据等。Intranet 并不是将技术和软件放在一起就可以,那只是最容易的部分,最重要的是将各种任务、目标、过程、关系、处理框架、项目、进度、预算等看似单一的系统元素发展为联机工作方式,并使用相应的接口为各系统提供服务。

(三) Intranet 的功能与作用

Intranet 的最大好处就是加快了企业内部的信息交流。这对日趋大型化和分散化的企业来说尤为重要,因为它能在最短的时间将相关信息传送到世界的每一个角落,而没有时间、空间和地域的限制。通过它不仅能对企业的财务状况、供应链、进销存等各个环节进行有效管理,而且还能增进企业内部员工的沟通、合作及协商,提高系统开发人员的生产率,节省培训、软件购置、开发及维护成本,节约办公费用,提高办公效率,为建立呼叫中心、客户关系管理等打下基础。

根据目前电子商务解决方案的设计思想,一般是将企业信息系统按前、后台进行不同功能的划分。企业的内部信息系统作为后台应用系统,主要从事商品的采购、库存、运输、销售等信息的统计;客户个人档案、消费信息、与企业间特定关系的建立与管理;市场信息收集分析,企业财务状况汇总、分析;发展规划、销售计划的制订,人员的招聘、培训管理等工作。电子交易系统和售后服务系统（如物品在线查询、订购与调退、配送、网上支付、某些商品的后期维护等），包括一些集成在 Web 服务器与数据库网关上的小应用程序属于前台应用。前台应用是电子零售业务的基础，后台系统则是网上采购有效性的保证。在完整的电子零售系统中，后台系统要从前台电子商务平台上获得销售订单、市场信息等内容，前台系统服务的提供与读取后台系统中关于产品的价格信息、客户信息等的及时程度有关。前后台信息的脱节将直接导致虚拟店铺与现实销售的脱节，无法实现网上销售功能，会导致客户不信任，甚至客户群流失。因此，在电子商务的解决方案中，企业内部管理系统与营销系统的集成运用是电子商务系统十分关键的内容，如图 4-9 所示。

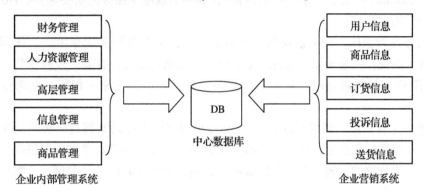

图 4-9　企业业务运作示意图

（四） Intranet 的应用服务

Intranet 的应用服务不胜枚举，例如：

（1）信息发布。企业通过 Intranet 能在 Web 服务器上及时发布各类信息，使所有授权客户可以在最短的时间内获得该信息，从而加快信息传递。

（2）管理和操作业务系统。在建立企业内部管理和业务数据库服务器后，企业员工可在浏览器上通过 Web 服务器访问数据库，并进行有关业务操作，从而实现传统管理系统的全部功能。

（3）用户和安全性管理。在 Intranet 中，可以建立用户组，在每个用户组下再建立用户。对于某些需要控制访问权限的信息，可以对不同的用户组或用户设置不同的读写权限；对于需要传输保密的信息，可以采用加密、解密技术。

（4）远程操作。企业分支机构可以通过远程登录访问总部信息，同时，总部信息也可及时传送到远程用户工作站进行处理。

（5）电子邮件。内部网提供各类电子邮件服务。

（6）网上讨论组和视频会议。在 Intranet 系统中设置 News Server，根据需要建立不同主题的讨论组。在讨论组中还可以限制参加范围，从而实现全球范围内的视频会议，降低会议成本。

二、企业外部网（Extranet）

（一） Extranet 的定义与功能

Extranet 又称外联网，最早出现在 1996 年，它是一种利用公共网（如互联网）将多个企业内部网（Intranet）连接起来的信息网络，是互联网技术在企业间范围内的延伸。

Extranet 实质上是一种广义上的企业内部网，它把企业以及供应商或其他贸易伙伴有机地联系在一起。Extranet 的信息是安全的，可以防止信息泄漏给未经授权的用户，授权用户可以公开地通过 Extranet 连入其他企业的网络。Extranet 通过专用设施帮助企业协调采购，交换业务单证，实现彼此之间的交流和沟通。Extranet 虽然可通过互联网建立，但它一般是联系业务的独立网络。通过存取权限的控制，Extranet 允许合法使用者存取远程企业的内部网络资源，达到企业与企业之间资源共享的目的。

Extranet 采用互联网技术，应用成本极低，并且可以把网络连接到全球的每个角落。这种特性使得 Extranet 与电子商务"一拍即合"，成为实现电子商务的重要媒介。Extranet 在电子商务中的作用主要有：

（1）防止库存积压。任何企业都需要减少库存，甚至希望无库存生产。达到这一目标必须具备两个前提：一是预知"上家"（供货商）的供货情况，看能否及时供货；二是掌握"下家"（用户）的需求情况，从而有计划地安排生产，防止库存积压。这两点可以通过 Extranet 实现。

（2）缩短运营周期。利用 Extranet，供货商可以在网上随时掌握自己客户的生产进度和库存状况，从而适时调整生产计划；采购方可以清楚地掌握自己订单的进展情况，甚至可以掌握自己所采购货物的运输状况；分销商则可以随时查询供货商的相关情况，据此估计拿到货物的时间。

（3）减少中间环节。美国克莱斯勒汽车公司建立 Extranet 以后，将过去只能向有限数量供应商寄送邮件的情况，转变为可以实时向 2 万多家供货商提供诸如产品短缺、订单保单、供货报告卡、产品价目表等关键信息。企业因此扩大了联络半径，降低了运营成本，增加了企业利润。

（二）Extranet 的结构与分类

1. Extranet 的结构

Extranet 的基本结构主要包括防火墙、企业内部网（Intranet），以及用于连接企业内部网的公共网络、专用网络或虚拟专用网（Virtual Private Network，VPN）等，如图 4-10 所示。

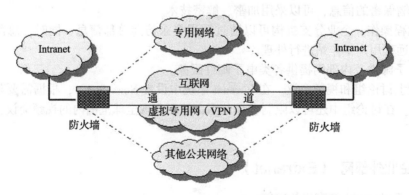

图 4-10 Extranet 的基本结构

2. Extranet 的分类

Extranet 可分为三类：公共外部网、专用外部网和虚拟专用网（VPN）。

（1）公共外部网。如果一个组织允许公众通过任何公共网络访问其内部网，或两个以上的企业同意用公共网络把它们的内部网连在一起，就形成了公共外部网。在这种结构中，安全性是关键，因为公共网络不提供任何安全保护措施。目前解决的办法是设置防火墙，但防火墙不能保证100%的安全。因此，实际中很少采用公共网络，因为风险实在太大。

（2）专用外部网。专用网络是两个企业之间的专线连接，这种连接是企业内部网之间的物理连接。与一般的拨号连接不同，专线始终在线，且只有合法的企业能够在线，未经许可的其他个人或企业均不能进入专用网络。因此，这种网络能保证信息流的安全性和完整性。但专用网络的成本太高，因为每对利用专用网络通信的企业都需要一条独立的专线将它们连接到一起。如果一个企业通过专用网络与7个企业建立外部网连接，则该企业必须支付7条专线的费用。

（3）虚拟专用网（VPN）。虚拟专用网是一种特殊的网络，它采用一种叫作"通道"的系统，用公共网络及其协议向贸易伙伴、客户、供应商和雇员发送敏感的数据。这种通道是互联网上的专用通路，可保证数据在外部网上的企业之间安全地传输。由于最敏感的数据处于最严格的控制下，VPN 也就提供了安全保护。利用建立在互联网上的 VPN 专用通道，异地的企业员工可以向企业的计算机发送敏感信息。虚拟专用网是目前外部网的一种主要形式。

三、Internet、Intranet 与 Extranet 的关系

Intranet 是采用 Internet（互联网）技术，将企业内部信息计算机化，实现企业内部资源共享的网络系统，强调的是企业内部各部门之间的连接；而 Extranet 是企业与企业之间的 Intranet，目的是达到企业与企业之间资源共享，强调的是企业之间的连接。

从网络的业务范围来看，Internet 最大，Extranet 次之，Intranet 最小。Internet 强调各种网络之间的互联，Intranet 是企业内部之间的互联，而 Extranet 互联的则是多个授权的 Intranet。如果将 Internet 称为开放的网络，Intranet 称为专用封闭的网络，那么 Extranet 则是一种受控的外联网络。所以，可以将 Extranet 看成是 Intranet 的延伸，是 Intranet 间的桥梁。Extranet 一方面通过 Internet 技术互联企业的供应商、合作伙伴、相关客户，促进彼此间的联系与交流；另一方面，它又像 Intranet 一样，位于防火墙之后，提供充分的访问控制，使得外部用户远离企业内部资料。

第三节 计算机网络系统

计算机网络是实现电子商务的前提和基础，因此，了解网络硬件设备和操作系统对全面理解和掌握电子商务技术是十分必要的。

一、网络硬件设备

（1）网卡（Network Interface Cards）。网卡又称网络适配器或网络接口卡，它安装于每台计算机或服务器的扩展槽中，属于 OSI 模型的底三层设备。每一块网卡均有唯一的 MAC 地址。网卡不仅用于将数据转变为可在网络传输介质中传输的电信号，还用于将电信号转变为操作系统可以理解的数据包。在网络中，数据是串行传送的，如果网络与主机 CPU 之间的速度不匹配，就需要缓存，以防数据丢失。由于网卡处理数据包的速度比网络传送数据的速度慢，也比主机向网卡发送数据的速度慢，故会成为网络与主机之间的瓶颈。任何一个网络软件均有适合不同网卡的多组驱动程序，使用不同的网络产品时，应选用相应的驱动程序，以使网络能与网卡的协议和功能结合起来。

（2）中继器（Repeater）。中继器在 OSI 的物理层实现网络"互联"。中继器具有数据信号接收、放大、整形、发送的功能。中继器的工作不涉及帧结构，因此它不对数据帧的内容做任何处理，只起到延长传输介质的作用，即用中继器连接的几个网段仍然属于同一个网络。因此，通常不把中继器归属于网络互联设备的范畴。从理论上说，可以用中继器把网络延伸到任意长的传输距离，然而在很多网络上都限制了加入中继器的数目。例如，在同轴电缆以太网中，必须遵循"5－4－3"的原则，即可连接 5 个单网段，使用 4 个中继器，只允许在 3 个网段上连接计算机。

（3）网桥（Bridge）。网桥在 OSI 的数据链路层实现网络互联。网桥是一种存储转发设备，因此应该具有足够的缓冲空间，以满足高峰负载的要求，而且必须有寻址和路径选择的逻辑功能。网桥被用于在相同通信协议下的不同网段间的数据传输，它一次只能传输一种信号。如果发送节点与接收节点在同一网段内，网桥就会把数据包保留在该网段内；如果接收节点在另一个网段，网桥则会把数据包传到相应的网段去。这种数据转发与交换主要通过网桥的路径选择算法来完成。

（4）路由器（Router）。路由器在 OSI 的网络层实现网络间互联。其主要作用是用于连接在 OSI 底三层内执行不同协议的网络，以消除网络层协议间的差别，进行最佳路径选择，降低网络负载，提高连接效率。由于路由器工作于网络层，它处理的信息量比网桥要大，因而处理速度比网桥慢。但路由器的互联能力强，可以执行复杂的路由选择算法。路由器分为内部路由器和外部路由器。内部路由器在网络服务器内有多个网络接口板，除完成服务器的部分功能外，还担负了多个局域网络之间的互联功能；外部路由器则是单独的网间连接设备，相当于一个分离的计算机。

（5）网关（Gateway）。网关是一种比较复杂的网络连接设备，它工作在 OSI 的高层，用于连接使用不同协议的子网。网关具有对不兼容的高层协议进行转换功能，即为了实现异构设备之间的通信，网关要对不同网络的传输层、会话层、表示层、应用层协议进行翻译和变换。网关的作用包括：连接不同构架的网络；连接不同通信协议的网络；连接不同数据格式的网络等。

用于网络互联的中继器、网桥、路由器、网关等设备的层次性关系如图 4－11 所示。

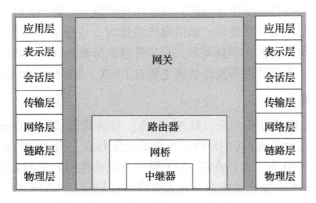

图 4-11 网络互联设备的层次性关系

（6）交换机（Switches）。交换机为通信双方提供了一种更为直接的网络连接。当数据包到达交换机时，它会在相关端口之间创建一个独立的内部连接，并根据数据包头信息，将数据分组直接发送到相应的目的端口，从而提供更快的数据传输率。交换机进行数据交换的方式有三种：直接交换、存储转发交换和改进后的直接交换。交换机只解决那些网络瓶颈引起的问题，而不能解决服务器、硬磁盘、应用软件的性能引起的问题。

（7）集线器（HUB）。集线器是局域网的重要部件之一，它是网络的中央连接点。典型的集线器有多个用户端口，每一个端口支持一个来自网络站点的连接。一个以太网数据包从一个站点发送到集线器上，然后被中继到集线器中的其他所有端口。尽管每一个站点是用它自己的专用双绞线连接到集线器的，但基于集线器的网络仍然是一个共享介质的局域网。目前有独立型、模块化和堆叠式三种配置形式的集线器。

（8）网络工作站（Workstation）。网络工作站是指不同档次、不同型号的要进入网络的计算机。它是网络中用户操作的工作平台。工作站是网络用户的工作设备，工作站本身可以有软驱和硬盘，也可以是"无盘工作站"，即用户通过工作站向局域网请求服务和访问共享资源，通过网络从服务器中取出程序和数据后，用自己的 CPU 和内存进行运算处理，处理结果可以再存入服务器中。

（9）网络服务器（Server）。服务器是网络的核心设备，担负着运行网络操作系统、存储和管理网络中的共享资源、为各用户应用程序提供服务、对网络活动进行监督及控制等重要工作。网络服务器通常需要配备大容量、不间断电源，并需要采用较好的容错技术。

（10）服务器集群技术（Cluster）。服务器集群技术是发展高性能计算机的一项技术。它是一组相互独立的计算机，由网络互联组成的一个计算机系统，并以单一系统的模式加以管理，为各个客户工作站提供可用性的服务。服务器集群技术主要用于解决重大网络计算问题。

二、网络的软件系统

（一）网络操作系统

网络操作系统（Network Operation System）是使网络上各节点能方便而有效地共享网络资源，为网络用户提供所需的各种服务的软件和有关协议规程的集合。它具有提供高效、可靠的网络通信能力以及多种网络服务功能，如远程登录服务功能、文件传输服务功能、电子邮件服务功能、远程打印服务功能等。选用操作系统时，应考虑到能满足网络系统的功能、性能要求，做到易维护、易扩充和高可靠，并具备容错功能，具有广泛的第三方厂商的产品支持，安全且费用低。典型的网络操作系统主要有 UNIX、Windows 和 Linux 等。

1．UNIX 操作系统

UNIX 操作系统是 1969 年由里奇（D. M. Ritch）和汤普逊（Ken Thompson）在 AT&T 贝尔实验室采用汇编语言创造的。UNIX 操作系统最先运行在一台 DECPDP-7 计算机上，并只在实验室内部使用。1970 年，人们在将 UNIX 操作系统移植到 PDP-11/20 上时，花费了大量的时间和精力。后来 UNIX 操作系统的开发人员采用 C 语言对 UNIX 的源代码进行了重新改写，使 UNIX 具有非常好的可移植性。UNIX 是一个通用的、多用户的、分时的网络操作系统，能提供所有的互联网服务，在 Internet/Intranet 高端领域有着广泛的应用。

2．Windows 操作系统

Windows 是微软（Microsoft）公司开发的操作系统。这是一个基于 NT 架构的网络操作系统，它有强大的系统功能，提供丰富的网络服务。Windows 操作系统具有以下特点：①深受欢迎的图形用户界面技术，为用户提供了更多的方便；②支持多种硬件平台、多种操作系统运行环境和多种网络协议；③联网性能好，确保用户保持连接状态；④为用户提供了高级的、可靠的安全网络环境。

3．Linux 操作系统

Linux 操作系统最早是由芬兰赫尔辛基大学计算机系学生林纳斯·托瓦兹（Linus Torvalds）创建的，是一种基于 PC、类似 UNIX 的操作系统，也是目前的主流操作系统之一。

Linux 的意义不仅仅在于增加了一种新的操作系统，更重要的是它创建了自己软件的新天地：全世界的 Linux 设计者和爱好者共同支撑着它的发展。由于 Linux 的内核源代码完全公开，系统源代码免费发放，所以 Linux 操作系统得到了飞速发展，功能不断完善，性能不断提高，基于 Linux 的商业软件也不断推出。

（二）WWW 技术

WWW 即"Word Wide Web"的缩写，也称为万维网或 Web，它是由位于瑞士日内瓦的欧洲核子物理实验室的科学家们于 1990 年发明的，并于 1993 年投入商业运行，是一种在互联网上运行的全球性的分布式信息系统。WWW 技术是互联网的技术基础，互联网的软件结构与 WWW 技术结构模式密切相关。WWW 技术的特点主要包括：

（1）超文本和超链接。所谓的"超文本"，是指信息组织形式不是简单的按顺序排列，而是由指针连接的网状交叉索引方式，对不同来源的信息加以链接。可链接的信息有文本、图像、动画、声音和影像等，这种链接关系就称为"超链接"。

（2）浏览器（Browser）。浏览器是基于图形用户界面（Graphic User Interface，GUI）技术开发的最主要的互联网操作软件之一，如 Netscape、Navigator、Microsoft Internet Explorer 等。它采用 HTTP 与 WWW 服务器相连接，从而实现互联网上的绝大部分功能，如信息浏览、文件下载、邮件收发等。浏览器位于客户端，因此，浏览器/服务器的结构也被称作三层结构或"瘦"客户机/服务器结构。

（3）统一资源定位（Uniform Resource Location，URL）。统一资源定位提供一种 WWW 页面地址的寻找方式，它将互联网提供的各种服务统一编址，是计算机系统文件名概念在网络环境下的扩充。它通过一种统一的命令格式向互联网上不同类型的服务器发出服务请求，获取相应服务响应。命令格式表示为"通信协议：//服务器主机名或 IP 地址"。假定有一台服务器主机名为 WWW. XYZ. COM，能提供主页访问、文件下载等服务，人们就可以在浏览器的地址处输入下列命令对服务器进行访问：HTTP://WWW. XYZ. COM 或 FTP://WWW. XYZ. COM。

（4）超文本传输协议（Hyper Text Transfer Protocol，HTTP）。HTTP 是 WWW 技术的核心，是 Web 用户用于检索文档的一组规则。它通过一种超链接的方式，将物理上分布在不同服务器上的网页连接成一个有机的整体。网页的内容可以包含文本、声音、图像、动画等数据，在网页中的相应位置可建立超链接指向其他网页，被指向的网页可以是其他服务器上的。用户点击超链接时，被指向的网页内容即被显示。与其他互联网协议一样，HTTP 采用 C/S 结构，即用户的 WWW 浏览器打开一个 HTTP 会话并向远程服务器发出 WWW 页面请求，服务器产生一个包含 WWW 页面内容的 HTTP 应答信息，并将它送回到客户机的 WWW 浏览器。

（5）通用的网关接口（Common Gateway Interface，CGI）。CGI 为 Web 服务器定义了一种与外部应用程序交互、共享信息的标准，如对数据库访问的程序等。其工作方式是：用户请求激活一个 CGI 程序；CGI 程序将交互主页中用户输入的信息提取出来传给外部应用程序（如数据库查询程序），并启动外部应用程序；外部程序的处理结果通过 CGI 传给 Web 服务器，并以 HTML 形式传给用户，CGI 进程结束。CGI 的工作过程如图 4-12 所示。

图 4-12 CGI 的工作过程

三、电子商务系统的多层结构

为了应对企业电子商务系统建设所面临的挑战，电子商务系统在开发方法上应当充分利用计算机和网络领域的先进技术，区别于传统信息系统的开发方法，充分考虑电子商务系统的自身特点。通常情况下，企业电子商务系统可以划分为客户层、Web 服务层、应用服务层和企业信息系统层四个层次，如图 4-13 所示。

图 4-13 电子商务系统的多层结构

（1）客户层。客户层直接面向用户，用于为用户提供企业电子商务系统的操作界面。客户层程序一般是一个 Web 浏览器，有时还包括嵌入在 HTML 网页中的 JavaApplet、Active

X 组件及其他一些应用组件，以实现一些复杂的交互功能。在少数情况下，出于安全性或特殊功能要求的考虑，企业电子商务系统的客户端程序也可以不是 Web 浏览器，而是用某种编程语言（如 VC、Java 等）编写的独立应用程序。用户必须通过某种途径获取该客户端程序，并将其安装在自己的机器上，才能访问企业的电子商务系统。

（2）Web 服务层。该层主要用于处理电子商务系统的表示逻辑。它向客户层提供满足用户需求的画面美观、布局合理的页面，还可以根据用户的具体要求，创建个性化和专业化的页面等。Web 服务层接收来自客户层的用户输入，并将其发送到应用服务层的业务组件，由它们来对其进行处理，然后根据应用服务层的处理结果生成适当的页面，返回给客户端。

（3）应用服务层。该层主要用于处理电子商务的业务逻辑。它通常采用基于组件的方法，将电子商务的各种业务逻辑封装在一个个功能明确的组件中，通过接收 Web 服务层发来的请求，进行适当的业务处理，并访问企业信息系统层的资源。它一方面实现了对企业相关业务逻辑封装，另一方面将用户端的交互行为与系统对企业后端资源的访问分离开来，增强了系统的可伸缩性。

（4）企业信息系统层。企业信息系统是指电子商务系统所对应的企业的后端信息系统，它通常指的是企业资源计划（ERP）系统。在企业尚未建设起集成化的 ERP 系统时，电子商务系统的企业信息系统层也可以是其他系统，如关系数据库管理系统、主机事务处理系统等。在这些信息系统中，存放着对企业发展至关重要的信息资源。电子商务系统必须与企业的后端信息系统集成到一起，在企业范围内实现高度的信息共享，才能充分实现电子商务系统的价值，提高企业的竞争力。

第四节　网络接入与应用

一、互联网接入

互联网由一系列互相连接的网络组成。为企业和个人提供互联网接入服务的机构称作互联网接入服务商（Internet Access Providers，IAPs）或互联网服务商（ISP）。常见的接入方式有电话、宽带、专线和无线等。

不同的 ISP 所提供服务的主要区别是每个服务商所提供的连接带宽不同。带宽（Bandwidth）是指单位时间内通过一条通信线路的数据量。带宽越大，数据文件的传输速度越快，页面在计算机屏幕上的显示速度也越快。互联网本身及本地服务商接入用户数量的拥挤状况会大大地影响实际带宽，实际带宽（Net Bandwidth）是指考虑到任意时间通信通道上的拥挤状况时信息传输的实际速度。如果 ISP 接入用户数量少，实际带宽将接近服务商的带宽上限；反之，在通信拥挤的时段，上网速度会大大下降。

传向 ISP 数据的带宽和 ISP 传出数据的带宽可能会不同。对称接入（Symmetric Connections）是指双向带宽相同；非对称接入（Asymmetric Connections）是指双向带宽不同。上行带宽（Upstream Bandwidth）是指特定时间内用户向互联网传送信息的带宽；下行带宽（Downlink Bandwidth）是指特定时间内从互联网向用户传送信息的带宽（如用户从 WWW 服务器接收一个页面）。

1. 电话接入

电话接入即电话拨号上网，是在普通电话线上利用调制解调技术连接本地电话服务商，拨打专用电话号码，实现接入互联网或专网的业务，属于低速网络接入业务，可提供 28 ~ 56Kbit/s 的带宽。

有些电信公司提供更高级的服务，称为数字用户线路或数字用户回路（Digital Subscriber Link，DSL）协议。DSL 接入不使用调制解调器，而使用类似网络交换机的网络设备。综合业务数字网（Integrated Services Digital Network，ISDN）是最早应用 DSL 协议的一种实用技术。ISDN 比普通电话服务贵，可提供 128 ~ 256Kbit/s 的带宽。

2. 宽带接入

超过 200Kbit/s 的接入称为宽带（Broadband）服务。尽管过去曾出现过 DDN 专线、ISDN 等多种网络接入方式，但由于成本和速率等多方面的原因，一直未能成功普及。目前可考虑的宽带接入方式主要包括三种 ADSL、Cable Modem（有线通）和 FTTX + LAN（小区宽带）等。

3. 专线接入

在互联网上通信量很大的公司与 ISP 建立连接时，可以从电信公司租用更大的带宽。根据线路介质的不同，主要有 DDN 专线接入、PCM 专线接入、SDH 专线接入和光纤接入等几种。

4. 无线接入

今天，人们大量使用移动电话、无线 PDA 或带无线网卡的笔记本电脑接入互联网。目前已经有一些无线标准被采用，更多的标准正在制定中。

（1）蓝牙。蓝牙（Bluetooth）是早期的无线协议，创始人是瑞典爱立信公司。蓝牙是一种支持设备短距离通信（一般 10m 内）的无线电技术，最多可组成 10 个网络，每个网络有 8 个设备。它是一种低宽带技术，速度最高达 722Kbit/s，能在移动电话、PDA、无线耳机、笔记本电脑、打印机等众多设备之间进行无线信息交换。蓝牙的一个主要优势是功耗极低，这对移动设备而言非常重要；另一个优势是蓝牙设备之间能自动发现对方并交换信息。例如，当想打印笔记本电脑上的文件时，可以使用支持蓝牙技术的打印机打印，而不需要登录网络，也不必在设备上安装软件，打印机和笔记本电脑可通过电子方式识别对方并立即开始交换信息。

（2）超宽带。超宽带（Ultra Wideband，UWB）也是一种短距离通信技术。它除了具备蓝牙技术现有的特点外，还有速度快、耗电省等优点。

（3）Wi-Fi。Wi-Fi 是一种基于 IEEE 802.11 标准的无线局域网技术，广泛应用于多种设备和场景。一台安装 Wi-Fi 网卡的设备可通过连接局域网的无线访问热点进行通信，从而加入局域网。无线访问热点（Wireless Access Point，WAP）是在一定范围内 Wi-Fi 计算机同其他设备之间传送数据包的设备，它将有线网络的信号转换成无线信号。

Wi-Fi 工作范围最大不超过 100m，同时受建筑物材料的影响很大，如钢筋混凝土墙和某些有色玻璃会缩小 Wi-Fi 的工作范围。建筑物内需安装多个 WAP，这样能在一定程度上克服建筑物材料造成的不良影响。

有些组织的无线访问点可以向公众开放，这种访问点称为无线热点（Hot Spot）。有些组织允许免费访问，有些组织则需要收取访问费。

（4）移动电话网。手机最初的功能是语音通话，现在也可以用来传输数据，但数据传输速度非常慢，最初只在 10～384Kbit/s。随着 3G、4G、5G 手机的不断推出，数据传输速度得到了极大提升。如 4G 手机能实现 100～150Mbit/s 的传输速度，而将要推出的 5G 手机则可实现 400Mbit/s 以上的传输速度。

如今许多移动通信公司也提供移动网络的互联网接入服务。这些公司的收费和服务水平差别较大，但多数公司都采用固定月租费再加数据流量费的模式。

二、互联网应用

互联网是世界上最大的信息库，通过它可以获取各种所需信息。

1. 万维网

万维网（World Wide Web，WWW）又称环球信息网。它基于超文本传输协议（HTTP），利用超文本标记语言（HTML）把各种类型的信息（图形、声音、文本、动画等）有机地集成起来，供用户查询使用，使互联网具备了支持多媒体应用的功能。WWW 已经成为互联网的主要应用之一，目前上网的计算机绝大多数是通过 WWW 浏览和查询信息的。WWW 提供了一种非常易于使用的友好界面，用户通过浏览器软件（如 Internet Explore、Netscape 等）访问信息资源。

在 WWW 上，用户使用统一资源定位器（Uniform Resource Locator，URL）来指明信息资源所在位置。URL 可以用一种统一的格式来描述各种信息资源，包括文件、服务器的地址和目录等。URL 至少包括两个部分，至多包括四个部分。一个简单的两部分 URL 的前一部分表示互联网访问的资源所采用的通信协议名称，后一部分表示资源位置。它的格式如下：

通信协议（Protocal）://主机名或 IP 地址/路径/文件名

例如：

http://www.cctv.com/default.shtml（中央电视台）

其中，通信协议是指用哪种互联网通信协议来连接服务器。常见的协议有：

http：超文本传输协议，用于从服务器读取 Web 页面内容。

ftp：文件传输协议，为互联网用户进行文件传输（包括文件的上传和下载）而制定的。

telnet：远程登录协议，它可以使用户坐在已上网的计算机前通过网络进入远程主机，然后对远程主机进行操作。

news：新闻组协议，不同的用户通过一些软件可连接到新闻服务器上，阅读其他人的消息并参与讨论。

file：指定本地计算机上的文件协议，可以用它从本地计算机上读取文件内容。

服务器的主机名是指代表网络服务器地址的域名。路径指出文件在服务器上的位置。文件名是将要访问的文档、图像或脚本的实际名称。例如，http://www.jerson.net/public/index.html，其中 jerson.net 是主机名，public 是文件的目录名称，index.html 是文件名。

2. 电子邮件

电子邮件（Electronic Mail，E-mail）是用户或用户组之间通过计算机网络收发信息的服务。互联网用户都可以申请一个自己的电子邮箱，通过电子邮箱可以实现远距离的快速通信和传送信息资料。它不仅可以收发文本信息，还可以收发图像、声音等多媒体文件，因此电子邮件服务是互联网上使用人数最多且最频繁的应用之一。通常用户可以通过客户端软件和网页两种方式使用电子邮件服务。

3. 文件传输

文件传输（File Transfer Protocol，FTP）是互联网的主要应用之一，是指从一个地点向另一个地点传送文件。FTP 服务为计算机之间的双向文件传输提供了一种有效的手段。它允许用户将本地计算机中的文件上传到远端的计算机，或将远端计算机中的文件下载到本地计算机。

4. 电子公告牌系统

电子公告牌系统（Bulletin Board System，BBS）也称电子布告栏系统。互联网普及初期，它由于独特的形式和强大的功能，受到网络用户的欢迎，并成为全球计算机用户交流信息的园地。早期的 BBS 采用 Telnet 方式登录，目前常采用网页方式，其优点是操作简单、图文并茂，还可以加载视频和音频文件。

BBS 按不同的主题可分成很多个布告栏，布告栏设立的依据是大多数 BBS 使用者的要求和喜好，使用者可以阅读他人关于某个主题的最新看法，也可以将自己的想法贴到公告栏中。如果需要单独交流，也可以将想说的话直接发到某个人的电子信箱中；如果想与正在使用 BBS 的某个人聊天，可以启动聊天程序加入闲谈者的行列。

5. 搜索引擎

搜索引擎（Search Engine）也称搜索器，主要功能为在互联网中搜索其他 Web 服务器中的信息。

在互联网上有成千上万的信息站点和网页，用户想要寻找自己喜欢的信息内容，主要靠搜索引擎来完成。搜索引擎与 URL 不同，URL 是按网站或网页的地址寻找相关的目标，也就是说用户在查找信息前必须知道要访问网站的网址。搜索引擎技术是在用户不知道有关网站或网址，也不知道自己要查找的信息在哪里的情况下，利用信息类的名称或关键字，通过搜索引擎服务器来完成查找任务。典型的搜索引擎有 Google、百度等。

6. 网络即时通信

网络即时通信（Instant Messaging，IM）是一种可以让使用者在网络上建立某种聊天室的实时通信服务，可以传输文字、文件、图片等，并且实现了信息的实时交互，在安装麦克风和摄像头之后还可以实现语音和视频交流。目前国内最流行的即时通信工具有 QQ、微信、淘宝旺旺等。

第五节 电子商务中的新兴网络技术

物联网技术的快速发展对电子商务的扩张起着重要的作用。以传统互联网技术为依托的第一代电子商务，在移动支付、快速物流配送、近场创新支付等方面存在着不足。近几年来，无线射频、精密传感器、近场通信等新兴网络技术，对创新电子商务服务模式、提升用户使用体验、精确商品管理配送等方面起到了重要作用，如无线射频识别（RFID）技术、ZigBee 技术、NFC、60GHz、无线自组网（Ad hoc）技术等。

一、RFID 技术

1. RFID 系统的构成

随着电子商务技术的发展，对产品从生产到消费的全过程进行整个生命周期的目标识别和跟踪的要求也越来越迫切。区别于传统物流时代的条码识别技术，RFID（Radio Frequency Identification，无线射频识别）采用自动识别技术，对商品等目标进行识别和自动跟踪，是电子商务领域逐步被采用的互联网通信技术。该技术采用无线电射频方式，在一定的距离内利用无线电波通过"标签"进行数据交换，在短时间内对特定对象进行识别或确认。RFID 系统构成如图 4-14 所示。

最基本的 RFID 系统由标签、阅读器、天线和数据处理系统四个部分组成。标签由耦合元件及芯片组成，每个标签具有唯一的电子编码，附着在物体上标识目标对象。阅读器是用来接收标签天线发出的电磁信号的。随着微型集成电路技术的进步，阅读器得到了很大的发展，被动式标签阅读器无须电池，由阅读器产生获得工作所需的能量，但是读取距离较近；采用最新技术制成的主动式标签阅读器不仅阅读距离远，还具有被动标签寿命长、性能可靠的优点；阅读器还可以设计成手持式或固定式。在标签与阅读器无线通信中，需要将导波

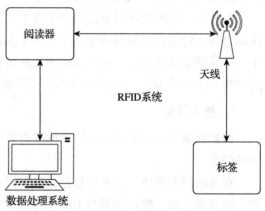

图 4-14 RFID 系统的构成

能量转变为无线电波，或者将无线电波转换为导波能量。用来发射和接收的无线电波装置称为天线。阅读器通过天线获得标签信息，需要与计算机相连，将其传送给专用的数据处理系统，进行后续处理。

2. RFID 的优势

RFID 的优势主要包括：

（1）读取方便快捷。数据的读取无须光源，甚至可以透过外包装进行；有效识别距离更大，采用自带电池的主动标签时，有效识别距离可达到 30m 以上。

（2）识别速度快。标签一进入磁场，阅读器就可以即时读取其中的信息，而且能够同时处理多个标签，实现批量识别。

（3）使用寿命长，应用范围广。采用无线电通信方式，使其可以应用于粉尘、油污等高污染环境和放射性环境，而且其封闭式包装也使得其寿命大大超过印刷的条码。

（4）动态实时通信。标签以 50~100 次/s 的频率与解读器进行通信，所以，只要 RFID 标签所附着的物体出现在解读器的有效识别范围内，就可以对其位置进行动态追踪和监控。

许多行业都运用了射频识别技术。例如，将标签附着在一辆正在生产中的汽车，厂方便可以追踪此车在生产线上的进度；通过仓库可以追踪药品的所在；将射频标签附着于牲畜与宠物上，可以方便地对牲畜与宠物进行识别；汽车上的射频应答器也可以用于缴纳高速费与停车费等。

常见的 RFID 设备如图 4-15 所示。

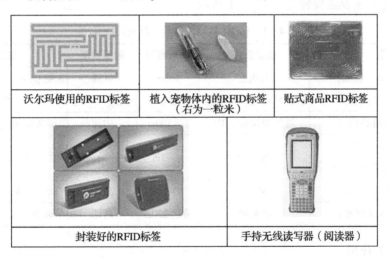

图 4-15 常见的 RFID 设备

3. RFID 的分类

（1）根据 RFID 电子标签的供电方式，可分为有源电子标签和无源电子标签两种类型。

1）有源电子标签。有源是指标签内有电池供电，这种标签读写距离较远，但寿命有限、体积较大、成本高，且不适合在恶劣环境下工作，需要定期更换电池。

2）无源电子标签。无源是指标签内没有电池，这种标签将从阅读器接收的电磁波能量转化为电流电源为标签电路供电，其读写距离相对有源标签短，但寿命长、成本低，对工作环境要求不高。

（2）根据 RFID 电子标签的载波频率，可分为低频、中频和高频三种电子标签。

1）低频电子标签。低频电子标签频率主要有 125kHz 和 134.2kHz 两种，常用于短距离、低成本的应用，如校园卡、动物监管、货物跟踪等。

2）中频电子标签。中频电子标签频率主要为 13.56MHz，常用于门禁控制系统以及需要大量数据的应用场合。

3）高频电子标签。高频电子标签频率主要有 433MHz、915MHz、2.45GHz 和 5.8GHz 几种，适合需要较长读写距离和高速读写速度的场合，其天线波束方向较窄且价格较高，通常应用于火车监控、高速公路收费等系统。

(3) 根据 RFID 电子标签的作用范围，可分为密耦合电子标签、遥耦合电子标签和远距离电子标签三种类型。

1）密耦合电子标签。密耦合也称为紧密耦合系统，典型的作用范围为 0~1cm。密耦合系统工作时，必须把标签插入阅读器中或紧贴阅读器，或者放置在阅读器为此设定的表面上。密耦合系统可以用介于直流和 30MHz 交流之间的任意频率工作。

2）遥耦合电子标签。遥耦合系统也称电感无线电装置，主要包括近耦合系统和疏耦合系统两类。其中近耦合系统典型的作用距离为 15cm，疏耦合系统典型的作用距离为 1m。遥耦合系统的发射频率可以是 135Hz 以下的频率，也可以是 6.75MHz、13.56MHz、27.125MHz。

3）远距离电子标签。远距离系统典型的作用距离为 1~10m。这种系统在微波波段内以电磁波方式工作，工作频率较高，一般包括915MHz、2.45GHz、5.8GHz和 24.125GHz。RFID 系统工作频率及主要特点如表 4-1 所示。

表 4-1 RFID 系统工作频率及主要特点

频带	规章管理	读取范围	数据速度	应用领域
120~150kHz（低频）	无规定	10cm	低速	动物识别、工厂数据的收集
13.56MHz（高频）	全世界通用 ISM 频段	1m	低速—中速	小卡片
433MHz（特高频）	近距离设备 SRD	1~100m	中速	国防应用（主动式标签）
868~870MHz（欧洲）902~928MHz（北美）超高频	ISM 频段	1~2m	中速—高速	欧洲商品编码、各种标准
2450~5800MHz（微波）	ISM 频段	1~2m	高速	802.11WLAN、蓝牙标准
3.1~10GHz（微波）	超宽频	最远 200m	高速	需要半主动或主动标签

4. RFID 的应用

目前，RFID 已成为 IT 业界的研究热点，世界各大软硬件厂商，包括 IBM、摩托罗拉、飞利浦、TI、微软、Oracle、Sun、BEA、SAP 等在内的公司都对 RFID 技术及其应用投入大量研发经费，推出了各自的软件或硬件产品及系统应用解决方案。在应用领域，以沃尔玛、UPS、Gillette 等为代表的大批企业采用 RFID 技术对业务系统进行改造，以提高企业的工作效率并为客户提供各种增值服务。

RFID 的典型应用包括：在物流领域用于仓库管理、生产线自动化、日用品销售；在交通运输领域用于集装箱与包裹管理、高速公路收费与停车收费；在农牧渔业用于如羊群、鱼类、水果等的管理，以及宠物、野生动物跟踪；在医疗行业用于药品生产、患者看护、医疗垃圾跟踪；在制造业用于零部件与库存的可视化管理等。此外，RFID 还常用于图书与文档管理、门禁管理、定位与物体跟踪、环境感知和支票防伪等多个应用领域。

二、ZigBee 技术

ZigBee 也称紫蜂，是一种低速短距离传输的无线网络协议，底层是采用 IEEE 802.15.4 标准规范的媒体访问层与物理层。其主要特点是低耗电、低成本、支持大量网络节点、支持多种网络拓扑、低复杂度、快速、可靠、安全。ZigBee 名字来源于蜂群的特殊通信方式，蜜蜂通过跳 ZigBee 形状的舞蹈来分享新发现事物源的位置、距离和方向等信息。ZigBee 技术的基本性能比较如表 4-2 所示。

ZigBee 技术最初由霍尼韦尔（Honeywell）公司的 ZigBee Alliance 制定，并于 2001 年向 IEEE 提交提案，被纳入 IEEE 802.15.4 标准规范之中，渐渐成为通用的低速短距无线通信技术之一。2005 年 6 月，ZigBee 联盟发布了第一个技术规范。2016 年 5 月，ZigBee 联盟推出了 ZigBee 3.0，使 ZigBee 协议进一步标准化，并向智能家居的互联互通迈出了一大步。

表 4-2　ZigBee 技术的基本性能比较

	Wi-Fi	ZigBee	电力载波	蓝牙
传输距离	100~300m	50~300m	500m	10~100m
传输速率	300Mbit/s	250kbit/s	500Mbit/s	1Mbit/s
功耗	10~50mA	5mA	—	ZigBee 和 Wi-Fi 之间
特点	应用最广	可自组网，网络节点数最大可达 65 000 个	可基于电力线传输，无须布线	

1. ZigBee 的技术特点

ZigBee 的技术特点主要包括：

（1）数据传输速率低，只有 20~250 kbit/s，专注于低传输应用。

（2）功耗低，在低耗电待机模式下，两节普通 5 号干电池可使用 6 个月以上，这也是 ZigBee 技术的独特优势。

（3）成本低，因为 ZigBee 数据传输速率低、协议简单，所以大大降低了成本，比蓝牙更具价格竞争力。

（4）网络容量大，每个 ZigBee 网络最多可支持 255 个设备，也就是说，每个 ZigBee 设备可以与另外 254 台设备相连接。

（5）有效范围小，有效覆盖范围在 10~75 m，具体依据实际发射功率的大小和各种不同的应用模式而定。

（6）工作频段灵活，使用的频段分别为 2.4 GHz、868 MHz（欧洲）及 915 MHz（美国），均为免执照频段。

2. ZigBee 组网技术

在 ZigBee 技术的网络中，常用的拓扑结构主要有星形、树形和网状形拓扑结构，如图 4-16 所示。由于其支持自动路由、动态组网、直接序列扩频的方式，因此，能够很好地满足工业自动化控制现场的需要（低数据量、低成本、低功耗、高可靠性等）。

ZigBee 是一种由多个无线数传模块（可多达 65 000 个）组成的无线数传网络平台，组网结构类似于现有的移动通信网络，如图 4-17 所示。

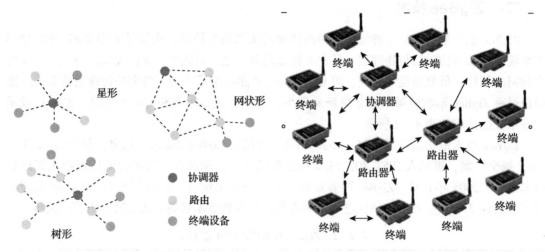

图 4-16　ZigBee 网络拓扑结构　　　　图 4-17　一种 ZigBee 的实际组网结构

每一个 ZigBee 网络数传模块类似移动网络的一个基站，在整个网络范围内，它们之间可以进行相互通信；网络节点之间的距离可以从标准的 75m，到扩展后的几百米，甚至几千米。与移动通信网络不同的是，移动通信网络的基站一般都非常昂贵，而 ZigBee 的"基站"却非常便宜。每个 ZigBee 网络节点不仅本身可以作为监控对象，例如其所连接的传感器可直接进行数据采集和监控，还可以自动中转其他网络节点传过来的数据资料。

ZigBee 技术的应用范围非常广泛，适用于工业自动化、家庭自动化、遥测遥控、汽车自动化、农业自动化和医疗护理、油田、电力、矿山和物流管理等多个领域。通常情况下，符合如下条件之一的短距离通信都可以考虑使用 ZigBee 技术：

（1）需要数据采集或监控的网点多。
（2）传输的数据量不大，但要求设备成本低。
（3）要求数据传输可靠性好、安全性高。
（4）要求设备体积很小，不便放置较大的充电电池或者电源模块。
（5）可以用电池供电。
（6）地形复杂、监测点多，需要较大的网络覆盖。
（7）对现有的移动网络的盲区进行覆盖。
（8）已经使用了现存移动网络进行低数据量传输的遥测遥控系统。

三、近场通信（NFC）技术

近场通信（Near Field Communication，NFC）技术是一种短距离高频无线通信技术，它允许电子设备之间进行非接触式点对点数据传输和交换数据。NFC 技术是在无线射频识别（RFID）技术和互联技术的基础上发展而来的，可广泛应用于设备的互联、服务搜寻及移动商务等领域。

NFC 具有双向连接和识别的特点，工作于 13.56 MHz 频率范围，作用距离为 10cm 左右。

1. NFC 的工作模式

目前，NFC 的工作模式主要有卡模拟模式、读卡器模式和点对点模式。

（1）卡模拟模式（Card Emulation Mode）。该模式相当于一张采用 RFID 技术的 IC 卡，可以替代现有大量的 IC 卡（包括信用卡），适合商场刷卡、IPASS、门禁管制、车票、门票等系统。这种模式的一个最大优点是卡片通过非接触读卡器来供电，即便宿主设备（如手机）没电也可以工作。NFC 设备若要进行卡片模拟（Card Emulation）相关应用，必须内置有安全组件的 NFC 芯片。

（2）读卡器模式（Reader/Writer Mode）。该模式的 NFC 主要作为非接触读卡器使用，如从海报或者展览信息电子标签上读取相关信息。

（3）点对点模式（P2P Mode）。该模式和红外线差不多，可用于数据交换。其特点是传输距离较短，传输速度较快，功耗低（蓝牙也类似）。将两个具备 NFC 功能的设备连接，能实现数据点对点传输，如下载音乐、交换图片或者同步设备地址簿。因此，通过 NFC，多个设备（如数码相机、平板电脑、计算机、手机等）之间都可以交换资料或者服务。

2. NFC 的技术特点

与 RFID 一样，NFC 信息也是通过频谱中无线频率部分的电磁感应耦合方式传递的，但两者之间有很大的区别。

（1）NFC 的传输范围比 RFID 小。RFID 的传输范围可以达到几米甚至几十米，而 NFC 采取了独特的信号衰减技术，相对于 RFID 来说，NFC 具有距离近、带宽高、能耗低等特点。

（2）NFC 与现有的非接触智能卡技术兼容，目前已经成为越来越多厂商支持的正式标准。

（3）NFC 是一种近距离的私密通信方式，其距离非常近，射频范围小，因此通信更加安全。

此外，NFC 还有优于红外和蓝牙传输方式的地方。红外通信要求设备在 30m 以内且不能移动，而作为一种面向消费者的交易机制，NFC 比红外更快、更可靠而且要简单得多。与蓝牙相比，NFC 面向近距离交易，更适用于交换财务信息或敏感的个人信息等重要数据。但蓝牙能够弥补 NFC 通信距离不足的缺点，适用于较长距离数据通信。因此，NFC 和蓝牙互为补充、共同存在，如表 4-3 所示。

NFC 的应用主要可分为以下五类：①用于付款和购票等；②用于电子票证；③用于连接和作为无线启动设备；④用于智能媒体；⑤用作智能标签。

表 4-3 NFC 与蓝牙技术比较

	NFC	蓝牙	低功率蓝牙
外置电源	不需要	需要	需要
RFID 兼容	ISO 18000-3	需激活支持	需激活支持
标准化机构	ISO/IEC	Bluetooth SIG	Bluetooth SIG

(续)

	NFC	蓝牙	低功率蓝牙
网络标准	ISO 13157 等	IEEE 802.15.1（该协议停止维护）	IEEE 802.15.1（该协议停止维护）
网络类型	端到端	WPAN	WPAN
加密	Not with RFID	可用	可用
范围	<20 cm	<100 m（class 1）	<50 m
频率	13.56 MHz	2.4~2.5 GHz	2.4~2.5 GHz
速度	424 Kbit/s	2.1 Mbit/s	1 Mbit/s
响应时间	<0.1 s	<6 s	<0.006 s
功耗	<15mA（只读）	随收发过程不同，功率不同	<15 mA（只读和传输）

NFC 作为一种新兴的技术，改善了蓝牙技术协同工作能力较差的弊病。不过其目标并非是完全取代蓝牙、Wi-Fi 等其他无线技术，而是在不同的场合、不同的领域起到相互补充的作用。

四、60GHz 毫米波无线通信技术

随着数据时代的来临，数据业务急剧增加，众多的室内无线应用迫切需要更高速率的支持。如面向高清晰度电视（HDTV）、视频点播、家庭影院、蓝光播放机和高清摄像机的流媒体内容下载服务、高速互联网接入、实时数据传输和无线吉比特以太网等应用所需的数据传输速率将达到 1~3Gbit/s，这就需要寻找新的技术解决方案。60GHz 毫米波无线通信技术应运而生。

60GHz 毫米波无线通信技术是指载波频率为 57~66GHz 的无线通信技术。它属于毫米波通信技术，面向 PC、数字家电等应用，能够实现设备间数 Gbit/s 的超高速无线传输。在无线通信频谱资源越来越紧张以及对数据传输速率要求越来越高的必然趋势下，60GHz 频段无线短距离通信技术也越来越受到关注，成为未来无线通信技术中最具潜力的技术之一。

1. 60GHz 毫米波无线通信技术的弱点

（1）路径损耗极大。电磁波的传播损耗随波长成二次方变化，因此，在同样的传输距离下，60GHz 电磁波比 2.4GHz 要多出 28dB 的路径损耗。

（2）氧气吸收损耗高。电磁波传输时存在的另一种损耗是大气吸收，水蒸气和氧气是产生这种衰减的主要因素。氧气吸收损耗的大小随电磁波的频率而变，60GHz 附近正好是一个氧气吸收峰值带，此处因氧气产生的吸收损耗高达 7~15.5 dB/km。

（3）绕射能力弱、穿透性差。60GHz 毫米波的波长较短，所以绕射能力差，容易被障碍物遮挡；同时，物体对毫米波的衰减也会更大，导致信号穿透障碍物的能力减弱。

2. 60GHz 毫米波无线通信的优势

（1）抗干扰能力强、安全性高。氧气对无线信号的吸收在 60GHz 附近会达到峰值，传输路径的自由空间损耗在 60GHz 附近频率时约有 15dB，并且墙壁等障碍物对毫米波的衰减

很大，这使得60GHz无线通信在短距离通信的安全性能和抗干扰性能上存在得天独厚的优势，有利于近距离小范围组网。氧气对60GHz无线信号的吸收作用，使得相邻空间多组60GHz无线网络之间不会相互干扰，同时相邻空间的60 GHz无线网络的安全性能也得到提高。60GHz无线信号的能量具有高度的方向性，适合点对点的无线通信对高方向性天线的要求。在此频段上固定天线尺寸，天线辐射能量集中于很窄的波束宽度内，因此，不同的60 GHz无线信号之间的干扰很弱。

（2）频谱范围广、传输速率高。60GHz无线通信网络具有频谱范围广、传输速率高、允许的最大发射功率大等特性，可以满足高速无线数据通信（>1Gbit/s）的需求。60 GHz频段丰富的频谱资源使得数Gbit/s数据传输无线连接成为可能。

（3）具有国际通用性和免许可特性。美国、日本及欧洲一些国家相继在57~66 GHz范围内划分7GHz连续的免允许频谱资源，各国的频谱分配在60 GHz附近存在约5 GHz的公用频率，因此，60 GHz无线通信具有良好的国际通用性。更为重要的是，60 GHz频谱资源完全免费，消费者不用负担额外的频谱资源费用，因此，60GHz无线通信在经济上具有很大的优势。

（4）体积小。与微波元件相比，毫米波元件的尺寸要小很多，这对于电子设备，特别是手机、移动硬盘等本身体积不大的产品而言很有意义。在汽车防撞雷达和卫星通信等用途上，毫米波芯片体积小的优势已经发挥得淋漓尽致。例如，IBM和MediaTek研发的一款用于高清视频传输的无线射频芯片，连上外部封装的尺寸也不过12mm^2，还不如一枚硬币大。这样大小的芯片即可完成1080p视频的高速传输，即在5s内传送大约10 GB文件。如果把这种芯片装在便携式高清摄像机中，用户不仅不会感受到体积和重量的增加，而且使用的便利性可以大幅度提高。

五、无线自组网（Ad hoc）技术

1. Ad hoc 的由来

Ad hoc技术的起源可以追溯到1968年的ALOHA网络和1972年美国国防部高级研究计划局（Defense Advanced Research Project Agency，DARPA）开始研究的分组无线网（Packet Radio Network，PRNET），它将数据分组交换技术应用于无线网络。近年来，随着笔记本电脑、智能手机等具有无线通信设备的终端越来越普及，计算机之间、移动终端之间相互通信、传输数据的需求日益增长。1994年，珀金斯（C. E. Perkins）和约翰逊（D. B. Johnson）提出了使无线通信设备在没有基础网络设施的支持下进行组网通信的构想。由于Ad hoc网络逐渐开始采用TCP/IP等标准的商用网络协议，加上其应用领域也逐渐从军事应用向民用扩展，越来越多的研究人员参与到对Ad hoc技术的研究工作中，研究的方向涉及Ad hoc技术的信道接入、组网、网络管理、QoS、网络安全、节能、功率控制等。

成立于1991年5月的IEEE 802.11委员会在制定IEEE 802.11协议标准时，将无线分组网络改为Ad hoc网络，提出了很多民用的建议，并将Ad hoc网络在军事方面的研究应用于民用方面。国际互联网工程任务组（Internet Engineering Task Force，IETF）在1997年专门为移动Ad hoc网络成立了MANET工作组，负责研究和开发移动Ad hoc网络的路由协议、MAC协议等，并制定相应的协议标准。

2. Ad hoc 网络的特点

Ad hoc 网络采用无线通信媒介，应用环境与众不同，因此具有与传统网络不同的特点。

(1) 自组织和无中心特性。Ad hoc 网络不需要事先架设的通信基础设施，也不需要中心管理设备，就可以实现网络内的各个节点间的通信。节点可以通过分布式算法进行快速自行组网，并协调各个节点的行为。任何节点在加入或者离开网络时，都不会对整个 Ad hoc 网络造成影响。因此，Ad hoc 网络抗毁性较强。

(2) 网络拓扑动态变化。由于 Ad hoc 网络节点可任意移动，节点开、关机，加入或离开网络，以及无线媒介变化所导致节点间通信中断等因素的影响，Ad hoc 网络的拓扑结构随时可能发生动态变化。主要表现就是代表移动节点的顶点的增加或减少，位置的移动和变化，以及部分网络拓扑的拆分和组合等。

(3) 多跳组网方式。在传统的有中心的移动通信网络中，路由协议采用的是集中管理与维护的方式，移动节点不需要管理路由。而在 Ad hoc 网络中，节点能够直接通信的距离有限，当它需要与通信范围以外的节点进行通信时，需要有中间节点为其转发数据。由于 Ad hoc 网络中的节点既可以作为终端，又可以作为路由器，因此 Ad hoc 网络中的多跳路由是由网络中的各个节点组成的，而不是像传统的固定网络由专门的路由器、交换机来实现。源节点和目的节点之间的数据包通常需要经过多跳传递给对方，有时中间节点会为多个源节点转发数据。

(4) 分布式控制。Ad hoc 网络与蜂窝移动通信系统、无线局域网的最大区别是不需要中心设备来对网络进行集中管理和控制。在 Ad hoc 网络中，各个节点都具有网络的控制功能，节点自行管理和控制。Ad hoc 网络的节点既是移动终端，又是路由器，并且网络中各节点的地位都是平等的，具有相同的功能，通过各节点的相互配合，实现 Ad hoc 网络的建立和维护。由于采用了分布式的控制方式，Ad hoc 网络的抗毁性和鲁棒性均较好。

(5) 无线通信带宽受限。在 Ad hoc 网络中，终端都是通过无线媒介来传输数据的。由于本身的物理特性，无线信道所能提供的容量明显低于有线信道，且有带宽有限、误码率高、链路质量和容量起伏波动等问题。另外，无线信道是一种共享媒介，由于竞争无线信道产生的碰撞、信号衰落、噪声、环境干扰等因素的影响，移动终端能得到的实际带宽容量往往比理论带宽小很多。因此，Ad hoc 网络的多跳数据传输过程受无线信道质量的影响会比较明显。

3. Ad hoc 网络结构

拓扑可变的网络结构主要有中心式控制结构、分层中心式控制结构、完全分布式控制结构和分层分布式控制结构四种基本结构。由于 Ad hoc 网络节点的能力通常相同并且都可移动，不适合采用集中式控制结构，特别是在战争环境中，中心控制节点容易被发现和摧毁。因此，Ad hoc 网络一般采用分布式控制结构，即完全分布式控制结构或分层分布式控制结构。这两种结构又分别被称为平面结构和分级结构。

(1) 平面结构。这种网络结构的特点是比较简单，所有节点在网络控制、路由选择和流量管理上都是平等的，所以又可以称为对等式结构，如图 4-18 所示。这种结构原则上不存在瓶颈，网络比较健壮。源节点和目的节点之间一般存在多条路径，可以较好地实现负载平衡和选择最优化路由。此外，平面结构中节点的覆盖范围较小，相对较安全。但在节点数目较多,特别是在节点大量移动的情况下,平面结构网络很难实施有效的网络管理和控制。在平面结构中,一个节点需要知道到达其他所有节点的路由,维护这些动态变化的路由信息需要大量的控制消息。因此,网络规模越大,路由维护和网络管理的开销就越大。研究表明,当平面结构的网络规模增加到某个程度时,带宽可能会被路由协议消耗掉,因此平面结构只适用于中小规模的 Ad hoc 网络。

(2) **分级结构**。在分级结构中,Ad hoc 网络被划分为一到多个簇,每个簇由一个簇头和多个簇成员组成。这些簇头形成高一级的网络。在高一级的网络中又可以再分簇,形成更高一级的网络。在分级结构中,簇头节点负责簇间数据的转发,它可以预先指定,也可以由节点使用分簇算法选举产生,如图 4-19 所示。根据不同的硬件配置,分级结构的网络又可以分为单频分级和多频分级两种。单频分级网络所有节点使用同一个频率通信。为了实现簇头间的通信,需要有网关节点的支持。簇头和网关节点形成高一级网络,称为虚拟骨干网络。而在多频分级网络中,不同级采用不同的通信频率。低级节点的通信范围较小,而高级节点能覆盖较大的范围。高级节点同时处于多个级中,使用多个频率,用不同的频率实现不同级的通信。如果硬件支持,分级网络中的每个节点都可以成为簇头。这样就需要适当的分簇算法,算法要能根据网络拓扑的变化重新分簇或废除、选举簇头。构造一个能够覆盖所有用户节点、可以较好支持资源管理和路由协议的相互连接的簇的集合是分簇算法的目标。

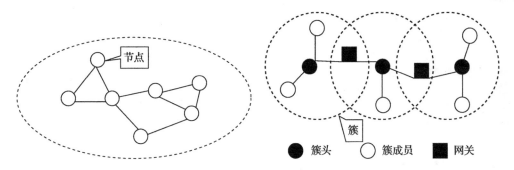

图 4-18 Ad hoc 网络体系结构——平面结构　　图 4-19 Ad hoc 网络体系结构——分级结构

从实施资源管理和提供服务质量保障的角度来看,分级结构有较大的优势。首先,分级结构有较好的扩展性,网络规模不受限制。其次,由于分级结构使簇成员的功能比较简单,不需要维护复杂的路由信息,这就减少了网络中路由控制信息的数量。同时,路由信息局部化,有效减少了路由协议的开销,提高了系统的吞吐量,并且容易实现网络的局部同步。另外,分级结构中节点的定位要比平面结构简单。在平面结构中,簇头要知道所属簇成员的位置,需要在全网中执行查询操作。而在分级结构中,由于簇头知道所属簇成员的位置,因此只需查询相应的簇头就可以获得节点的位置信息。最后,分级结构结合了无中心和有中心模式,可以综合两种模式的技术优势,如路由协议的设计便于结合反应式路由和先验式路由的优势。

总体来说,在分级结构中,簇成员的功能比较简单,不需要维护复杂的路由信息,具有良好的可扩充性;网络规模不受限制,可通过增加簇的个数和网络的级数来扩大网络的规模;簇头节点可以随时选举产生,具有较强的鲁棒性。虽然分级结构的簇头选择算法和簇维护机制增加了控制的开销,以及簇头节点可能成为网络的瓶颈等缺陷,但从整体上看,分级结构仍具有较大优势。因此，当网络的规模较小时，可以采用简单的平面结构；而当网络的规模扩大时，应采用分级结构。

复习思考题

1. 简述计算机网络的定义与分类，以及网络技术在电子商务中的作用。
2. 提出 OSI 的意义是什么？
3. 比较 OSI 的层次与 TCP/IP。
4. 简述 Internet、Intranet 与 Extranet 三者之间的区别与联系。
5. 试述当前网络操作系统的种类与特点。
6. 电子商务多层结构的含义是什么？
7. 什么是域名？为什么要用域名代替 IP 地址？
8. 什么是 URL？URL 的结构是怎样的？
9. 常见的互联网接入方式有哪些？各自有什么特点？
10. 计算机网络能提供的服务主要有哪些？
11. 简述 RFID 系统的构成。
12. 常见的近场通信技术有哪些？主要特征是什么？

第五章

电子商务网站设计与开发技术

内容提要

❶ 电子商务网站规划的目的、原则及内容。
❷ 网站开发技术及开发语言。
❸ Web 服务器的性能及结构。
❹ Web 数据库系统的产品及数据库连接技术。
❺ 移动电子商务 App 开发技术。
❻ 电子商务网站评价与维护的意义。

电子商务网站建设的过程可分为分析阶段、规划阶段、开发阶段和评价维护阶段。在分析阶段，网站开发人员要深入企业，了解企业管理结构和业务流程，了解企业员工的想法，征求员工的意见，充分与员工合作以收集更多的有关网站建设方面的相关材料；在规划阶段，了解企业的情况以后，就要结合相关技术对网站的整体结构框架进行规划，规划要结合企业实际和员工意见反复修改，直至满足企业的需求；在开发阶段，由技术人员对网站的规划加以实现，配置相应的软硬件，设计网站的页面，实现网站的功能；最后，在评价维护阶段，要对设计完成的网站进行全方位的评价，根据企业的要求做进一步的修改完善。

第一节 电子商务网站规划

一、电子商务网站规划的目的

电子商务网站规划是指根据企业经营业务、客户需求、建站目的、网站功能等相关内容，对电子商务网站的形象、功能、目标客户予以定位，对网站的信息结构、导航体系进行设计，进行栏目设置、页面总量统计等，制定出一套能充分体现出企业形象和网站风格的网站建设策划方案。电子商务网站规划是在网站建设前进行的宏观策划工作。网站规划对网站建设及未来网站发展具有重要的指导作用，贯穿于电子商务网站建设及运行过程中。

电子商务网站规划的重要前提是网站建设的目标及需求分析。电子商务网站建设的目标是整个网站建设过程中的一个中心环节、指导思想，所有的活动都要依据这个目标展开，电子商务网站的规划也要依据这个目标进行。只有围绕电子商务网站建设的目标进行规划，才会使建设出的网站更符合企业的需求。需求分析能让电子商务网站的规划更符合实际，符合员工和客户的要求。电子商务网站规划的对象是网站的信息结构、导航体系、栏目等内容，对这些内容的规划为电子商务网站的建设提供了依据，有利于为电子商务网站的建设做出正确指导。

二、电子商务网站规划的原则

电子商务网站规划具有一定的依据，要根据网站的目标和需求分析进行规划；同样，网站规划也应该遵循一定的原则。电子商务网站规划主要遵循以下原则：

1. 策略性

网站在进行定位时要具有策略性。首先确定网站的经营模式，是从事 B2B 还是 B2C；其次要确定网站所涉及的范围，是做全国市场还是以区域营销。由于各个企业所从事的行业和销售的商品不同，采用的经营模式和应用范围自然也有所不同，因此在策略上就要做不同的思考。

2. 容错性

网站在规划的过程中要考虑到网站的容错性，即能够在一定范围内允许错误的发生，并做出相应调整。用户在网站上非法操作时，要能及时给出提示，纠正其行为，而不应该因此阻碍了网站的继续运行。要通过仔细规划网站的功能，充分利用容错性这一特性对网站功能做修正，而不要让错误阻碍了网站经营。

3. 阶段性

任何一个网站的建设都应该有自身的规律可循，从目标分析到运行评价，要按照步骤一步步地进行，任何一个阶段都不可缺少，这样才能让建设出的网站更符合企业的要求。网站规划不可能一次就满足企业的需求，而要根据企业的发展不断调整和完善网站的各项功能。网站规划需要以阶段的方式去思考。

4. 技术性

电子商务网站的建设涉及相关的软硬件技术，在网站规划中也要有所考虑。根据企业情况、网站服务范围选择不同的软硬件技术，有利于在有效经营的前提下为企业节省成本。技术相关的内容主要包括网站开发环境、后端技术架构、服务器集群搭建和网络结构规划等。

5. 兼容性

互联网技术不断发展，新的网络软件层出不穷，要求企业电子商务网站的各项技术具有兼容性，能够随着企业不断发展的要求而扩充相关功能。任何一项有利于企业发展的新技术都应该能够与企业之前的软硬件技术结合，这样在企业发展过程中、在互联网技术不断更新过程中，就不会因为技术不兼容而阻碍企业的发展。

6. 安全性

安全性是电子商务网站必须重视的一个特性。一方面，企业网站应该具有稳定性，不能在运行过程中经常出故障，影响用户访问；另一方面，企业网站应该具有抵御外界攻击的能力，不能遭到外界攻击就轻易瘫痪；再者，企业网站对用户的信息也应该具有保密性，不能让外人轻易盗取用户信息，同时企业网站应具有有效的冗余机制和容灾系统，以保证用户数字资产和交易信息的安全。

三、电子商务网站规划的步骤

电子商务网站的规划是一个系统的过程，要遵循一定的步骤。电子商务网站规划的具体步骤如下：

（1）规划基本问题的确定。明确规划的问题，确定规划的周期、规划的方法，为参与规划的人员分配相应的任务。

（2）收集初始信息。信息可分为企业内部信息和企业外部信息。企业内部信息包括各级管理人员、企业员工、各个部门方面的信息和企业内的相关文件等；企业外部信息包括企业的供应商、客户、竞争者的相关信息及媒体上的相关内容等。

（3）现状评价。评价的对象包括规划目标、系统开发方法、计划活动、现有硬件及其质量、信息部门人员、资金、安全措施、现存的设备、现存软件及质量等。

（4）设置目标。目标包括服务的质量和范围、政策、组织以及人员等，不但包括信息系统的目标，而且应有整个企业的目标。

（5）网站内容及主要功能规划。具体包括：网站要表现哪些内容、展示哪些产品；为企业员工和用户提供哪些功能。

（6）选择网站技术解决方案。根据企业现有的软硬件资源、企业要求的网站功能及使用级别，选择合适的网站技术解决方案，完成企业电子商务网站的搭建。

（7）制定网站评价和维护方案。网站建设完成后要有一个评价指标，在网站规划中要制定这一指标，以便网站在进一步的完善中有标准可依。

（8）制订网站前期推广计划。建成网站以后，企业要对其进行宣传，在规划阶段首先制订出一个推广计划，为扩大企业的影响力奠定基础。

（9）网站建设财务预算。在完成了以上步骤后，要对企业建站的总体情况做财务预算，估算企业在电子商务网站建设过程中的总体花费。

四、电子商务网站规划的主要内容

电子商务网站建设过程中需要规划的内容比较多，下面针对几个比较重要的方面进行概述：

1. 网站的定位

电子商务网站建设中的一个重要问题是网站的定位。电子商务网站的定位要与企业的实际情况相符合，而不是盲目跟风和简单模仿。定位是否准确的关键则是要符合企业实际的长远利益，而且要可以实现，易于操作。企业应当策划短期和长期盈利项目，既寻求电子商务的经济支撑点，又考虑到电子商务长远的发展规划；应该提出翔实的电子商务在线定位策划书，分析网络企业现有的竞争对手，分析取胜的机会，制定相应策略和正确的操作步骤，确定网站面对的主要用户群、网站类型等。

2. 软硬件平台的规划

网站建设的硬件平台包括网站服务器、网络设备、安全设备、备份设备等；软件方面包括 Web 服务、数据库、存储、网络、安全软件、内容分发等。企业可以根据实际情况，选用符合自己业务规模和业务类型的软件平台和硬件配置，以利于保障企业业务的高效运行，并节约成本。

3. 网站功能的规划

电子商务网站的功能可分为客户浏览或购物功能和网站后台管理功能两类。客户浏览或购物功能包括会员的注册和登录、商品的展示、查询和选购、购物车和购物结算；网络后台管理功能主要包括订单的处理和库存商品管理。网站的具体功能可根据不同类型的电子商务网站而定。

4. 安全方案规划

电子商务网站对网络安全要求较高，规划阶段应制定较完善的网络安全方案，采用如防火墙、电子证书、接入服务器、壁垒机、容灾备份等技术措施，以保证整个电子商务系统的安全。

第二节　网站开发技术综述

网站开发技术总体上可以分为静态网站开发技术和动态网站开发技术两类。静态网页是没有后端数据库、不含程序的网页；动态网页是显示内容可以随着用户操作、时间、环境或者数据库操作的结果而发生改变的网页。如果一个网站都是静态页面，要修改网站的内容就只能编辑页面中的 HTML。这样不仅增加了维护人员的工作量，而且大量的静态网页也不方便用户的访问。动态网站开发技术又可以分为两个部分：浏览器端（前端）和服务器端（后端）动态网站开发技术。现在绝大多数的网站都采用动态网站开发技术，不过，静态网站开发技术仍是基础。

一、静态网站开发技术及开发语言

1. HTML

HTML（Hypertext Markup Language）是一种用于设计网页的语言。网页是一种后缀为 .htm 或 .html 的文件，它的内容可以包含文本、声音、图像、动画和指向其他网页的超级链接等。HTML 并不复杂，有一定的语法格式和十几个语句，并且是典型的标记语言，不受平台的限制，所以很适合通过互联网在各种平台之间传送消息。早期的网页主要通过使用 HTML 编程实现。现在的网页可以通过种类繁多的可视化工具来设计，如 Dreamweaver、Eclipse、Microsoft Visual Studio、WebStorm 等，还有一些进阶型的纯文本代码工具也很受欢迎，如 Sublime Text 3、NotePad++ 等。

W3C 已经将 HTML 标准更新到了 HTML 5.0 版本，该版本增加了多媒体、Canvas 元素、本地存储以及跨平台设备兼容等多种功能和特性，目前已经成为 Web 开发的主流标准。

2. XML

XML（eXtensible Markup Language）即可扩展标记语言。在 XML 中，用户可以用自己定义的标记来描述文档中的任何数据元素，它突破了 HTML 固有标记集合的约束，可用来维护包含大量数据的页面。XML 语言需要很严格的语法。例如，XML 只允许小写，在标记中不能有其他标记等。由于在 XML 中使用了数据的粒状更新，从而允许在现有的页面中加入数据信息，而不需要浏览器重新发送一个新的页面。并不是所有的浏览器都可以显示 XML 文件，一般需要用一个格式转换指令文件或者由程序来翻译。这些格式转换指令通常是用扩展风格表单语言 XSL（eXtensible Style Language）来编写的。读取并翻译 XML 文件的程序通常用 JAVA 语言编写，这些程序也叫 XML 分析器，它可以转换 XML 文件的格式，使之可以在计算机屏幕、无线 PDA、手机或其他设备上显示。XML 相对 HTML 具有很多优势，也适应互联网对数据维护提出的更高的要求。

XML 是一种元标记语言。所谓"元标记"，就是开发者可以根据自己的需要定义自己的标记。任何满足 XML 命名规则的名称都可以标记，这就为不同的应用程序打开了大门。另外，XML 文档是有明确语义并且结构化的，是一种既简单又通用的数据格式，是百分之百的 ASCII 文本，而 ASCII 的抗破坏能力是很强的。XML 最大的特点是以一种开放的自我描述方式定义数据结构，并在描述数据内容的同时突出对结构的描述，从而体现出数据之间的关系。这种特点使得 XML 在电子商务的应用上具有广泛的前景，并在一定程度上推动了分布式商务处理的发展。

HTML 与 XML 二者之间互相补充。HTML 的重点是数据的显示，即信息如何在浏览器中向用户展示，是为信息的 Web 发布而设计的；而 XML 的重点是组织和描述信息本身，XML 文档基本上不涉及数据的显示方式。各种浏览器都能够处理这两种语言，而且现在的 HTML 标准已经允许在同一文档中混合使用 HTML 和 XML。

3. CSS

CSS（Cascading Style Sheet）即层叠式风格表单，它是让网站开发者更好地控制页面显示格式的指令集。类似于字处理软件中的预定义的文档风格，层叠式风格表单允许网站开发者定义可用于多个网页的格式风格，这套指令称为风格表单，通常储存在另一文件中，用 HTML 风格标记引用。当然，它也可以作为页面 HTML 文件的组成部分。"层叠"意味着设计者可将多种风格表单用在同一页面。这种风格表单在网页制作中是使用最普遍的网页样式工具之一，可以方便制作者重复使用定义好的样式，从而免除了重新定义的麻烦。

二、浏览器端动态网站开发技术

浏览器端的动态网站开发技术主要是将程序插件嵌入 HTML 代码中，这样一来，这段程序插件将在浏览器端运行，就不需要在服务器端运行，从而将减少服务器端的负担。当然，这样一来，网页中的程序代码会变得复杂，维护的工作量也会相应增加。这种技术主要有 JavaScript、Ajax 等。

1. JavaScript

JavaScript 是由 Netscape 公司开发的，它是一种介于 Java 与 HTML 之间、基于对象和事件驱动并具有安全性能的编程语言。JavaScript 基于 Java 基本语句和控制流之上的简单而紧凑的设计，不仅支持 Java 的 Applet 小程序，还可以嵌入 HTML 文档中进行编程，可用于与 HTML 超文本标记语言、Java 脚本语言一起开发客户端的应用程序。它的整个语法以 Java 为基础，但比 Java 简单。它通过嵌入标准的 HTML 文件，无须编译即可由浏览器直接解释运行。它的出现弥补了 HTML 的缺陷，它是 Java 与 HTML 的折中选择。JavaScript 是一种客户端的脚本程序，同其他的脚本语言一样，JavaScript 也是一种解释性语言，开发过程比较简单，并且独立于操作平台。系统通过 JavaScript 可以直接对用户或客户输入做出响应，无须经过 Web 服务程序。

2. Ajax

Ajax 即异步 JavaScript 和 XML，是一种用于创建快速动态网页的技术，其特性和优势在于在无须重新加载整个网页的情况下，可以实现部分页面内容的更新。Ajax 在浏览器与 Web 服务器之间使用异步数据传输（HTTP 请求），浏览器只需从服务器申请少量信息，而不是整个页面。

三、服务器端动态网站开发技术

相对于浏览器端的动态网站开发技术，服务器端的开发技术是当前网站开发的主流，功能更加强大，代码的编写更加整齐，管理更加规范。服务器端应用比较广泛的技术有 PHP、ASP、JSP 等。

1. PHP

PHP（PHP Hypertext Preprocessor）即个人网页超文本预处理器，它可嵌入 HTML 中，是一种被广泛应用的开发源代码的多用途脚本语言。与客户端的 JavaScript 不同的是，PHP 主要用于服务器端的脚本程序并运行在服务器端，且源代码开放。因此，可以用 PHP 来完成任何其他 CGI 程序能够完成的工作。其工作流程是当用户使用浏览器访问 PHP 文件时，Web 服务器执行 PHP 脚本，生成 HTML 文件并将文件发送到用户的浏览器中。除此之外，PHP 可运行在多种操作系统平台上，在 UNIX、Linux 和 Microsoft Windows 平台上均可以运行。它支持大多数的 Web 服务器，包括 Apache、Microsoft Internet Information Server（IIS）、Personal Web Server（PWS）、Netscape 等。PHP 最强大、最显著的特性之一是它提供多种数据库接口，能与 Oracle、SQL Server、Sybase、Informix 等数据库管理系统交互，因此，使用 PHP 可以自由地选择操作系统和 Web 服务器。

2. ASP

ASP（Active Server Pages）即动态服务器页面，是微软公司推出的一种开放式的非编译应用环境，它能够生成动态的、交互的、高性能的 Web 服务器端应用程序。ASP 支持基于 IIS 上的服务器端脚本并且完全支持 VBScript 和 JavaScript。推出 ASP 的目的是取代 CGI。由于使用 CGI 进行编程，对于一般用户来说学习比较困难，并且使用效率也不令人满意，而微软推出 ASP 就是为了弥补 CGI 的不足，它可以完成 CGI 所能完成的所有事情，并且比 CGI 更有效率，因为它是作为一个服务来运行的，还具有能够利用多线程结构的优点。

（1）ASP 的工作特点。ASP 所设计出的动态主页，可接收用户提交的信息并做出反应，其数据可随实际情况而改变,无须人工对网页进行更新即可满足应用需要。当浏览器向 Web 服务器发出 .asp 文件请求时,Web 服务器解释执行 ASP 脚本语言,然后动态生成一个 HTML 页面发给浏览器。例如,当在浏览器上填好表单并提交 HTTP 请求时,可以要求在站点服务器上执行一个表单所设定的应用程序,而不只是一个简单的 HTML 文件。该应用程序分析表单的输入数据,根据数据内容将相应的执行结果以 HTML 的格式传给浏览器。数据库的数据可随时变化,而服务器上执行的应用程序却不必更改。因此,ASP 可以胜任基于 Microsoft Web 服务器的各种动态数据发布。

(2) ASP 文件。ASP 文件具有后缀 .asp,该文件包括 HTML 语句、客户端 Script 代码(如 JavaScript 和 VBScript)、服务器端 ASP 脚本语句和服务器端内嵌(Server Side Include,SSI)语句,并使用 ActiveX 数据对象(ActiveX Data Objects,ADO)技术访问后台数据库。

(3) ASP.NET。ASP.NET 提供了迄今为止最先进的 Web 开发平台。它是一个已编译的、基于 .NET 的开发环境,可以用任何与 .NET 兼容的语言开发应用程序。ASP.NET 应用程序的对象(Application)、会话对象(Session)和视图对象(ViewState)是 ASP.NET 应用程序中管理状态的关键对象。Application 为存储在所有运行在应用程序中的代码都可以访问的数据提供了一种机制;Session 允许为每一个客户的会话存储数据。Application 和 Session 都内置在 ASP.NET 对象模型中,而 ViewState 只在未提交服务器之前保存页面的临时数据。

3. JSP

(1) JSP 概述。JSP(Java Server Page)是 1999 年 6 月由 Sun Microsystems 公司推出的一种新技术,它为创建显示动态生成内容的 Web 页面提供了一个简捷而快速的方法,使得构造基于 Web 的应用程序更加容易和快捷,而这些应用程序能够与各种 Web 服务器、应用服务器、浏览器和开发工具共同工作,在动态网站的建设中具有很强大而特别的功能。JSP 技术用 Java 语言作为脚本,继承了标准 Java 跨平台的特性,允许网页设计人员利用 JavaScript 这类简单的脚本语言,产生各种动态的网页内容,而且 JSP 在功能上比 ASP 更有弹性也更开放。它将内容的生成和显示分离开,有助于程序的编程人员保护自己的代码,而且能保证任何基于 HTML 的 Web 浏览器的完全可用性,并且可以生成重用的组件,从而使开发人员能够共享和交换执行普遍操作的组件,或者使得这些组件为更多的使用者或者客户团体所使用。JSP 具有 Java 技术的所有好处,包括健全的存储管理和安全性,还有 Java 编程语言"一次编写,各处运行"的特点。并且,JSP 能够在任何 Web 或应用程序服务器上运行,将应用程序逻辑和页面显示相分离,能够快速地开发与测试,简化开发基于 Web 的交互式应用程序的过程。在传统的网页 HTML 文件中加入 Java 程序片段和 JSP 标记,服务器在遇到访问 JSP 的请求时,首先执行其中的程序片段,然后将执行结果以 HTML 格式返回给客户。程序片段可以操作数据库、重新定向网页以及发送电子邮件等,这就是建立动态网站所需要的功能。

(2) ASP 与 JSP 的区别。ASP 使用的是 VBScript 等脚本语言,而 JSP 使用的是 Java 语言。由于 JSP 具有跨平台特性,用它开发的应用程序可适用于不同的软硬件平台。另外,两者的语言引擎以不同的方式处理页面中嵌入的程序代码。在 ASP 中,VBScript 脚本直接被 ASP 引擎解释执行;在 JSP 中,程序代码先被编译成 Servlet,然后由 Java 虚拟机执行,而这种编译操作仅在对 JSP 的第一次请求时发生。

四、后台数据管理技术

对于动态网站设计技术而言，想要随时响应用户的请求，就必须有一个后台的数据库，用来储存用户需要的数据。这样当用户将请求发送到服务器端的时候，服务器就会到数据库中搜索满足用户请求的数据，然后生成页面，将数据传送给用户，从而满足用户的动态需求。现在流行的数据库管理系统有很多，这里介绍三种常见的数据库：Access、MySQL 和 MongoDB。

1. Access

Access 数据库是一种比较简单、常用常见的数据库管理系统，在安装 Office 的时候，用户就可以选择是否安装这种数据库。而且这种数据库的使用也是比较容易的，在安装完毕后，启动 Access，选择 Access 数据库，就可以建立一个数据库。建立好一个空的数据库后，再建立几个数据表，并设置好各个数据库中各个字段的属性，最后就可以输入需要保存的数据了。

2. MySQL

MySQL 是业界流行的关系型数据库管理系统，由瑞典 MySQL AB 公司开发，现为 Oracle 旗下产品。在 Web 应用方面，MySQL 是最好的关系数据库管理系统应用软件。MySQL 是一种关系数据库管理系统，将数据保存在不同的表中，而不是将所有数据放在一个大仓库内，这样就加快了速度并提高了灵活性。MySQL 所使用的 SQL 语言是用于访问数据库的最常用标准化语言。MySQL 软件采用双授权政策，分为社区版和商业版，由于其体积小、速度快、总体拥有成本低，一般中小型网站的开发多选择 MySQL 作为网站数据库。

3. MongoDB

MongoDB 是一种由 C++语言编写基于分布式文件储存的开源数据库系统。它可以在高负载的状态下，添加更多的数据库节点，动态调用资源的同时能够保证服务器性能，为 Web 应用提供灵活、可拓展的高性能数据存储方案。

第三节 服务器的概念与应用

服务器是为（局域网或广域网）网络中其他计算机提供文件或程序的计算机。如果服务器计算机接入了互联网并且运行着 WWW 服务器软件，这台计算机就称为 WWW 服务器。而作为企业端来说，还需要配置与 WWW 服务器和企业数据库系统相连的应用服务器。

一、Web 服务器

Web 服务器使用 HTTP（Hyper Text Transfer Protocol，超文本协议）进行信息交流，因而也称 HTTP 服务器。Web 服务器主要包括硬件、操作系统软件和 Web 服务器软件，三者共同完成 WWW 服务器的任务。

Web 服务器的最基本的任务就是对用 HTTP 协议发来的 Web 客户机的请求进行处理并做出响应。当 Web 浏览器连到服务器上并发出请求时，服务器根据请求做出响应，服务器将处理的结果以文件的形式返回到浏览器上，客户机浏览器对其解释并显示其结果，如图 5-1 所示。Web 服务器不仅能够存储和处理信息，还能在用户通过 Web 浏览器提供的信息基础上运行脚本和程序。例如，用户填写一个信息查询表单，单击提交，该表单将被送至服务器计算机上的某个程序，该程序负责处理请求，并以适当形式返回结果（如一个网页）。用于执行这些功能的程序或脚本称为网关脚本或程序。

图 5-1　客户机/服务器结构中的信息流

电子商务网站可以采用两层结构、三层结构或多层结构来划分网页、数据库管理和交易处理的业务，如图 5-2 所示。对于大型电子商务网站，每层结构都要求多台计算机。例如，大型电子商务网站每天要发送数以百万计的网页，处理数千笔销售或采购交易，为了有效处理每日网站的访问量，除了增加应用服务器以外，Web 服务器的性能选择尤为重要。

图 5-2　浏览器/服务器结构中的信息流

二、Web 服务器的性能

Web 服务器的性能可以从许多方面来衡量，主要性能指标有可用性、可扩展性、处理能力、安全性。影响性能的因素包括硬件系统、软件系统（如操作系统、服务器软件、工具软件等）、传输速度及传输能力等。除此之外，Web 服务器软硬件的性能选择也取决于网上的业务量和网站类型，页面的组合和类型也将影响 Web 服务器的性能。

（1）可用性。高可用性是指随时存在并且可以立即使用的特性。它既可以指系统本身，也可以指用户实时访问其所需内容的能力。高可用性的另一方面就是从系统故障中迅速恢复的能力。

（2）可扩展性。可扩展性是指增加服务器容量（在合理范围内）的能力。不论服务器最初的容量有多大，随着访问互联网的用户越来越多和交易量日益增加，都必须充分考虑服务器的可扩展性。

（3）处理能力。处理能力是服务器的综合性指标，包括运行速度、磁盘空间、容错与错误恢复能力、数据完整性、稳定性以及对硬件故障做出警告等方面。

(4) 安全性。服务器的安全也是网络的安全，包括保护数据不会被未授权访问（如底层用户识别码和用户口令、高层的加密技术等）及防止病毒（病毒是对系统有破坏作用的非法程序）破坏性攻击等。出于安全考虑，Web 服务器的冗余非常重要。

三、Web 服务器的结构

互联网将不同类型的计算机连接在一起，这些计算机运行着不同的操作系统软件。Web 软件独立于平台，平台的无关性为各种客户机和服务器计算机建立了多种连接，能够让这些计算机彼此实现有效的通信。因此，Web 服务器硬件结构的选择对电子商务网站的稳定性、可靠性、安全性及可用性非常重要。服务器结构即服务器之间以及服务器同其他硬件（如路由器和交换机）之间的连接方式。

1. 集中式结构

集中式结构采用大型高速计算机。采用集中式结构的网站必须有很好的备份计划，因为任何服务器故障（无论多小）都会威胁到网站的运行。其主要优缺点如下：

优点：信息资源集中，管理方便，资源利用率高，规范统一，系统安全措施实施方便等。

缺点：计算机设备昂贵，对技术故障敏感，尤其是随着系统规模的扩大和功能的提高，系统复杂性迅速增加，给管理和维护带来困难，技术发展的适应性差，应变能力差，服务器出现故障可能使整个系统停止工作等。

2. 分布式结构或分散结构

分布式结构或分散结构采用一些性能相对低于大型机的服务器，这种结构将风险分散到多个服务器上（负载均衡），如果一个服务器出现故障，网站其他服务器仍可以继续运行。分布式结构所用的小型服务器要比集中式结构所用的大型服务器的成本低，但分布式结构需要额外的集线器或交换机等设备与服务器相连，也需费用支出。其主要优缺点如下：

优点：可以根据应用需要和存取方便来配置信息资源，系统扩展方便，增加网络节点一般不会影响其他节点的工作，系统的健壮性好，网络上某节点出现故障一般不会导致整个系统的瘫痪，可提高用户需求变更的适应性和对环境的应变能力等。

缺点：信息资源分散，不利于安全保密措施的统一实施，管理协调有难度等。

3. 负载均衡

网络的各个核心部分随着业务量的提高、访问量和数据流量的快速增长，其处理能力和计算强度也相应地增加，使得单一的服务器设备根本无法承担。在此情况下，如果扔掉现有设备去做大量的硬件升级，将造成现有资源的浪费，而且如果再面临下一次业务量的提升，又将导致再一次硬件升级的高额成本投入，甚至性能再卓越的设备也不能满足当前业务量增长的需求。

负载均衡（Load Balance）建立在现有网络结构之上，它提供了一种廉价、有效、透明的方法扩展网络设备和服务器的带宽，增加吞吐量，加强网络数据处理能力，提高网络服务系统的灵活性和可用性（其结构见图 5-3）。负载均衡器在负载调度中，充分利用互联网访问请求与响应数据量不对称的特点，将负载均匀地分配给内部的多个服务器，实现各服务器群的流量动态负载均衡,并互为冗余备份。

负载均衡有两方面的含义:首先,大量的并发访问或数据流量分担到多台节点设备上分别处理,可减少用户等待响应的时间;其次,单个重负载的运算分担到多台节点设备上做并行处理,每个节点设备处理结束后,将结果汇总,返回给用户,使系统处理能力得到大幅度提高。

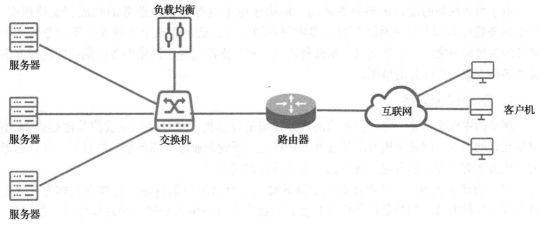

图 5-3 负载均衡结构

4. 服务器集群

随着互联网服务和电子商务的迅速发展,计算机系统的重要性日益增加,对服务器可伸缩性和高可用性的要求也变得越来越高。集群技术的出现和发展很好地解决了这两个问题。集群是由一组独立的计算机互相连接在一起构成的一个并行或分布式系统,这些计算机一起工作以运行一系列共同的应用程序,同时为用户和应用程序提供单一的系统映射。从外部来看,它们仅仅是一个系统,对外提供统一的服务(见图5-4)。集群内的计算机物理上通过电缆连接,程序上则通过集群软件连接,实现了故障应急与负载平衡功能。

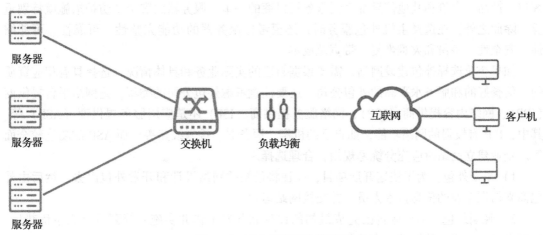

图 5-4 Web 服务器集群结构

集群具有避免单点故障发生的能力。应用程序能够跨计算机进行分配，以实现并行运算与故障恢复，并提供更高的可用性。即便某一台服务器停止运行，一个负责进程调用的故障应急程序会自动将该服务器的工作负荷转移至另一台服务器，以保证提供持续不断的服务。

四、电子商务服务器的建设方案

电子商务网站的建设策略是否成功，取决于电子商务同企业业务的集成和支持程度。Web 服务器作为网上用户提供专项或多项服务的节点，是企业或个人建立电子商务网站所必备的关键设备之一。本节重点介绍几种网站主机方案的选择、网络服务提供商的选择方案及在各种方案中应注意的事项。

1．网站的主机方案

网站的主机必须是一台功能相当的服务器级的计算机，并且要用专线或其他形式 24 小时与互联网相连。网站主机方案的选择策略将直接影响企业电子商务活动的开展。可供参考的解决方案有多种，如自建主机方式、主机外包方式等。

（1）自建主机方式。企业开展电子商务时可以自己运营服务器，这种方式称为自建主机方式。这种方式的制约条件是企业必须有信息中心及网络工程师、网站设计员、程序员、数据库管理员等。其优点包括：①建设者了解企业的经营目标，熟悉业务流程和企业文化，商务环节衔接紧密，能充分发挥团队的作用，成本相对比较低；②服务器放在企业自己的机房中，便于监督管理和自行维护。但需要向域名商申请独立的域名和公网 IP 地址及连接到互联网上的线路。值得注意的是，在制定 Web 服务器主机方案时，要充分考虑网站的访问量与其他商务网站的交易量，硬件系统平台和软件系统平台之间的相互作用与影响。主机服务方案应该随着需求量的变化而具有可伸缩性。同时，也要考虑服务器的功能、可靠性、安全性、备份和灾难恢复、带宽等关键问题。

（2）主机外包方式。这是指利用外包公司（如专业网络公司、应用服务提供商）的服务器、稳定的工作平台以及训练有素的专业人员完成网站主机平台建设。外包意味着企业的客户、产品、定价和其他信息都交到服务提供商的手里，服务器的安全及防护措施就特别重要。除此之外，在选择主机外包服务时，还要考虑服务器的功能完整性、可靠性、可伸缩性、安全性、备份和灾难恢复、带宽及成本。

如果企业选择外包建设网站，需要根据自己的实际业务和具体情况，选择具有相应资质的、信誉好的和服务水平高的外包公司。还要注意考虑外包公司的类型，是网络平台提供商（IPP）、网络内容提供商（ICP）、网络服务提供商（ISP）还是应用服务提供商（ASP）等。其中，ISP 有较强的网络功能，如自己的机房、服务器、接入线路等，而 ASP 的功能较全面等。企业建立网站时应充分统筹规划，合理选择。

1）早期外包：为了快速开展项目，往往将最初的网站设计和开发外包出去，然后由外包商来培训企业的信息技术人员，并交接网站运营。

2）晚期外包：由企业自己完成最初的设计和开发工作并实施，等到具有竞争优势后，再把电子商务系统的维护工作外包。

3）外包的新方式：①孵化器。它是以低价格为创业公司提供办公场所、财务与法律咨询、计算机、互联网连接的公司。例如，松下美国公司成立了内部孵化器以帮助能成长为自己战略伙伴的创业公司。在这个孵化器中的公司会保持自己的管理团队和所开发的产品。②快速风险投资。启动电子商务项目的公司可以与外部的资本伙伴合作，还可以与具备快速开发和扩展项目所需要经验与技能的运营伙伴合作。资本伙伴一般是银行或风险投资公司，它们可以提供资金，更重要的是提供从指导以前投资过的创业公司所获得的经验。运营伙伴一般是系统集成公司、咨询公司或网络门户，具备推进项目和扩展原型的经验。

（3）云计算服务。云计算（Cloud Computing）是近年来分布式计算、并行计算、效用计算、网络存储、虚拟化、负载均衡、热备份冗余等传统计算机和网络技术融合发展的产物。云计算服务商可以根据企业用户的业务规模提供动态、易扩展的资源。目前使用云计算服务器搭建电子商务网站已经成为业界主流模式，常见的云服务厂商有阿里巴巴集团的阿里云，腾讯集团的腾讯云，亚马逊的 AWS，微软的 Azure 等。这些厂商具有非常深厚的技术沉淀和 IT 基础设施资源，中小型企业选择云计算服务可以保证其业务的快速上线和平稳运行，也能最大化节约 IT 基础设施建设成本和人力资源成本。

2. ISP 的选择

互联网由一系列互相连接的网络组成。服务器通常是以光纤专线的形式接入互联网。为企业提供互联网接入服务的企业称作网络服务提供商（Internet Service Provider，ISP）。ISP 拥有可以让用户接入互联网并提供网络服务的主机系统，用户向 ISP 申请线路后，就可以获得互联网服务。

提供互联网接入服务的通信运营商有许多，各国和各地区都有自己的 ISP，我国主要的 ISP 有中国电信、中国联通、教育网等，国外有 ATT、Google Fiber 等。ISP 是用户和互联网之间的桥梁，它位于互联网的边缘，用户通过某种通信线路连接到 ISP，借助 ISP 与互联网的连接通道便可以接入互联网。现在的服务器通常采取多 ISP 接入的方式，以提升不同网络用户访问的速度。

构建网站，ISP 的选择是非常重要的，取决于 ISP 能否提供高效、高质的服务。因此，在选择 ISP 时需要注意以下几个问题：

（1）构建大型电子商务网站服务器应接入多个 ISP 的线路形成 BGP（边界网关协议）网络，以满足不同地域和网络用户的访问需求。

（2）ISP 的性能。重点考察 ISP 服务的可靠性、可用性、安全性、传输速率、出口带宽，如有涉外业务应选择对境外访问优化的网络，如中国电信的 CN2 网络。

（3）ISP 的服务质量。对 ISP 服务质量的衡量是多方面的，如提供增值服务、性能优化服务、技术支撑、服务响应、服务经验和收费标准等。

3. Web 服务器软件

目前互联网的 Web 平台种类繁多，各种软硬件组合的 Web 系统更是数不胜数。Web 服务器软件作为驻留于服务器计算机上的程序，通过 Web 浏览器与用户进行交互。下面介绍几种常用的 Web 服务器软件：

（1）IIS。IIS（Internet Information Server，互联网信息服务）是目前最流行的 Web 服务器软件之一。IIS 提供了一个图形界面的管理工具，称为互联网服务管理器，可用于监视配置和控制互联网服务。它提供一个互联网服务应用程序接口（Intranet Server Application Programming Interface，ISAPI），可以整合 HTML 页面、ActiveX 控件和脚本生成动态页面。支持公共网关接口、超文本预处理器及动态服务器页面编程等，与 Windows Server 系统紧密集成。IIS 最主要的功能是响应用户的要求，传送浏览网页的内容，管理和维护 Web 站点，管理和维护 FTP 站点及 SMTP（Simple Mail Transfer Protocol）虚拟服务器，执行 ASP.NET 程序等。其目前最新的版本是 Windows Server 2016 搭载的 IIS 10.0。

（2）Apache。Apache 源于 NCS Ahttpd 服务器，经过多次修改，已成为世界上最流行的 Web 服务器软件之一。Apache 是自由软件，所以不断有人为它开发新的功能、新的特性，修改原来的缺陷。Apache 的特点是简单易用、速度快、性能稳定，并可作为代理服务器来使用。Apache 是持续合作开发的结果，因此 Apache HTTP Server 是开放源代码的软件，支持 CGI、Servlet 和 Java 服务器页面、服务器端 JavaScript 及 Web API 编程，适用于 Linux 及其各分支、Mac OS、BSD 和 Windows Server 等系统平台。

（3）Tomcat。Tomcat 是一个开放源代码、运行 Servlet 和 JSP Web 应用软件的基于 Java 的 Web 应用软件容器。Tomcat Server 是根据 Servlet 和 JSP 规范进行执行的。因此，可以说 Tomcat Server 也实行了 Apache-Jakarta 规范且比绝大多数商业应用软件服务器要好。

Tomcat 是 Java Servlet 2.2 和 Java Server Pages 1.1 技术的标准实现，是基于 Apache 许可证下开发的自由软件。Tomcat 是完全重写的 Servlet API 2.2 和 JSP 1.1 兼容的 Servlet/JSP 容器。Tomcat 使用了 JServ 的一些代码，特别是 Apache 服务适配器。随着 Catalina Servlet 引擎的出现，Tomcat 的性能得到提升，使它成为一个值得考虑的 Servlet/JSP 容器。因此，目前许多 Web 服务器采用 Tomcat。

（4）Nginx。Nginx 是一种高性能的 HTTP 和反向代理服务器，也可以用于搭建 IMAP/POP3/SMTP 服务器，是当下最主流的 Web 服务器软件之一。相比其他 Web 服务器软件，Nginx 在高并发条件下具有绝对的优势，它既可以在内部直接支持 Rails 和 PHP 程序对外进行服务，也可以支持作为 HTTP 代理服务器对外进行服务。Nginx 采用 C 语言进行编写，不论是系统资源开销还是 CPU 使用效率都较好。目前如京东、淘宝等大型电子商务网站都选用 Nginx 作为自己的 Web 服务器软件，淘宝还在 Nginx 的基础上针对其高并发的业务特性开发出 Tengine，具有更高的性能。

五、应用服务器设计

1. 企业应用整合

在企业中，用于处理和完成人员管理、库存管理、财务管理等与企业经营管理相关的各种特定任务的程序称为应用程序。而用于接收 Web 服务器收到的请求，使用相关的应用程序进行处理的计算机就是应用服务器。应用程序完成这些处理要根据企业的业务规则进行，这些业务规则就称为业务逻辑。业务逻辑分布在企业的不同部门所用的程序里。如何将这些业务逻辑相连接，就是企业应用整合的问题。如果可以实现应用的整合，将企业的各种数据进行统一，那么企业不仅可以做出更好的决策，还可以提高工作效率。

2. 服务器应用系统

在电子商务网站的设计中，应用服务器分为基于页面的应用系统和基于组件的应用系统。

（1）基于页面的应用系统。基于页面的应用系统由服务器端的程序根据业务逻辑在页面上显示数据，再向客户端返回产生的页面，常用的技术有 JSP、ASP、PHP 等。

（2）基于组件的应用系统。对于大企业而言，基于组件的应用系统更适合。它将显示逻辑和业务逻辑分开，每种逻辑是在各自的模块里生成的，这样就方便了组件的更新和修改。常用的有 EJB 组件技术、COM 组件技术、CORBA 组件技术等。

3．Web 服务器和应用服务器的关系

下面通过一个简单的例子来了解一下 Web 服务器和应用服务器之间的区别和联系。

假设需要在一个电子商务网站中设计一个查询产品实时定价及相关有效信息的程序，这样网站就可以在浏览器显示的网页上提供一个表单来让用户选择想要查询的产品。当用户提交了查询以后，网站就会在服务器端进行查找，把查到的结果转化成 HTML 页面返回浏览器，供用户查看。而提供这样查询功能的服务器可以用两种方式来进行设置：一种方式是设置成使用不带有应用服务器的 Web 服务器来单独提供查询功能；另一种方式是使用应用服务器和 Web 服务器，两者合作完成查询功能。

（1）如果使用不带应用服务器的 Web 服务器来单独提供网站的查询功能，当 Web 服务器接收到用户的请求时，会调用 Web 服务器端上可以处理请求的程序，再通过此程序到数据库或数据文件中查找相关的产品信息。一旦找到，服务器端的程序就会将查询结果表示成 HTML 页面形式，最后将页面发送给用户浏览器。可以说处理用户需求的过程都是在 Web 服务器上进行的。

（2）如果使用应用服务器和 Web 服务器共同运作的形式，Web 服务器上处理用户查询请求的程序就可以放置到应用服务器上。这样一来，Web 服务器就可以非常简单地调用应用服务器上的提供查询服务的组件，而不需要通过本服务器上的程序来实现查找产品信息的商业逻辑，通过应用服务器上的组件将查询到的结果传给 Web 服务器，Web 服务器再将其转化为 HTML 来响应用户的请求。

通过第二种方式，应用服务器提供了用于查询产品信息的商业逻辑。服务器的这种功能没有显示出有关客户端如何使用此信息的细节，相反，客户端和应用服务器只是来回传送数据。当有客户端调用应用服务器的查找服务时，此服务只是简单地查找并返回结果给客户端。由于使查找服务程序从 Web 服务器上的程序中分离出来，在应用服务器上该产品的信息查询逻辑就可以重复使用了。其他的客户端，如收银台，也可以调用同样的服务组件来作为一个店员给客户结账。相反，在第一种方式中，产品的信息查询逻辑是不可重复使用的，因为信息镶嵌在 HTML 页中了。

电子商务网站的硬环境建设更依赖于软环境的建设，企业电子商务的应用成为我国电子商务市场的主要驱动力，并正在逐步从单一的信息发布向更高层次的体系结构与整合应用方向发展，应用需求迅速增长。

电子商务网站的规模与目标千差万别，网站所采用软硬件解决方案也各有千秋，有成本廉价的主机租用网站（含软件）方式，也有高成本建立网站（含电子商务系统套件）方式等。电子商务软件的配置也非常重要，影响电子商务软件选择的因素有多种，其中最重要的是考虑企业的规模、访问量和销售量，网站越大，成本越高；其次是考虑网站的后期维护（如信息技术队伍）、业务扩展和信息安全等问题。

电子商务软件应具备的基本功能包括商品目录显示、购物车功能、交易处理，高级功能还包括中间件、应用集成、Web 服务等。

六、 中间件技术

1．中间件概述

中间件（Middleware）是软件构件化发展的一种表现形式。所谓中间件，就是一个应用程序接口（Application Programming Interface，API）定义的软件层，如图 5-5 所示。它是一个具有强大通信能力和良好可扩展性的分布式软件管理框架。它的功能是在客户端和服务器或服务器和服务器之间传送数据，实现客户群和服务器群之间的通信。其工作流程是客户端中的应用程序需要网络某个服务器上的数据或服务时，搜索数据的 B/S 应用程序访问中间件系统，该系统将查找数据源或服务，并在发送应用程序请求后重新打包响应，将其传送回应用程序。中间件的重要应用领域之一便是电子商务系统。

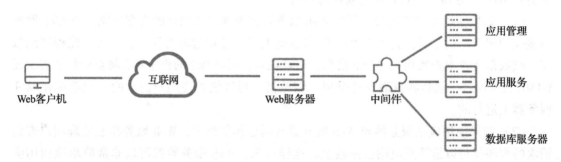

图 5-5 中间件原理

2．中间件的作用

中间件在整个分布式系统中起着数据总线的作用，负责管理 Web 服务器和数据库之间的通信并提供相应的服务。它可以依据 Web 服务器提出的请求对数据库进行操作，将处理的结果以超文本的形式输出，然后由 Web 服务器将此页面返回到 Web 浏览器，把数据库的信息提供给用户。各种异构系统可以通过中间件进行有机结合并形成一个整体，从而消除通信协议、数据库查询语言、应用逻辑与操作系统之间潜在的不兼容问题。其特点是跨平台、跨网络、能工作于多种异构环境中、支持多种语言和开发工具等。

（1）从应用角度来看，中间件是一种抽象的典型的应用模式，其主要作用在于提供一系列的标准部件，每种部件可以实现不同功能，不同的部件之间可以通过一定的协议或标准实现互访。对于复杂的应用，可以如同搭积木一样，用这些标准部件组合而成。

（2）从系统体系结构看，中间件起着两方面的作用。一方面，它负责接收客户端的请求并将最终结果返回客户端；另一方面，它连接着后端的数据库。最为关键的是，应用逻辑要在中间件中实现，因此，中间件的选择直接影响整个系统的执行性能。

3．中间件技术的分类

（1）按中间件的功能分类，主要有以下几种：

1）数据集成类（Data Integration），用于数据的存取、利用和增值，主要用于构建以数据为中心的应用。

2）处理集成类（Process Integration），把分布在网络节点上的各个应用或处理连接在一起，形成一个统一的、协同工作的分布式应用。

3）分布式构件集成类（Distributed Components Integration），支持构件式应用，是未来应用的发展方向。

(2) 按在系统中的作用及技术分类，主要有以下几种：

1）数据库中间件（Database Middleware，DM），如 ODBC 是一种数据库中间件的标准，它允许应用程序和本地或者异地的数据库进行通信，并提供了一系列应用程序接口。

2）远程过程调用中间件（Remote Procedure Call，RPC），一般用于应用程序之间的通信，而且采用的是同步通信方式，因此对于比较小型的简单应用还是比较适合的。

3）面向消息中间件（Message Oriented Middleware，MOM），适用于需要在多个进程之间进行可靠数据传送的分布式环境。

4）基于对象请求代理中间件（Object Request Broker，ORB），在分布、异构的网络计算环境中，可以将各种分布对象有机地结合在一起，完成系统的快速集成，实现对象的重用。基于对象请求代理中间件的标准有 CORBA 和 DCOM。

5）事务处理中间件（Transaction Processing Monitor，TPM），主要功能是管理分布于不同计算机上的数据的一致性，保证系统处理的效率与均衡负载，负责维护异构系统中事务的完整性、安全性。这类中间件一般工作在高复杂、实时性较强的环境中，适用于联机交易系统。

第四节　Web 数据库设计

Web 数据库是 Web 技术与数据库技术相结合的产物。Web 数据库系统是基于 B/S 模式的信息服务形式，它将网络上的数据库服务器中的各种信息资源有机组织起来，实现网络用户通过 Web 浏览器访问其资源。Web 数据库的优点是借用现成的浏览器软件，无须开发数据库前端，访问数据库的标准统一，开发过程简单。商务活动中各种应用程序处理的数据，大部分来自 Web 数据库，并且应用程序处理完的数据也被储存在 Web 数据库中。

一、数据库管理系统概述

数据库管理系统是指以结构化方式储存信息的软件。数据库的结构使数据库管理系统可以很容易地检索数据库中所存储的信息。因此，对于一个成功的电子商务网站来说，数据库结构设计和数据库产品的选择很重要。

1. 数据库系统的类型

电子商务是以数据库技术和网络技术为支撑的，每一个商务站点后台必须有一个强大的数据库管理系统在后台工作。从数据的管理到查询生成动态网页、数据挖掘以及应用数据的维护，都离不开网络数据库。数据库储存和处理数据的能力对电子商务网站作用的发挥有重要影响。一个功能强大、运行稳定的数据库系统将为企业的经营运作提供最有力的帮助。现在的网络数据库主要有以下几种类型：

（1）关系数据库。关系数据库已经在互联网上得到了广泛的应用，它是支持关系模型的数据库系统。它具有完备的理论基础、简洁的数据模型、透明的查询语言和方便的操作方法等优点。

关系数据库由许多数据表组成，数据表又由许多条记录组成，而每一条记录又是由许多字段所组成的。假设一个电子商务网站需要记录客户的数据，而需要记录的有使用者的账号、密码、姓名、电话、住址以及电子邮件等数据项目，那么每一个项目就是一个字段。著名的关系数据库产品有 Oracle、Sybase、Informix、DB2、Paradox、Access、SQL Server 等。

（2）全文数据库。全文数据库出现得比较晚，20 世纪 60 年代美国俄亥俄州律师协会 OBAR 系统是第一个实用化的全文检索系统。20 世纪 70 年代末，全文检索系统才进入 DIALOG 中。20 世纪 80 年代以来，特别是到了 20 世纪 90 年代，全文数据库获得了极大发展，已经占到 DIALOG 数据库系统的 1/3 以上。由于它能够提供原文，同时计算机的容量与速度极大提高，因而全文数据库日益成熟并进入了实用阶段，成为互联网上一种重要的信息资源。

（3）多媒体数据库。计算机所处理的数据信息主要可以分为两类：一类是结构化数据，如数字、符号等；另一类就是非结构化的数据，如图像、声音、网页、全文文本等。关系数据库主要是用来处理结构化的数据。而随着多媒体技术的发展和人们需求的增加，大量非结构化数据涌现出来，对数据储存和检索技术提出了新的要求。在非结构化数据中，大多数是多媒体数据，其特点就是数据量庞大、形式多样、有很高的时间要求，存取的结构和方式有很大变化，随之产生的数据库技术就是多媒体数据库。多媒体数据库（Multimedia Database，MMDB）是一个由若干多媒体对象所构成的集合，这些数据对象按一定的方式被组织在一起，可为其他应用所共享；而多媒体数据库管理系统则是一个以 MMDB 为基础的多媒体应用，该应用能够完成对 MMDB 的各种操作及管理，如对 MMDB 的定义、创建、查询、访问、删除等。

（4）分布式数据库系统。在各地都有经营活动的大型企业需要为各地的员工提供数据，在各地储存相同信息的大型信息系统所使用的数据库称为分布式数据库系统。分布式数据库系统是由若干个站集合而成的。这些站又称为节点，它们在通信网络中连接在一起，每个节点都是一个独立的数据库系统，它们拥有各自的数据库、中央处理机、终端，以及各自的局部数据库系统。因此，分布式数据库系统可以看作是一系列集中式数据库系统的联合。它们在逻辑上属于同一系统，但在物理结构上是分布式的。这些系统的复杂性导致系统的费用开销增加。

2．数据库产品选择

企业需要根据自身电子商务网站的特点来选择适合本企业的数据库系统。小型的电子商务网站通常使用 Access 这类廉价的数据库，也可以选择现时流行且简单易行的 MySQL；而大型的企业级网站则选择 DB2、SQL Server 或 Oracle 这类昂贵的数据库管理系统。

（1）Access。Access 是微软公司 Office 系列产品之一，是 Windows 环境下比较流行的小型数据库管理系统。它是采用面向对象的设计方法，用事件驱动机制进行管理的关系数据库，通过 ODBC 与其他数据库相连，实现数据交换与共享；也可使用对象链接和嵌入（OLE）技术在数据库中嵌入和链接图像、声音等多媒体数据。

(2) MySQL。MySQL 是完全网络化的跨平台关系型数据库系统，它是一个真正的多用户、多线程 SQL 数据库服务器。SQL 是世界上最流行的和标准化的数据库语言。MySQL 是以客户机/服务器结构实现的，由一个服务器守护程序和很多不同的客户程序和库组成。

尽管 MySQL 还在不断开发中，但它已经提供了一个丰富的和极其有用的功能集。MySQL 可以在很多操作系统上运行，如 UNIX、Win32、Mac 等。MySQL 是一个开放源码软件，用户可以在很多地方获得它以及它的源代码。MySQL 具有功能强、使用简便、管理方便、运行速度快、安全可靠性强等优点。用户可利用许多语言编写 MySQL 数据库的应用程序。

MySQL 的主要目标是可靠和易用。作为开源软件，它对于商业用户是免费的；它支持标准的 SQL 语句，又能完成一个 SQL 数据库的绝大部分功能，这对于许多中小规模的网站是一个不错的选择。

(3) DB2。DB2 是 IBM 公司的产品，它有两个版本：工作组版和企业版。DB2 支持从 PC 到大中型机、从 IBM 到非 IBM 的多种操作平台。它既可以在主机上以主/从方式独立运行，也可以在客户机/服务器环境中运行。其中服务平台可以是 OS/400、AIX、OS/2、HP-UNIX、SUN Solaris 等操作系统，客户机平台可以是 OS/2 或 Windows、DOS、AIX、SUN Solaris 等操作系统。

DB2 数据库核心又称作 DB2 公共服务器，采用多进程多线程体系结构，可以运行于多种操作系统之上，并分别根据相应的平台环境做了调整和优化，以便能够有较好的性能。DB2 核心数据库具有以下特色：

1) 支持面向对象的编程，支持复杂的数据结构，如无结构文本对象；可以对无结构文本对象进行布尔匹配、最接近匹配和任意匹配等搜索；可以建立用户数据类型和用户自定义函数。

2) 支持异构分布式数据库访问，IBM 为 DB2 提供了许多开发工具。

3) 较强的备份和恢复能力。

4) 支持存储过程和触发器，可以在建表时显式的定义复杂的完整性规则。

5) 支持标准 SQL 查询。

6) 支持多媒体应用程序。

因此，DB2 既可以应用于小型商业系统，也适用于大而复杂的系统。

(4) SQL Server。SQL Server 具有单进程多线程的体系结构，是一个可伸缩、高性能的关系数据库，专为分布式客户机/服务器计算环境而设计。SQL Server 的事务处理量大、响应速度快，并能为数百或更多用户维持这种高性能。

SQL Server 还提供了高性能 Web 信息的访问机制，其组件 Web Assistant 支持产生来源于 SQL 数据的 HTML 页面，从而方便地与互联网集成。SQL Server 试图通过内置的数据复制、集中化管理、开放的体系结构与互联网的无缝连接集成，为高性能分布计算提供解决方案。

最新推出的 SQL Server 2019 是一款功能更强大的数据库管理软件。它在最新版本的 Windows 10 专业版平台运行，附带 Apache Spark 和 Hadoop Distributed File System，能够帮助用户快速完成数据的智能化处理，可以完成任何数据的智能化，支持多种语言和平台，能保护静态和使用中的数据，具有先进的安全功能，能更快速地做出更好的决策。

（5）Oracle。Oracle（中文名为甲骨文）公司成立于1977年，以专门开发数据库产品起家，是第一个将关系数据库商品化的公司，在数据库领域一直处于领先地位。目前，Oracle的产品适用于大、中、小型机等几十种机型，Oracle数据库成为世界上使用最广泛的关系数据库系统之一。

Oracle的数据库产品具有许多优良的特性：

1）兼容性。Oracle的产品采用标准的SQL语言，并经过美国国家标准技术所（NIST）测试。

2）可移植性。Oracle的产品可运行于很广范围的硬件与操作系统平台，可以安装在70种以上不同的大、中、小型机上，可以在DOS、UNIX、Windows等多种操作系统下工作。

3）可联结性。Oracle能与多种通信网络相连，支持多种协议。

4）高生产率。Oracle提供了多种开发工具，方便用户进行进一步的开发。

5）开放性。Oracle良好的兼容性、可移植性、可连接性使得其具有良好的开放性。

Oracle的产品主要包括数据库服务器、开发工具和连接产品三类。随着互联网时代的来临，Oracle也开始向应用软件、电子商务市场、应用主机和网络计算机方向转型，然而在人们的印象中，数据库仍是Oracle的核心业务。

二、数据库访问模式

互联网是一个全球性的计算机网络系统，它可以将分布在世界各地的各种计算机系统及网络用户连接在一起，使他们通过采用共同的网络通信协议在不同的网络和操作系统间交换和共享数据。一般实现Web数据库系统的连接和应用可采取两种方法：一种是在Web服务器端提供中间件来连接Web服务器和数据库服务器；另一种是把应用程序下载到客户端并在客户端直接访问数据库。

由于浏览器、Web服务器和数据库之间的交互性，所以通过Web访问数据库与传统的应用程序访问数据库不同，而且基于服务器和客户端的数据库访问又不同。下面从Web服务器和客户端两个方面来阐述Web数据库的访问原理。

1．Web服务器访问数据库

访问Web数据库的最常用方法是在Web服务器端提供中间件来连接Web服务器和数据库服务器。中间件负责管理Web服务器和数据库服务器之间的通信并提供应用程序服务，它能够直接访问数据库或调用外部程序或利用程序代码来访问数据库，因此可以提供与数据库相关的动态HTML页面，或执行用户查询，并将查询结果格式化成HTML页面，然后通过Web服务器返回给用户浏览器。

利用中间件，通过Web服务器访问数据库，这种用户与数据库之间的交互性关系实际上和传统的客户机/服务器（Client/Server）数据库三层结构模式是相似的。

这一方案的优点是易于实现，用户可以前端用浏览器，后台用数据库。用户通过Web进行异地数据库存取，结果在浏览器上显示。但是，在Web服务器和数据库服务器中加入中间件会影响客户机/服务器的性能，特别是当中间件为CGI（公共网关接口）时，每次访问都需要重新启动一个CGI程序实例，它以进程形式运行，占用资源较多，效率较低，且难以进行连续事务处理。

2. 客户端访问数据库

除了在 Web 服务器中采用中间件技术外，还可以通过 Web 浏览器把程序下载到客户端。通常来说，由客户端的脚本技术来控制和管理数据库，不仅可以提高数据库的访问速度，还能充分利用浏览器的特性。其中典型的例子之一为 Java Applet。

客户端直接访问数据库的优点是：在 Web 服务器将页面发送给浏览器之后，应用程序不再需要通过对服务器更多的请求来管理数据库访问，减少了后续浏览器与服务器之间的交互次数；另外，因客户端缓存了记录集，数据库的操作不再需要重新产生记录集；最后，批处理的更新方式更加提高了效率。总之，这种方式能提高数据库访问速度，如图 5-6 所示。

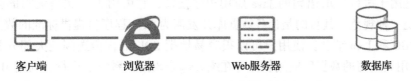

图 5-6　客户端访问数据库

三、Web 数据库的连接

基于 Web 的电子商务信息系统不仅要提供文件服务，还应根据用户的不同请求访问数据库，完成相应的数据库操作。在商务运作过程中，不同的用户会选择不同的操作平台和数据库管理系统。为了对多种数据库管理系统进行统一集成管理，基于 Web 数据库的连接技术不断问世。下面是几种具有代表性的连接技术：

1. CGI 技术

公共网关接口（CGI）定义了 Web 服务器与外部程序之间通信的标准，使外部程序能够生成 HTML 文档、图像或其他内容。同时，浏览器的 HTML 页面也能通过 CGI 与 Web 服务器进行动态交互。

CGI 的典型操作过程是：分析 CGI 数据→打开与 DBMS 的连接→发送 SQL 请求并得到结果→将结果转化为 HTML→关闭与 DBMS 的连接→将 HTML 结果返回给 Web 服务器。CGI 实际上是用来在客户浏览器和 Web 服务器之间传递信息的中间件程序，适用于 UNIX 和 Windows 等多种服务器平台。

在商务网站的创建过程中，CGI 程序常常被用来对 HTML 表单和后台数据库进行操作。例如，利用 CGI 程序对数据库中的数据进行搜索、添加和修改等。其优点是开发简单，可用任何一种编程语言实现，如 C++、VB 和 Delphi 等，几乎所有使用的服务器软件都支持 CGI。其缺点是以进程方式装入内存，安装与卸载操作系统开销比较大，一次只能响应一个用户的请求，当并发请求多时会占用服务器资源。

2. Web API 技术

应用程序编程接口（Application Programming Interface，API）是针对 CGI 程序运行效率低等问题而开发的 Web 服务器端专用程序，用来扩展 Web 服务器的功能。Web API 通常以动态链接库（DLL）的形式提供，是驻留在 Web 服务器上的程序，实现对数据库的访问。

API 应用程序与 Web 服务器结合紧密，占用的系统资源比较少，运行效率大大提高，同时还提供更好的保护和安全性。

目前主要的 Web API 有微软公司的 ISAPI、网景公司的 NSAPI 和 Website 公司的 WSAPI 等。虽然基于服务器扩展 API 的结构可以方便、灵活地实现各种功能，连接所有支持 32 位 ODBC 的数据库系统，但这种结构的缺陷也是明显的：

1）各种 API 之间兼容性很差，缺乏统一的标准来管理这些接口。
2）开发 API 应用程序要比开发 CGI 应用复杂得多。
3）这些 API 只能工作在专用 Web 服务器和操作系统上。

3. Java 数据库互联（JDBC）技术

JDBC 是用于执行 SQL 语句的 Java 应用程序接口，它由用 Java 语言编写的类和接口组成。JDBC 是一种规范，其目的是让各数据库开发商为 Java 程序员提供标准的数据库访问类和接口。JDBC 和 Java 结合，使用户可以很容易地把 SQL 语言传送到绝大部分关系数据库中，程序员用其编写的数据库应用软件可在绝大部分数据库系统上运行。利用 JDBC 访问数据库服务器的过程是：①调用目标数据库服务器的 JDBC 驱动程序；②连接数据库；③执行 SQL 语句并得到结果集。

由于各数据库平台的不同，Java 提供了三种类型的 JDBC 连接方式：

（1）JDBC 本地驱动程序。在这种方式下，JDBC 仅提供与数据库管理系统（DBMS）客户端的通信方法，与 DBMS 服务器的通信必须依赖 DBMS 客户端。因此，这种方案不适合 Web 应用。

（2）JDBC. ODBC 桥接方式。将 JDBC 架构于 ODBC 之上，这样，即使 DBMS 不提供 JDBC 驱动程序，JDBC 也可以通过 JDBC. ODBC 桥使 Java 应用程序通过 ODBC 连接上不同的 DBMS。这种方式的缺点是与 DBMS 的连接不能缺少 ODBC。

（3）JDBC 网络连接方式。其原理是在数据库服务器的一个空闲端口设置一个进程，用来侦听远程的数据库操作请求，收到请求后对数据库进行操作并将结果通过此端口回送。这种方式既不需要 DBMS 客户端，也不需要 ODBC 驱动程序，但是，目前并不是所有的 DBMS 都支持这种方式。

4. ADO 与 ADO. NET 技术

（1）ADO 技术。ADO（ActiveX Data Object）是 Microsoft 数据库应用程序开发软件设计接口，是建立在 OLE DB 之上的高层数据库访问最新技术。它最主要的优点是易于使用、速度快、内存支出少和磁盘遗迹小，在分布式应用方案中使用的网络流量最小，在前端和数据源之间使用的层数最少。即使对 OLE DB、COM 等技术不了解，使用者也能轻松地应用 ADO，并不失灵活性。

另外，ADO 是一个二进制的标准，它独立于任何编程语言，只要应用程序使用的语言支持访问组件对象模型 COM，就可以使用 ADO 部件操作数据库。

在 ADO 之前的 OLE DB，封装了 ODBC（开放数据库连接）的功能，为任何数据源提供了高性能的低层访问接口。由于目前绝大多数数据库的供应商都提供了 ODBC 标准的数据库驱动接口，所以 OLE DB 统一了存储在不同信息源中的数据访问方式。允许 OLE DB 访问的数据源包括关系和非关系数据库、电子邮件和文件系统、文本和图形、自定义业务对象等。也就是说，OLE DB 并不局限于关系数据源，它能够处理任何类型的数据，而不用考虑它们的格式和存储方法。

在实际应用中，虽然 OLE DB 为各种应用程序提供了最佳功能，但是它并不符合简单化的要求。为此，微软应用 ActiveX 技术，又对 OLE DB 的接口进行了封装，定义了 ADO 对象，从而屏蔽了底层数据库接口之间的差异，实现了访问数据库的高层接口，使之成为连接应用程序和 OLE DB 之间的桥梁。ODBC、OLE DB 和 ADO 之间的关系如图 5-7 所示。

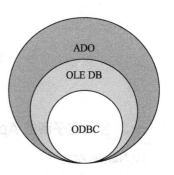

图 5-7 ODBC、OLE DB 和 ADO 之间的关系

（2）ADO.NET 技术。ADO.NET 是对 ActiveX 对象的改进，它基于标准程序设计模型，是用于创建分布式数据共享的应用程序。ADO.NET 简化了 Web 应用程序与数据库的连接处理，支持 XML 的编程对象模型，用 XML 作为数据库与 Web 应用程序之间的存取数据的形式，是.NET 环境下新一代的数据库访问技术。其主要特点是具有良好的互用性、可维护性、可编程、互用性、可伸缩性。

ADO.NET 提供了促进数据共享的解决方案。

1）与 DBMS 技术的结合。DBMS 管理对数据的并发访问，确保正在同时处理相同数据的用户不会彼此干扰。而且，DBMS 对程序员隐藏了物理存储的许多细节，从而使得用户和程序员将注意力集中在数据的意义上，而不用管数据在硬盘上如何排列。大多数 DBMS 通过 SQL 语言提供了这种存储不可知的数据视图。ADO.NET 可以使用户避开 SQL 的某些复杂性，而同时向用户提供了数据库管理系统技术的特性。

2）与 OLE DB 技术的结合。OLE DB 提供了跨组织的数据访问。它定义了一个 COM 接口集合，将不同的 DBMS 和服务封装起来。OLE DB 提供者为大多数商用关系型 DBMS 和许多非关系型存储提供服务。通过 OLE DB 数据提供程序，ADO.NET 可以与任何 OLE DB 一起工作。因此，用户可以使用 ADO.NET 处理任何关系型 DBMS 中的数据和许多非关系型存储格式的数据。

3）与数据共享的软件体系结构的结合。分布式体系结构在几个方面促进了数据共享。例如，它们可以同时支持多个用户，从而向多个用户提供数据。此外，分布式体系结构使到数据库的活动连接减到最少，从而可以通过避免数据库成为应用程序瓶颈，增加所服务的移动开发技术用户数目。

4）与工业标准的结合。同 XML 工业标准一样，SQL 和 OLE DB 通过允许程序员在完全不同的产品中使用相同的方法和语言来访问数据，从而促进了数据共享。也就是说，标准使程序员避免了特殊产品或产品版本中的特性。

例如，作为一种处理数据的标准语言，SQL 允许程序员对任何关系型 DBMS 中的数据进行处理。OLE DB 允许程序员对来自各种存储格式的数据进行处理，包括像 Microsoft Excel 这样的非关系型格式。ADO.NET 使用了这种高度灵活的数据交换与数据传递的格式。

第五节　移动电子商务技术

一、移动电子商务 App 开发技术

1. Native App

Native App 是一种基于智能手机本地化操作系统，如 iOS、安卓（Android），并使用原生程序编写的第三方应用程序，也叫本地化 App。Native App 位于平台层上方，向下访问和兼容的能力比较好，可以支持在线或离线、消息推送或本地资源访问、摄像拨号功能的调取。同时，Native App 还具有执行效率高、界面交互华丽、可节约带宽成本、可根据不同平台进行定制的优点。Native App 的劣势在于不能热更新 App 中的内容。这个特性对于 App 上架审核周期较长的 iOS 平台的 App 来说非常重要，过长审核时间带来的时间和经济成本对更新需求较大的电商 App 来说是一个不利因素，所以 Native App 对于电商网站来说并不是一个很好的选择。

2. Web App

Web App 开发是一种框架型 App 开发模式（H5 App 框架开发模式），该开发模式具有跨平台的优势，该模式通常由"H5 云网站 + App 应用客户端"两个部分构成，App 应用客户端只需安装应用的框架部分，而应用的数据则是每次打开 App 的时候，去云端取数据呈现给手机用户。由于 Web App 读取的是云端服务器的数据，这样就可以在不更新 App 本体的情况下进行功能更新和 UI 修改等操作。人们日常使用的微信小程序，就是一种典型的 Web App。这种模式的缺点在于 App 无法离线使用，性能与 Native App 相比也较弱。

3. Hybrid App

Hybrid App（混合模式移动应用）是指介于 Web App 和 Native App 这两者之间的一种 App，也指相应的开发技术。其开发技术是结合了上述两种技术的中间方案，具有执行效率高、能够热更新内容、能够调用本地资源等诸多优点。目前如淘宝、京东、唯品会等主流电子商务网站的 App 都采用 Hybrid App 方案，以满足电商企业对更新实时性与高性能的双重需求。

二、移动通信技术

1. 1G 通信技术

1G 是以模拟技术为基础的蜂窝无线电话系统，如现在已经淘汰的模拟移动网。1G 无线系统在设计上只能传输语音流量，并受到网络容量的限制。

2. 2G 通信技术

2G 以数字语音传输技术为核心，一般定义为无法直接传送如电子邮件、软件等信息，只具有通话和一些如时间、日期等信息传送功能的手机通信技术规格。不过，手机短信在它

的某些规格中能够被执行。它在美国通常被称为"个人通信服务"（PCS）。

3. 3G 通信技术

3G 是第三代移动通信技术，是指支持高速数据传输的蜂窝移动通信技术。3G 服务能够同时传送声音及数据信息，速率一般在几百 Kbit/s 以上。3G 是指将无线通信与国际互联网等多媒体通信相结合的新一代移动通信系统。3G 在国内存在三种标准：电信 CDMA2000、联通 WCDMA、移动 TD-SCDMA。

4. 4G 通信技术

4G 通信技术包括 TD-LTE 和 FDD-LTE 两种制式，它能够实现快速传输数据、高质量、音频、视频和图像等。4G 能够以 100Mbit/s 以上的速度下载，比家用宽带 ADSL（4Mbit/s）快 25 倍，并能够满足几乎所有用户对无线服务的要求。此外，4G 可以在 DSL 和有线电视调制解调器没有覆盖的地方部署，然后再扩展到整个地区。很明显，4G 有着极大的优势。

5. 5G 通信技术

5G 是 4G 的延伸，其理论下行速度为 10Gbit/s（相当于下载速度 1.25GB/s）。由于物联网尤其是互联网汽车等产业的快速发展，其对网络速度有着更高的要求，这无疑成为推动 5G 网络发展的重要因素。目前我国正在大力推进 5G 网络，以迎接下一波科技浪潮。从 2019 年的情况来看，5G 网络离商用预计还需 1~2 年时间，届时移动网络将迈入新的历史发展时期。

第六节 电子商务网站评价与维护

一、电子商务网站评价的意义

网站建成后，随时对网站的经营情况进行评估，并根据评估结果调整经营战略和营销手段，是经营一个网站必须采取的策略。只有通过评测才能发现差距，才能使网站进一步完善，吸引更多的用户访问。网站的评价不仅要看硬指标，更要研究软环境，而且要将二者结合在一起考察，将众多因素汇集在一起，找出主要问题，进而不断更新和改进网站内容以及营销策略，使网站的经营状况越来越好。

具体地说，网站评价能监控并反馈网站的使用情况，让管理者和决策者更了解浏览者的动作及网站内容之间的互动情况，并使网站得到充分利用，以提高用户忠诚度与企业的商业利益。

二、电子商务网站评价的内容

电子商务网站的评价内容因各网站的目标不同而不同，有的侧重于技术指标的测评，有的侧重于信息服务评价，还有的侧重于客户满意度的评价。对于一般的企业电子商务网站而言，至少应该从以下几个方面进行评价：

（1）技术指标，包括站点速度、系统稳定性与安全性、链接有效性等。

（2）界面指标，包括整体视觉效果、美工设计、页面布局、网站结构与分类深度、使用方便性等。

（3）网站的操作指标，包括能否快速进入、操作便捷性和用户响应的及时性等。

（4）信息指标，包括提供信息的数量、质量及种类，信息更新频率，个性化信息服务等。

（5）功能指标，包括网站功能的完备性、功能实现的有效性、特色产品、特色功能和特色服务等。

（6）客户服务指标，包括物品配送的收费和配送方式的选择、送货准时性、客户支持的水平和质量、个性化定制能力、网站与客户的交互性、个人隐私保护等。

（7）经营业绩指标，包括网站流量（点击率）、交易额、成本利润率甚至股票价格等。

三、电子商务网站维护的意义

企业网站是否产生应有的效益，很大程度上取决于网站内容的丰富程度和网页的更新程度，简单地说，就是要始终能吸引网民的关注。很难想象一个内容单调、界面总不改变的网站会经常有人光顾，更谈不上开展网上营销了。只有更新及时、内容丰富的网站才会受到欢迎。所以，企业在网站运作后，还要面临大量的维护管理工作。互联网上网站的数量每天都在以爆炸式的速度增长，在这个网站的海洋中，如何让上网者发现并喜欢你的网站，一个很重要的因素就是如何管理维护和应用网站。

无论什么样的企业，建立网站都需要资金和人才的投入，特别是规模比较大的企业网站，往往需要的投入也更大，而这些投入的回报需要在网站建成后的运营中逐渐获得。能否发挥网站的效用，达到建立网站的目的，其中很关键的工作就是运营和管理网站。任何一个系统都应该有管理，网站也不例外。有些企业的网站重建设轻管理，企业舍得在网站系统建设上进行投入，购置各种设备，可是当系统建成之后，由于对网站的管理和维护缺乏足够的重视或者说缺乏管理意识，很少投入资金进行相应的维护，因此网站也难以发挥应有的效益。这里很重要的原因之一就是企业决策者对网站运营过程不了解、对网站维护不重视。

概括地说，企业电子商务网站管理和维护的重要意义有以下几个方面：

（1）通过网站管理和维护，不断更新内容吸引客户的注意。

（2）在现实中企业以实体互相竞争，在互联网上企业将主要以网站经营来竞争，这就需要网站从内容到形式不断变化。

（3）不断地管理和维护使得网站适应变化的形势，能更好地体现企业文化、企业风格、企业形象以及企业的营销策略。

（4）管理完善的网站会成为沟通企业和客户的重要渠道。

（5）良好的管理可以提高网站的运营质量、降低网站运营成本，并最终使企业的投资得到回报，实现网站建设的初衷。

四、电子商务网站维护的内容

网站建成后，要想让它发挥尽可能大的作用，就必须跟踪和研究最新的变化情况，根据技术的不断更新对网站进行升级，根据企业经营的不断变化更新网站的内容，这就是对网站的管理和维护。管理和维护的过程中包括保证网站的正常运营,如设备和网站的管理等,也包括网站内容的变化和交互信息的处理,如网页内容和栏目的更新等。

一般情况下,网站的管理和维护主要包括以下内容:

(1) 在网站及时发布企业最新的产品、价格和服务等信息,更新网页图片、文字资料。

(2) 对用户信息的收集、统计并交各部门及时处理分析,如收集用户的注册信息、用户对产品的购买情况、用户关注的网站内容。

(3) 对用户的投诉或需求信息要及时处理,并向用户反馈处理结果。

(4) 经常更新网站页面设计,增加新的营销创意,提高网站的知名度。

(5) 保持设备的良好状态,维护企业网站设备不间断地安全运行,如服务器、程序、数据库等的故障处理。

(6) 注意网站安全管理,监测、备份数据,防止病毒攻击和恶意访问。

(7) 不断推广和优化网站。

(8) 不断测试和评估网站。

上述工作中任何一项做得不好都可能导致网站难以发挥作用,甚至不能继续运行。而且,上述工作中有很多单靠网站管理人员是无法完成的,如信息的处理、客户意见的反馈和营销策略的实施等。所以,从一定意义上来讲,网站的管理和维护需要企业各个部门的参与和协同才能做好。

复习思考题

1. 试述电子商务网站规划的主要内容。
2. 静态网站开发技术及开发语言有哪些?
3. 说明 Web 服务器的性能及结构。
4. 在 Web 服务器的设置中,网站的主机方案有哪几种?
5. 简述电子商务网站评价与管理和维护的意义。
6. 移动电子商务 App 开发技术有哪些?

第六章

电子商务的安全技术

> **内容提要**
>
> ❶ 电子商务存在的安全隐患。
> ❷ 防火墙的种类和用途。
> ❸ 各种加密方法及其特点。
> ❹ 各种认证技术及其在电子商务中的作用。
> ❺ 完整的安全电子交易过程。
> ❻ SSL 协议的工作过程。
> ❼ SET 协议的工作原理。
> ❽ 安全动态认证的工作过程。

　　随着电子商务的发展，其安全问题也变得越来越突出。由于电子商务是一种全新的商务活动方式，而且交易双方互不相见，人们对电子商务的安全性难免存有疑虑。如何建立一个安全、便捷的电子商务应用环境，对交易信息提供足够的保护，是电子商务的一个基本问题。本章就电子商务的安全控制要求、网络安全的防火墙技术、电子商务的信息加密技术、认证技术和安全交易协议等内容展开讨论。

第一节　电子商务的安全性要求

　　电子商务发展的核心和关键问题是交易的安全性。为了保护网上交易过程中交易双方的合法权益，人们针对电子商务系统所面临的主要威胁，对其安全性提出了具体的要求。

一、网络安全问题

　　一般认为，计算机网络系统的安全威胁主要来自黑客攻击、计算机病毒和拒绝服务三方面。

1. 黑客攻击

黑客攻击是指黑客非法进入网络，非法使用网络资源。例如，通过网络监听获取网上用户的账号和密码；非法获取网上传输的数据；通过隐蔽通道进行非法活动；突破防火墙等。目前黑客的行为正在不断走向系统化和组织化，如一些企业、集团、金融机构高薪聘请黑客进行商业间谍幕后战。所以，从事网络交易的计算机用户，非常有必要了解有关黑客入侵的常用手段，以预防黑客的侵袭。

（1）口令攻击。口令攻击是网上攻击最常用的一种方法，也是大多数黑客开始网络攻击的第一步。黑客首先通过进入系统的常用服务，或对网络通信进行监视，使用扫描工具获取目标主机的有用信息。这些信息包括目标主机操作系统的类型和版本、主机域名、邮件地址、开放的端口、启动的保护手段等。然后，他们反复试验和推测用户及其亲属的名字、生日、电话号码或其他易记的线索等，获取进入计算机网络系统的口令，以求侵入系统，开展袭击活动。有的黑客利用一些驻留内存的程序暗中捕获用户的口令，进而实施攻击。随着网络服务的增多，一些黑客也通过"撞库"的方式进行口令攻击，通过盗取一些低敏感数据，对账户和密码进行匹配，从而对高价值网站账户进行盗取。

（2）服务攻击。黑客所采用的服务攻击手段主要有以下三种：

1）给目标主机建立大量的连接。因为目标主机要为每次网络连接提供网络资源，所以当连接速率足够高、连接数量足够多时，就会使目标主机的网络带宽被耗尽，从而导致正常用户无法访问和使用应用系统。

2）利用即时消息功能，以极快的速度用无数的消息"轰炸"某个特定用户，使目标主机缓冲区溢出，黑客伺机提升权限，获取信息或执行任意程序。

3）利用网络软件在实现协议时的漏洞，向目标主机发送特定格式的数据包，从而导致主机瘫痪。

（3）IP欺骗。IP欺骗是适用于TCP/IP环境的一种复杂的技术攻击。它伪造他人的源地址，让一台计算机来"扮演"另一台计算机，以蒙混过关。IP欺骗主要包括简单的地址伪造和序列号预测两种。

简单的地址伪造是指黑客将自己的数据包的源地址改为其他主机的地址，然后发向目标主机，使目标主机无法正确找到数据包的来源。序列号预测的攻击方法是，黑客首先在网上监测目标主机与其他主机的通信，分析目标主机发出的TCP数据包，对目标主机发出的TCP数据包的序列号进行预测。如果序列号是按照一定的规律产生的，那么，黑客就可以通过伪造TCP序列号、修改数据包的源地址等方法，使数据包伪装成来自被信任或正在通信的计算机，而被目标主机接收。在黑客实施IP欺骗的过程中，最可悲的是目标主机毫无察觉，由攻击者模仿的TCP数据包到达了目标地址，而由目标地址发出的TCP数据包却永远到达不了对方的主机。

（4）中间人攻击。中间人攻击（Man-in-the-MiddleAttack，简称MITM攻击）很早就成为黑客常用的一种攻击手段，至今仍具有极大的扩展空间。中间人攻击的原理是当主机A和主机B通信时，都由主机C来为其"转发"，而A、B之间并没有真正意义上的直接通信，它们之间的信息传递由C作为中介来完成，但是A、B却不会意识到，而以为它们之间是在直接通信。这样C不仅可以窃听A、B的通信，还可以对信息进行篡改后再传给对方，甚至可以将恶意信息传递给 A、B 以达到自己的目的。在网络安全方面，MITM 攻击的使用很广泛，曾经猖獗一时的 SMB 会话劫持、DNS 欺骗等技术都是典型的 MITM 攻击手段。在黑客技术越来越多地运用于获取经济利益时，MITM 攻击成为对网银、网上交易等最具威胁并且最具破坏性的一种攻击方式。

2. 计算机病毒

计算机病毒是指能破坏计算机功能或者毁坏数据、影响计算机使用，并能自我复制的一组计算机指令或者程序代码。

计算机病毒是通过连接来扩散的。计算机病毒程序附着在其他程序上，等这些程序运行时，病毒进入系统中，进而大面积扩散。一台计算机感染病毒后，轻则系统运行效率下降、部分文件丢失，重则造成系统死机、计算机硬件烧毁。当前，计算机活性病毒达数千种。传统的计算机病毒依靠软盘传播，而在网络条件下，计算机病毒大部分通过网络或电子邮件传播。侵入网络的计算机病毒，破坏网络资源，使网络不能正常工作，甚至造成网络瘫痪。

3. 拒绝服务

分布式拒绝服务攻击（Distributed Denial of Service，DDoS）是指利用多发报文攻击主机，利用 TCP 的特性，通过向网络服务所在端口发送大量的伪造源地址的攻击报文，造成目标服务器的资源被占满，从而阻止其他合法用户进行访问。很多操作系统，甚至防火墙和路由器都无法有效抵御这种攻击。而由于它可以方便地伪造源地址，追查起来又十分困难，所以目前是网站首先要防范的攻击方式。

二、电子商务的安全性问题

由于互联网本身的开放性，计算机技术、网络技术及其他高科技技术的发展，社会生活中传统的犯罪和不道德行为更加隐蔽和难以控制，网上交易面临种种危险。人们从面对面的交易和作业变成网上相互不见面的操作，没有地域、时间限制，可以利用互联网的资源和工具进行访问、攻击甚至破坏。概括起来，电子商务面临的安全威胁主要有以下几个方面：

1. 在网络传输过程中信息被截获

攻击者可能通过互联网传输设备，如电缆、光纤、无线网络内安装截收装置等方式，截获传输的机密信息或通过对信息流量和流向、通信频度和明文内容等参数的分析，推断出有用信息，如消费者的账户信息、银行账号、信用卡交易内容、密码等。

2. 篡改传输的文件

攻击者可能从三个方面破坏信息的完整性：
（1）篡改。改变信息流的次序，更改信息的内容，如购买商品的出货地址等。
（2）删除。删除某个消息或消息的某些部分。
（3）插入。在消息中插入一些信息，如插入广告和无用信息。

3. 假冒他人身份

（1）冒充正规网站的钓鱼网站，骗取用户信息。
（2）伪造网站安全证书，套取或修改使用权限、用户信息、安全密钥等信息。

(3) 接管合法用户，欺骗系统，占用合法用户的资源。

4. 不承认或抵赖已经做过的交易

(1) 发信者事后否认曾经发送过某条消息或内容。
(2) 收信者事后否认曾经收到过某条消息或内容。
(3) 购买者确认了订单而不承认。
(4) 商家卖出的商品因价格差而不承认原有的交易。

三、电子商务对安全控制的要求

由于网上交易的人们不可能都互相认识，为了确保交易的顺利进行，必须在互联通信网络中建立并维持一种令人可以信任的环境和机制。在设计和实施安全方案时，具体做法对用户应该是公开透明的。针对计算机网络安全存在的问题和从事电子商务活动所面临的威胁，为了保障交易各方的合法权益，保证能够在安全的前提下开展电子商务，对电子商务的安全控制有以下几点基本要求：

1. 内部网的严密性

企业的服务器上一方面有着大量需要保密的信息，另一方面传递着企业内部的大量指令，控制着企业的业务流程。企业内部网一旦被恶意侵入，可能给企业带来极大的混乱与损失。比如，计算机黑客一旦非法闯入银行的内部网络，就可以修改账户余额、划拨资金。又如，对一些自动化程度高的企业而言，内部网一旦被恶意侵入，企业的经营活动就会陷入瘫痪：企业的财务、技术与人事资料被销毁或被篡改；不订原料或订购大量无用的原料；不按规定的程序生产，生产出大量废品；产品被胡乱送到不需要的地方，资金被划走等。同时，黑客通常还采用复制数据库的方式，盗取用户的账号密码和隐私信息，对企业口碑造成极其恶劣的影响，如此等等。因此，保证内部网不被侵入，或把侵入后的损失控制在一定范围内，是企业开展电子商务时应着重考虑的一个问题。

2. 完整性

电子商务简化了交易过程，减少了人为干预，大量的交易活动通过网上的信息交流来完成，这也带来了需要保证网上交易双方商业信息完整性、统一性的问题。

(1) 信息的完整性。联合国贸易法委员会在《电子商业示范法》中指出，有办法可靠地保证自信息首次以其最终形式生成，作为一项数据电文或充当其他用途之时起，该信息保持了完整性。在数据输入时的意外差错或欺诈行为、信息传输过程中的丢失、信息传送的次序差异，都会导致贸易各方信息的不同，影响信息的完整性。信息的完整性将影响到商务活动的经营策略和成功，保持网上交易各方信息的完整性是电子商务应用的基础。因此，要预防对信息的随意生成、修改和删除，同时要防止数据传送过程中信息的丢失和重复，并保证信息传送次序的统一。

(2) 数据和交易的完整性。数据的完整性是指确保传输中或存储中的数据未遭受未经授权的篡改和破坏；交易的完整性是指电子交易完成了交易的全部逻辑，实现了交易的全部功能，不存在单边账现象，同时交易各阶段中的数据是完整的。交易数据的完整性是交易完整性的保障，如果不能保持交易中数据的完整性，不完整的记录和信息将使交易的一方或者双方遭受财务上的损失，并使其承担实质上的法律和信誉风险。

3. 保密性

电子商务作为贸易的一种手段，其信息直接代表着个人、企业或国家的商业机密，均有保密的要求，敏感信息不能披露给第三方，一旦被人恶意获取，将造成极大的危害。例如，信用卡的卡号与用户名被他人知悉，就有可能被盗用；订货与付款的信息被竞争对手获取，就有可能丧失商机。传统的纸面贸易都是通过邮寄封装的信件或通过可靠的通信渠道发送商业报文来达到保守机密的目的。电子商务是建立在一个较为开放的网络环境（尤其互联网是更为开放的网络）上的，如果没有专门的软件对数据进行控制，所有的互联网通信都将不受限制地进行传输，任何一个对通信进行监测的人都可以对数据进行截取。黑客只需使用简单的匹配算法就可以将密码和信用卡号与其他部分区别开来。只有网上交易信息的保密性达到一定程度，才能保证信息如信用卡的卡号等敏感信息不泄露给未授权的他人，防止信息被盗用和恶意破坏，并开展真正意义上的电子商务。因此，电子商务中的信息传播、存储、使用均有保密的要求。特别是对敏感文件，信息要进行加密，即使这些信息被截获，截获者也无法了解到信息内容。

信息发送和接收要求在安全的通道进行，保证通信双方的信息保密；交易的参与方在信息交换过程中没有被窃听的危险；非参与方不能获取交易的信息。

4. 不可修改性

交易的文件是不可被修改的。比如上述订购商品的例子，如果卖方收到订单后，发现价格大幅度上升，把订货数量由1万件改为1件，则可大受其利，而买方则会相应受损。在传统的纸面贸易中，双方是通过协议的一式双份、双方各执一份来防止协议被修改，但在无纸化的电子商务方式下，这显然不现实，因此，必须有技术来防止电子交易文件被修改，以保证交易的严肃与公正。

5. 交易者身份的确定性

只有信息流、资金流和物流有效转换，才能保证电子商务的顺利实现，而这一切均以信息的真实性为基础。信息的真实性一方面是指网上交易双方提供信息内容的真实性；另一方面是指网上交易双方身份信息的真实性。网上交易的双方很可能素昧平生、相隔千里，要使交易成功，首先要确认交易者的身份。商家要考虑客户是不是骗子，发货后会不会收不回货款；客户也会考虑商家是否是黑店，付款后会不会收不到货，或者到货质量能否有保证，质量有问题能否退货等。因此，能方便而可靠地确认对方身份是交易的前提。双方应该在交换信息之前通过各种方法获取对方的证书，并以此识别交易方的身份不能被假冒或伪装，以有效鉴别、确定交易方的身份。

6. 交易的无争议和不可抵赖性

数据发送者对自己所发送数据的内容和事实不可否认；数据接收者在确实接收到数据后，对已经接收到数据的事实不可否认。只有这样，电子交易及交易过程产生的电子凭证才具有无争议性。

由于商情时刻在变化，交易一旦达成是不可否认的，否则必然会损害一方的利益。比如，订货时商品价格较低，收到订单后商品价格已经上涨，如果卖方否认收到订单的实际时间,甚至否认收到订单的事实,必然会给买方造成损失。在传统的纸面贸易中,贸易双方通过在交易合同、契约或贸易单据等书面文件上手写签名或印章来鉴别贸易伙伴,以确定合同、契约、单据的可靠性并预防抵赖行为的发生,这也就是人们常说的"白纸黑字。"在无纸化的电子商务方式下,通过手写签名和印章进行贸易方的鉴别与交易的确认是不可能的。因此,要在交易信息的传输过程中为参与交易的个人和企业的身份与行为提供可靠的标识。信息的发送方不能抵赖曾经发送的信息,不能否认自己的行为。如今在网络交易的许多条例中均明确指出,在合约成立方面,除非合约各方另有协议,否则要约及承约可全部或部分以电子记录和电子合约等方式来表达。网上交易一旦达成,便形成交易信息文件,参与交易的各方不可擅自否认和修改交易信息文件,不得因为是电子记录而否定合约的有效性及可强制执行性。

7. 有效性

电子商务以电子形式取代了纸张,那么如何保证这种电子形式贸易信息的有效性则是开展电子商务的前提。电子商务作为贸易的一种形式,其信息的有效性直接关系到个人、企业甚至国家的经济利益和声誉。因此,要对网络故障、操作错误、应用程序错误、硬件故障、系统软件错误及计算机病毒所产生的潜在威胁加以控制和预防,以保证贸易数据在确定的时刻、确定的地点是有效的。

8. 授权合法性

安全管理人员能够控制用户的权限,分配或终止用户的访问、操作、接入等权利,被授权用户的访问不能被拒绝。在电子商务过程中,要求保证信息确实为授权使用的交易各方使用,使他们有选择地得到相关信息与服务,防止由于电子商务交易系统的技术或其他人为因素造成电子商务交易系统对授权者拒绝提供信息与服务,反而为未授权者提供信息与服务。

第二节 防火墙技术

随着网络规模越来越大,互联网安全问题也变得越来越重要。网络的安全性主要是指网络信息的安全性和网络路由的安全性。网络信息的安全性问题(数据安全)将在本章的稍后部分介绍;网络路由的安全性包括两个方面:一方面,限制外部网对本地网的访问,从而保护本地网中的特定资源免受非法侵犯;另一方面,限制本地网对外部网的访问,主要是针对一些不健康信息及敏感信息的访问。网络路由的安全性通常可由防火墙来保证。

一、防火墙的概念

"防火墙"(Firewall)是一种形象的说法,其实它是一种由计算机硬件和软件组成的一个或一组系统,用于增强内部网络和互联网之间的访问控制。防火墙是被保护网络和外部网络之间的一道屏障,使互联网与内部网之间建立起一个安全网关,从而防止发生不可预测的、潜在破坏性的侵入。它可通过监测、限制、更改跨越防火墙的数据流,尽可能地对外部屏蔽网络内部的信息、结构和运行状况，以此来实现网络安全保护。

1. 设置防火墙的意义

互联网是一个开放的世界，它在拥有丰富信息的同时也存在许多不安全因素。内部网连上互联网，内部用户能访问互联网上的服务时，外部用户也能通过互联网访问内部网，实现一些非法操作，如盗取重要资料、破坏文件等。这对于没有受到任何保护的内部网用户来说无疑是一种灾难。

人们经常在建筑物之间修建一些墙，防止在火灾发生时火势从一幢建筑蔓延到另一幢建筑，这些墙被称为"防火墙"。与此类似，可以在内部网和互联网之间设置一堵"防火墙"，以保护内部网免受外部的非法入侵。在网络世界中，防火墙是被配置在内部网和互联网之间的一个系统（或一组系统），通过控制内外网络间信息的流动来达到增强内部网络安全性的目的。防火墙决定了内部的哪些服务可以被外部用户访问以及哪些外部服务可以被内部用户访问。

2. 防火墙的属性

（1）所有从内到外的通信流量都必须通过防火墙。
（2）仅仅被本地安全策略定义的且被授权的通信量允许通过。
（3）系统对外部攻击具有高抵抗力。

3. 防火墙的工作原理

防火墙的工作原理是：在内部网络和外部网络之间建立起一堵隔离墙，检查进入内部网络的信息是否合法，或者是否允许用户的服务请求，从而阻止对内部网络的非法访问和非授权用户的进入。同时，防火墙也可以禁止特定的协议通过相应的网络，以及对内部网用户的行为进行管理和日志记录。图6-1为一种简单的防火墙设置方式。

图6-1 防火墙的基本工作原理

作为内部网络和外部公共网络之间的第一道屏障，防火墙是最先受到人们重视的网络安全产品之一。在发展初期，它处于OSI（Open System Interconnection）七层协议的网络层，也就是网络安全的最底层，只是用来负责网络之间的安全认证和传输（即信息过滤），但随着网络安全技术的整体发展和网络应用的不断变化，现代防火墙技术已经逐步发展到网络层以外的其他安全层次。它不仅要完成传统防火墙的过滤任务，同时还能为各种网络应用提供相应的安全服务。另外，还有多种防火墙产品正朝着数据安全与用户认证、防止病毒与黑客侵入等方向发展。

二、防火墙的体系结构与功能

1. 防火墙的体系结构

为网络建立防火墙，首先需决定防火墙将采取何种安全控制基本准则。有以下两种准则可供选择：

(1)一切未被允许的都是禁止的。基于该准则，防火墙应封锁所有信息流，然后对希望提供的服务逐项开放。这是一种非常实用的方法，可以构成一种十分安全的环境，因为只有经过仔细挑选的服务才被允许使用。其弊端是，安全性高于用户使用的方便性，用户所能使用的服务范围受限制。

(2)一切未被禁止的都是允许的。基于该准则，防火墙应转发所有信息流，然后逐项屏蔽可能有害的服务。这种方法构成一种更为灵活的应用环境，可为用户提供更多的服务。其弊端是，在日益增多的网络服务面前，网络管理人员疲于奔命，特别是受保护的网络范围增大时，很难提供可靠的安全防护。如果网络中某成员绕过防火墙向外提供已被防火墙禁止的服务，网络管理员就很难发现。因此，采取第二种准则的防火墙不仅要防止外部人员的攻击，而且要防止内部成员不管是有意还是无意的攻击。

总之，从安全性的角度考虑，第一种准则更可取一些；而从灵活性和方便性的角度考虑，第二种准则更适合。

2．防火墙的功能

作为网络安全的主要保证，防火墙应实现以下功能：

(1)对网络安全的控制，保护那些易受攻击的服务。防火墙能过滤掉那些不安全的服务和请求从而降低网络安全的风险，能够监测、限制信息流从一个安全控制点进入或离开。只有预先被允许的服务才能通过防火墙，这样就降低了受到非法攻击的风险，大大提高了网络的安全性。

(2)屏蔽内部信息。使用防火墙就是要使内部网络与外部网络隔断，让外部网络的用户在未经授权的情况下不能访问内部网络，并尽可能地隐藏内部信息、结构、运行情况；通过防火墙对内部网络的划分，还可以实现对重点网络的隔离。

(3)控制对特殊站点的访问。防火墙能控制对特殊站点的访问，如有些主机能被外部网络访问，而有些则被保护起来，防止不必要的访问。通常会有这样一种情况，在内部网中，只有邮件应用服务器、存储服务器和Web服务器能被外部网访问，而其他访问则被主机禁止。

(4)集中化的安全管理。对于一个企业来说，使用防火墙对内部网络进行统一的安全管理相对于分布式系统来说更能够节约资金和时间成本，也方便信息安全人员进行统一的管理和升级。

(5)提供日志和审计功能，对网络存取访问进行记录和统计。由于所有对互联网的访问都经过防火墙，防火墙就能将所有访问都记录到日志文件中，同时也能提供网络流量及网络使用情况的统计数据。当发生可疑动作时，防火墙能进行适当的警告，并提供网络是否受到监测和攻击的详细信息。

(6)提供报警服务。当有潜在威胁的访问或请求经过防火墙时，防火墙不仅能记录其动作，还能及时向系统管理员报警。

三、防火墙的分类

一般说来，根据防火墙所采用技术的不同，人们将它分为三种基本类型：包过滤型、代理服务器型和监测型。

1. 包过滤型

包过滤型的技术依据是网络中的分包传输技术。网络上的数据都是以"数据包"为单位进行传输的。数据被分割成一定大小的数据包，每一个数据包中都包含诸如数据源地址、目标地址、TCP/UDP 源端口地址和目标端口地址等特定信息。防火墙就是通过读取数据包中的地址信息并通过与系统管理员制定的规则表的对比来判断这些"包"是否来自可信任的站点，并自动将来自危险站点的数据包拒之门外。

现在的多数路由器都提供包过滤功能，另外，在计算机上安装包过滤软件也有防火墙的作用。

包过滤技术作为一种基本的功能，其优点在于：由于不少路由器具有数据包过滤的功能，因此逻辑简单，易于安装和使用，对用户的透明性较好，实现成本低；在应用环境比较简单的情况下，能够以较小的代价在一定程度上保证系统的安全。

包过滤技术的主要缺陷在于它是一种完全基于网络层的安全技术，只能根据数据包的来源、目标和端口等信息进行判断，而无法识别基于应用层的恶意侵入，如恶意的 Java 小程序以及比较流行的通过在电子邮件中附带病毒进行破坏等。此外，因为数据包的源地址、目标地址、端口号等信息在数据包的头部，有经验的黑客很容易通过窃听和假冒骗过包过滤型的防火墙。黑客一旦突破防火墙，整个系统完全暴露在外面，黑客将能轻易地对主机和软件进行攻击，造成难以估计的损失。而且，此类防火墙大多数没有提供审计和报警机制，用户界面也不是很友好，管理方式不是很完善，所以对系统管理员要求较高。在内部网络规模稍大，结构较为复杂的情况下，如果仅仅使用包过滤技术，将很难保证系统的安全。

2. 代理服务器型

代理服务器也可以称为应用网关，是当前防火墙产品的主流趋势。代理服务器的工作原理是，客户端程序与代理服务器连接，代理服务器再与要访问的外部服务器实际连接。代理服务器位于客户机和服务器之间，完全阻挡了二者之间的数据交流。对客户机来讲，代理服务器相当于一台真正的服务器；而对服务器来讲，代理服务器又相当于一台真正的客户机。当客户机需要使用服务器的数据时，首先将数据请求发送到代理服务器，代理服务器首先检查访问用户是否有权访问该服务器以及是否能够进行所要求的应用，然后根据通过检测的请求来向服务器索取数据，服务器再将数据由代理服务器传送给客户机。由于外部系统与内部服务器之间的连接都要通过代理服务器，它们之间没有直接的数据通道，所以外部的恶意侵害就很难损害到企业内部的网络系统；并且代理服务是在应用层中实现的，所以能对应用层的协议进行过滤，如 WWW、HTTP、FTP、Telnet、SMTP、POP、SSH 等；除此以外，代理服务器还能对应用层的协议进行转换。

代理服务器的优点主要有：工作在七层模型的最高层，掌握此应用系统中可用于安全决策的全部信息，所以安全性较高；针对应用层进行检测和扫描，对付基于应用层的入侵较为有效；大多数的代理服务器集成了包过滤技术，这两种技术的混合使用比单独使用包过滤技术具有更大的优势；代理服务器技术基于应用层，能提供对协议的过滤，如可以过滤掉 FTP 连接中的危险命令 PUT 等，而且通过代理应用，代理服务器能够有效地避免内部信息泄漏；此外，代理服务器还能提供日志和审计功能。

然而，代理服务器也存在着一些较为明显的缺陷，主要有：由于需要在服务器与客户机之间进行频繁的数据交换,它对系统的整体性能有较大的影响,可能会使系统性能下降15%~20%;它经常对用户和使用过程进行限制,使得人们无法按照自己的步骤随心所欲地使用代理服务,由于这些限制,往往会曲解协议,并且也缺少一定的灵活性;它必须针对客户机可能产生的所有应用类型逐一进行设置,大大增加了系统管理的工作量和管理的复杂程度。

3. 监测型

监测型防火墙是新一代的防火墙产品,这一技术的出现实际上已经使防火墙的含义超越了最初的定义。监测型防火墙能够对各层的数据进行主动的、实时的监测,在对这些数据加以分析的基础上,监测型防火墙能够有效地判断各层的非法入侵。同时,这种监测型防火墙一般还带有分布式探测器,这些探测器安置在各种应用服务器和其他网络节点之中,能够检测来自网络内部的攻击,对来自内部的恶意破坏有极强的防范作用。监测型防火墙不仅超越了传统防火墙的概念,而且在安全性上也有了极大的提高。

另外,根据实际使用的要求,还产生了一些更为细致的分类,如将防火墙分为复合型、加密路由型等。

四、防火墙的局限性

防火墙是保护内部网免受外部攻击的一种极有效的方式。防火墙应是整体网络安全计划中的重要组成部分,但同时必须注意,防火墙并非是万能的。防火墙具有以下局限性:

1. 防火墙不能阻止来自内部的破坏

只要简单地断开网络连接,防火墙便可以阻止系统的用户通过网络向外部发送信息。但如果攻击者已在防火墙内,那么防火墙实际上不起任何作用。

2. 防火墙不能保护绕过它的连接

防火墙可以有效地控制通过它的通信,但对不通过它的通信毫无办法。

3. 防火墙无法完全防止新出现的网络威胁

防火墙是为防止已知威胁而设计的。虽然精心设计的防火墙也可以防止新的威胁,但需要对防火墙的软件及时升级。

4. 防火墙不能防止病毒

许多防火墙检查所有外来通信以确定其是否可以通过内部网络,这种检查大多数是对源地址及端口号进行的,而不是对其中所含数据进行的。即使可以对通信内容进行检查,但由于病毒的种类太多且病毒在数据中的隐藏方式也太多,病毒防护不能依赖于防火墙。

第三节 数据加密技术

加密技术是最基本的安全技术,也是实现信息保密性的一种重要的手段。其目的是防止合法接收者之外的人获取信息系统中的机密信息。所谓信息加密技术,就是采用数学方法对原始信息（通常称为"明文"）进行再组织，使得加密后在网络上公开传输的内容对于非法接收者来说成为无意义的文字（加密后的信息通常称为"密文"）。而对于合法的接收者，因为其掌握正确的密钥，可以通过解密过程得到原始数据（即明文）。

由此可见，在加密和解密的过程中，都要涉及信息（明文、密文）、密钥（加密密钥、解密密钥）和算法（加密算法、解密算法）这几项内容。

数据加密技术是对数据进行重新编码，从而达到隐藏信息内容，使非法用户无法获得信息真实内容的一种技术手段。网络中的数据加密通过对网络中传输的信息进行数据加密，以满足网络安全中数据加密、数据完整性等要求。而基于数据加密技术的数字签名技术则可满足防抵赖等安全要求。可见，数据加密技术是实现网络安全的关键技术。数据加密过程如图 6-2 所示。

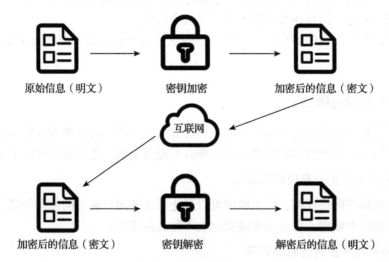

图 6-2　数据加密过程

密钥分为加密密钥和解密密钥，完成加密和解密的算法称为密码体制。传统的密码体制所用的加密密钥和解密密钥相同，形成了对称式密钥加密技术；在一些新体制中，加密密钥和解密密钥不同，形成了非对称式密钥加密技术，即公开密钥加密技术。这两种方式通常简称为对称加密和非对称加密。

一、对称加密

所谓对称加密，是指使用同一把密钥对信息加密，而对信息解密，同样采用该密钥即可。如果一个加密系统的加密密钥和解密密钥相同，或者虽不相同，但可以由其中一个推导出另一个，则为对称式密钥密码体制。对称加密技术的典范之一是 DES。1977—1998 年，DES 一直被确认为美国国家加密标准；另一个是国际数据加密算法（IDEA），它比 DES 的加密性好，而且对计算机要求不高。

1. DES

数据加密标准（Data Encryption Standard，DES）是一种数据分组的加密算法，由美国 IBM 公司在 20 世纪 70 年代发展起来，经过政府的加密标准筛选后，于 1997 年被美国政府定为联邦信息标准。它将数据分成长度为 64 位的数据块，其中 8 位作为奇偶校验，有效的密码长度为 56 位。DES 使用 56 位密钥对 64 位的数据块进行加密，并对 64 位的数据块进行 16 轮迭代，最后进行逆初始化变换而得到密文。

2. IDEA

国际数据加密算法（International Data Encryption Algorithm，IDEA）于 1992 年正式公开，是一个分组大小为 64 位、密钥为 128 位、迭代轮数为 8 轮的迭代型密码体制。此算法使用长达 128 位的密钥，有效地消除了破解密钥的可能性。

3. 对称加密的优缺点

对称加密具有加密速度快、保密度高等优点。

其缺点有：

（1）密钥是保密通信安全的关键，发信方必须安全、妥善地把钥匙护送到收信方，不能泄露其内容。如何才能把密钥安全地送到收信方，是对称密钥加密技术的突出问题。

（2）通信人数增多时，密钥的组合数量会出现爆炸式增长，使密钥分发更加复杂，n 个人进行两两通信，需要的总密钥数为 $n(n-1)/2$。

（3）通信双方必须统一密钥，才能发送保密的信息。如果发信者与收信人素不相识，就无法向对方发送秘密信息了。

（4）对称密钥体制难以解决电子商务系统中的数字签名认证问题。对于开放的计算机网络来说，这种方法存在着安全隐患，不适合网络环境文件加密的需要。

二、非对称加密

如果将一个加密系统的加密密钥和解密密钥分开，加密和解密分别由两个密钥来实现，并使得由加密密钥推导出解密密钥（或反之）在计算上是不可行的，则称这样的方法为非对称式密钥加密，简称非对称加密。

采用非对称加密技术的每一个用户都有一对选定的密钥。加密密钥公布于众，谁都可以使用，而解密密钥只有解密人自己知道，它们分别称为"公开密钥"（Public-key）和"私有密钥"（Private-key），非对称加密也称为公开密钥加密。公开密钥加密算法的典型代表是 RSA 算法。

1. RSA 算法

RSA 算法于 1978 年出现，是一个既能用于数据加密也能用于数字签名的算法。算法以发明者的名字（Rivest、Shamir、Adleman）命名。

RSA 的安全性依赖于大数分解。它利用两个很大的质数相乘所得到的乘积来加密。这两个质数无论哪一个先与原文件编码相乘，对文件加密，均可由另一个质数再相乘来解密。但要用一个质数来求出另一个质数，则是十分困难的。因此将这一对质数称为密钥对（Key Pair），一个作为"公钥"向公众开放，另一个作为"私钥"不告诉任何人。

2. 信息保密原理

公钥与私钥，这两个密钥是互补的，即用公钥加密的密文可以用私钥解密，而用私钥加密的密文可以用公钥解密。在加密应用时，接收者总是将一个密钥公开，为发送一份保密报文,发送者必须使用接收者的公共密钥对数据进行加密。一旦加密,只有接收者用其私人密钥才能加以解密。假设甲和乙互相知道对方的公钥,甲向乙发送信息时用乙的公钥加密,乙收到后就用自己的私钥解密出甲的原文。由于没有其他人知道乙的私钥,从而解决了信息的保密问题。

3. 签名认证原理

另外,由于具有数字凭证身份的人员的公钥可在网上查到,因此,任何人都可能知道乙的公钥,都能给乙发送信息,乙要确认是甲发送的信息,就产生了认证的问题,于是要用到数字签名。数字签名的原理是发送者用自己的私钥加密,而接收者用发送者的公钥解密。

RSA 公钥体系的特点使它非常适合用来满足上述两个要求:保密性和认证性。

三、数字摘要

数字摘要的核心是 Hash 算法。数字摘要是一个唯一对应一个信息的值,它由单向 Hash 加密算法对一个信息作用生成,有固定的长度。所谓单向,是指不能被解密。不同的信息其摘要不同,相同的信息其摘要相同,因此摘要称为信息的"指纹",可以验证消息是否是原文。发送端将信息和摘要一同发送,接收端收到后,用 Hash 函数对收到的信息产生一个摘要,将其与收到的摘要对比,若相同,则说明收到的信息是完整的,在传输过程中没有被修改,否则,就是被修改过,不是原信息。数字摘要解决了信息的完整性问题。数字摘要的使用过程如图 6-3 所示。

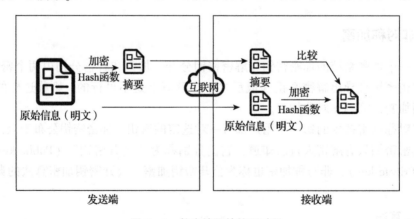

图 6-3 数字摘要的使用过程

用于数字摘要的 Hash 函数应该满足以下几个条件:

(1) 对同一数据使用同一 Hash 函数,其运算结果应该是一样的,即对同一文件采用同样的"全息处理"过程,形成的"全息照片"应该是一样的。

(2) Hash 函数应具有运算结果不可预见性,即从原始信息的变化不能推导出缩影结果的变化,原始信息的微小变化可能会导数"全息照片"的巨大变化。

(3) Hash 函数具有不可逆性,即不能通过文件缩影反算出原始信息的内容。

由此可以看出,通过 Hash 函数计算出的"信息文摘"可以被看作是原始信息的缩影。由于它是整个原始信息经过 Hash 函数处理的结果,所以该"缩影"的完整性可以代替原始信息的完整性。通过 Hash 函数可以将变长文件缩为定长信息,避免对全文加密的时间消耗

(加密算法的实现需要大量的数学计算）。目前常用的 Hash 算法有安全散列算法（SHA-1、SHA-256、SHA-512）、MD5 等。

第四节　电子商务的认证技术

一、基本认证技术

1. 数字签名

（1）数字签名的作用。在书面文件上签名是确认文件的一种手段。签名的作用有两点：①自己的签名难以否认，从而确认了文件已签署这一事实；②签名不易仿冒，从而确认了文件是真的这一事实。数字签名与书面文件签名有相同之处，采用数字签名，也能确认以下两点：①信息是由签名者发送的；②信息自签发后到收到为止未曾做过任何修改。

这样数字签名就可以用来防止电子信息因易被修改而有人作伪，或冒用别人名义发送信息，或发送（收到）信件后又加以否认等情况发生。

为了做一个数字签名，发送者用其私钥加密一个信息。任何有其公钥的接收者都能读取它，接收者能确信发送者是信息的作者，同时发送者无法否认信息已发送。数字签名往往附加在发送的信息中，就像手写签名一样。

（2）数字签名的实现方式。报文的发送者从报文文本中生成一个固定位数的散列值（或报文摘要）。发送者用自己的私钥对这个散列值进行加密来形成发送者的数字签名。然后，该数字签名将作为附件和报文一起发送给接收者。报文的接收者首先从接收到的原始报文中计算出固定位数的散列值（或报文摘要），接着用发送者的公钥来对报文附加的数字签名解密。如果两个散列值相同，那么接收者就能确认该数字签名是发送者的。

（3）数字签名采用的算法。数字签名采用的算法有 RSA、DES 和 Hash 签名。其中 Hash 签名是一种最主要的数字签名方法。该方法将数字签名与要发送的信息捆绑在一起，所以更适合电子商务（因为显然要比信息与签名分别发送具有更高的可信度和安全性）。

（4）Hash 签名的过程和步骤。数字签名并非用"手书签名"类型的图形标志，它采用双重加密的方法来实现防伪、防赖。其过程如图 6-4 所示。

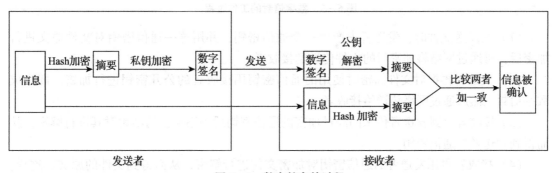

图 6-4　数字签名的过程

1) 发送者首先用 Hash 算法产生报文的数字摘要。
2) 发送者采用自己的私有密钥对摘要进行加密,形成数字签名。
3) 发送者把原文和加密的摘要同时传递给接收者。
4) 接收者使用发送者的公共密钥对数字签名进行解密,得到发送者形成的报文摘要。
5) 接收者用 Hash 函数将接收到的报文转换成报文摘要,与发送者形成的摘要相比较,若相同,则说明文件在传输过程中没有被破坏。

(5) 公钥体系的作用。如果第三方冒充发送者发出了一个文件,因为接收者在对数字签名进行解密时使用的是发送者的公钥,只要第三方不知道发送者的私钥,那么解密出来的数字签名和经过计算的数字签名必然是不相同的。因此,可以说公钥体系提供了一个安全地确认发送者身份的办法。

(6) 不同用途的公钥体系。数字签名和密钥的加密解密过程虽然都使用公钥体系,但实现的过程正好相反,使用的密钥对也不同。数字签名使用的是发送者的密钥对,发送者用自己的私钥加密,接收者用发送者的公钥解密,是一对多的关系,任何拥有发送者公钥的人都可以验证数字签名的正确性;而密钥的加密解密则使用的是接收者的密钥对,这是多对一的关系;任何知道接收者公钥的人都可以向接收者发送加密信息;只有唯一拥有接收者私钥的人才能对信息解密。在实用过程中,通常一个用户拥有两个密钥对:一个密钥对用来对数字签名加密解密,另一个密钥对用来对密钥加密解密。这种双重加密的方式提供了更高的安全性。

2. 数字信封

数字信封是用密码技术的手段保证只有规定的收信人才能阅读信的内容。在数字信封中,信息发送者自动生成对称密钥,用它加密原文,再利用 RSA 算法对该密钥进行加密,则被 RSA 算法加密的密钥部分称为数字信封。数字信封的工作过程如图 6-5 所示。

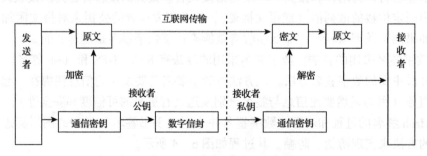

图 6-5 数字信封的工作过程

(1) 在发送文件时,发送者先产生一个通信密钥,并用这一通信密钥对文件原文进行加密后,再通过网络将加密后的文件传送到接收者。

(2) 发送者再把对文件加密时使用的通信密钥用接收者的公开密钥进行加密,即生成数字信封,然后通过网络传送给接收者。

(3) 接收者收到发送者传来的经过加密的通信密钥后,用自己的私钥对其进行解密,从而得到发送者的通信密钥。

(4) 接收者再用发送者的通信密钥对加密文件进行解密,从而得到文件的原文。这样,数字信封就保证了在网上传输的文件信息的保密性和安全性。即便加密文件被他人非法截获,因为截获者无法得到发送者的通信密钥,也不可能对文件进行解密。

3. 数字时间戳服务

在交易文件中,时间是十分重要的信息。在书面合同中,文件签署的日期和签名一样,均是十分重要的防止文件被伪造和篡改的关键内容。

在电子交易中,同样需要对交易文件的日期和时间信息采取安全措施,而数字时间戳服务(Digital Time-Stamp Service,DTS)能提供电子文件发表时间的安全保护。

数字时间戳服务是网上安全服务项目,由专门机构提供。时间戳是一个经加密后形成的凭证文档,它包括三个部分:①需加时间戳的文件的摘要。②机构收到文件的日期和时间。③机构的数字签名。

时间戳产生的过程为:用户首先将需要加时间戳的文件用 Hash 编码加密形成摘要,然后将该摘要发送到机构,机构在加入了收到文件摘要的日期和时间信息后再对该文件加密(数字签名),然后送回用户。

注意:书面签署文件的时间是由签署人自己写上的,而数字时间戳则不然,它是由认证机构来加的,以机构收到文件的时间为依据。因此,时间戳也可以作为科学家的科学发明文献的时间认证。

4. 数字证书

数字证书是用电子手段来证实一个用户的身份和对网络资源访问的权限。数字证书作为网上交易双方真实身份证明的依据,是一个经证书认证中心(CA)进行数字签名的、包含证书申请者(公开密钥拥有者)个人信息及其公开密钥的文件。基于公开密钥体制(PKI)的数字证书是电子商务安全体系的核心,用途是利用公共密钥加密系统来保护与验证公众的密钥,由可信任的、公正的权威机构 CA 颁发。CA 对申请者所提供的信息进行验证,然后通过向电子商务各参与方签发数字证书,确认各方的身份,以保证网上支付的安全性。

在网上的电子交易中,如果双方出示了各自的数字证书,并用它来进行交易操作,那么双方都可不必为对方身份的真伪担心。

数字证书可用于电子邮件、电子交易、电子支付等各种用途。

(1) 数字证书的内部格式。CCITT 的 X.509 国际标准规定了数字证书包含的以下内容:①证书拥有者的姓名;②证书拥有者的公共密钥;③公共密钥的有效期;④颁发数字证书的单位;⑤数字证书的序列号;⑥颁发数字证书单位的数字签名。

(2) 数字证书的类型。

1) 个人证书(Personal Digital ID)。它仅为某一个用户提供凭证,以帮助其个人在网上进行安全交易操作。个人身份的数字证书通常是安装在客户端的浏览器内的,并通过安全的电子邮件来进行交易操作。

2) 企业(服务器)证书(Server ID)。它通常为网上的某个 Web 服务器提供凭证,拥有 Web 服务器的企业就可以用具有证书的万维网站点(Web Site)来进行安全电子交易。具有证书的 Web 服务器会自动将其与客户端 Web 浏览器通信的信息加密。

3) 其他证书。另外一些专门的安全技术协议和整体解决方案,也会根据各自的标准向交易的各方颁发相应的数字证书,如 SSL 数字证书和 SET 数字证书等。

二、认证中心与认证体系

在电子商务中必须解决两个问题：一个是身份验证；另一个是交易的不可抵赖。由于交易双方互不见面，并且是一些不带有本人任何特征的数据在交换，因此有可能造成一些交易的抵赖。为解决这两个问题，必须引入一个交易双方均信任的第三方，对买卖双方进行身份验证，以使交易的参与者确信自己确实是在与对方所说的人交易。同时，在公开密钥体系中，公开密钥的真实性鉴别也是一个重要问题。而 CA 为用户发放的证书是一个具有该用户的公开密钥及个人信息并经证书授权中心数字签名的文件。由于 CA 的数字签名使得攻击者不能伪造和篡改证书，因此，证书便向接收者证实某人或某机构对公开密钥的拥有，与其进行交易身份不必怀疑，对方传来的数据是带有其身份特征而且不可否认的。

在这里，这个各方均信任的第三方就是安全认证机构 CA。上述理由构成 CA 产生的根本原因。

1. 认证中心

在电子商务的安全系统中，如何证明公钥的真实性呢？即如何证明一个公钥确实属于信息发送者，而不是冒充信息发送者的另一个人冒用他的公钥，这就要靠第三方证实该公钥确属于真正的信息发送者。认证中心（Certificate Authority，CA）就是这样的第三方，它是一个权威机构，专门验证交易双方的身份。验证方法是接收个人、商家、银行等涉及交易的实体申请数字证书，核实情况，批准颁发数字证书或拒绝申请。认证中心除了颁发数字证书外，还具有更新、撤销和验证证书的职能。消费者、商户和支付网关的证书应定期及时更新，以避免在长期的使用中证书内容泄密而影响交易的安全性。一旦私钥泄密或身份信息更换或不再需要该证书，就应向 CA 申请撤销证书。

CA 的分级体系由根 CA、品牌 CA、地方 CA、持卡人 CA、商家 CA、支付网关 CA 等不同层次构成（见图 6-6），上一级 CA 负责下一级 CA 数字证书的申请、签发及管理工作。一个完整的 CA 认证体系可以有效地实现对数字证书的验证。每一份数字证书都与上一级的签名证书相关联，最终通过安全认证链追溯到一个已知的可信赖的机构。由此便可以对各级数字证书的有效性进行验证。根 CA 是 CA 体系中的最高层，根证书的公开密钥对所有各方公开。

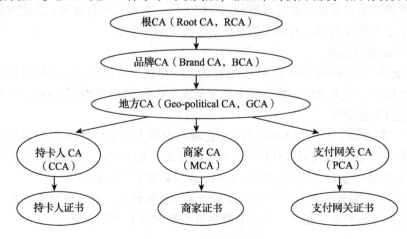

图 6-6 CA 的层次结构

CA 依据一定的认证操作规程来实施服务。CA 负责数字证书的颁发，申请证书的用户向认证机构提交身份证明，CA 收到用户的身份证明后，通过对其身份信息和公开密钥进行数字签名操作产生数字证书。在本章后面将要介绍的 SET 协议中，数字证书的注册和验证都是通过密码体制中的 DES 算法及 RSA 算法进行数字签名、数字信封等加密和解密操作而进行的。

2. 电子商务的 CA 认证体系

电子商务的 CA 认证体系包括两大部分：符合 SET 标准的 SET CA 认证体系（又叫"金融 CA"体系）和基于 X.509 的 PKI CA 体系（又叫"非金融 CA"体系）。当然，也有用户自己认可的 CA。

（1）SET CA。1997 年 2 月 19 日，由万事达集团（MasterCard）和 VISA 发起成立 SET Co 公司，被授权作为 SET 根 CA。从 SET 协议中可以看出，由于采用公开密钥加密算法，CA 就成为整个系统的安全核心。在 SET 中，CA 所颁发的数字证书主要有持卡人证书、商户证书和支付网关证书。在证书中，利用 X.500 识别名来确定 SET 交易中所涉及的各参与方。SET CA 是一套严密的认证体系，可保证 B to C 类型的电子商务安全顺利地进行。但 SET 认证结构适应于卡支付，对其他支付方式是有所限制的。

在网上购物中，持卡人的证书与发卡机构的证书关联，发卡机构证书通过不同品牌卡的证书连接到根 CA，而根的公共签字密钥对所有的 SET 软件都是已知的，可以校验每一个证书。

（2）PKI CA。PKI（Public Key Infrastructure，公钥基础设施）是提供公钥加密和数字签字服务的安全基础平台，目的是管理密钥和证书。PKI 是创建、颁发、管理、撤销公钥证书所涉及的所有软件、硬件的集合体，它将公开密钥技术、数字证书、证书发放机构和安全策略等安全措施整合起来，成为目前公认的在大型开放网络环境下解决信息安全问题最可行、最有效的方法。

PKI 是电子商务安全保障的重要基础设施之一。它具有多种功能，能够提供全方位的电子商务安全服务。一个典型的 PKI 应用系统包括五个部分：密钥管理系统、证书受理系统、证书签发系统、证书发布系统和目录服务（证书查询验证）系统。

（3）用户自己认可的 CA。在实际运作中，CA 也可由大家都信任的一方担当。例如，在用户、商家、银行三角关系中，用户使用的是由某个银行发的卡，而商家又与此银行有业务关系（有账号）。在此情况下，用户和商家都信任该银行，可由该银行担当 CA 角色，接收、处理用户的证书申请请求和商家证书的验证请求。又如，对商家自己发行的购物卡，则可由商家自己担当 CA 角色。

三、安全交易的过程

安全电子商务使用的文件传输系统大都带有数字签名和数字证书。假设发送者是甲方，接收者是乙方，安全交易的过程如图 6-7 所示。图中的过程编号对应以下文字描述的过程编号：

（1）在甲方，要发送的信息通过 Hash 函数变换成预先设定长度的报文数字摘要。

（2）数字摘要用甲方的私钥通过 RSA 算法加密，其结果是一个数字签名。

（3）数字签名和甲方证书，附着在原始信息上打包；同时，在甲方的计算机上，使用 DES 算法生成对称密钥给这个信息包加密。

（4）甲方预先收取乙方证书，并通过其中的公钥为甲方的对称密钥加密，形成一个数字信封。

（5）加密的信息和数字信封通过互联网传输到乙方的计算机。

（6）乙方用自己的私钥解密数字信封，得到甲方的对称密钥。

（7）通过这个密钥，从甲方收到的加密的信息被解密成原始信息、数字签名和甲方证书；

（8）用甲方公钥（包含在甲方证书中）解密数字签名，得到报文摘要。

（9）将收到的原始信息通过 Hash 函数变换成报文摘要。

（10）将第（8）步和第（9）步所产生的报文摘要做比较，以确定在传输过程中是否有所改变，以确定信息的完整性。

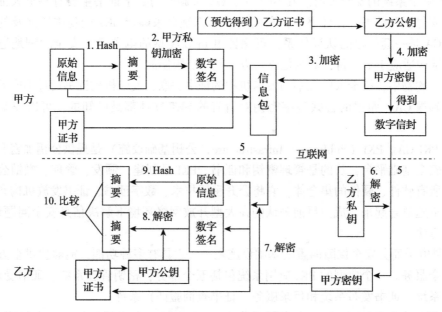

图 6-7 安全交易的过程

第五节 安全技术协议

要保证交易过程中数据来源可靠、传输安全、不被篡改并且能为交易各方的行为提供无可抵赖的证据，当前成熟的做法是：通过数字证书和安全检查技术解决各方身份的交叉确认；通过数字签名技术验证数据的完整性、来源的可靠性，并为交易各方行为提供不可抵赖的证据；通过加密技术确保数据在传递过程中的保密性。

针对这些技术的具体应用，国内外有许多不同的安全协议和整体解决方案。其中，公钥基础设施（PKI）是目前国际上公认的技术最成熟、使用最广泛的电子商务安全问题的完整解决方案。在其体系结构中，PKI 集成上述技术，并做了具体规定，从而为互联网应用提供了公钥加密和数字签名服务的平台。与 OSI 七层模型相似，PKI 仅仅提出了一种解决问题的安全框架模式。在实际应用中，许多集成商针对不同的网络应用提出了不同的商业实现标准，其中比较有名的有 SSL 和 SET。

一、SSL 协议

安全嵌套层（Secure Socket Layer, SSL）协议是网景公司于 1994 年开发的对互联网上计算机间对话进行加密的一种网络安全协议，它能把浏览器和服务器之间传输的数据加密。这种加密措施能够防止资料在传输过程中被窃取。因此，采用 SSL 协议传输密码和信用卡号等敏感信息以及身份认证信息是一种比较理想的选择。SSL 可以被理解成一条受密码保护的通道，通道的安全性取决于协议中采用的加密算法。目前，SSL 协议标准已经成为网络上保密通信的一种工业标准，在 C/S 和 B/S 的构架下都有广泛的应用。

1. SSL 协议简介

SSL 协议基于 TCP/IP，可以让 HTTP、FTP 及 Telnet 等协议通过它透明地加以应用。在建立一次连接之前，首先需建立 TCP/IP 连接。SSL 连接可以看成在 TCP/IP 连接的基础上建立一个安全通道，在这一通道中，所有点对点的信息都将被加密，从而确保信息在互联网上传输时，不会被第三方窃取。SSL 协议可以分为两个子协议：SSL 握手协议和 SSL 记录协议。

（1）SSL 握手协议。SSL 握手协议用于数据传输之前。它可以进行服务器与客户之间的身份鉴别，同时通过服务器与客户协商，决定采用的协议版本、加密算法，并确定加密数据所需的对称密钥，随后采用公钥加密技术产生共享机密（Shared Secrets），用于传送对称密钥等的机密信息。每次连接时，握手协议都要建立一个会话（Session）。会话中包含了一套可在多次会话中使用的加密安全参数，从而减轻了每次建立会话的负担。然而，必须指出，SSL 中的每次连接，在握手协议中产生的对称密钥都是独特的。这种每次更换密钥的方法显然极大限度地确保了系统的不易攻破性。

（2）SSL 记录协议。SSL 记录协议定义了传输的格式。SSL 的记录层在 TCP 层之上。在这层中，信息将根据 SSL 记录的负载，将信息加以分割或合并，随后将所有记录层信息用对称密钥加密，通过基于 TCP/IP 的连接将信息发送出去。

2. SSL 的工作过程

SSL 的工作过程如图 6-8 所示。其中各个步骤的作用如下：
① 浏览器请示与服务器建立安全会话。
② 浏览器与 Web 服务器交换密钥证书以便双方相互确认。
③ Web 服务器与浏览器协商密钥位数（2048 位）；客户机提供自己支持的所有算法清单，服务器选择它认为最有效的密钥生成算法。
④ 浏览器将产生的会话密钥用 Web 服务器的公钥加密传输给 Web 服务器。

⑤ Web 服务器用自己的私钥解密。
⑥ Web 服务器和浏览器用会话密钥加密和解密，实现加密传输。

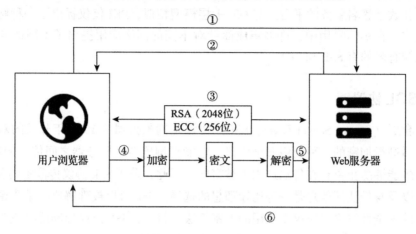

图 6-8　SSL 的工作过程

3. SSL 提供的基本安全服务

SSL 提供三种基本的安全服务，都使用公开密钥技术。

（1）信息保密。SSL 客户机和 SSL 服务器之间的所有业务都使用在 SSL 握手过程中建立的密钥和算法进行加密，这样就防止了某些用户非法窃听。即使他人捕捉到通信的内容，也无法破译。

（2）信息完整。SSL 利用机密共享和 Hash 函数组保证信息完整性。

（3）相互认证。客户机和服务器的识别号用公开密钥编码，并在 SSL 握手时交换各自的识别号。

二、SET 协议

安全电子交易（Secure Electronic Transaction，SET）协议是 VISA 和 MasterCard 这两家世界最大的信用卡公司在 IBM、网景等多家计算机公司的支持下，于 1996 年推出的信用卡网上结算协议，也是在互联网上进行在线交易时保证信用卡支付安全而设立的一个开放的规范。SET 涉及应用层、传输层和网络层等。SET 中主要包括如下几方：信用卡持卡人、商家、支付网关、认证中心（CA）及信用卡结算中心。其中，支付网关处在 SET 与现存的银行内部网之间，它可以执行对商家的身份鉴别及交易处理。简而言之，它可以看作银行内部网提供的公关接口及功能代理。CA 则负责对持卡人、商家、支付网关进行身份验证，并授予数字证书。SET 本身规范了一套完整的体系，它已形成了事实上的工业标准，并获得了国际互联网工程任务组（IETF）标准的认可。CA 作为 SET 过程中认证体系的执行者，具有举足轻重的作用。

1. SET 协议的工作原理

SET 协议的工作原理如图 6-9 所示。

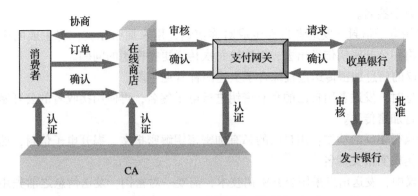

图 6-9　SET 协议的工作原理

其运行过程如下：

① 消费者使用浏览器在商家的主页上查看在线商品目录、浏览商品。

② 消费者选择要购买的商品。

③ 消费者填写订单，包括项目列表、价格、总价、运费、搬运费、税费。订单可通过电子方式从商家传过来，或由消费者的电子购物软件建立。

④ 消费者选择付款方式。此时 SET 开始介入。

⑤ 消费者发送给商家一个完整的订单及要求付款的指令。在 SET 中，订单和付款指令由消费者进行数字签名；同时，利用双重签名技术保证商家看不到消费者的账号信息。

⑥ 商家接受订单后，向消费者的金融机构请求支付认可。

⑦ 通过支付网关到银行，再到发卡机构确认，批准交易，然后返回确认信息给商家。

⑧ 商家发送订单确认信息给消费者。消费者端软件可记录交易日志，以备将来查询。

⑨ 商家给消费者装运货物或完成订购的服务。到此为止，一个购买过程已经结束。商家可以立即请求银行将钱从消费者的账号转移到商家账号，也可以等到某一时间，请求成批划账处理。

⑩ 商家从消费者的金融机构请求支付。在认证操作和支付操作中间一般会有一个时间间隔，例如，在每天的下班前请求银行结一天的账。

第①~③步与 SET 无关，从第④步开始 SET 起作用，一直到第⑨步。在处理过程中，通信协议、请求信息的格式、数据类型的定义等，SET 都有明确的规定。在操作的每一步，消费者、商家、支付网关都通过 CA 来验证通信主体的身份，以确保对方不是冒名顶替的。

2. SET 协议的核心技术

SET 协议中用到的核心技术均是在本章的前半部分介绍过的。

（1）采用 DES 算法的对称式密钥加密技术。对称式密钥加密技术是 SET 加密协议的基础。银行常采用 DES 算法来加密持卡人的个人识别号码。

（2）采用 RSA 算法的非对称式密钥加密技术。公开密钥加密技术是 SET 协议的核心。公开密钥加密技术解决了密钥的发布和管理问题，商户可以公开其公开密钥，而保留私有密钥。消费者可以用人尽皆知的公开密钥对发布的信息进行加密，安全地传给商户，然后由商户用自己的私有密钥进行解密。

（3）采用电子数字签名。按双方约定的 Hash 算法产生报文摘要值，用发送者的私人密钥加密产生数字签名。

（4）采用电子信封。发送者自动生成对称密钥，用来加密原文，将生成的密文连同密钥本身一起再用公开密钥传送出去，以解决每次传送更换密钥的问题。

SET 协议的信息加密传送过程综合了上述四种常见手段：

发送信息时，发送者用自己的私有密钥进行电子签名，再使用接收者的公开密钥制作电子信封，进行加密传送。

接收者执行相反的动作：用自己的私有加密密钥解密报文，揭开电子信封，然后用发送者的公开密钥核实报文签名。

SET 协议中，发送信息采用公开密钥技术，需要一对密钥；发送信息之前先用电子签名技术进行签名，又需要一对密钥。这两对密钥是完全不同的。

3. SET 协议的安全动态认证

SET 协议利用数字认证或电子签名来提供网上的授权和身份确认，数字认证同时提供给消费者和商家。这些数字认证通常出自银行或信用卡公司。它和普通的信用卡实时交易的方法一样，但 SET 是通过互联网来实施这一切的。这种安全系统的优势主要在于它严格的加密技术和认证程序，一旦交易过程发生，数字认证将被解密，并对每一份交易的标记进行匹配。如果这种匹配失败，交易将被拒绝。SET 会将这些被拒绝的交易记录在案，并定期检查，而这正是安全网络所必备的特点之一。

三、SSL 协议与 SET 协议的比较

SET 是一个多方的消息报文协议，定义了银行、商户、持卡人之间必需的报文规范，而 SSL 只是简单地在两个通信主体之间建立了一次安全连接；SSL 是面向连接的，而 SET 允许各方之间的报文交换不是实时的；SET 报文能够在银行内部网或者其他网络上传输，而 SSL 之上的支付系统只能与 Web 浏览器捆绑在一起。具体来说有以下几个方面区别：

（1）在认证方面，SET 的安全需求较高，因此所有参与 SET 交易的成员都必须先申请数字证书来识别身份；而在 SSL 中，只有商家端的服务器需要认证，客户认证则是有选择的。

（2）在安全性方面，一般公认 SET 的安全性高于 SSL。主要原因是在整个交易过程中，包括持卡人到商家、商家到支付网关再到银行，所有环节都受到严密保护；而 SSL 的安全范围仅限于持卡人到商家的信息交流。

一些商家正在考虑在与银行连接中使用 SET，而在与客户连接时仍然使用 SSL。这种方案既回避了在客户计算机上安装电子钱包软件，同时又获得了 SET 提供的很多好处。目前，大多数 SET 软件提供商在其产品中都提供了灵活构筑系统的手段。

（3）SET 协议较复杂，处理速度慢，且支持 SET 系统的费用较高。SET 和 SSL 都要求使用密码技术和算法，都要增加计算机系统的负载，但与 SSL 比较，SET 需要更强的处理能力；而使用 SSL 则较为便宜，它被大部分 Web 浏览器内置。

SET 还将引入除信用卡以外的结算方式，加上先进的加密算法，SET 有可能在未来的电子商务中扮演更为重要的角色。然而，SSL 由于简洁性及通用性，也会长期存在。

复习思考题

1. 电子商务有哪些安全控制要求？
2. 试述防火墙在网络安全中所起的作用。
3. 什么是数字证书？它包括哪些内容？
4. SET 协议中包含哪些参与方？他们是如何协同工作的？
5. SET 协议中应用了哪些加密技术？它们是如何工作的？
6. 试比较 SSL 协议与 SET 协议的工作原理。
7. 试说明一个完整的安全电子交易过程。

第七章

电子货币与网上支付

> **内容提要**
>
> ❶ 电子货币的类型和特点。
> ❷ 电子货币与传统货币的区别。
> ❸ 我国电子支付模式。
> ❹ 第三方支付模式的交易流程。
> ❺ 互联网金融的市场价值

随着互联网技术引入各行各业和电子商务的兴起,银行自 20 世纪末进入电子商务发展时期,并开始通过开放性的互联网提供网络银行服务,使银行从手工操作的传统银行演变为高度自动化和现代化的电子银行。电子银行通过电子传输的办法,向其客户提供全方位、全天候、高品质且安全的银行服务,从根本上改变了传统银行的业务模式和管理体制,建立了以信息为基础的自动化业务处理和以客户关系管理为核心的科学管理新模式。

由于银行处于社会经济活动中资金往来的中心,电子银行用电子货币支付方式取代了传统的手工凭证的传递与交换,大大加快了资金的周转速度。电子货币的发展为银行向客户提供便利、高效的金融服务创造了条件。

第一节 电子货币及其类型

一、电子货币概述

电子货币是电子商务活动的基础,人们只有在完整认识和建立可行的电子货币的基础上,才能真正开展电子商务活动。同时,电子货币系统也关系到国家金融体制、经济管理以及每个人的经济活动方式。

1. 电子货币的概念

电子货币简单地讲就是电子(或数字)形式的货币。换言之,货币的形式不再是纸

(纸币)和金属(硬币),而是电子载体中所包含的信息,即人们用计算机来储存货币和进行货币支付。

目前,关于电子货币还没有一个权威的定义。这里给出两个比较典型的定义:

定义1:电子货币是以金融电子化网络为基础,以商用电子化机具和各类交易卡为媒介,以电子计算机和通信技术为手段,以电子数据(二进制数据)的形式存储在银行的计算机系统中,并通过计算机网络系统以电子信息传递形式实现流通和支付功能的货币。

定义2:用一定金额的现金或存款从发行者处兑换并获得代表相同金额的数据,通过使用某些电子化方法将该数据直接转移给支付对象,从而能够清偿债务,则该数据本身即可称为电子货币。

2. 电子货币的作用

(1) 电子货币是电子商务的核心。电子货币是电子商务的核心,建立电子货币系统是发展电子商务的基础和保证。自从1995年10月美国率先建立世界上第一家网络银行——"安全第一网络银行"以来,许多国家都在发展电子货币结算系统,并考虑筹划设立国际性的网上交易电子货币结算中心,同时建立服务于网络银行的金融保险体系。

(2) 电子货币促进了经济发展。电子货币活跃和繁荣了商业,为零售业提供了商机。随着电子货币在日常生活领域的普及和作用范围的不断扩大,网络上的电子商务蓬勃发展,零售业的经营范围已无地域限制,以往无法涉足地域的消费者通过网络即可成为商家的交易对象。

电子货币刺激了消费,扩大了需求。使用电子货币可以在互联网上完成结算,对商家而言,瞬间即可低成本地收回货款,因此可以放心地给顾客发送商品;对顾客而言,省略了烦琐的支付手段,可以轻松地购物,因此刺激了人们的消费欲望,扩大了社会需求。

(3) 电子货币降低银行业的经营成本。电子货币对降低银行业的相关业务经营成本乃至对整个金融业的经营有着决定性的影响。电子货币本身以"数据"的形式存在,更适合高效的信息管理系统处理,因而效率更高、成本更低。

(4) 电子货币促进了整个金融业的经营创新。首先,电子货币促进了电子商务的创新,特别是与多媒体相关的信息、软件、计算机行业营销结构的创新。在接受电子货币的瞬间,销售者通过计算机终端直接授信,即可将信息或软件商品从网上传递给顾客,使商品流通的成本剧减甚至接近零,为商家促销提供了条件。

其次,电子货币促进了信息商品营销方式的创新,出现了信息内容销售的新形式,使可零售的信息内容细分化、计价单位小额化。以电子货币为基础的电子商务的发展,为商业企业与市场竞争提供了便利条件,使不同的企业之间突破了传统的经营模式和业务领域,刺激和加剧了行业竞争,从而促使企业为市场提供价廉质优的商品,提高服务质量。

3. 电子货币的发展

电子货币起源于银行卡。世界上最早的银行卡是美国富兰克林国民银行于1952年发行的信用卡。此后,美洲银行从1958年开始发行"美洲银行信用卡",并吸收中小银行参加联营,发展成为今天的VISA集团。美国西部各州银行组成联合银行卡协会,于1966年发行"万事达信用卡",发展成为今天的万事达集团(Master Card)。我国首张银行信用卡是1985年出现的珠江卡(中国银行珠江分行发行)。1986年,中国银行北京分行开始发行"长城卡"，随后，中国工商银行、中国人民建设银行、中国农业银行等也相继发行了自己的银行卡。

美国早在 1981 年就建立了专用的资金传送网，后经多次改进，于 1982 年组建了电子资金传输系统。随后，英国和德国也相继研制了自己的电子资金传输系统，使非现金结算自动处理系统具有相当的规模。银行信用卡和电子资金传输系统是电子货币赖以生存的基础，随着无现金、无凭证结算的实现，电子货币获得了快速发展。

电子货币是在传统货币基础上发展起来的，与传统货币的本质、职能及作用等方面存在着许多共同之处。例如，电子货币与传统货币的本质都是固定充当一般等价物的特殊商品，这种特殊商品体现着一定的社会生产关系，二者同时具有价值尺度、流通手段、支付手段、储藏手段和世界货币五种职能；它们对商品价值都有反映作用，对商品交换都有媒介作用，对商品流通都有调节作用。

近年来，随着互联网的发展，网上金融服务在世界范围内开展。网上金融服务可满足人们的各种需要，包括网上消费、网上银行、个人理财、网上投资交易、网上炒股等。这些金融服务的特点是通过电子货币进行及时的电子支付与结算。互联网上的电子货币系统包括信用卡系统、电子支票系统和数字现金系统等。

4. 电子货币的特征

电子货币的主要特征表现在以下五个方面：通用性、安全性、可控性、依附性和起点高。通用性是指电子货币在使用和结算中简便、不受金额限制、不受对象限制、不受区域限制，且使用极为便捷；安全性是指电子货币在流通过程中对风险的排斥性；可控性是指通过必要的管理手段，将电子货币的流向和流量控制在一定的范围内，从而保证电子货币正常流通；依附性是指电子货币依附于科技进步和经济发展；起点高是指电子货币的经济基础、科技水平及理论知识起点高。

5. 电子货币与传统货币的区别

（1）两者所占有的空间不同。传统货币面值有限，大量的货币必然要占据较大的空间；而电子货币所占空间很小，其体积几乎可以忽略不计，一张智能卡或者一台计算机可以存储几乎无限金额的电子货币。

（2）传递渠道不同。传统货币传递花费的时间长，风险也较大，需要采取一定的防范措施，较大数额传统货币的传递甚至需要组织人员押运；而电子货币可以在短时间内进行远距离传递，借助电话线、互联网在瞬间内传递到世界各地，且风险较小。

（3）计算所需的时间不同。传统货币的清点、计算需要花费较多的时间和人力，直接影响交易的速度；而电子货币的计算在较短时间内就可以利用计算机完成，大大提高了交易速度。

（4）匿名程度不同。传统货币的匿名性相对来说比较强，这也是传统货币可以无限制流通的原因，但传统货币都印有钞票号码，同时，传统货币总离不开面对面的交易，这极大限度地限制了其匿名性；而电子货币的匿名性要比传统货币强，主要原因是加密技术的采用以及电子货币便利的远距离传输。

（5）发放货币的机构不同。传统货币是由国家发放的，其他机构无权发放货币，这是政府的一种行为。电子货币是由金融机构发放的，是市场的一种行为。

二、电子货币的类型

1. 银行卡

(1) 银行卡的产生和发展。随着商品交易的规模、金额和频度的增大,仅采用现金现场支付和支票支付等传统支付方式,已经不能适应现代商品交易快速发展的要求。为解决这个问题,一些商户于 19 世纪末和 20 世纪初自行设计和使用各种结算卡,开始了支付手段的变革。

1) 银行卡的产生背景。美国西部的一些酒店老板最早推出一种只能定点使用的结算卡。持这种卡的客人,可以先用餐,以后定期付款。这种卡的使用使酒店和客人都很方便,于是这种支付方式很快受到广大群众的欢迎,酒店的生意也变得格外兴隆。于是,零售商、石油公司和旅游娱乐业等纷纷仿效,为其稳定的客户发放各种早期的信用卡,用这种卡可以赊购商品、定期付款。由于这种方便买卖双方的支付方式促进了销售,这种早期的信用卡获得了快速发展。

20 世纪 40 年代,一些旅游娱乐信用卡已开始跨地区使用,同时开始由银行统一发行和管理。银行作为买卖双方之外的第三方发行信用卡,使信用卡由原来仅限于买卖双方的信用工具,发展成为一种银行的信贷方式。这不仅促使信用卡的使用范围和地区扩大,也使信用卡的信誉得到提升。

到 20 世纪 60 年代,信用卡在发达国家迅速发展,成为一种普遍的支付方式。据统计,美国在 20 世纪 80 年代初,收入 1 万美元的家庭中 70% 以上持有 VISA 卡或万事达卡,总持卡数约为 1.2 亿张,平均每个家庭拥有 1.5 张信用卡,1980 年使用信用卡的交易超过 12.5 亿次。当时,世界上其他国家还有 1.8 亿张在用信用卡。因此,至 20 世纪 80 年代初,信用卡已经在发达国家得到普及。

在发展信用卡的同时,银行又相继推出借记卡、复合卡、现金卡等新的金融交易卡。这些由银行发行的金融交易卡统称银行卡。当今的银行卡已成为启动电子银行系统的一种必备工具,是电子支付系统中的一个重要组成部分。银行卡的推广及应用,大大推动了电子支付(EFT)系统和后来的电子银行的建立和发展,进而促进了商品经济的发展,促进了社会信息化的进程,也推动了全球经济一体化和全球金融一体化的进程。目前,银行卡正在向多功能卡方向发展。

2) 国际信用卡组织的发展。VISA 国际和万事达国际是两个最出名的国际性信用卡组织,它们在世界各地积极推广其 ATM 和 POS 转账服务,以建立它们全球性的 ATM 服务和 EFT/POS 服务。在美国,除了上述两种卡以外,运通卡(American Express)和大来卡(Diners Club Card)的使用也非常普遍。一家美国的银行要推行自己的银行卡服务项目,通常都必须先参加上述各大信用卡组织之一。其他国家和地区在建立自己的 EFT 系统时,一般也不能把上述国际卡排除在外。

(2) 银行卡的种类。银行卡也称为金融交易卡,是由商业银行(含邮政金融机构)向社会发行的具有消费信用、转账结算、存取现金等全部或部分功能的信用支付工具,也是客户用以启动 ATM 系统和 POS 系统等电子银行系统,进行各种金融交易的必备工具。银行卡可分为信用卡(Credit Card)、借记卡(Debit Card)、复合卡(Combination Card)和现金卡

(Cash Card) 四种。

1) 信用卡。如前所述，最早发行的银行卡是信用卡，也称为贷记卡，是银行向金融上可信赖的客户提供无抵押的短期周转信贷的一种手段。发卡银行根据客户的资信等级，给信用卡的持卡人规定一个信用额度，信用卡的持卡人就可在任何特约商店先消费后还款，也可在 ATM 上预支现金。依照信用等级的不同，信用卡又可分为普通卡、金卡、白金卡等多种类型。

2) 借记卡。在信用卡的基础上，银行又推出了借记卡。借记卡的持卡人必须在发卡行有存款，持卡人在特约商店消费后，通过电子银行系统，直接将在银行中的存款划拨到商店的账户上。除了用于消费外，借记卡还可在 ATM 系统中用于取现。依据借记卡的使用功能，借记卡还可有多种类型，如专用于转账的转账卡、用于特定用途的专用卡等。

信用卡和借记卡是两种性质完全不同的银行卡，其消费后的账务处理办法也不一样，必须严加区分。

3) 复合卡。为方便客户，银行还发行一种兼具信用卡和借记卡两种银行卡性质的银行卡，称为复合卡，我国称为准贷记卡。复合卡的持卡人必须事先在发卡银行交存一定金额的备用金，持卡人持卡消费或取现后，银行即做扣账操作；同时，发卡银行也可对这种持卡人提供适当的无抵押周转信贷。因此，持卡人在用复合卡消费过程中，当备用金账户余额不足时，可以在发卡行规定的信用额内适当透支。

4) 现金卡。现金卡与前述的信用卡、借记卡和复合卡不同，在现金卡内记录有持卡人持卡消费后，商户直接从现金卡内扣除的消费金额，这样，现金卡内的现金数也就相应减少了。因此，现金卡同现金一样，可直接用于支付，不同的是现金卡内的货币是电子货币。

银行卡除了以上分类外，还有其他分类方法。例如，银行卡按使用币种，可分为本币卡和外币卡；按发行对象，可分为个人卡、商务卡、政府卡等；按持有者的身份，可分为主卡和附属卡。此外，银行还可与其他合作机构联合发行银行卡，称为联名卡。银行卡按信息载体分类，可分为塑料卡、磁卡、集成电路卡和激光卡，这也代表了银行卡的介质所经历的四个发展阶段。此外，还有一种在磁卡中内藏 IC 芯片的复合介质卡。

(3) 银行卡的应用领域。目前，银行卡向多功能方向发展。银行发行的金融交易卡，在金融界主要用于与电子银行系统有关的作业处理，包括无现金购物、启动 ATM 系统、企业银行联机、家庭银行联机、网上电子商务活动、银行柜台交易和个人资产管理等。

1) 无现金购物。使用银行卡可通过 EFT/POS 系统进行购物。近代的 EFT/POS 系统一般都提供立即转账和信用挂账两种方式购物。因此，客户既可用借记卡购物，立即转账，也可用信用卡购物，做挂账处理。

2) 启动 ATM 系统。CD/ATM 通常都处于等待服务状态，当持卡人插入银行卡后，立即启动 CD/ATM，使之进入服务状态。持卡人可用借记卡在 CD/ATM 上进行存取款、转账和查询等作业，也可用信用卡预支现金。

3) 企业银行联机。企业的计算机同银行主机系统联机后，就可用本单位内部的终端同银行进行日常的银行业务交易。为此，企业要事先申领银行卡，建立相应账户后，才能启动联机系统。

4) 家庭银行联机。家庭银行系统是个人在家里通过 PC 和拨号网络来同银行主机联机，启动交易，并进行查询或转账等交易。做这些交易前，客户需事先申领银行卡，建立相应账户，才能启动家庭银行联机系统。

5）网上电子商务活动。客户通过互联网进行电子商务活动（包括进行金融交易），要通过相应的银行卡账户才能完成电子转账工作。例如，我国招商银行的网上支付服务，包括"网上购物"和"网上付费"两项内容，客户可用其银行卡账户中的资金进行网上购物，在网上交纳各种费用。

6）银行柜台交易。持卡人可持卡到银行营业部的柜台进行金融交易。

7）个人资产管理。银行卡用于个人资产管理时，需在 IC 卡上存储与个人资产有关的各种数据，以便能提供有关资产管理方面的咨询服务，协助持卡人对其资产做有效的管理和进行有效的投资。例如，日本某银行发行的"财产管理系统——银行卡"（IC 卡），可将个人的姓名、生日、个人识别码（PIN）、各种资产和贷款数据存入其中，并提供有关资产运用的软件。通过运行资产运用软件，客户可有效地管理个人资产。

（4）银行卡对银行和社会发展的影响。随着银行卡应用的推广和普及，它对银行本身和社会都产生了深远的影响。

1）促进社会商品的生产和产品的流通。银行卡的推广和普及，使越来越多的商品交易由现金和支票支付转向电子支付，从这种意义上讲，银行卡是典型的电子货币。电子货币的转账速度大大快于各种纸质票据的流通速度，对促进社会的商品生产和流通做出巨大的贡献。

2）改变人们的金融习惯和社会的支付体制。传统的金融习惯是使用纸币，推广银行卡后改用电子货币，这必然使人们的思想观念发生改变。人们经过相当一段时间的实践，会逐渐适应从纸币到电子货币这种改变。

银行卡也深刻地改变着社会的支付体制。以前的支付体制主要是以现金和其他纸质票据作为支付工具；新的支付体制是以电子货币为媒介，进行直接转账或信用挂账处理。这也将促使银行乃至整个社会进行相应的体制改革。

3）推动银行实现电子化。银行卡的推出，促使银行建立各种电子资金转账系统，特别是建立使用银行卡的自助银行系统。从银行卡开始发展起来的现代化电子银行业务，深入到商品生产和流通的各个领域，深入到社会的各个角落。这不仅促使银行开发出大量的新业务，吸引更多的客户，获得新的收益，加强了银行传统的信用中介作用，还使现代化的银行肩负更重要的使命，即逐步成为整个社会经济信息的收集、处理和服务中心。这种变化对银行的职能、体制、业务重点和收入结构，已经产生并将继续产生深远的影响，此外，还必将大大提升银行在国民经济中的作用和地位。

2．电子现金

电子现金（Electronic Cash）又称为数字现金，是纸币现金的数字化形式。广义的电子现金是指那些以数字（电子）形式存储的货币，它可以直接用于电子购物。这里定义的电子现金是指狭义的电子现金，通常是指一种以数字（电子）形式存储并流通的货币，它通过把用户银行账户中的资金转换成为一系列的加密序列数，通过这些序列数来表示现实中的各种金额。用户通过这些加密序列数就可以在互联网上允许接受电子现金的商店中购物了。

电子现金兼有纸制现金和数字化的优势，具有安全、匿名方便、成本低的特点。具体表现在以下几个方面：

（1）安全性。随着高性能彩色复印技术和伪造技术的发展，纸币的伪造变得更容易了。而电子现金是高科技发展的产物，它融合现代密码技术，提供加密、认证、授权等机制，仅限于合法人员使用，能够避免重复使用，因此防卫能力强。纸币有遗失、被偷窃的风险，而电子现金没有介质，不用携带，没有此类风险。

（2）匿名性。现金交易具有一定的匿名性和不可跟踪性。而电子现金由于运用了数字签名、认证等技术，也确保了它实现支付交易时的匿名性和不可跟踪性，保护了交易双方的隐私权。

（3）方便性。纸币支付必须定时、定点。而电子现金完全脱离实物载体，既不用纸张、磁卡，也不用智能卡，使用户在支付过程中不受时间、地点的限制，使用更加方便。

（4）成本低。纸币的交易费用与交易金额成正比，随着交易量的不断增加，纸币的发行成本、运输成本、交易成本越来越高。而电子现金的发行成本、交易成本都比较低，而且没有运输成本。

电子现金以其方便、灵活的特点可以用于互联网上的小额消费结算，如购买互联网上的即时新闻、软件租用、网上游戏、互联网电话，甚至一篇文章、一首歌曲或一张图片等。

3. 电子支票

（1）电子支票简介。在信用卡和电子现金作为网上支付的手段逐渐流行起来的时候，金融服务技术公司（FSTC）和 CyberCash 推出了可以使网上支付直接使用电子支票进行网上支付的系统。传统的纸质支票主要是向银行发送一个通知，将资金从自己的账户转到别人的账户。这个通知一般是先给资金的接收者，资金的接收者必须到银行去进行转账。转账以后，注销了的支票会再返回签发者手里，作为支付的凭证。而电子支票是一种利用数字传递将资金从一个账户转到另一个账户的电子支付形式。它的支付是在与商户及银行相连的网络上以密码方式传递的，用公用关键字加密签名或个人身份证号码代替手写签名。采用电子支票支付方式，处理费用较低，而且银行能为商户提供标准化的资金信息，很有效率。

电子支票的一般样本如图 7-1 所示，包括：①使用者的姓名和地址；②支票号；③传送路由号（9 位）；④账号。⊖

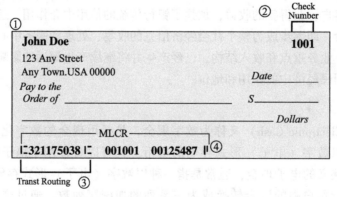

图 7-1 电子支票的一般样本示意图

⊖ 李蔚田，杨雪，杨丽娜. 网络金融与电子支付 [M]. 北京：北京大学出版社，2009.

(2) 从传统支票到电子支票。传统支票是一种基于纸介质的支票，它作为一种传统的支付方式在企业与企业之间的交易中被广泛采用，通常适用于金额比较大的交易。使用时客户填写支票，签字盖章后将支票交给收款人，收款人背书后提交给收款人银行，收款人银行和付款人银行通过票据清算中心进行资金清算。可见，传统支票在使用时要涉及付款人、收款人、银行和票据清算中心。在以往的处理方式下，传统支票的处理、兑换速度较慢，一般一张支票的处理时间为 2~3 天，处理成本较高，占用大量的人力、物力以及大量的在途资金；而随着高性能彩色复印技术和伪造技术的发展，支票的伪造变得更容易了。

随着电子商务的迅猛发展，全球电子商务交易额出现了逐年递增的趋势，在通过电子商务所形成的资金流中，B2B 方式占 80%。由于 B2B 交易涉及金额较大，需要一种新的支付模式与之相适应，因而电子支票就成为实现 B2B 网上交易的有效支付手段。

电子支票和传统的支票形式几乎有着同样的功能。比如，其内容同样有支票支付人的账户名、支付人的金融机构名称与账号、被支付人账户名、被支付人的金融机构名称与账号、支票金额等。不同于传统的是，支票手工签名，电子支票需要经过数字签名，被支付人数字签名背书，使用数字凭证确认支付者/被支付者的身份、支付银行以及账户。从伪造签名的角度来说，伪造一个电子支票签名远远比伪造一个传统的支票签名的难度大，所以其安全度相对比较高。

广义的电子支票是纸质支票的电子替代物，是客户向收款人签发的、无条件的数字化支付指令。它往往通过金融网传递支票信息，加快支票解付速度，缩短资金的在途时间，降低成本，提高效益。狭义的电子支票是指基于互联网的用于发出支付和处理支付的网上服务工具。这里主要讨论的是狭义的电子支票。目前，典型的电子支票系统有金融服务技术财团（The Financial Services Technology Consortium，FSTC）的电子支票系统、BIPS、E-check、NetBill、NetCheque 等。

FSTC 电子支票支付的基本流程如图 7-2 所示。

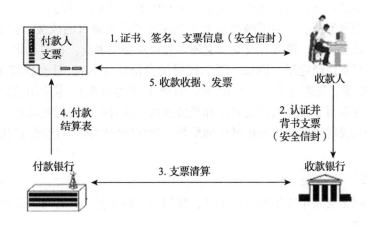

图 7-2 FSTC 电子支票支付的基本流程

如图 7-3 所示是一个 BIPS 运作模式的概念图。

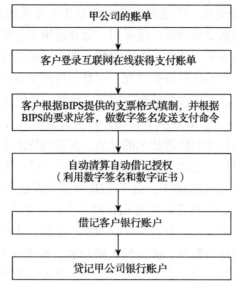

图 7-3 BIPS 运作模式

4. 智能卡[一]

智能卡又称 IC 卡，于法国问世。1974 年，法国工程师罗兰德·莫瑞诺（Roland Moreno）第一次将可进行编程设置的 IC（Integrated Circuit）芯片放于卡片中，使卡片具有更多的功能。经过 20 多年的发展，真正意义上的智能卡，即在塑料卡上安装嵌入式微控制器芯片的 IC 卡，由摩托罗拉和 Bull HN 公司于 1997 年研制成功。

在美国，人们更多地使用 ATM 卡。智能卡与 ATM 卡的区别在于，两者分别是通过嵌入式芯片和磁条来储存信息的。但由于智能卡存储信息量较大，存储信息的范围较广，安全性也较好，因而逐渐引起人们的重视。2001 年，美国智能卡使用占全球的比例增加到 20%。2000 年，美国纽约 Jupiter 通信公司公布的一份报告称，美国联网商业的营业额达 73 亿美元，其中几乎一半的金额是用智能卡、电子现金和电子支票来支付的。

随着信息化建设的开展，中国国家金卡工程取得了令人瞩目的成绩，目前 IC 卡已在我国金融、电信、社会保障、税务、公安、交通、建设及公用事业、石油石化、组织机构代码管理等许多领域得到广泛应用。例如，第二代居民身份证（卡）、社会保障 IC 卡、城市交通 IC 卡、电话 IC 卡、三表（水电气）IC 卡、消费 IC 卡等行业 IC 卡应用已经渗透到百姓生活的方方面面，并取得了较好的社会效益和经济效益。这对提高各行业及地方政府的现代化管理水平，改变人民的生活模式和提高生活质量，推动国民经济和社会信息化进程发挥了重要作用。

5. 电子钱包[二]

电子钱包是网上交易中应用的支付工具，常用于小额支付，具有与人们现实生活中使用的钱包相似的功能。

[一] 卢金钟，雅玲. 电子商务概论［M］. 北京：清华大学出版社，2017.
[二] 郑丽，刘宇涵. 电子商务概论［M］. 北京：清华大学出版社，2019.

(1) 电子钱包的概念。电子钱包实际上是一种应用软件。用户可以把各种电子现金、电子银行卡上的信息输入到电子钱包内，在网上购物时，只要打开电子钱包，就可以用选中的支付工具进行支付。

在使用电子钱包前，需要先下载由网上银行免费提供的应用软件，安装在客户端。

电子钱包具有管理各种电子支付工具、进行网上支付、储存交易记录、查询电子货币余额等功能。

(2) 电子钱包的特点

1) 安全性高。电子钱包用户的个人资料存储在服务器端，不在个人计算机上存储任何资料，从而降低了资料被窃取的风险。

2) 方便。由于用户的个人资料存储在服务器端，当用户出差在外时，不用携带电子钱包资料，即可进行网上支付。

3) 快捷。电子钱包内设有众多商户站点链接，用户可以通过链接直接进入商户站点进行网上购物。

4) 灵活。电子钱包适用于网上小额支付。

目前世界上有 VISA Cash 和 Mondex 两大电子钱包服务系统，其他还有 IBM 的 Commerce POINT Wallet 软件和惠普的 Vwallet 电子支付应用软件等。

第二节　电子支付与清算体系

一、支付与支付清算

只要有交易发生，必然引起资金流流动，而资金流的流动具体体现为商务伙伴之间的支付与结算活动，也是电子商务活动流程中最为关键的组成部分。

1. 支付、清算与结算的含义

支付是指为清偿商品交换或劳务活动引起的债权债务关系，将资金从付款人账户转移到收款人账户的过程。清算是指按一定的规则和制度安排对经济活动中形成的多重债权债务关系结清的过程。结算是指将清算过程中产生的待结算债权债务，在收付款人金融机构之间进行账务处理、账簿记录，以完成资金最终转移的过程。

支付源于交换主体之间的经济交换活动，但由于银行信用中介的介入，最终演化成为银行与客户之间、客户开户行之间的资金收付关系。而银行之间的资金收付交易，又必须通过中央银行的资金清算过程计算出众多收付方的多重债务关系，而结清最终债务关系的结果就叫结算。

银行处于社会经济活动中资金往来的中心，其中银行与客户之间的支付是银行向客户提供的一种金融服务，是整个支付活动的基础。银行的业务系统要结清经济活动中的各种债权债务关系，必然要通过清算制度的安排，才可能在最短的时间内进行最终结算，以结清银行客户之间由于收付款产生的复杂债务关系。因此，有时也把银行的支付系统称为清算系统。

实际上对银行来说，支付与清算是两个无法完全区分的概念，支付系统与清算系统是两个无法分开的系统。

2. 支付与清算的过程

商品交易时的支付与清算过程如图7-4所示。

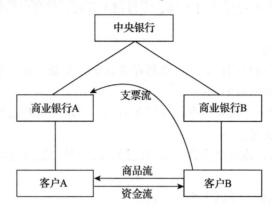

图7-4　商品交易时的支付与清算过程

如果客户A和客户B在不同的商业银行开户，客户A向客户B购买商品，用支票支付。那么，由A、B双方进行商品交易而引发的全部支付过程将在两个层次上进行：低层次是面向客户的，银行与客户之间的支付与结算；高层次是面向往来银行的，中央银行与各商业银行之间的支付与清算。整个支付过程始于客户B到商业银行A的支票流，然后商业银行A将客户A账户中的资金拨付到客户B在商业银行的账户中，从而完成该笔交易的资金支付。

支付过程的复杂程度随着支付双方开户银行之间的关系不同而异。如果支付双方的开户银行是同一银行或是同一银行下属的两个分行，则该银行自己就能完成全部支付过程；如果支付的双方开户银行是本地的两个不同银行，则需要通过中央银行的同城资金清算才能完成；若是异地的两个银行，则需要通过中央银行的异地资金清算才能完成支付过程；若支付双方银行是隶属于不同国家的银行，则是国际支付，需要经过同业的多重转手才能完成支付过程。

二、我国的电子支付模式

根据我国目前电子支付运营主体的区别，我国的电子支付模式主要有三种：银行的电子支付、第三方支付平台，以及以电信运营商为主体的电子支付。

(1) 银行的电子支付。银行实施的电子支付主要有两种形式：网上银行和基于安全电子交易协议用于网上购物的电子支付。由于我国目前没有统一的电子支付协议，使用某一银行网上支付工具的用户只能购买与该银行签约的特约商户的商品和服务，而无法直接实现跨行的电子支付。例如，中国银行的SET应用只能在其网上商城（中银电子商城）或支持SET标准的支付协议的商家使用；招商银行的一网通同样如此。实现跨行的电子支付要借助于网上银行或者第三方支付平台。

(2) 第三方支付平台。目前我国银行网上支付"各自为战"，自我运营的第三方支付平台通过自身与商户及银行之间的桥接完成支付中介的功能，同时有的支付平台又充当信用中介，为客户提供账号，进行交易资金代管，由其完成客户与商家的支付后，定期统一与银行结算。第三方支付既有以支付宝和财付通为代表的非独立第三方支付平台，也有以信易支付、环讯支付以及快钱为代表的独立第三方支付平台。目前，第三方支付企业以客户服务为中心，逐渐建立起多样化的支付方式，大大方便了用户的电子支付。

(3) 以电信运营商为主体的电子支付。以电信运营商为主体的电子支付模式，除了用于手机缴费以外，也可以通过手机号与手机用户的银行卡绑定，提供类似电子钱包的功能，实现电子支付。目前，国内此类电子支付模式提供的业务种类还比较少，主要包括各种 SP 代收费以及购买彩票、保险、水、电等公共事业服务，交易金额相对要小一些，联动优势在这一种支付模式中具有典型的代表性。

三、我国的支付清算与结算服务

电子支付直接服务于电子商务的交易，但支付的完成则依赖于银行支付清算与结算体系的完善。2005 年 6 月，中国人民银行建成支付清算网络体系，覆盖了所有的支付工具，提供了社会资金快速流动的重要渠道，成为中央银行制定货币政策、救助问题金融机构、充当最后贷款人角色的必要支撑。

1. 支付结算体系概述

(1) 我国支付结算体系的构成与核心。我国支付结算体系可分为五个部分，即支付结算法规体系、支付服务组织体系、支付工具体系、支付清算网络体系和支付结算管理体系。这五个组成部分是密不可分的有机整体。支付结算法规和支付结算管理是支付体系正常运行的重要保障，支付服务组织提供的清算服务必须以支付工具和清算系统为依托，结算工具的应用离不开支付清算系统的支撑，五个部分缺一不可。

支付清算系统是支付结算体系的核心。以大额支付系统在全国建成并取代电子联行系统为标志，目前我国已经初步建成以中国人民银行现代化支付系统为核心、以银行业务金融机构行内支付系统为基础、以票据支付系统和银行卡支付系统为重要组成部分的支付清算网络体系。

(2) 我国支付清算系统的内涵。我国目前的支付清算包括央行和国有商业银行两大类系统、三条支付清算渠道，基本上是中国人民银行直接经营、四大国有银行垄断的模式。第一条渠道：央行支付清算系统，包括2000多家同城清算所、全国手工联行系统和全国电子联行系统（现由大额支付系统取代）；第二条渠道：国有商业银行联行往来系统及其辖内（内部）往来系统，大约2/3的异地支付是通过这些系统进行清算的；第三条渠道：商业银行同业之间的异地跨系统资金划转。这种支付清算体系的缺点是支付清算系统与货币经营系统混合，占用了企业的资金，限制了银行的贷款规模和支付清算能力，导致信用膨胀和金融风险在银行体系中不断累积。2010 年 6 月 14 日，中国人民银行颁布了《非金融机构支付服务管理办法》，明确了对非金融机构支付服务实行业务许可制度，并规定了准入条件、责任与义务。

2. 我国的支付清算体系

支付清算系统是由提供支付服务的中介机构、管理货币转移的法规、实现支付的技术手段组成的整体，用以偿清经济活动参与者在获取实物资产或金融资产时所承担的债务和资金的划拨。我国的支付清算体系适应我国现行的银行体制，对加快资金周转、提高支付清算效率、促进国民经济健康平稳发展发挥着越来越重要的作用。我国目前存在的支付清算系统主要有以下几种类型：

（1）票据交换系统。票据交换系统是我国支付清算体系的重要组成部分。从行政划分上看，我国票据交换所有两种：地市内的票据交换所和跨地市的区域性票据交换所。通常将地市内的票据清算称为"同城清算"，跨地市的清算称为"异地清算"。

同城票据交换是指同一城市金融机构同业间在指定的场所交换相互代收的业务结算凭证，并对由此引起的资金往来进行清算的一种方式。这是为适应大中城市金融机构众多、相互之间资金往来频繁的情况而设立的一种交换票据、清算资金的方法。

票据交换所是由中央银行拥有和运行的，目前我国共有区域性票据交换所18个，城市票据交换所300多个，县城票据交换所2000多个。全部同城跨行支付交易和大部分同城行内支付业务都经由同城清算所在商业银行之间进行跨行清算，而跨地域的支付则交跨地市的票据交换所进行"异地清算"。

为了提高同城清算的电子化程度，业务量大的票据交换所采用票据清分机；通信发达的地区建立电子资金转账系统，由数据通信网传送支付数据；通信不发达的地区可以采用磁介质交换支付数据。我国第一个票据清分系统于1990年在广州建立，1998年8月北京同城票据自动清分系统投入使用，成为我国最大规模的票据清分中心之一。目前50%以上的支付业务量（包括行内和跨行支付在内的）都是经过票据交换系统处理的，所以票据交换系统在中国支付体系中的重要性不言而喻。

（2）全国手工联行系统。中国人民银行和四大国有商业银行都有自己的全国手工联行系统，对于异地纸质凭证支付交易的处理采用所谓"先横后直"（即先跨行后行内）的处理方式。在这种意义上，只存在同城跨行系统和异地行内系统。1996年后，四大国有商业银行全都以全国电子资金汇兑系统代替了原来的手工联行系统，但是，中国人民银行依然运行着自己的手工联行系统，用以处理跨行纸质凭证异地支付交易以及中国人民银行分/支行之间的资金划拨。

中国人民银行的全国手工联行系统分全国、省、县三级，是三级联行系统。业务处理内容包括以下三个部分：

1）支付凭证的交换。一般通过信汇或电汇在发起行和接收行之间直接进行交换。

2）资金结算。发起行和接收行根据支付项目的联行清算范围，将支付总金额记到相应账户。

3）对账监督。每天每个分/支行向其上级机构报告往来账发生额，以便管辖行实施对账监督，并计算联行往来汇差（净额结算金额）。当汇差超过规定金额时，才借记分行头寸。

由于手工联行的票据传递和处理速度慢，造成大量在途资金，因而逐渐被电子联行系统所取代。

（3）全国电子联行系统。全国电子联行系统是基于卫星通信网络，覆盖全国范围的电子资金汇划系统，由中国人民银行清算总中心开发，通过联合各商业银行设立的国家金融清算总中心和在各地设立的资金清算分中心运行，是中国人民银行处理异地清算业务的行间处理系统。商业银行受理异地汇划业务后，汇出、汇入资金通过此系统由中国人民银行当即清算。全国电子联行清算系统承担了全国各银行之间支付和清算的重要职能，为异地银行间资金汇划提供了方便快速的通道。

全国电子联行系统于1989年开始建设，自1991年在七个城市正式运行后，发展到拥有两个卫星主站和646个地面卫星小站，开通运行2000多个电子联行收发站，覆盖全国所有的地市级以上城市和1000多个经济发达的县，电子联行的业务量也随着通汇城市、通汇网点的增加而迅速增长。

但由于电子联行系统功能比较单一、汇划速度较慢，已不能适应经济金融发展和新形势的要求，为了更好地发挥中央银行的职能作用，改进金融服务，促进社会主义市场经济的发展，全国电子联行系统于2005年6月底被大额支付系统所取代。但该系统仍是迄今为止中国人民银行稳定运行时间最长的电子支付系统。

(4) 中国现代化支付系统。该项目的总体设计始于1991年，1996年11月进入工程实施阶段，2002年10月8日，该系统正式在中国人民银行清算总中心上线运行。

中国现代化支付系统主要提供跨行、跨地区的金融支付清算服务，能有效支持公开市场操作、债券交易、同业拆借、外汇交易等金融市场的资金清算，并将银行卡信息交换系统、同城票据交换所等其他系统的资金清算统一纳入支付系统处理，是中国人民银行发挥中央银行作为最终清算者和金融市场监督管理者的职能作用的金融交易和信息管理决策系统。中国现代支付系统由大额实时支付系统和小额批量系统两个系统组成。大额实时支付系统实行逐笔实时处理支付指令，全额清算资金，旨在为各银行和广大企事业单位及金融市场提供快速、安全、可靠的支付清算服务；小额批量支付系统实行批量发送支付指令，轧差净额清算资金，旨在为社会提供低成本、大业务量的支付清算服务，支撑各种支付业务，满足社会各种经济活动的需求。

中国人民银行的大额实时支付系统连接1500多家直接参与者、6万多家间接参与者，日均处理支付清算业务近60万笔，日均处理金额达1亿万元人民币。2006年，大额实时支付系统共处理支付清算业务14181万笔，金额为2575363亿元人民币，占支付系统业务量的3.7%和46.6%。2006年，小额批量支付系统共处理支付清算业务3336万笔，金额为21552亿元人民币。

(5) 银行卡支付系统。银行卡支付系统是指全国银行卡跨行信息交换网络系统，全国银行卡信息交换中心于1998年年底投入运行。银行卡支付系统通常由客户所持有的系统访问工具即银行卡、ATM和POS系统及其单独的支付清算系统构成。通过银行卡支付系统，可以实现银行卡全国范围内的联网通用。为了加速我国银行卡事业的发展，2002年成立了中国银联股份有限公司，负责建设、管理和运行全国银行卡跨行交易处理系统，目前已在全国各地推广普及全国统一的"银联"标识卡，实现各商业银行发行的"银联"标识卡在我国各省主要城市内和城市间跨地区、跨银行通用，极大地推动了我国银行卡的普及和迅速发展。

2019年4月28日，中国银联发布《中国银行卡产业发展报告（2019）》。报告显示，2018年银联网络转接交易金额占全球银行卡清算市场份额进一步提高，并继续保持全球第一。同时，银行卡发卡和受理规模进一步扩大，银联卡全球发行累计超过75.9亿张，银联卡全球受理网络已延伸到174个国家和地区，覆盖超过5370万家商户和286万台ATM，用卡增值服务不断丰富。

银行卡支付系统面向的是广大消费者，业务笔数占的比例较大，金额数目占的比例却很小。

（6）中国邮政支付系统。中国邮政支付系统在个人消费者支付汇款中发挥了十分重要的作用。邮政局提供信汇和电报汇款的方式，主要面向消费者个人客户。汇款人通常要携带现金到附近邮政局办理汇款手续，收款邮政局通知收款人到指定邮政局取款。邮政局还开办了邮政储蓄业务，客户可以从其邮政储蓄账户汇出或汇入资金。各邮政局之间的资金结算是通过开设在中国人民银行的特殊账户来实现的。

第三节　第三方支付

第三方支付出现的最初目的是解决在电子商务小额支付情形下交易双方因开户银行不一致而造成的款项转账不便的问题。我国首批第三方支付企业在 2000 年前后开始出现。早期的第三方支付服务提供商有首信易支付、银联电子支付、云网、上海环讯 IPS 等，主要为用户提供银行接口服务。第三方支付概念和支付流程，正成为引导网络消费走上健康发展的轨道、促进我国网上支付不断完善和发展的主要途径和必然趋势。

一、第三方支付概述

1. 第三方支付的定义

第三方支付是解决电子商务瓶颈——网上支付信用与安全问题的一个新模式。目前，第三方支付并没有一个权威的定义，狭义的理解是把具有担保模式的支付网关定义成第三方支付。但从形式上看，第三方支付是指具有信誉保障、采用与相应各银行签约方式、提供与银行支付结算系统接口和通道服务并能够实现资金转移和网上支付结算服务的机构。按照中国人民银行《支付清算组织管理办法》的定义，在银行和用户之外由第三方机构提供相关的交易支付服务，即第三方支付。可以说，第三方支付具有交易过程中提供中介服务的作用。它通过与银行的商业合作，以银行的支付结算功能为基础，向政府、企业、事业单位提供中立的、公正的、面向其用户的个性化支付结算与增值服务。

第三方支付的主要运营形式包括网络支付、固定电话支付、移动电话支付、销售终端交易、自动柜员支付、其他支付等。第三方支付平台的收入来源则包含第三方支付平台与银行确定的一个基本手续费率，在这个费率上加上自己的毛利润，向客户收取费用。

2. 第三方支付的特点

与普通的网上支付相比较，第三方支付平台所提供的服务具有以下特点：

（1）第三方支付提供一系列的应用接口程序，将多种银行卡支付方式整合到一个界面上，负责交易结算中与银行的对接，使网上购物更加快捷、便利。消费者和商家不需要在不同的银行开设不同的账户，可以帮助消费者降低网上购物成本，帮助商家降低运营成本；同时，还可以帮助银行节省网关开发费用，并为银行带来一定的潜在利润。

（2）相较 SSL、SET 等支付协议，利用第三方支付进行支付操作更加简单而易于被接受。在 SET 中,各方的身份都需要通过 CA 进行认证,程序复杂、手续繁多、速度慢且实现成本高。有了第三方支付,商家和消费者之间的交涉由第三方来完成,使网上交易变得更加简单。

(3) 第三方支付以与平台合作的银行的信用作为其信用依托,能够较好地解决网上交易中的信用问题,有利于推动电子商务的快速发展。

3. 第三方支付服务商的特点

第三方支付服务商通常称为第三方平台,它具有以下几个主要特点:

(1) 支付中介。付款人和收款人不直接发生货款往来,借助第三方支付服务商完成款项在付款人、银行、支付服务商、收款人之间的转移。

(2) 中立、公正。第三方平台不直接参与商品或服务的买卖,公平、公正地维护参与各方的合法权益。

(3) 技术中间件。第三方平台连接多家银行,使互联网与银行系统之间能够加密传输数据,向商家提供统一的支付接口,使商家能够同时利用多家银行的支付通道。

(4) 信用保证。运行规范的第三方平台,只向合法注册的企业提供支付网关服务,不向个人网站提供服务,在很大程度上避免了交易欺诈的发生,令消费者对网上支付更有信心。

4. 第三方支付模式

(1) 第三方支付模式的交易流程。第三方支付交易一般的运行模式为:消费者选购商品后,使用第三方支付平台提供的账户进行货款支付,平台在收到代为保管的货款后,通知商家货款到账,要求商家发货;消费者收到货物、检验商品并确认后,通知平台;平台将其款项划至商家账户上。这一交易完成过程的实质是一种提供结算信用担保中介服务方式。下面以 B2C 交易为例说明第三方支付模式的交易流程,如图 7-5 所示。

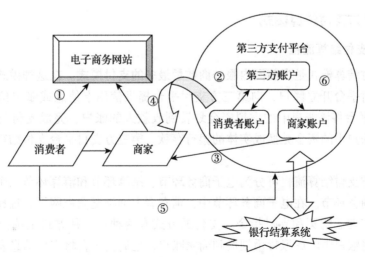

图 7-5 第三方支付模式的交易流程

交易流程的具体步骤如下：

①消费者在电子商务网站上选购。

②消费者决定购买后，选择支付方式。消费者用银行卡进行支付并将货款划到第三方账户，确保货到确认后，再从第三方账户将货款划到商家账户。

③平台收到货款后，通知商家消费者已付款，要求商家在规定时间内发货。

④商家收到通知后按照订单发货，并在网站上传发货状态的记录，消费者可在网上查看自己所购买商品的状态；如果商家没有发货，则平台认定交易失败并通知消费者，同时询问消费者是将货款划回其账户还是暂存在支付平台。

⑤消费者收到货物确认满意后通知平台。如果消费者对商品不满意，或发现商品与商家之前商定的商品不一致，可通知平台拒付货款给商家，并将货物退回商家。

⑥消费者感到货物满意后，平台将货款打入商家账户，交易完成；如消费者对货物不满，则平台在确认商家收到退货后，将消费者的货款划回或暂存在第三方账户中以便其下一次交易支付。

第三方支付平台不参与交易双方的具体交易内容，它起到的是信誉中介的作用，在交易过程中对交易双方进行监督和约束，确保交易安全进行。

(2) 第三方支付平台的作用。综上所述，第三方支付平台在实现支付结算服务的整个交易过程中的作用主要体现在以下几个方面：

①具有中介服务作用。

②具有资金转移安排的信用担保作用。

③具有资金和货物安全的风险防范保证机制。

④具有提供方便、快捷的通道服务的性质。

可以看出，第三方支付能够更好地与公用网连接，解决银行与公用网连接可能出现的安全隐患问题，可以向社会提供信用保障，方便地解决索赔等方面的经济问题。

二、第三方支付结算模式

1. 第三方支付结算流程

第三方支付结算模式是当前国内服务商数量最多的支付模式。在这种模式下，支付者必须在第三方支付平台开立账户，向第三方支付平台提供信用卡信息或账户信息，在账户中"充值"，通过平台将该账户中的虚拟资金划转到收款人的账户，完成支付行为。收款人可以在需要时将账户中的资金兑换成实体的银行存款。第三方支付平台支付结算流程如图7-6所示。

整个第三方支付结算流程可分为电子商务环节、结算环节和清算环节三个环节。

(1) 电子商务环节。在电子商务环节中，消费者上网浏览商家网页，选择其所需要购买的商品并向商家发送购买和支付指令。支付的方式有两种：一种方式是选择第三方支付平台，通过平台将账户中的虚拟货币划拨到商家账户，之后由平台将支付信息发送给银行，将虚拟货币转化成实际的银行存款。在这里必须注意的是，第三方支付结算模式的资金划拨是在平台内部进行的，此时划拨的是虚拟资金，真正的实体资金还需要结算环节来完成。另一种方式是选择银行支付，直接将自己账户中的货币转存进商家的账户。商家在对消费者的购买和支付确认后，下送货单给配送体系，由配送体系将货物送到消费者手中。至此整个电子商务环节结束，但资金的结算与清算还未完成。

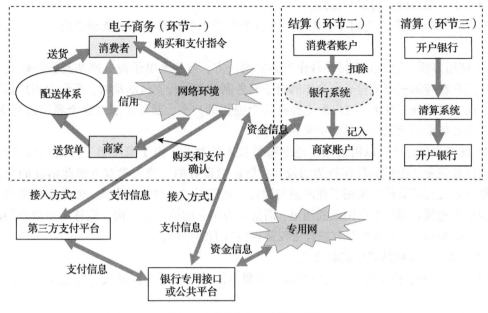

图 7-6　第三方支付结算流程

（2）结算环节。简单地说，结算就是银行对自己所有账户（对公和个人）进行的核算业务，包括现金存取、转账收付、汇兑业务、中间业务、代理业务、存款、贷款、票据业务等。在这一环节中，银行专用接口或公共平台将资金信息通过专用网递交给银行系统，银行系统扣除消费者的账户同时记入商家账户，最后再将资金信息反馈回银行专用接口或公共平台。

（3）清算环节。简单地说，清算就是银行间的资金结算业务，一般为联行业务。当消费者和商家的开户银行为不同的银行时，需要由清算系统进行清算。

第三方支付结算模式采用的是典型的应用支付层架构。提供第三方支付结算服务的商家往往都会在自己的产品中加入一些具有自身特色的内容。但是总体来看，其支付流程都是付款人提出付款授权后，平台将付款人账户中的相应金额转移到收款人账户中，并要求其发货。有的支付平台会有担保业务，如支付宝。担保业务是将付款人将要支付的金额暂时存放于支付平台的账户中，等到付款人确认已经得到货物（或者服务）或在某段时间内没有提出拒绝付款的要求，支付平台才将款项转到收款人账户中。由此可见，第三方支付平台对整个支付流程全面介入，进行监管。买卖任一方出现不满意，都可以通过平台进行调节，直至双方满意。这样就使得支付能够顺利地完成，减少了交易的风险和成本，促进了电子商务的极大发展。

2．第三方支付结算模式的优缺点

（1）第三方支付结算模式的优点。

1）比较安全。一方面，第三方支付平台采用目前成熟的电子支付相关技术与银行的支付网关相连。用户在支付时输入的账户和密码都将直接传给用户账户所在的银行，这样通过银行本身的支付网关就能提供足够的支付安全保障；另一方面，第三方支付平台自身拥有良好的安全防护体系，对用户的关键数据传输使用国际流行的 SSL128 位加密通道并配合 PKI，为用户提供了更强的支付安全保障。

2）支付成本较低。支付平台集中了大量的电子小额交易，形成规模效应，因而支付成本较低。

3）使用方便。第三方支付平台作为独立的一方，与各大电子商务网站及银行建立合作关系。用户在与第三方支付平台合作的电子商务网站上进行支付活动时，平台为用户提供一个统一的支付界面，因此，用户无论拥有哪个银行的户头，都可以通过这个界面进行支付，而不需要在各个网上银行的界面中来回操作。

4）支付担保业务可以极大限度地保障付款人的利益。由于采用第三方支付结算模式，很大限度地避免了拒付和欺诈行为的发生，创造出良好的、使买卖双方彼此信任的交易环境。第三方支付结算模式采用了在网站与银行之间进行二次结算的方式，使得支付平台不再单纯地作为连接各银行支付网关的通道，而是作为中立的第三方机构，能够保留商户和消费者的有效交易信息，为维护双方的合法权益提供有力的保障。

（2）第三方支付结算模式的缺点。

1）这是一种虚拟支付层的支付模式，需要其他的"实际支付方式"完成实际支付层的操作。

2）付款人的银行卡信息将暴露给第三方支付平台，如果这个平台的信用度或者保密手段欠佳，将带给付款人相关风险。

3）第三方支付平台的法律地位缺乏规定，一旦该平台破产，消费者所购买的"电子货币"可能会成为破产债权，无法得到保障。

4）由于有大量资金寄存在支付平台账户内，而第三方支付平台为非金融机构，所以有资金寄存的风险。

5）第三方支付平台上的资金流缺少政府的有效监管，可能成为犯罪分子洗钱的途径。

三、第三方支付清算中存在的问题

在实践中，虽然第三方支付平台对网络交易提供了担保，增强了买卖双方对网络交易的信心，维护了交易的公正性，但它自身的安全和信用却没有得到担保。特别是当第三方支付平台的交易规模发展到一定程度而涉及大量企业时，如果出现了问题，平台自身能否担当起相应的责任？这其中隐含的风险不仅对第三方支付行业的发展影响重大，而且关系到使用第三方支付的网民的切身利益。因此，要及时发现问题、认识问题并想办法解决问题。

1. 在途资金风险问题

在一个理想的支付系统中，资金的支付过程和相关的账务处理应该是付账人账户的借记与收款人账户的贷记同时进行，而当支付的账务处理和支付指令的处理不同步时，就会对支付双方的账务造成影响，这种影响就是产生在途资金。在途资金对支付系统的某些用户来说是增加了随机成本，而对另外一些人来说则是得到了一笔意外收入。

作为一个有资金流动的支付系统，第三方支付系统也存在在途资金，并且由于第三方支付系统支付流程的独特性，在途资金呈现出不同的特点。银行的支付系统中，在途资金的产生来自银行业务处理的异步以及周转环节，并且其产生可以通过一定的手段尽量避免。而在第三方支付系统中，支付流程是资金先由买方到第三方支付平台，等平台得到买方确认授权付款或到一定时间默认付款后，再经平台转手给收款方。这样的支付流程就决定了支付资金无论如何都会在平台做一定时间的支付停留而成为在途资金，从而对支付系统本身有一定程度的影响。

首先，在途资金影响第三方支付系统的支付效率。由于在途资金存在价值，第三方支付平台可以利用结算周期的不同取得一笔定期存款或短期存款的利息，从而影响到资金的周转，进而影响到支付系统的支付效率。而利息的分配就成为一大问题。目前除支付宝等少数几个支付平台不直接经手和管理往来资金，而是将其存在专用账户外，其他公司大多代理银行职能，可直接支配交易款项。这就可能出现非法占用和挪用往来资金，不受有关部门的监管而越权调用交易资金的风险。

其次，在途资金量的加大使得第三方支付平台本身面临一定的信用风险。随着第三方支付平台业务量的增大，在途资金量也日益加大，而这种加大无法通过类似在银行支付体系中采取某种控制进行缓解。最后，第三方支付平台还存在一个资质问题。目前它还不属于金融机构，资金放在平台上有一定的安全问题。

对此，有学者认为，法律法规应在对第三方支付平台及其在途资金管理的规定方面考虑以下问题：

①如何确保第三方支付平台在途资金的安全？
②第三方支付平台在目前的现实经济中的身份定位如何？
③是否应该就第三方支付的效率问题出台相应的规定？
④如何加强在途资金的监管，从而进行有效控制？等等。

2．法律问题

整个电子商务交易构成涉及支付平台、交易平台、配送方、交易方、银行、认证服务方、系统运营商、系统开发商，如何界定其中的责任仍值得探讨。目前许多国家并无专门调整电子支付关系的法律，一旦当事人发生纠纷，一般是以民法中的一些基本原则、合同法和侵权法来处理。这样做消费者的合法权益往往得不到充分保障，因为在电子支付交易的合同群中，作为消费者只有接受与否的权利，而无决定合同内容的自由。网络支付较传统支付方式而言，其技术性更强，而作为服务的提供者，在各方面的优势比客户大得多，可能会出现服务商滥用技术优势损害客户利益的情况。一些从事网上支付服务的公司会在协议里把更多责任或者不公平条款强加给客户。如果客户出现损失，责任由谁来承担？如果发生客户在交易后财产被盗取，或者系统故障，使得客户遭受损失，这时候应该由谁来承担责任？如果客户在第三方支付平台的账户信息、个人资料和交易资料被盗取，或者其由于系统故障、平台过失等原因并未得到客户的同意而传播，使得客户遭受损失，责任如何承担等问题，目前没有法律明确规定。

另外，一旦出现了问题，是由消费者举证还是平台来举证，也是问题。举证责任不同会导致相关的纠纷解决起来完全两样。

3．身份认证及信用评价问题

我国电子商务在发展过程中存在两大瓶颈：支付问题和物流问题。面对支付问题，其根源就在于信用体制的建立不够完善。支付宝公司前总裁陆兆禧认为，电子商务之所以在美国能够获得成功，一个很重要的原因就是美国已经建立了全社会的信用体系，而我国的社会信用体系建设刚刚起步。因此，国内的第三方支付公司除了要满足用户支付的需要，还要扮演信用中介的角色。

虽然第三方支付平台的出现降低了买卖双方交易的风险，但是信用危机还是存在的，其主要原因是基于网络环境的交易和信用模糊问题。因此，第三方支付的信用风险不容忽视。

四、第三方支付法律法规

随着非金融机构支付服务业务范围、规模的不断扩大和新支付工具的推广，以及市场竞争的日趋激烈，这个领域的一些固有问题逐渐暴露，新的风险隐患也相继产生。如客户备付金的权益保障问题、预付卡发行和受理业务中的违规问题、反洗钱义务的履行问题、支付服务相关的信息系统安全问题，以及违反市场竞争规则、无序从事支付服务问题等。为了解决这些问题，促进支付服务市场健康发展，规范非金融机构支付服务行为，防范支付风险，保护当事人的合法权益，中国人民银行根据《中华人民共和国中国人民银行法》等法律法规，于2010年6月14日发布了第三方支付发展史上的一部重要法规，即《非金融机构支付服务管理办法》（以下简称《办法》）。

《办法》共五章五十条，主要内容如下：

第一章总则，主要规定《办法》的立法依据、立法宗旨、立法调整对象、支付业务申请与许可、人民银行的监管职责，以及支付机构支付业务的总体经营原则等。

第二章申请与许可，主要规定非金融机构支付服务市场准入条件和人民银行关于"支付业务许可证"的两级审批程序。市场准入条件主要强调申请人的机构性质、注册资本、反洗钱措施、支付业务设施、资信状况及主要出资人等应符合的资质要求等。此外，明确了支付机构变更等事项的审批要求。

第三章监督与管理，主要规定支付机构在规范经营、资金安全、系统运行等方面应承担的责任与义务。规范经营主要强调支付机构应按核准范围从事支付业务、报备与披露业务收费情况、制定并披露服务协议、核对客户身份信息、保守客户商业秘密、保管业务及会计档案等资料、规范开具发票等。资金安全主要强调支付机构应在同一商业银行专户存放接受的客户备付金，且只能按照客户的要求使用。系统运行主要强调支付机构应具备必要的技术手段及灾难恢复处理能力和应急处理能力等。此外，支付机构还需配合人民银行的依法监督检查等。

第四章罚则，主要明确人民银行工作人员、商业银行、支付机构等各责任主体相应承担的法律责任等。

第五章附则，主要明确《办法》的过渡期要求、施行日期等。

《办法》对第三方支付平台的合法身份、市场准入、运营规范等方面做出了明确的规定，对规范我国第三方支付市场、增强其竞争力、促进其走向世界具有重要意义。

第四节 互联网金融

互联网金融是指以依托于支付、云计算、社交网络以及搜索引擎等互联网工具，实现资金融通、支付和信息中介等业务的一种新兴金融。

一、互联网金融的概念

互联网金融不是互联网和金融业的简单结合，而是在实现安全、移动等网络技术水平上被用户熟悉、接受后（尤其是对电子商务的接受），自然而然为适应新的需求而产生的新模式及新业务。互联网金融是传统金融行业与互联网精神相结合的新兴领域。互联网金融与传统金融的区别不仅仅在于金融业务所采用的媒介不同，更重要的还在于金融参与者深谙互联网"开放、平等、协作、分享"的精髓，使得传统金融业务透明度更高、参与度更高、协作性更好、中间成本更低、操作更便捷。理论上任何涉及广义金融的互联网应用，都应该是互联网金融，包括但不限于第三方支付、在线理财产品的销售、信用评价审核、金融中介、金融电子商务等模式。互联网金融的发展经历了网上银行、第三方支付、个人贷款、企业融资等多个阶段，并且在融通资金、资金供需双方的匹配等方面越来越深入传统金融业务的核心。

二、互联网金融的市场价值

金融服务实体经济的最基本功能是融通资金。资金供需双方的匹配（包括融资金额、期限和风险收益匹配）可通过两类中介进行：一类是商业银行，对应间接融资模式；另一类是股票和债券市场，对应资本市场直接融资模式。这两类融资模式对资源配置和经济增长有重要作用，但交易成本巨大，主要包括金融机构的利润、税收和薪酬。

互联网金融正对传统金融模式产生根本影响。从广义上讲，具备互联网精神的金融业态统称为互联网金融。从狭义的金融角度来看，互联网金融则应该定义在货币的信用化流通相关层面，也就是资金融通依托互联网来实现。我国涌现出 P2P 等广义上的互联网金融企业，也出现了清华大学五道口金融学院互联网金融实验室这样的研融机构，同时也可以看到很多狭义上的互联网金融企业悄然出现。

互联网技术手段，最终可以让金融机构离开资金融通过程中曾经的主导地位，因为互联网的分享、公开、透明等理念让资金在各个主体之间游走，会非常直接、自由且违约率较低，金融中介的作用会不断弱化，从而使得金融机构回归为从属的服务性中介地位，不再是金融资源调配的核心主导。也就是说，互联网金融模式是一种努力尝试摆脱金融中介（金融脱媒）的行为。

当前互联网金融格局由传统金融机构和非金融机构组成。传统金融机构参与互联金融的主要方式为金融业务的互联网创新及电商化创新等。非金融机构主要包括利用互联网技术进行金融运作的电商企业、创富贷（P2P）模式的网络借贷平台、众筹模式的网络投资平台、挖财类的手机理财 App 以及第三方支付平台等。

三、互联网金融模式

当前我国的主要互联网金融模式有如下几种：

（1）第一种模式是传统的金融借助互联网渠道提供服务。这种模式就是人们所熟悉的网银。互联网在其中发挥渠道的作用。

（2）第二种模式类似阿里金融。它具有电商平台，提供优于其他放贷人的信贷服务。互联网在其中发挥的作用是依据大数据收集和分析进而得到信用支持，互联网金融正是阿里巴巴"平台、金融、数据"三大战略的体现之一。

（3）第三种模式是人们经常谈到的 P2P 模式。这种模式更多地提供中介服务，这种中介把资金出借方和需求方结合在一起。发展至今，由 P2P 的概念已经衍生出很多模式。我国网络借贷平台已经超过 2000 家，平台的模式各有不同，归纳起来主要有以下四类：

1）担保机构担保交易模式，这也是一种相对安全的 P2P 模式。此类平台作为中介，平台不吸储、不放贷，只提供金融信息服务，由合作的小贷公司和担保机构提供双重担保。

2）大型金融集团推出的互联网服务平台。此类平台有大集团的背景，且是由传统金融行业向互联网布局，因此在业务模式上金融色彩更浓、更"科班"。

3）以交易参数为基点，结合 O2O（Online to Offline，将线下商务机会与互联网结合）的综合交易模式。例如，阿里小额贷款为电商加入授信审核体系，对贷款信息进行整合处理。这种小贷模式创建的 P2P 小额贷款业务凭借其客户资源、电商交易数据及产品结构优势，将线下商务的机会与互联网结合在一起，让互联网成为线下交易的前台。

4）以 P2P 网贷模式为代表的创新理财方式受到了广泛认可和关注。与传统金融理财服务相比，P2P 的借款人主体是个人，以信用借款为主，在借款来源一端被严格限制为有着良好实体经营、能提供固定资产抵押的有借款需求的中小微企业。

（4）第四种模式是通过交互式营销，充分借助互联网手段，把传统营销渠道和网络营销渠道紧密结合；使金融业实现由"产品中心主义"向"客户中心主义"的转变；调整金融业与其他金融机构的关系，共建开放共享的互联网金融平台。由于此模式发展时间较短，平台的模式各有不同，归纳起来主要有以下三大类：

1）专业 P2P（Professional to Professional）模式。在专业的金融服务人员之间建立信息交换和资源共享的平台，在中间从事信息匹配和精准推荐，促进线上信任的建立和交易的欲望。专业 P2P 模式远非市场上泛滥的 P2P 贷款模式可比，其从本质上符合金融监管的规则，符合当前金融机构自身发展的需求，也更符合互联网精神与特质。

2）金融混业经营模式。通过互联网平台对所有金融机构开放共享资源，为金融产品销售人员发布各种金融理财产品、项目信息，为客户打造和定制金融理财产品。在金融混业经营中使用的互联网平台则定位于服务 500 万个金融机构和非金融机构及客户经理，并将囊括房产、汽车、奢侈品销售人员，提供一个开放共享、进行综合开拓交叉销售的平台，悬赏、交易、展示、学习以及管理和服务自己的客户。

3）金融交叉销售模式。打破理财行业的机构壁垒，通过平台上各类理财产品的展卖聚拢投资人资源，促进金融产品销售人员销售产品。金融产品销售人员可以在平台上进行内部的交流沟通和资源置换，在不同产品领域寻找并组建自己的合作团队，达成利益分享规则后，团队内共享投资人资源，为投资人推荐团队内部产品进行资产配置，从而实现金融产品销售人员间的交叉销售合作，取得共赢。

在互联网金融模式下，因为有搜索引擎、大数据、社交网络和云计算，市场信息不对称程度非常低，交易双方在资金期限匹配、风险分担方面的成本非常低，贷款、股票、债券等的发行和交易以及券款支付直接在网上进行，这个市场充分有效，接近一般均衡定理描述的无金融中介状态。在这种金融模式下，支付便捷，搜索引擎和社交网络降低信息处理成本，资金供需双方直接交易，可达到与资本市场直接融资和银行间接融资一样的资源配置效率，并在促进经济增长的同时大幅减少交易成本。

四、互联网金融的运行方式

互联网金融有三个核心部分：支付方式、信息处理和资源配置。

（1）支付方式方面，以移动支付为基础，个人和机构都可在中央银行的支付中心（超级网银）开设账户（存款和证券登记），即不再完全是二级商业银行账户体系；证券、现金等金融资产的支付和转移通过移动网络进行；支付清算电子化以替代现钞流通。

（2）信息处理方面，在云计算的保障下，资金供需双方信息可以通过社交网络揭示和传播，被搜索引擎组织和标准化，最终形成时间连续、动态变化的信息序列。由此可以给出任何资金需求者（机构）的风险定价或动态违约概率，而且成本极低。

（3）资源配置方面，在供需信息几乎完全对称、交易成本极低的条件下，互联网金融模式形成了"充分交易可能性集合"，诸如中小企业融资、民间借贷、个人投资渠道等问题就很容易解决。

五、互联网金融的特点

1. 成本低

互联网金融模式下，资金供求双方可以通过网络平台自行完成信息甄别、匹配、定价和交易，无传统中介、无交易成本、无垄断利润。一方面，金融机构可以避免开设营业网点的资金投入和运营成本；另一方面，消费者可以在开放、透明的平台上快速找到适合自己的金融产品，削弱了信息不对称程度，更省时省力。

2. 效率高

互联网金融业务主要由计算机处理，操作流程完全标准化，客户不需要排队等候，业务处理速度更快，客户体验更好。如阿里小贷依托电商积累的信用数据库，经过数据挖掘和分析，引入风险分析和资信调查模型，商户从申请贷款到发放只需要几秒钟，日均可以完成贷款上万笔，成为真正的"信贷工厂"。

3. 覆盖广

互联网金融模式下，客户能够突破时间和地域的约束，在互联网上寻找需要的金融资源，金融服务更直接，客户基础更广泛。此外，互联网金融的客户以小微企业为主，覆盖了部分传统金融业的金融服务盲区，有利于提升资源配置效率，促进实体经济发展。

4. 发展快

依托于大数据和电子商务的发展，互联网金融得到了快速增长。以余额宝为例，余额宝上线仅 18 天，累计用户数就达到 250 多万人，累计转入资金达到 66 亿元。2019 年 8 月 23 日，天弘余额宝发布 2019 年半年度报告。报告显示，截至 6 月 30 日，余额宝总份额有 1.03 万亿份，余额宝用户有 6.19 亿人，上半年共为用户赚取 123.68 亿元。

5. 管理弱

①风控弱。互联网金融还没有接入中国人民银行征信系统，也不存在信用信息共享机制，不具备类似银行的风控、合规和清收机制，容易发生各类风险问题，已有一些 P2P 网贷平台宣布破产或停止服务。②监管弱。互联网金融在我国尚处于起步阶段，缺乏有力监管和法律约束，缺乏准入门槛和行业规范，整个行业面临较多政策和法律风险。

6. 风险大

①信用风险大。现阶段我国信用体系尚不完善，互联网金融的相关法律还有待配套，互联网金融违约成本较低，容易诱发恶意骗贷、卷款跑路等风险问题。特别是 P2P 网贷平台由于准入门槛低和缺乏监管，成为不法分子从事非法集资和诈骗等犯罪活动的温床。②网络安全风险大。我国互联网安全问题突出，网络金融犯罪问题不容忽视。一旦遭遇黑客攻击，互联网金融的正常运作会受到影响，危及消费者的资金安全和个人信息安全。

复习思考题

1. 什么是电子货币？电子货币有哪些类型？
2. 试述电子货币与传统货币的区别。
3. 说明电子货币的类型以及它们各自的特点。
4. 支付、清算与结算有什么不同？
5. 第三方支付模式的交易流程是什么？第三方平台在其中起到什么作用？
6. 互联网金融的市场价值是什么？

案例分析

支付宝的商业模式和发展战略

"互联网+"的发展催生了电子商务，作为中间环节的网上支付，是电子商务流程中交易双方最为关心的问题。在卖价和卖家之间不可能立刻建立起信任关系，这时候就需要一个第三方交易平台，为支付、退款提供网络交易安全。支付宝公司全名为支付宝（中国）技术有限公司，是国内领先的独立第三方支付平台，是由阿里巴巴集团在 2004 年 12 月创立的第三方支付平台，是阿里巴巴集团的关联公司。支付宝致力于为中国电子商务提供"简单、安全、快速"的在线支付解决方案。

1. 支付宝的发展历程

（1）根植淘宝（2003—2004 年）。支付宝诞生之初是服务于淘宝的一个"电子钱包"，只面向淘宝应用，因此支付宝的用户来源依靠于淘宝。但后来阿里巴巴管理层意识到支付宝的功能应该远不止如此，"应该成为所有电子商务网站的一个非常基础的服务"。

（2）独立支付平台（2005 年至今）。支付宝脱离淘宝成为独立支付平台，应该说，受益的不只是阿里巴巴，还有那些不使用淘宝的用户。但在以前，没有"双十一""618"购物节，网络消费还处于初步发展阶段，如何刺激用户使用支付宝呢？支付宝考虑到这个问题，逐步丰富其功能，加入了网游、航空机票等网络化较高的外部市场。支付宝已经不是一个简单的支付工具了，吃饭可以用支付宝点外卖，出行可以用支付宝使用滴滴打车、共享单车，甚至可以查考试成绩。支付宝的成功转型，应该是值得思考和学习的：永远不要满足于现状，要不断发掘自己的潜能，让自己站在更高的地方。

2. 支付宝的商业模式与发展战略

支付宝属于信用担保型平台。所谓信用担保，就是在网上支付过程中起到信用担保和代收代付的作用。其运作的实质是以支付宝为信用中介，在买家确认收到合格货物前，由支付宝替买卖双方保存支付款的一种增值服务。

（1）品牌战略。支付宝自建立之初，就采取免收交易手续费等免费服务的战略，其竞争战略就是借此让新参加者适应网络交易、网络支付习惯。早在 2004 年 2 月 2 日，支付宝就推出异地汇款免费，无论是同城还是异地交易，通过支付宝完成的交易将不收取任何费用。然而，尽管是免费服务，支付宝同样努力通过呼叫中心为会员提供一流的顾客服务。这种品牌战略为树立支付宝的品牌立下了大功。

（2）着力为用户解决信用问题。支付宝在最初的担保交易之后，相继提出或引入实名认证、数字证书、支付盾等措施，并且坚持免费提供服务。在用户数突破 1 亿人之后，支付宝升级了于 2007 年提出的信任计划。之前提出的计划更像是一个概念的普及，而此时的升级则让这个很多人觉得比较空洞的信任计划有了实际的意义。经过设立严格的标准并对大量商户进行审核后，京东商城、佐丹奴、达芙妮、艺龙、绿森数码等 14 家购物网站经过审核，第一批在自己的网站上加贴了"支付宝信任商家"的金色标识。它们同时宣布，消费者今后在信任商家购物，一旦出现欺诈行为，支付宝将承担赔偿责任。

支付宝甚至开始为众多外部商家进行担保。经过 4 年多的发展，支付宝已经积累了海量数据。除了商户的执照、经营许可证、商品授权等静态信息，还有商户在支付宝上产生的大量动态信息，包括各种交易情况和支付情况，加上支付宝与外部商户、外部机构互换的大量信息，三方面数据相结合，为支付宝打造信用体系提供了基础。

事实上，在这些海量数据的基础上，以支付宝交易记录为基础的淘宝卖家信用度已经成为淘宝卖家最珍贵的资本和买家做出购物决定最重要的参考因素。

许多银行与支付宝合作推出的卖家信贷甚至以这些海量数据作为判断信用、决定贷款发放的最重要因素。与传统的银行借贷还贷记录所积累的信用相比，这样的交易记录无疑更为详尽、准确。

在 2008 年中国最佳商业模式评选中，支付宝获得了"最佳商业模式"称号，体现了支付宝"好的商业模式本身就具备了社会责任，或者说，社会责任是融于商业模式之中"的理念。

这一战略得到了人们的广泛认可，也为树立支付宝的品牌立下大功。

（3）着力提高第三方支付的便捷性。支付宝与六家银行联手"破冰"信用卡网购大额支付业务。这是第三方支付平台首次实现网购大额支付，但是开通大额支付的都是经过筛选的高信誉商户。对于随之而来的"网络套现"问题，支付宝表示，每个用户打开支付宝前台页面，都能看到这样一段提示文字："支付宝禁止信用卡套现、虚假交易行为，一经发现将予以处罚，包括但不限于：限制收款、冻结账户、永久停止服务，并有可能影响相关信用记录。"

虽然有开套现"方便之门"之嫌，然而，介于支付宝培养出来的信用记录，以及支付宝采取的居于开放政策和相应的惩罚制度，相信可以尽可能地遏制"网络套现"发生。

这项决议的出台，同样表现了支付宝的经营理念，也指明了支付宝的进一步发展方向。

（4）采取开放和透明策略以消除各方怀疑。处于"影子监管"之下的支付宝，最重要的一条发展经验就是采取开放和透明策略以消除各方怀疑，以求自我保护。而无论对同行还是监管层，支付宝最令人眼热与担忧的，无疑是其巨大的沉淀资金。为了证明清白，支付宝从 2006 年开始委托工行进行客户交易保证金第三方托管，并每月将托管报告发布在网上。

这份没有披露任何具体数据、更像是公证书的托管报告，旨在证明客户为交易已交付的资金，与银行托管的支付宝账户中的沉淀资金，两个数字一致，从而说明担保交易中因"时间差"造成的巨额沉淀资金，并未被支付宝视为"融资"而挪作他用。

这种开放和透明的策略，为支付宝消除了各方的怀疑与争议。

经过多年的探索发展，支付宝已经进入人们的生活，甚至被评为中国"新四大发明"之一，而这些成绩和荣耀将鞭策支付宝更好地发展，开拓更广阔的前景。

案例思考题：
1. 简述支付宝的支付担保流程。
2. 支付宝成功的因素有哪些？
3. 支付宝的未来发展方向是什么？

第八章

网络营销

内容提要

❶ 网络营销概述。
❷ 网络营销方法。
❸ 网络营销策略。
❹ 网络营销技术。

第一节 网络营销概述

一、网络营销的概念和特点

1. 网络营销的概念

市场营销是为了达成交易活动而规划和实施创意、产品、服务观念、定价、促销和分销过程。网络营销就是以国际互联网络为基础,利用数字化的信息和网络媒体的交互性来辅助营销目标实现的一种新型市场营销方式。

与"网络营销"对应的词汇有许多,如 Cyber Marketing、Internet Marketing、Network Marketing、E-Marketing 等。不同的单词词组有着不同的含义:①Cyber Marketing 主要是指网络营销是在计算机虚拟空间(Cyber,计算机虚拟空间)进行运作;②Internet Marketing 是指在互联网上开展的营销活动;③Network Marketing 是指在网络上开展的营销活动,同时这里的"网络"不仅仅是指互联网,还可以是其他类型的网络,如增值网(VAN)等;④E-Marketing是目前比较惯用的翻译方法,"E-"表示电子化、信息化、网络化,既简洁又直观明了,而且与电子商务(E-Business)、电子虚拟市场(E-Market)等对应。

根据网络营销的定义,可以得出下列认识:

(1)网络营销是手段而不是目的。网络营销具有明确的目的和手段,但网络营销本身不是目的,它是营造网上经营环境的过程,也就是综合利用各种网络营销方法、工具、条件并协调其间的相互关系,从而更加有效地实现企业营销目的的手段。

(2)网络营销不是孤立的。网络营销是企业整体营销战略的一个组成部分,网络营销活动不可能脱离一般营销环境而独立存在。在很多情况下，网络营销理论是传统营销理论在互联网环境中的应用和发展。由此也确立了网络营销在企业营销战略中的地位，无论网络营销处于主导地位还是辅助地位，都是互联网时代市场营销中必不可少的内容。

（3）网络营销不是网上销售。网上销售是网络营销发展到一定阶段产生的结果，网络营销是为实现产品销售目的而进行的一项基本活动，但网络营销本身并不等于网上销售。这可以从三个方面来说明：①网络营销的效果表现在多个方面，如提升企业品牌价值、加强与客户之间的沟通、拓展对外信息发布的渠道、改善对客户的服务等；②网站的推广手段通常不仅靠网络营销，往往还要采取许多传统方式，如在传统媒体上做广告、召开新闻发布会、印发宣传册等；③网络营销的目的并不仅是促进网上销售，很多情况下，网络营销活动不一定能实现网上直接销售的目的，但是可能促进网下销售的增加，并且提升客户忠诚度。

（4）网络营销不等于电子商务。网络营销和电子商务是一对密切相关又具有明显区别的概念，许多人的认识可能存在一定的误区。网络营销是企业整体营销战略的一个组成部分，无论是传统企业还是互联网企业都需要网络营销，但网络营销本身并不是一个完整的商业交易过程，而只是促进商业交易的一种手段。电子商务主要是指交易方式的电子化，可以将电子商务简单地理解为电子交易，电子商务强调的是交易行为和方式。因此，可以说网络营销是电子商务的基础，开展电子商务离不开网络营销，但网络营销并不等于电子商务。

（5）网络营销不是"虚拟营销"。网络营销不是独立于现实世界的"虚拟营销"，其实网络营销只是传统营销的一种扩展，即向互联网的延伸，所有的网络营销活动都是实实在在的。网络营销的手段也不仅限于网上，而是注重网上网下相结合，网上营销与网下营销并不是相互独立的，而是一个相辅相成、互相促进的营销体系。

2. 网络营销的特点

组织和个人之间进行信息传播和交换，是市场营销中的本质，互联网具有营销所要求的某些特性，使得网络营销呈现出跨时空、多媒体、互动式、个性化、整合性、高效性、经济性等特点。

二、网络营销的主要内容

网络营销作为新的营销方式和营销手段实现企业营销目标，其内容非常丰富。一方面，网络营销要针对新兴的网上市场，及时了解和把握网上虚拟市场的消费者特征和消费者行为模式的变化，为企业在网上市场进行营销活动提供可靠的数据分析和营销依据；另一方面，网络营销通过作为在网上开展营销活动来实现企业目标，而网络具有传统渠道和媒体所不具备的独有特点，如信息交流自由、开放和平等，而且信息交流费用非常低廉，信息交流渠道既直接又高效。因此，在网上开展营销活动，必须改变传统的一些营销手段和方式。网络营销作为在互联网上进行营销活动，它的基本营销目的和营销工具是一致的，只不过在实施和操作过程中与传统方式有着很大区别。网络营销的主要内容如下：

1. 网上市场调查

主要利用互联网交互式的信息沟通渠道来实施调查活动。它包括直接在网上通过问卷进行调查，以及通过网络来收集市场调查中需要的二手资料。互联网作为信息交流渠道，由于信息来源广泛、传播迅速，成为信息的海洋。因此，在利用互联网进行市场调查时，重点是如何利用有效工具和手段实施调查和收集整理资料。获取信息不再是难事，关键是如何在信息海洋中获取想要的资料信息和分析出有用的信息。

2．网上消费者行为分析

互联网用户作为一个特殊群体，有着与传统市场群体截然不同的特性，因此，要开展有效的网络营销活动，必须深入了解网上消费者群体的需求特征、购买动机和购买行为模式。互联网作为信息沟通工具，正成为许多兴趣、爱好趋同的群体聚集交流的地方，并且形成了一个个特征鲜明的网上虚拟社区。因此，了解这些虚拟社区的群体特征和偏好是网上消费者行为分析的关键。

3．网络营销策略制定

不同企业在市场中处于不同地位。在采取网络营销实现企业营销目标时，必须采取与企业相适应的营销策略，因为网络营销虽然一种是非常有效的营销工具，但企业实施网络营销时，需要进行投入并且有一定风险。同时，企业在制定网络营销策略时，还应该考虑到产品周期对网络营销策略制定的影响。

4．网上产品和服务策略

网络作为信息有效的沟通渠道，可以成为一些无形产品（如软件和远程服务）的载体，因而改变了传统产品的营销策略，特别是渠道的选择。作为网上产品和服务营销，必须结合网络特点，重新考虑产品的设计、开发、包装和品牌策略。

5．网上价格营销策略

网络作为信息交流和传播工具，从产生开始，实行的便是自由、平等和信息免费的策略。因此，在制定网上价格营销策略时，必须考虑到这种思想对企业定价的影响。

6．网上渠道选择与直销

互联网对企业营销影响最大的是对企业营销渠道的影响。美国戴尔公司借助互联网的直接特性建立的网上直销模式获得了巨大成功，改变了传统渠道中的多层次选择、管理与控制问题，最大限度地降低了营销渠道中的费用。但企业建设自己的网上直销渠道，必须考虑到重建与之相适应的经营管理模式。

7．网上促销与网络广告

互联网作为一种双向沟通渠道，最大的优势是可以实现沟通双方突破时空限制直接进行交流，而且简单、高效、费用低廉。因此，在网上开展促销活动是一种极为有效的沟通渠道，但网上促销活动的开展必须遵循网上一些信息交流与沟通规则，特别是遵守一些虚拟社区的礼仪。网络广告作为重要的促销工具，主要依赖互联网的第四媒体功能。目前，网络广告作为新兴产业迅猛发展。它具有传统的报纸杂志、无线广播和电视等传统媒体无法比拟的广告优势，即具有交互性和直接性。

8．网络营销管理与控制

网络营销作为在互联网上开展的营销活动，必将面临许多传统营销活动无法碰到的新问题，如网上销售产品的质量保证问题、消费者隐私保护问题以及信息安全与保护问题等。这些问题都是网络营销必须重视和进行有效控制的问题，否则网络营销效果可能达不到效果，甚至会产生很大的负面效应。这是由于网络信息传播速度非常快，并且网民对反感问题的反应比较强烈而且迅速。

第二节　网络营销方法

网络营销作为营销家族的重要一员，是以现代营销理论为基础的。相对于传统营销，网络营销基于网络本身开展，有助于消费者需求个性的回归。所以，网络营销有其自身的特点。网络营销的方法主要有网络直复营销、网络软营销、网络整合营销。它们是企业开展网络营销活动的指南，是依托于网络特征和消费者需求变化而对营销的重新理解。

一、网络直复营销

直复营销强调直接与消费者沟通和交易，省去所有中间环节。网络的出现，为企业和消费者提供了直接交互式营销网络渠道，使得企业与消费者直接交互成了可能。网络直复营销是指利用网络的互动性，买卖双方直接进行交流和交易，企业可以通过渠道把产品直接销售给消费者。当前，由于具备了交易平台软件、硬件方面的各种条件，同时交易中商流、物流和信息流三个流社会分工完善，直复营销已经普遍实现。下面将依次介绍几种常用的直复营销方法。

1. 搜索引擎注册与排名

这是一种最经典、最常用的网络营销方法。在主要的搜索引擎上注册并获得理想的排名，是在网站设计过程中就要考虑的问题之一。网站正式发布后尽快提交给主要的搜索引擎，是网络营销的基本任务。

2. 网络广告

几乎所有的网络营销活动都与品牌形象有关，在所有与品牌推广有关的网络营销手段中，网络广告的作用最为直接。标准标志广告（BANNER）曾经是网上广告的主流，进入21世纪之后，新的网络广告形式不断出现。新型广告克服了一些早期广告形式的弱点，获得了相对比较高的点击率。下一节将详细介绍有关网络广告的知识。

3. 交换链接

交换链接或称互惠链接，是具有一定互补优势的网站之间的简单合作形式，即分别在自己的网站上放置对方网站的 LOGO 或网站名称并设置对方网站的超级链接，使得用户可以从合作网站中发现自己的网站，达到互相推广的目的。交换链接的作用主要表现在几个方面：获得访问量、增加用户浏览时的印象、在搜索引擎排名中增加优势、通过合作网站的推荐增加访问者的可信度等。更重要的是，交换链接的意义已经超出了可以增加访问量，比直接效果更重要的意义在于业内的认知和认可。

4. 病毒性营销

病毒性营销（Viral Marketing，也称病毒式营销）是一种常用的网络营销方法，常用于进行网站推广、品牌推广等。病毒性营销利用的是用户口碑传播的原理，在互联网上，这种口碑传播更为方便,可以像病毒一样迅速蔓延,因此,病毒性营销成为一种高效的信息传播方式。而且,由于这种传播是用户之间自发进行的,因此几乎是不需要费用的网络营销手段。

病毒性营销的一个经典范例是 Hotmail.com。Hotmail 曾是世界上最大的免费电子邮件服务提供商,在创建之后的 1 年半时间里,就吸引了 1200 万名注册用户,而且以每天超过 15 万名新用户的速度发展,令人不可思议的是,在网站创建的 12 个月内,Hotmail 只花费了很少的营销费用,还不到其直接竞争者的 3%。Hotmail 之所以取得了爆炸式发展,就是由于利用了"病毒性营销"的巨大效力。病毒性营销的成功案例还包括 Amazon、ICQ、eGroups 等国际著名公司。病毒性营销既可以被看作是一种网络营销方法,也可以被认为是一种网络营销思想,即通过提供有价值的信息和服务,利用用户之间的主动传播来实现网络营销的信息传递。现在几乎所有的免费电子邮件提供商都采取类似的推广方法。

5. 信息发布

信息发布既是网络营销的基本职能,又是一种实用的操作手段。企业通过互联网,将有价值的信息及时发布在自己的网站上,以充分发挥网站的功能,如新产品信息、优惠促销信息等;或者将信息在一些综合性的点击率较高的网站上进行发布,都是比较好的网络营销手段。

6. 许可 E-mail 营销

许可 E-mail 营销是在用户事先许可的前提下,通过 E-mail 的方式向目标用户传递有价值信息的一种网络营销手段。E-mail 营销有三个基本因素:基于用户许可、通过电子邮件传递信息、信息对用户是有价值的。三个因素缺少一个,都不能称为有效的许可 E-mail 营销。开展许可 E-mail 营销的前提是拥有潜在用户的电子邮件地址,这些地址可以是企业从用户、潜在用户资料中自行收集整理的,也可以利用第三方的潜在用户资源。

许可 E-mail 营销比传统的推广方式或未经许可的 E-mail 营销具有明显的优势,比如可以减少广告对用户的滋扰、增加潜在用户定位的准确度、增强与用户的关系、提高用户的品牌忠诚度等。许可 E-mail 营销是网络营销方法体系中相对独立的一种,既可以与其他网络营销方法相结合,也可以独立应用。

7. 网上商店

建立在第三方提供的电子商务平台上、由商家自行经营网上商店,如同在大型商场中租用场地开设商家的专卖店一样,是一种比较简单的电子商务形式。网上商店除了通过网络直接销售产品这一基本功能之外,还是一种有效的网络营销手段。从企业整体营销策略和用户的角度考虑,网上商店的作用主要表现在两个方面:一方面,网上商店为企业扩展网上销售渠道提供了便利的条件;另一方面,建立在知名电子商务平台上的网上商店增加了用户的信任度,从功能上来说,对不具备电子商务功能的企业网站也是一种有效的补充,对提升企业形象并直接促进销售具有良好效果,尤其是将企业网站与网上商店相结合,效果更为明显。

8. 个性化营销

个性化营销的主要内容包括用户定制自己感兴趣的信息内容、选择自己喜欢的网页设计形式、根据自己的需要设置信息的接收方式和接收时间等。个性化服务在改善用户关系、培养用户忠诚以及促进网上销售等方面具有明显的效果。据研究，为了获得某些个性化服务，在个人信息可以得到保护的情况下，用户愿意提供有限的个人信息，这正是开展个性化营销的前提保证。

9. 网络会员制营销

Amazon.com 于 1996 年 7 月发起了一个"联合"行动，其基本形式是这样的：一个网站注册为 Amazon 的会员（加入会员程序），然后在自己的网站放置各类产品或标志广告的链接，以及亚马逊提供的商品搜索功能，当该网站的访问者点击这些链接进入 Amazon 网站并购买某些商品之后，根据销售额的多少，Amazon 会付给这些网站一定比例的佣金。从此，这种网络营销方式开始广为流行并吸引了大量网站参与——这个计划现在被称为"会员制营销"。网络会员制营销已经被证实为电子商务网站的有效营销手段，国外许多网上零售型网站都实施了会员制计划，几乎已经覆盖了所有行业。国内的会员制营销发展也较快，能看出电子商务企业对此表现出的浓厚兴趣。

会员制营销在实际操作中非常复杂，因为一个成功的会员制计划涉及网站的技术支持、会员招募和资格审查、会员培训、佣金支付等多个环节。一个会员制营销程序应该包含一个提供这种程序的商业网站和若干个会员网站，商业网站通过各种协议和计算机程序与各会员网站联系起来。因此，在采取会员制营销中存在一个双向选择的问题，即选择什么样的网站作为会员，以及会员如何选择商业网站的问题。

10. 电商平台渠道[⊖]

下面以淘宝网为例，分析电商平台渠道中可以使用的营销工具。这些工具包括为消费者服务的工具和为卖家服务的工具两大类。

（1）为消费者服务的工具包括两类，具体如下：

1）社区类服务。淘宝网向消费者提供了三种消费者互动社区：①淘江湖。消费者可像使用社交软件一样添加自己的朋友、亲人，从而获悉身边亲朋好友的购物动态并及时分享购物经验。②淘心得。这是社会网络软件（SNS）形式的导购中心，消费者在这里可以看到其他消费者的购物心得。③淘打听。其功能类似百度知道，是淘宝网购物的问答平台，以更人性化的方式帮助消费者找到心仪的商品。

2）便利性服务。抓住消费者对折扣的需求，提供"淘宝客"和"聚划算"。消费者在"淘宝客"推广专区获得商品代码，再将代码发给亲朋好友或自己，如果有人通过该代码购买商品，消费者便可获得商家的回扣。该服务为消费者带来了便利，也成为淘宝商家的一种推广方式。而"聚划算"则通过团购方式为消费者带来商品减价优惠，现已成为独立的团购平台。

（2）为卖家服务的工具。淘宝网针对卖家所提供的服务几乎涵盖了店铺经营的各个方面，从选货、装修到利润分析一应俱全。大量的数据分析工具不仅提高了网上商铺的运营效率，同时也降低了商家的经营风险，真正做到让没有经验的人也能开好网店。

⊖ 郑丽，刘宇涵. 电子商务概论［M］. 北京：清华大学出版社，2019.

11. 微信营销

（1）微信营销的渠道性质。通过微信营销销售的产品以食品、化妆品、服装为主，其价值都不太高，通常是在亲戚、朋友这个圈子（微信朋友圈）中运作，发展潜在和现实客户。

微信营销不一定是直销。直销是直接销售渠道的简称，是指在产品转移的过程中直接从生产商转移到消费者手中。如果产品制造商通过公司的微信公众号发布产品信息，吸引消费者进行购买，其中没有任何渠道中间商和中介商的参与，就是典型的直销模式；如果是经销商通过自己的朋友圈发布促销信息，以提高销售业绩，那么就不属于直销了。因此，在微信营销实践中，实际上直销占比非常少，更多的是间接分销的模式。

在淘宝等销售平台上开店与微信营销都属于电子商务的一种形式，但两者的受众和营销手段、产品售价、营销绩效存在较大的差别。

（2）微信营销的关注焦点。①产品是核心。初期微商应选择销售产品的功能价值，等市场稳定和品牌享有一定的知名度以后，着重关注产品的情感价值；②宣传有节制。如果频繁刷屏，朋友们未免会疲劳甚至厌烦，慢慢就会降低关注度；③关系的经营与维护。不可否认的是，微信营销确实消费了关系。买方与卖方彼此之间的关系有效地促进了交易行为，而交易后的不良反应会损害双方关系，导致强关系转变为弱关系，甚至慢慢淡出彼此的圈子。因此，微商必须精心呵护圈子的关系，经营好各种社会关系，保持关系的正向发展。

12. App 营销

企业可以采用广告植入模式的 App 营销策略、吸引用户参与模式的 App 营销策略、网站移植模式的 App 营销策略等方式进行 App 营销。

（1）广告植入模式的 App 营销策略。广告植入模式是最基本、最常见的 App 营销模式之一。企业将广告信息植入热门的、与产品受众相关联的移动应用中，当用户点击广告栏，便自动链接到企业的 WAP 网站，能方便地了解广告主信息或参与活动，从而在潜移默化中达到营销的目的。这种模式成本较低、操作简单，只要将广告信息有针对性地投放到与产品受众高度相关联及下载量较大、用户较多的 App 上，就能达到良好的传播效果。沃尔沃 C30 上市之际便是利用这种高度契合的 App 广告植入吸引了大量的用户注册体验驾驶，逐步提高了新车的知名度。

（2）吸引用户参与模式的 App 营销策略。该模式将广告主的营销目标与消费者需求相结合，通过开发有创意的 App 吸引用户主动参与体验互动，从而达到有效的营销目的。这一模式在调查研究目标消费群体的相关需求属性的基础上，结合产品或品牌的特点开发符合自身定位的 App，并将其投放到各大应用商店，供用户免费下载。通过下载安装并使用这些 App，用户能够在有趣的体验中了解品牌的相关信息和最新动态，逐步加深对企业和品牌的好感度，同时可以利用应用反馈和分享通道方便进行二次传播。

（3）网站移植模式的 App 营销策略。网站移植模式多为购物类、社交类网站的手机客户端。它以移动智能终端为载体，将成熟的传统网站模式移植到移动终端平台，开发符合移动平台界面的 App。用户通过此类 App 可以随时随地浏览网站获取商品信息、进行快捷支付、开展社交活动。这种模式相对于传统网站的最大优势在于快速便捷、服务实时，能有效地覆盖碎片化时间里人们购物、社交的需求，是品牌扩大影响、进行营销的得力补充渠道。

通过这一纽带,品牌得以网罗移动互联网上的活跃用户,将营销活动进行跨媒体整合。该模式的广告主以电商品牌居多,如淘宝、京东等。

二、网络软营销

在网络经济环境下,消费者能够获得的信息量大大增加,在营销中的主动性增强,消费者会主动有选择地与企业沟通,对那些不遵守"网络礼仪"的信息会感到反感。因此,网络软营销方法要求企业转变立场,从立足于企业自身立场转变为立足于消费者立场;要求企业将传统的推式营销转变为拉式营销,努力吸引消费者的注意力。常见的网络软营销方法有以下几种:

1. 网络事件营销

网络事件营销是指企业通过策划、组织和利用具有新闻价值、社会影响及名人效应的人物或事件,借助网络这个传播载体,引起媒体、社会团体和消费者的兴趣与关注,以求提高企业或产品的知名度、美誉度,树立良好品牌形象,并最终"引流"。2009年7月,红遍网络的"贾君鹏事件"被誉为我国第一宗网络事件营销案,几千万的点击率、无数的帖子,看似是网民的集体娱乐,实则是某游戏公司为了吸引网友们关注该游戏而精心策划的网络事件营销。随着互联网的发展,网络事件层出不穷,从"凡客体"到"京东价格战"事件,无不通过网络引发了人们的广泛关注。网络事件往往能引发现实社会中的人们对该事件的探讨,形成网上、网下的公共舆论。以互联网作为媒介的网络事件营销与传统的事件营销相比,具有覆盖面广、成本低、收效高、参与性高等优势,但同时也具有很大的风险性和很强的时效性。

2. 粉丝经济

"粉丝经济"泛指架构在"粉丝"和被关注者关系之上的经营性创收行为。"粉丝"就是主要的消费群体,对"粉丝"的情感进行借力使力,提高企业的品牌和偶像的增值效应,促使"粉丝"对产品产生购买欲望。在商业运作模式上,企业架构"粉丝经济"平台,利用"明星经济"效应,与用户关联黏合,以宣传广告和口碑运营模式来获得经济效益和社会效益的双丰收。

3. 网红经济

随着社交网络的不断发展、用户数量的不断增长及自媒体和社群经济的发展,信息传播变得更加广泛和迅速,一个被称作"网红"的群体顺势诞生。"网红"是网络红人的简称,其依靠自身强大的影响力而引导消费者的购买。网红的产生主要有以下常见方式:①已有影响力的线上扩张,如明星、模特、达人等依托自身在线下垂直领域的影响力,在社交平台上进一步活跃并积累粉丝,成为"网红"。②自媒体时代的自我推广,长期活跃于社交平台,通过传达自身优质的生活方式或提供某垂直领域的独特见解,逐渐受到特定粉丝群体的追捧,形成具有自媒体属性的"网红"。③"网红孵化器"的专业培养。"网红孵化器"本身在社交平台上寻求有一定粉丝基础或零粉丝基础但颇具潜力的人,对其进行专业化培训,利用社交网络强大的信息传播特性,极力帮助推广,将其培养成为"网红"。

4. 自媒体平台营销

自媒体作为"去中心化"的媒体形式，给予公众更多参与表达进行信息传播的机会。根据传播主体的不同，当下的自媒体可以划分为三类：第一类是以草根形象或公众热议的"网红"形象建立起来的，如凭借短视频爆红网络的 papi 酱和凭借专业解读星座为人知晓的同道大叔所建立的自媒体平台。第二类是依靠专业团队一手打造的，团队内部有明细的人员分工，团队本身有明确的品牌定位，并且有较为多样化的营销手段和变现模式。这种独立制作团队是现在网络综艺节目的中流砥柱，以马东团队独立制作的《奇葩说》、罗振宇团队独立制作的《罗辑思维》和吴晓波团队独立制作的《吴晓波频道》为典型代表。第三类则是一些政府机构或大型国有企业在新媒体平台上建立的官方账号，如人民日报的官方账号、国务院的官方账号等。它们充分利用新媒体传播时效快、传播效率高、互动性强等特点，完成了传统媒体在新媒体平台上的完美变身，并获得了大量粉丝。

三、网络整合营销

网络整合营销的核心是消费者导向，认为品牌和消费者之间的关系不应局限于靠公关和广告来维护，而是以受众为导向、战略性地整合多种营销渠道、注重对绩效的测量，以达到与顾客建立长期品牌联系的观念和管理过程。这里的受众包括消费者，也包括其他的利益关系群体。网络整合营销的主要方法有大数据营销和精准营销，是准确把握受众需求、准确满足受众需求的典型整合营销方法。

1. 大数据营销

急速的信息膨胀和大数据产生的商用价值正在改变现有的营销模式和企业的其他活动。例如，亚马逊基于消费者浏览行为创建个性化推荐系统，优酷通过用户和网友的评论意见设计并更新互动直播剧，淘宝与新浪微博达成链接分享、账号绑定、分众数据提供等多种形式的商业合作。这些决策来源于对用户行为大数据的分析和营销。

作为新兴的营销模式，大数据营销具有传统网络营销不可比拟的优越性：①基于详细客户数据信息的分析结果，可以提供更加精准的个性化营销，不断优化客户体验；②针对大量客户信息的挖掘和共享，对潜在客户的消费行为进行预判；③基于大数据技术对营销活动效果进行监控和测量，对营销活动进行实时优化。大数据营销的主要用途有以下三类：

（1）基于客户的需求定制改善产品。消费者在有意或无意中留下的信息，往往是其需求的体现，是企业改善产品的一项有力依据。

ZARA 公司内部的全球资讯网络定期把从各分店收集到的客户意见和建议汇总并传递给总部的设计人员，由总部做出决策后再立刻将新的设计传送到生产线，直到最终实现"造衣"。利用这一点，ZARA 作为一个标准化与本土化战略并行的公司，还分析出了各地的区域流行色，并在保持其服饰整体欧美风格不变的大前提下做出了最贴近客户需求的市场区隔。同样，在 ZARA 的网络商店内，消费者的意见也作为一项市场调研大数据参与企业产品的研发和生产，且由此映射出的前沿观点和时尚潮流，还让"快速时尚"成了 ZARA 品牌代名词。

（2）基于数据进行精准推广活动。企业作为其产品的经营者，可以通过大数据分析，定位到有特定潜在需求的受众人群，并针对这一群体进行有效的定向推广，以达到刺激消费的目的。针对既有消费者，企业可以通过客户的行为数据分析其购物习惯，并按照其特定的购物偏好、独特的购买倾向进行一对一的定制化商品推送。

塔吉特（Target）百货的促销手册、沃尔玛的建议购买清单、亚马逊的产品推荐页都是个性化产品推荐的体现。红米手机在 QQ 空间上的首发也是一个成功的"大数据找人"精准营销案例。通过对海量用户的行为（包括点赞、关注相关主页等）和他们的身份信息（包括年龄、教育程度、社交圈等）进行筛选后，公司从 6 亿名 Qzone 用户中选出了 5000 万名可能对红米手机感兴趣的用户作为该次定向投放广告和推送红米活动的目标群体，并最终预售成功。

（3）维系客户关系。召回购物车放弃者和挽留流失的老客户也是大数据在商业中的一种应用。

中国移动通过客服电话向流失的移动老客户介绍最新的优惠资讯；一些餐厅通过会员留下的通信信息向其推送打折优惠券来提醒久不光顾的老客户消费；YouTube 根据用户以往的收视习惯确定近期的互动名单，并据此给可能濒临流失的用户发送相关邮件以提醒并鼓励他们重新回来观看。大数据帮助企业识别各类用户，而针对忠诚度各异的消费者实行"差别对待"和"量体裁衣"，是企业客户管理中一项重要的理念基础。

2. 精准营销

精准营销建立在对市场准确细分的基础上，其核心是将合适的产品推荐给合适的消费者，以建立与客户之间的深度联系。首先，对消费者需求的精准把握，不仅可以作为制定营销体系的依据，也对产品生产创新有重要的指导作用；其次，在营销过程中要根据大数据分析结果进行分类，根据客户的心理诉求、行为方式、社会属性等特点，进行营销策略的选择；最后，通过客户的体验反馈进行精准营销的效果衡量，对特定客户进行深化营销，发掘潜在客户。

大数据精准营销是针对个性化的消费需求和分众群体所采取的营销活动。基于移动终端社交媒体网站搜索引擎，大数据精准营销进行结构化和半结构化数据的采集。通过差异化数据库分析比对，得出更加精细的客户分析和分类，采用更加个性化的营销方式，最大限度地实现精准营销。基于大数据的精准营销分为两个层次：一是通过对客户的行为和特征的定位分析，进行个性化推荐，优化客户体验，如对客户的日志信息、论坛信息、微博信息等进行分析，有针对性地选择营销方式；二是通过精准的信息定位进行潜在的客户关系营销。

在 2013 年可口可乐昵称瓶为其带来 20% 的销量增长之后，可口可乐又打响了新一轮的营销战役。瓶身上的歌词从周杰伦到五月天，从世界杯到毕业歌，既照顾到了不同年龄层，又应景地抓住了时下热点。可口可乐首先对意见领袖进行定制化产品投放，再利用明星效应在社会化媒体上的影响力制造信息高点，引发粉丝跟进到自主扩散，从而带动更多的消费者。可口可乐的官方微博也发布瓶身上歌词内容的微博，带动粉丝发布自己最爱的歌词，从而达到营销目的。

第三节　网络营销策略

营销决策的 4P 是在满足 4C 要求的前提条件下，最终实现消费者需求的满足和企业利润最大化。在网络营销模式下，企业与客户的关系变得非常紧密，从以前的一对多形式转变为一对一的营销模式，继而出现了新的营销策略——网络营销策略。

一、网络营销的产品策略

产品在网络中的概念会发生变化，它不再是传统意义上的一种物质的概念，即实实在在的东西，而是转变为一个综合服务和满足需求的概念。也就是说，企业售出的不光是一些物质性的产品，更是一种综合服务的理念。

1．网络营销产品的层次

在网络营销中，产品的整体概念可以分为以下五个层次：

(1) 核心利益层次。它是指产品能够提供给使用者真正想要购买的基本效用或益处。

(2) 有形产品层次。它是产品在市场上出现时的具体物质形态，可以表现在品质、特征、式样、商标、包装等方面，是核心利益的物质载体。

(3) 期望产品层次。正因为在网络营销中客户处于主导地位，使得产品的设计和开发必须满足客户的这种个性化消费需求。

(4) 延伸产品层次。它是指由产品的生产者或经营者提供的客户有需求的产品层次，主要是帮助客户更好地使用核心利益和服务。

(5) 潜在产品层次。它是在延伸产品层次之外，由企业提供能满足客户潜在需求的产品层次。它主要是产品的一种增值服务。它与延伸产品的主要区别是，即使没有潜在产品，客户仍然可以很好地使用其所需产品的核心利益和服务。

2．网络营销产品策略选择

了解网络营销产品的层次后，就要知道什么样的产品适合在网上销售。这需要从以下几个方面考虑：

(1) 产品的消费对象是否与网民结构一致？互联网刚普及的时候，上网人口主要是年轻的高收入男性、专业人士和学生。从这个角度来看，计算机软硬件、通信产品、旅游、书籍、音乐、鲜花和教育等产品比较适合网上销售。后来，网民的结构发生了变化，越来越多的女性开始上网，而且网络也日渐平民化，以前似乎不适合网上销售的一些产品也开始在网上热卖。现在，可以说网上的商品包罗万象，但不同的产品有不同的网络营销策略。

(2) 产品的质量标准是否比较单一，消费者是否无须近距离接触就能比较清楚地了解其质量？从这个角度来看，名牌家电和书籍等可能比较适合网上销售，而过于个性的产品则不适合。

(3) 产品以传统方式购买是否特别费事或很难找到？网络就可以发挥其信息收集与检索的优势。比如，网上的二手货买卖，互联网能轻易地把众多的买主与卖主集合在一起交易，能让买主通过检索方便地发现自己所需的产品。

（4）考虑到配送成本，产品在目标市场与其他商店（包括线下商店）相比是否还具有价格优势？从这个角度来看，各种"软"产品，如教育、咨询、证券交易、软件和音乐适合网上交易，一些体积小、价值高或与目标市场差价特别大的产品，如手工艺术品等，也适合在网上销售。

二、网络营销的价格策略

1. 影响网络营销定价的因素

影响产品价格的因素有很多，内部因素有定价目标、成本因素、营销组合战略、产品生命周期、产品的属性等；外部因素有客户因素、市场和需求的状况、竞争环境和竞争对手情况。可见，网络营销产品的定价应考虑多方面的因素。但是，影响网络营销定价策略的独特因素主要包括以下几点：

（1）客户对价格的敏感度。
（2）独特的价值效应。
（3）消费者参与的主动性。
（4）回归一对一谈判。

2. 网络营销定价目标

网络营销活动中，企业的定价目标一般有以下几个方面：

（1）以维持企业的生存为目标，主要是保本价或低价。
（2）以获取当前最高利润为目标，实现企业的利润最大化。
（3）以市场占有率最大化为目标，制定尽可能低的价格来追求高市场占有率的领先地位。
（4）以应对和防止竞争为目标，以较低的价格为市场形成进入壁垒，减少竞争。

3. 网络营销定价的特点

（1）从价格水平分析，网络营销的价格相对较低。
（2）从价格弹性分析，价格竞争对销售影响不大。
（3）从标价成本分析，价格变动频率远高于传统商家，但幅度很小。
（4）从价格差异分析，商家知名度、品牌、信任度等的不同，具有不确定性。

4. 网络营销定价策略选择

网络营销的定价策略有许多，下面仅介绍几种具有代表性的策略：

（1）低价渗透策略。企业把产品以较低的价格投放网上市场，以吸引网上客户，抢占网上市场份额，提高网上市场占有率，增强竞争优势。低价能使企业取得最大网上市场销售量，并且能够有效阻碍竞争者的跟进与加入。一般对公开定价商品多采用折扣策略。

（2）客户主导定价策略。在网络环境下，一般企业的定价策略更多地由按成本定价转变为按客户理解的产品价值定价。如拍卖竞价，参与者通过互联网公开竞价，在规定时间内由价高者赢得。

（3）动态定价策略。这一策略在差异定价法的基础上发展而来，是指通过客户跟踪系统，经常关注客户的需求，时刻注意潜在客户的需求变化，保持网站向客户需要的方向发展。在此前提下，企业连续、及时更新产品价格数据库，数据库里的价格信息随时间和客户因素的不同而及时变化。

（4）个性化定价策略。要求企业保持与客户的直接接触，理解客户的特殊要求；还要求企业能够及时根据市场需要组织原材料，以最快的速度生产客户所需要的产品。

企业可基于上述几种策略自行定价。

三、网络营销的促销策略

1. 网络促销的概念

网络促销是指利用计算机及网络技术向虚拟市场传递有关商品和服务的信息，以引发消费者需求、唤起购买欲望和促成购买行为的各种活动。

2. 网络促销的特点

（1）网络促销活动是通过网络传递有关信息，从事网络促销的营销者不仅要熟悉传统营销知识和技巧，而且需要相应的计算机网络技术知识。

（2）网络促销活动是在网络市场上进行的。从事网络促销的人员必须分清网络市场和实体市场的区别，跳出实体市场的局限性。

（3）网络促销与传统促销相比，不仅在时空观念上发生了变化，同时在沟通方式、消费行为上也发生了变化。企业的促销人员必须认识到这种时空观念的变化，调整自己的促销策略和具体实施方案。上网客户直接参与生产和商业流通的循环，并且要快速吸收来自方方面面的媒体信息，还要普遍进行大范围的选择和理性的购买。

3. 网络营销的促销策略选择

传统营销的促销策略主要有四种：广告、销售促进、宣传推广和人员推销。网络营销是在网上市场开展的促销活动，相应策略也有四种，分别是网络广告、站点推广、销售促进和关系营销。其中网络广告和站点促销是主要的网络营销促销策略。根据《中国互联网发展报告2018》，2017年我国网络广告市场规模达3828.7亿元，在我国广告市场中占比超过50%。互联网广告的市场规模增长到一个新的量级，以报纸、杂志为代表的纸媒广告市场份额不断萎缩；电视和广播广告市场份额逐渐稳定、增速放缓；网络广告已经形成了一个很有影响力的产业市场。因此，企业的首选促销形式就是网络广告。

（1）网络广告。网络广告的类型很多，根据形式不同可以分为旗帜广告、电子邮件广告、电子杂志广告、新闻组广告、公告栏广告等。网络广告主要是借助网上知名站点（如ISP或者ICP）、免费电子邮件和一些免费公开的交互站点（如新闻组、公告栏）发布企业的产品信息，对企业和产品进行宣传推广。网络广告作为有效而可控的促销手段，被许多企业用于网络促销，但花费的费用也不少。

（2）站点推广。站点推广就是利用网络营销策略扩大站点的知名度，吸引上网者访问网站，起到宣传和推广企业及企业产品的效果。站点推广主要有两大类方法：一类是通过改进网站内容和服务，吸引用户访问，起到推广效果；另一类是通过网络广告宣传推广站点。前一类方法费用较低，而且容易稳定顾客访问流量，但推广速度比较慢；后一类方法可以在短时间内扩大站点知名度，但费用不菲。

（3）销售促进。销售促进就是企业利用可以直接销售的网络营销站点，采用一些方法，如价格折扣、有奖销售、拍卖销售等，宣传和推广产品。

（4）关系营销。关系营销就是通过借助互联网的交互功能吸引客户与企业保持密切关系，培养客户忠诚度，提高企业收益。

四、网络营销的渠道策略

1. 网络营销渠道的概念

网络营销渠道是指借助互联网的销售平台向客户提供商品的信息和服务，以促成商品的价值转移和信息的双向沟通，从而辅助企业实现营销目标的一套相互依存的中间环节。

与传统营销渠道一样，以互联网作为支撑的网络营销渠道也应具备传统营销渠道的功能。营销渠道是指与提供产品或服务以供使用或消费这一过程有关的一整套相互依存的机构，它涉及信息沟通、资金转移和货物转移等。一个完善的网上销售渠道应有三大功能：订货功能、结算功能和配送功能。网络营销渠道突破了传统渠道的地域限制，简化了传统渠道的多层次结构，集售前、售中、售后服务于一体，是新型的网络中介。

2. 网络营销渠道的分类

（1）网上直销。网上直销与传统直接分销渠道一样，都没有营销中间商。网上直销渠道一样也要具有上述营销渠道中的订货功能、支付功能和配送功能。网上直销与传统直接分销渠道不同的是，生产企业可以通过建设网络营销站点，让客户直接从网站进行订货。企业通过与一些电子商务服务机构如网上银行合作，可以通过网站直接提供支付结算功能，简化了过去资金流转的问题。关于配送方面，网上直销渠道可以利用互联网技术来构造有效的物流系统，也可以通过互联网与一些专业物流公司进行合作，建立有效的物流体系。

（2）网络时代的新型中间商。由于网络的信息资源丰富、信息处理速度快，基于网络的服务可以便于搜索产品，但在产品（信息、软件产品除外）实体分销方面却难以胜任。目前出现了许多基于网络提供信息服务中介功能的新型中间商，可称为电子中间商。

3. 网络营销渠道策略的类型

（1）增值策略。它包括产品信息增值和客户信息增值，体现在产品信息的发布、组织和展示方面。

（2）延伸策略。这包括：主动营销（联合促销、定期推荐商品）实现信息传播的延伸；在线交易实现营销手段的延伸；中间商介入实现营销范围的延伸；除充分利用自身网络销售平台外，还要充分利用电子中间商实现营销范围的扩大。

（3）整合策略。主要有"上上整合"（即企业内网、外网和互联网线上整合）和"上下整合"（即网络渠道与传统渠道的完美结合）两种。

（4）双管策略。一方面是线上与线下的双管，即网上营销与离线营销相结合；另一方面是直销与中介的双管，即直销渠道与中介渠道相结合。

第四节 网络营销技术

如今,网络营销已经成为一个不可回避的商业命题,它不仅是一种新的技术或手段,更是一种影响企业未来生存及长远目标的选择。根据企业对互联网络作用的认识及应用能力,可将企业网络营销划分为以下五个层次:

一、企业上网宣传

建立企业网站是企业上网宣传的前提。企业网站信息由企业定制,没有传统媒体的时间、版面等限制,也可伴随企业的进步发展不断实时更新;企业网站可应用虚拟现实等多媒体手段吸引受众并与访问者双向交流,及时有效地传递并获取有关信息。这些都是吸引企业上网宣传、使其由内部或区域宣传转向外部和国际信息交流的重要因素。

尽管企业可以通过在 ISP 或网址搜索工具中留下链接网址以帮助上网者进入,或者以新颖的媒体形式引人注意,但要真正获得长期宣传效果,仍必须回到现实经济世界,在现实世界形成特色,创立让潜在客户认可的声誉,这样才可能充分发挥网络的威力,实现借助网络宣传扩大市场影响力的目标。

企业上网宣传是网络营销的起步和基础,也是目前大部分企业的基本目标。然而,上网并非一上了事,只有建立网站并不断更新、增添信息,网站才会有生命力。

二、网络市场调研

1. 网络市场调研的概念

市场调查是指以科学的方法,系统地、有目的地收集、整理、分析和研究所有与市场有关的信息,特别是有关客户的需求、购买动机和购买行为等方面的信息,从而把握市场现状和发展态势,有针对性地制定营销策略,取得良好的营销效益。

基于互联网而系统地进行营销信息的收集、整理、分析和研究,称为网络市场调研。网站用户注册和免费服务申请表格填写等做法可看作是网站发起用户市场调研的基本手段。

与传统的市场调研一样,进行网络市场调研,主要是要探索以下几个方面问题:市场可行性研究,分析不同地区的销售机会和潜力,探索影响销售的各种因素,竞争分析,产品研究,包装测试,价格研究,分析特定市场的特征,客户研究,形象研究,市场性质变化的动态研究,广告监测,广告效果研究。

2. 网络市场调研的特点

网络市场调研可以充分利用互联网的开放性、自由性、平等性、广泛性和直接性等特点,开展调查工作。

(1) 网络信息的及时性和共享性。网络的传输速度非常快,网络信息能迅速传递给连接上网的任何用户;网络调研是开放的,网民可以参加投票和查看结果。这保证了网络信息的及时性和共享性。

(2) 网络调研的便捷性与低费用。网络调研可节省传统调研中所耗费的大量人力和物力。在网络上进行调研，只需要一台能上网的计算机即可。调查者在企业站点上发出电子调查问卷，网民自愿填写，然后通过统计分析软件对访问者反馈的信息进行整理和分析。

（3）网络调研的交互性和充分性。网络的最大好处之一是交互性。在网络调研时，被调查对象可以及时就问卷相关的问题提出自己更多的看法和建议，可减少因问卷设计不合理而导致的调查结论偏差等问题。同时，被调查者还可以自由地在网上发表自己的看法，也没有时间限制的问题。

（4）调研结果的可靠性和客观性。由于企业站点的访问者一般都对企业产品有一定的兴趣，所以这种基于客户和潜在客户的市场调研结果是比较客观和真实的，在很大程度上反映了客户的心态和市场发展的趋势。首先，被调查者是在完全自愿的原则下参与调查，调查的针对性更强；其次，调查问卷的填写是自愿的，而不是传统调研中的"强迫式"，填写者一般都对调查内容有一定兴趣，回答问题相对认真，所以问卷填写的可靠性高；最后，网络调研可以避免传统调研中人为错误（如调查员缺乏技巧、诱导回答问卷问题）所导致调研结论的偏差，被调查者是在完全独立思考的环境下接受调查，不会受到调查员及其他外在因素的误导和干预，能最大限度地保证调研结果的客观性。

（5）网络调研无时空、地域限制。网络调研可以24小时全天候进行，这与受区域制约和时间制约的传统调研方式有很大的不同。

（6）网络调研的可检验性和可控制性。利用互联网进行网上调研收集信息，可以有效地对采集信息的质量实施系统的检验和控制。这是因为：①网上调查问卷可以附加全面规范的指标解释，有利于消除因对指标理解不清或调查员解释口径不一而造成的调查偏差；②问卷的复核检验由计算机依据设定的检验条件和控制措施自动实施，可以有效地保证对调查问卷100%的复核检验，保证检验与控制的客观公正性；③通过对被调查者的身份验证技术，可以有效地防止信息采集过程中的舞弊行为。

3．网络市场调研策略

网络市场调查的目的是收集网上购物者和潜在客户的信息，利用网络加强与客户的沟通与理解，改善营销并更好地服务于客户。为此，市场调查人员必须根据网络调研的特殊性认真研究调研策略，以充分发挥网络调研的优越性，提高网络调研的质量。网络市场调研策略主要包括如何识别企业站点的访问者，以及如何有效地在企业站点上进行市场调研。

（1）识别企业站点的访问者并激励其访问企业站点。网络市场调研没有空间和地域的限制，一切都是随机的，调研人员无法预期谁将是企业站点的访问者，也无法确定调研对象样本。即使那些在网上购买企业产品的客户，要确知其身份、职业、性别、年龄等也是很复杂的。因此，网络市场调研的关键之一是如何识别并吸引更多的访问者，使他们有兴趣在企业站点上进行双向的网上交流。

（2）企业站点上的市场调研。要想有效地在企业站点上进行网络市场调研，可以采取以下策略：

1）科学地设计调查问卷。成功的调查问卷应具备两个功能：一是能将所调查的问题明确地传达给访问者；二是设法取得对方的合作，使访问者能真实、准确地回复。

2）监控在线服务。企业站点的访问者能利用互联网上的一些软件来跟踪在线服务。营销调研人员可通过监控在线服务了解访问者主要浏览哪类企业、哪类产品的主页，挑选和购买何种产品等基本情况。通过对这些数据的研究分析，营销人员可对客户的地域分布、产品偏好、购买时间及行业内产品竞争态势做出初步的判断和估价。

3）测试产品不同的性能、款式、价格、名称和广告页。在互联网上，修改调研问卷的内容是很方便的。因此，营销人员可方便地测试不同的调研内容的组合。像产品的性能、款式、价格、名称和广告页等客户比较敏感的因素，更是市场调研中重点涉及的内容。通过不同因素组合的测试，营销人员能分析出哪种因素对产品来说是最重要的，哪些因素的组合对客户是最有吸引力的。

4）有针对性地跟踪目标客户。市场调研人员在互联网上或通过其他途径获得了客户或潜在客户的电子邮件网址，可以直接使用电子邮件向他们发出有关产品和服务的询问，并请求他们反馈；也可在电子调查表单中设置让客户自由发表意见和建议的版块，请他们发表对企业、产品、服务等各方面的见解和期望。通过这些信息，调研人员可以把握产品的市场潮流以及客户心理和购买倾向的变化，根据这些变化来调整企业的产品结构和市场营销策略。

5）以产品特色、网页内容的差别化赢得访问者。如果企业市场调研人员跟踪到访问者浏览过其他企业的站点，或阅读过有关杂志的产品广告主页，那么应及时发送适当的信息给目标访问者，使其充分注意到本企业站点的主页，从而对产品做进一步的比较和选择。

6）传统市场调研和电子邮件相结合。企业市场调研人员也可以在各种传播媒体，如报纸、电视或有关杂志上刊登相关的调查问卷，并公告企业的电子邮箱和网址，让客户通过电子邮件回答企业所要调研的问题，以此收集市场信息。采用这种方法，调研的范围比较广，同时可以减少企业市场调研中相应人力和物力的消耗。

7）通过产品的网上竞买掌握市场信息。企业推出的新产品，可以通过网上竞买，了解客户的购买倾向和购买心理，把握市场态势，从而制定相应的市场营销策略。

三、网络分销联系

尽管电子商务在迅猛发展，但相对于传统营销渠道而言，其份额仍然是很小的，企业传统的分销渠道仍然是企业的宝贵资源。但互联网所具有的高效、及时的双向沟通功能的确为加强企业与其分销商的联系提供了有力的平台。

企业通过互联网络构筑虚拟专用网络，将分销渠道的内部网融入其中，可以及时了解分销过程中的商品流程和最终销售状况，这将为企业及时调整产品结构、补充脱销商品，以至分析市场特征、实时调整市场策略等提供帮助，从而为企业降低库存、采用实时生产方式创造了条件。而对于商业分销渠道而言，网络分销也开辟了及时获取畅销商品信息、处理滞销商品的巨大空间，从而加速了销售周转。

从某种意义上看，通过互联网加强制造企业与分销渠道的紧密联系，已经使分销成为企业活动的自然延伸，是加强双方市场竞争力的一股重要力量。这种联系方式已经成为企业生存的必然选择，并迅速向国际化发展。

四、网上直接销售

目前有数量众多的无形商场在互联网络上开张营业，从事网上直接销售，如亚马逊、海尔商城等。互联网络是企业和个人相互面对的乐园，是直接联系分散在广阔空间中数量众多的消费者的最短渠道。它排除了时间的耽搁和限制，取消了地理的距离与障碍，并提供了更大范围的消费选择机会和灵活的选择方式，因此，网上直接销售为上网者创造了实现消费需求的新机会。图8-1为海尔商城的网上直接销售页面。

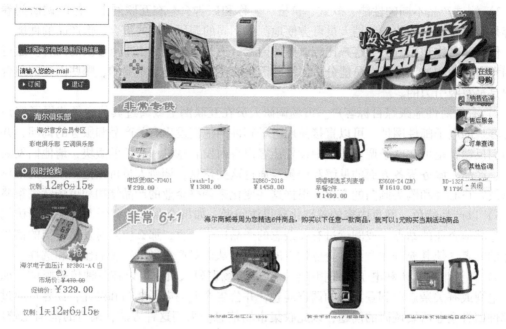

图8-1　海尔商城的网上直接销售页面

网上直接销售不仅是面向上网者个体的消费方式，也包含企业间的网上直接交易，它是一种高效率、低成本的市场交易方式，代表了一种新的经营模式。一旦某个网站通过提供有用的产品信息吸引到大批客户，卖主们便会蜂拥而上，其产品就会以一种快速循环的方式吸引更多的客户。

由于网上直接销售合并了全部中间销售环节，并提供了更为详细的商品信息，客户能更快、更容易地比较商品特性及价格，从而在消费选择上居于主动地位，而且与众多销售商的联系更为便利。对于卖方而言，这种模式几乎不需销售成本，而且即时完成交易。

五、网上营销集成

互联网络是一种新的市场环境，这一环境不只是影响企业的某一环节和过程，还将在企业组织、运作及管理观念上产生重大影响。一些企业已经迅速融入这一环境，依靠网络与原料商、制造商、消费者建立密切联系，并通过网络收集传递信息，从而根据消费需求，充分利用网络伙伴的生产能力，实现产品设计、制造及销售服务的全过程，这种模式是网上营销集成。应用这一模式的代表有思科（Cisco）、戴尔等公司。

在思科公司的管理模式中，网络无处不在，它在客户、潜在客户、商业伙伴、供应商和雇员之间形成紧密的联系，从而成为一切环节的中心，使供应商、承包制造商和组装队伍浑然一体，成为思科的有机组成。其70%的产品制造通过外包方式完成，并由外部承包商送至客户手中，而且对于寻求技术支持的要求，有70%是通过网络满足的。这些客户的满意程度比人际交往方式要高，不仅节约了开支，而且节省出更多的人力资源充实到研发部门，进一步加强了竞争优势。

按用户订单装配计算机的戴尔公司利用互联网络进一步提高了效率与加强了成本控制。戴尔公司通过互联网每隔两小时向公司仓库传送一次需求信息，并让众多的供货商了解生产计划和存货情况，以便及时获取所需配件，从而在处理用户定制产品和交货方面非常快速。而且由于通过网络实时联系合作伙伴，其存货率远远低于同行。

根据我国目前互联网的应用状况，国内企业先期可在前三个层次上开展工作，尤其是第三个层次——网络分销联系，它将加强企业间商业联系、改造传统商务模式、建立网络伙伴关系，进而为深化互联网应用、开展网上营销奠定基础。

复习思考题

1. 目前我国企业比较适合网络营销的哪一个层次？为什么？
2. 网络营销有哪些方法？
3. 什么是网络市场调研？其特点是什么？
4. 网络市场调研的策略有哪些？
5. 如何运用搜索引擎进行网站推广？

实验题

1. 选择一家公司，在互联网上开展竞争者信息收集工作。
2. 登录 www.126.com 网站，注意观察邮件尾部的广告语，体会病毒性营销的方式和效果。
3. 登录淘宝网购买一件商品，体会 B2C 营销方式。

案例分析

百事可乐的中国互联网营销

网络在百事可乐的营销中有着至关重要的地位。在网络还没有普及时，客户只是客户，但随着网络走进千家万户，客户就不再是单纯的客户了，他们既可以是百事可乐的代言人，也可能是传媒公司，当然，如果客户想成为百事可乐的营销总监也不是不可能的事。在很久之前，百事公司就有了全方位的网络宣传计划，他们开放了网络平台，将舞台留给了青年人去尽情发挥他们的才能。因此，百事可乐得出一条经验之谈："客户的舞台越宽广，我们越能了解客户的需要。"过去几年百事可乐一直在吸纳消费者的建议，他们甚至承办了活动——"百事我创"，给青年人提供了更为宽广的舞台，收集了成千上万条新颖广告，由百事可乐投资，将优秀的提案制成成品。次年，百事可乐将这些成品广告发布到网络上让客户进行选择，将最受支持的广告应用于百事可乐的包装上。这也是对外开放的一种形式。百事可乐在世界上最主要的销售地之一就是中国，而百事在接下来几年的销售重点依旧是为客户开放更加宽广的舞台。面对网络的迅猛发展，百事可乐的销售理念是"开放，开放，持续开放"，而且他们口中的"开放"不再是传统意义的开放，而是要真正地贴合青年一代的真实需求，引领他们的思想渴望，与他们产生灵魂的共鸣。

1. 努力降低成本

互联网的魅力在于它既可以作沟通平台，又可以完成销售。所以，互联网营销极大地降低了消费者获得信息的成本。同时，网络平台的促销也降低了消费者的购买成本及时间成本。2014年起，百事可乐公司与京东、天猫、1号店等电商平台开展一系列的品牌活动、促销活动，抢占渠道先机，借助电商平台提高品牌知名度的同时拉动销售。

2. 互联网媒体合作，提高消费者获取信息的便利性

百事可乐自21世纪初到今日一直没有停止过互联网的广告营销，这是因为线上宣传的效益不是短期内可以实现的。而每年跟随着春天的脚步，饮品消费也会迎来销售量的巅峰，为了提高销量，百事可乐公司将投入更多的资金用于线上宣传，一直持续到天气转冷。时值2014年新年跨年，在线上活动中，百事与众多合作伙伴，包括天猫、百度、腾讯等共同发力，在充分运用不同平台各自优势的同时，彼此协作，将活动影响放到最大，让百事可乐打了场漂亮的新年战。在百度与百事可乐的合作过程中，百度除了充当广告刊登的网络平台角色外，还在整个过程中参与了表现方法和媒体新意的讨论和确定。更值得一提的是，在此次合作中，百度同样献上了不少"第一次"，比如百度首页文字链以及火车票知心产品的结合。

此外，2014年1月17日，百度还为百事可乐推出搜索彩蛋，强有力地对外推送百事可乐的祝福大片。在此期间，"百事"二字和所有代言其产品的明星的名字更是长期占据热搜榜首。同样，考虑到《快乐送》的MV，百度在其音乐专区也展开了大力度的宣传活动，从计算机客户端到手机全线推广，千千静听、音乐盒、首页滚动图、网页和手机客户端一个都没落下。

百度是一个综合性的网络平台，从计算机终端到手机客户端，百度将自身发展到人们生活的每一个角落，它涵盖了音频、百科、文库、知道等多个功能区，还拥有使用量超多的十几款手机软件。可以说，百度如一场春雨，无声无息地进入千家万户。除此之外，百度的主功能——搜索还可以为饮品市场的广告宣传提供参考数据。众所周知，每天都有上亿人在使用百度查找信息，而很少有网友可以做到雁过无痕，他们的搜索记录可以被百度的后台终端整理融合，分析出网民的独特喜好，而这些信息对于实业公司尤为重要。所以，可以说百事可乐在百度上推广的成功，也让它对互联网的作用有了更深层次的认识。相信凭借这些优势，百事可乐的互联网营销策略能够高效开展。

在百事可乐整体营销策略中，互联网营销已成为其举足轻重的部分，百事可乐互联网营销广告与百事可乐"渴望无限""突破渴望""新一代的选择"的品牌理念及目标消费群紧紧联系在一起，也承载着与店面广告、挂牌广告、户外广告、电视广告、空中广告、交通广告等其他渠道相同的广告策略。百事可乐互联网营销广告由于一致的步伐和紧密联系的理念取得了显著的营销效果，有效地宣传了品牌形象，提高了品牌声誉。

案例思考题：

1. 百事可乐的网络营销成功的原因有哪些？
2. 企业应该怎样根据自身实际情况选择合适的网络营销工具？

第九章

电子商务物流

> ● 内容提要 ●
>
> ❶ 电子商务与物流的关系。
> ❷ 我国电子商务物流的发展现状。
> ❸ 电子商务物流管理的含义及内容。
> ❹ 电子商务物流管理的原则。
> ❺ 电子商务物流管理的职能。

第一节 电子商务物流概述

一、传统物流的含义

目前国内外关于物流的定义很多，下面列举一些较有代表性的权威解释。

美国物流管理委员会对物流的定义：物流是指为满足客户需要而进行的原材料、中间库存、最终产品及相关信息从起点到终点间的有效流动，以及为实现这一流动而进行的计划、管理、控制过程。

日本工业标准的定义：物流是将实物从供应者物理性移动到用户这一过程的活动，一般包括输送、保管、装卸以及与其有关的情报等各种活动。

我国2006年颁布实施的《物流术语》国家标准（GB/T 18354—2006）中的定义：物流是指物品从供应地到接收地的实体流动过程，根据实际需要，将运输、存储、装卸、搬运、包装、流通加工、配送、信息处理等基本功能实施有机结合。

除此之外，还有如下一些典型的定义：

（1）物流是一个控制原材料、制成品、产成品和信息的系统。

（2）物流是从供应开始，经各种中间环节的转让及拥有而到达最终消费者手中的实物运动，以此实现组织的明确目标。

（3）物流是指物质资料从供应者到需求者的物理运动，是创造时间价值、场所价值和一定加工价值的活动。

(4) 物流是指物质实体从供应者向需求者的物理移动，它由一系列创造时间价值和空间价值的经济活动组成，包括运输、保管、配送、包装、装卸、流通加工及物流信息处理等多项基本活动，是这些活动的统一。

二、电子商务与物流的关系

近几年来，随着电子商务环境的改善以及电子商务所具有的巨大优势，电子商务受到了政府、企业界的高度重视，其纷纷以不同的形式介入电子商务活动中，使电子商务在短短几年中以惊人的速度发展。在当今的电子商务时代，人们越来越愿意花一部分钱（运费）来完成足不出户的网上购物活动；同时，随电子商务发展而产生的大小卖家也更愿意将实体店搬到网上，因为这样既可以打开市场，又不用考虑店铺的租金问题。物流环节联系着买家和卖家，物流的水平，如运费的高低、送货时间、商品的安全等因素都是双方非常关心的。电子商务在改变传统商业模式的同时，对物流也产生了深刻的影响。可以说，电子商务的发展把物流业提升到了前所未有的高度，电子商务为物流企业提供了空前发展的机遇；而现代物流的发展又促进了电子商务的进一步发展。

（一）电子商务对物流的影响

1. 电子商务将改变人们传统的物流观念

电子商务作为新兴的商务活动，为物流创造了一个虚拟的运动空间。在电子商务的状态下，人们在进行物流活动时，物流的各种职能及功能可以通过虚拟的方式表现出来，在这个过程中，人们可以通过各种组合方式寻求物流的合理化方案，达到效率最高、费用最省、距离最短、时间最少的目的。

2. 电子商务将改变物流的运作方式

（1）电子商务可使物流实现网络的实时控制。传统的物流活动在其运作过程中，不管是以生产为中心，还是以成本或利润为中心，其实质都是以商流为中心，从属于商流活动，因而物流的运作方式是紧紧伴随着商流来运动的。而在电子商务中，物流的运作是以信息为中心的，信息不仅决定了物流的运动方向，而且也决定着物流的运作方式。在实际运作过程中，通过网络上的信息传递，可以有效地实现对物流的实时控制，实现物流的合理化。

（2）网络对物流的实时控制是以整体物流来进行的。在传统的物流活动中，虽然也有依据计算机对物流的实时控制，但这种控制都是孤立的。例如，在实施计算机管理的物流中心或仓储企业中，所实施的计算机管理信息系统，大都是以企业自身为中心来管理物流的。而在电子商务时代，网络全球化的特点可使物流在全球范围内实施整体的实时控制。

3. 电子商务将改变物流企业的经营形态

（1）电子商务将改变物流企业对物流的组织和管理。在传统经济条件下，物流往往是由某一企业来进行组织和管理的，而电子商务则要求以社会的角度来实行系统的组织和管理，以打破传统物流分散的状态。这就要求企业在组织物流的过程中，不仅要考虑本企业的物流组织和管理，更重要的是要考虑全社会的整体系统。

（2）电子商务将改变企业的竞争状态。在传统的经济活动中，物流企业之间存在激烈的竞争，这种竞争往往是依靠提供优质的服务、降低物流费用等方式来进行的。在电子商务时代，这些竞争内容虽然依然存在，但有效性却大大降低了。原因在于电子商务需要一个全球性的物流系统来保证商品实体的合理流动，对于一个企业来说，即使它的规模再大，也是难以达到这一要求的。这就要求物流企业联合起来，在竞争中形成一种协同竞争的状态，在相互协同实现物流高效化、合理化、系统化的前提下，相互竞争。

4. 电子商务将促进物流基础设施的改善和物流技术与物流管理水平的提高

（1）电子商务将促进物流基础设施的改善。电子商务高效率和全球性的特点，要求物流也必须达到这一目标，良好的交通运输网络、通信网络等基础设施是最基本的保证。

（2）电子商务将促进物流技术的进步。物流技术主要包括物流硬技术和软技术。物流硬技术是指在组织物流过程中所需的各种材料、机械和设施等；物流软技术是指组织高效率的物流所需的计划、管理、评价等方面的技术和管理方法。从物流环节来考察，物流技术包括运输技术、保管技术、装卸技术、包装技术等。物流技术水平的高低是决定物流效率高低的一个重要因素，要建立一个适应电子商务运作的高效率的物流系统，加快提高物流的技术水平起着重要的作用。

（3）电子商务将促进物流管理水平的提高。物流管理水平的高低直接决定和影响着物流效率的高低，也影响着电子商务高效率优势的实现问题。只有提高物流管理水平，建立科学合理的管理制度，将科学的管理手段和方法应用于物流管理中，才能确保物流的畅通，实现物流的合理化和高效化，促进电子商务的发展。

（二）物流对电子商务的影响

1. 物流是电子商务的重要组成部分

电子商务中的任何一笔交易，都包含四种基本的"流"，即信息流、商流、资金流和物流。其中，信息流既包括商品信息的提供、促销行销、技术支持、售后咨询等，也包括诸如询价单、报价单、付款通知单、转账通知单等商业贸易单证，还包括交易方的支付能力、支付信誉等。商流是指商品在商品所有权转移的运动过程，具体是指商品交易的一系列活动。资金流主要是指资金的转移过程，包括付款、转账等过程。在电子商务环境中，以上三种"流"的处理都可以通过计算机和网络通信设备实现。物流，作为四种"流"中最为特殊的一种，是指物质实体（商品或服务）的流动过程，具体包括运输、储存、配送、装卸、保管、物流信息管理等各种活动。对于少数商品和服务，如各种电子出版物、信息咨询服务、有价信息软件等，可以直接通过网络传输的方式进行配送；而对于大多数商品和服务来说，物流仍要经由物理方式传输。因此，物流在交易中占有十分重要的地位。

2. 物流现代化是电子商务的基础

电子商务通过快捷、高效的信息处理手段可以比较容易地解决信息流、商流和资金流的问题，而将商品及时地配送到用户手中，即完成商品的空间转移（物流）才标志着电子商务过程的结束。因此，物流系统的效率高低是电子商务成功与否的关键，而物流效率很大程度上取决于物流现代化的水平。

物流现代化包括物流技术和物流管理两个方面的现代化，而物流现代化中最重要的部分是物流信息化。物流信息化是电子商务物流的基本要求，是企业信息化的重要组成部分，表现为物流信息的商品化、物流信息收集的数据化和代码化、物流信息处理的电子化和计算机化、物流信息传递的标准化和实时化、物流信息储存的数字化等。物流信息化能更好地协调生产与销售、运输、储存等环节的联系，对优化供货程序、缩短物流时间及降低库存都具有十分重要的意义。

3. 物流是实施电子商务的重要保证

绝大部分电子商务交易要靠物流体系送货，因此，物流是实现电子商务的重要环节和基本保证。

（1）物流保障生产。无论在传统的贸易方式下还是在电子商务下，生产都是商品流通之本，而生产的顺利进行需要各类物流活动的支持。生产的全过程从原材料的采购开始，便要求有相应物流活动，所采购的材料要到位，否则生产就难以进行；在生产的各工艺流程之间，也需要原材料、半成品的物流过程，即所谓的生产物流，以实现生产的流动性；部分余料、可重复使用的物资的回收，需要所谓的回收物流；废弃物的处理则需要废弃物物流。可见，整个生产过程实际上就是系列化的物流活动。合理化、现代化的物流通过降低费用，从而降低成本、优化库存结构、减少资金占压、缩短生产周期，保障了现代化生产的高效进行。

（2）物流服务于商流。在商流活动中，商品所有权在购销合同签订并支付货款的那一刻起，便由供方转移到需方，而商品实体并没有因此而移动。在传统的交易过程中，除了非实物交割的期货交易，一般的商流必须伴随相应的物流活动，即按照需方的需求将商品实体由供方以适当的方式、途径向需方转移。而在电子商务中，消费者通过上网点击购物，完成了商品所有权的交割过程，即商流过程，但电子商务并未结束，只有商品和服务真正转移到消费者手中，商务活动才告终结。在整个电子商务的交易过程中，物流实际上是作为商流的后续者和服务者出现的。

三、我国电子商务物流的发展

（一）我国电子商务物流发展现状

电子商务的发展，扩展了企业的销售渠道，改变了企业传统的销售方式及消费者的购物方式，使得送货上门等物流服务成为必然，促进了我国物流行业的发展。进入21世纪以来，我国物流业总体规模快速增长，服务水平显著提高，发展的环境和条件不断改善，为进一步加快发展奠定了坚实的基础。

1. 物流业规模快速增长

2010—2017年，全国社会物流总额从125.4万亿元攀升至252.8万亿元，实现10.53%的年均复合增长率，社会物流需求总体上呈增长态势。2016年，全国社会物流总额229.7万亿元。从构成上看，工业品物流总额214.0万亿元，按可比价格计算，比上年增长6.0%；进口货物物流总额10.5万亿元，增长7.4%；农产品物流总额3.6万亿元，增长3.1%；再生资源物流总额0.9万亿元，增长7.5%；单位与居民物品物流总额0.7万亿元，增长42.8%。我国社会物流总费用占GDP比重一直远高于发达国家，2016年我国该比重为14.9%。

2. 物流业发展水平显著提高

一些制造企业、商贸企业开始采用现代物流管理理念、方法和技术，实施流程再造和服务外包；传统运输、仓储、货代企业实行功能整合和服务延伸，加快向现代物流企业转型；一批新型的物流企业迅速成长，形成了多种所有制、多种服务模式、多层次的物流企业群体。2010—2017 年，全国社会物流总费用从 7.1 万亿元上升到 12.1 万亿元，年复合增长率为 7.91%，体现出我国物流行业在需求旺盛的情况下，物流总费用规模也不断扩大。在此期间，全国物流总费用与 GDP 的比例从 17.8% 下降至 14.6%，物流费用成本呈下降趋势，物流效率总体有所提升，促进了经济运行质量的提高。

3. 物流基础设施条件逐步完善

交通设施规模迅速扩大，为物流业发展提供了良好的设施条件。截至 2016 年年底，全国铁路营业里程达到 12.4 万 km，公路总里程 469.63 万 km，内河航道通航里程 12.71 万 km，港口拥有生产用码头泊位 30388 个，颁证民用航空机场 218 个。2015 年，全国港口完成货物吞吐量 132.01 亿 t、集装箱吞吐量 2.20 亿集装箱量，分别比上年增长 3.5% 和 4.0%，全国完成铁路公路水路固定资产投资 27902.63 亿元，比上年增长 4.7%。基础交通的逐步完善，可以进一步降低物流成本提高物流效率。

物流园区建设开始起步，仓储、配送设施现代化水平不断提高，一批区域性物流中心正在形成。物流技术设备加快更新换代，物流信息化建设有了突破性进展。

4. 物流业发展环境明显好转

从国家"十一五"规划纲要明确提出"大力发展现代物流业"开始，中央和地方政府相继建立了推进物流业发展的综合协调机制，出台了支持现代物流业发展的规划和政策，物流统计核算和标准化工作以及人才培养和技术创新等行业基础性工作取得了明显成效。

（二）我国物流产业发展存在的主要问题

近年来，随着社会物流总额的增长，物流总费用也随之增长。但从总体上看，物流总费用占物流总额的比例呈现下降的趋势。这表明随着物流技术的进步，物流单位成本费用在逐渐降低，物流行业的利润水平也有所提升。但物流总费用占 GDP 的比重相对于发达国家仍较高，未来我国物流行业的利润水平还有较大的提升空间。从物流总费用的构成上看，三大板块的构成比例基本维持在一个相对稳定的水平，因此总体来说，我国物流业的成本在各个方面都存在一定的节约空间。一方面，我国的物流状况在向现代化转变，发展形势良好；另一方面，运输和保管成本所占比例较高是我国物流成本居高不下的重要原因。

整体来看，我国物流业务的总体水平仍然偏低，具体表现在：

（1）全社会物流运行效率偏低，我国社会物流总费用占 GDP 比重一直高于发达国家，2015 年我国该比例为 16%，美国、日本、德国均不到 10%。因此，我国物流产业还有较大发展空间。

（2）社会化物流需求不足和专业化物流供给能力不足的问题同时存在，"大而全""小而全"的企业物流运作模式还相当普遍。

（3）物流基础设施能力不足，尚未建立布局合理、衔接顺畅、能力充分、高效便捷的综合交通运输体系，物流园区、物流技术装备等能力也有待加强。

（4）地方封锁和行业垄断对资源整合和一体化运作形成障碍，物流市场还不够规范。

（5）物流技术、人才培养和物流标准还不能完全满足要求，物流服务的组织化和集约化程度不高。

第二节　电子商务下的物流管理

一、电子商务物流管理概述

（一）电子商务物流管理的含义

所谓电子商务物流管理，是指在社会再生产过程中，根据物质资料实体运动的规律，应用管理的基本原理和科学方法，对电子商务物流活动进行计划、组织、指挥、协调、控制和决策，使各项物流活动实现最佳协调和配合，以降低物流成本、提高物流效率和经济效益。简而言之，电子商务物流管理是通过研究并利用电子商务下物流规律对物流全过程、各环节和各方面的管理。

（二）电子商务物流过程管理的主要内容

1. 运输管理

运输管理的第一项内容是运输方式及服务方式的选择。例如，一家网上零售店在选择送货方式时，有自己送货、邮政送货、快递送货、专业物流公司送货等各种方式。管理者就必须根据客户要求的时间、商品性质、客户距公司的地理位置等因素来选择合适的送货方式。运输管理的第二项内容是运输路线的选择。选择运输路线时要求较短的运输距离，同时还要考虑路线的车流量等问题。可以用最短路、最大流、节约里程法等数学模型来解决这些问题。运输管理的最后一项内容是车辆调度和组织。电子商务物流管理主要是利用现代电子商务技术进行科学的车辆指派、作业任务安排及交接事项控制等。

2. 储存管理

开展电子商务既需要建立网站，又需要建立或具备物流中心，而物流中心的主要设施之一就是仓库及附属设备。需要注意的是，电子商务商家建立物流中心的目的不是要在物流中心的仓库中储存商品，而是要通过仓储保证开展市场分销活动，同时尽可能降低库存占压的资金，从而减少库存成本。因此，提供社会化物流服务的公共型物流中心需要配备高效率的物流分拣、传送、储存、拣选设备。在电子商务方案中，可以利用电子商务的信息网络，尽可能多地通过完善的信息沟通，将实物库存暂时用信息代替，即将信息作为虚拟库存，这可以通过建立需求端数据自动收集系统来实现。一些生产厂商和下游的经销商、物流服务商共用数据库，共享库存信息等，目的都是尽量减少实物库存。那些能将供应链上各环节的信息系统有效集成，并能利用尽可能低的库存满足营销需要的电子商务方案提供商将是市场真正的领先者。

3. 装卸搬运管理

装卸搬运管理是指装卸搬运系统的设计、设备规划与配置和作业组织等。装卸搬运系统的设计主要是指装卸搬运的路线、方式、程序与工艺等方面的综合设计。电子商务的装卸搬运管理强调装卸搬运工作量的最小化、均衡化和无缝衔接。

4. 包装管理

包装管理是指包装容器和包装材料的选择与设计、包装技术和方法的改进。电子商务物流管理下，包装管理的重点是系列化、标准化、自动化。只有实现标准化与自动化，才能满足电子商务物流管理的自动化与智能化，从而提高物流运作的效率与效益。

5. 配送管理

配送管理是指配送中心选址及系统优化布局。配送中心选址要考虑企业在电子商务下的生产模式和客户服务战略，如企业生产模式是备货型还是按订单生产。如果是按订单生产，则需要供应商在自己的周围，原材料配送中心离企业比较近，从而减少供应不确定性。配送管理另一方面是指配送作业流程的制定与优化。作业流程一般包括集货、储存、拣选、加工、配货配载与配送。电子商务的配送作业流程强调的是如何与客户加强信息流通，减少需求的不确定性，并根据不同种类的货物来制定不同的作业流程。

6. 物流信息管理

物流信息管理是指对反映物流活动内容的信息、物流要求的信息、物流作业信息和物流特点的信息所进行的收集、加工、处理、储存和传输。

7. 客户服务管理

客户服务管理是指对于物流活动相关服务的组织和监督，如调查和分析顾客对物流活动的反应，决定客户所需要的服务水平和项目等。电子商务的客户服务更强调个性化。如何建立客户的档案、根据不同的客户需求确定不同的服务模式，已成为客户服务管理的一个重点。

二、电子商务物流管理的原则

电子商务物流具有综合性、新颖性、智能型、信息化、自动化、网络化、柔性化等特点。物流向一体化、供应链管理方向发展是电子商务物流管理的基本指导思想。依据一体化的思想和我国物流管理的实际情况，电子商务物流管理应遵循下述原则：系统化原则、标准化原则和服务化原则，运用最合适的交通工具，结合最便利的联合运输，通过最短的运输距离，使用最合理的包装，占用最少的仓储，利用最快的信息，在最短的时间内，提供最佳的服务。

1. 系统化原则

系统化原则就是强调电子商务物流管理应从物流系统整体出发进行管理。具体表现为：物流方案的制定必须整体考虑物流的运输、仓储、装卸搬运、流通加工、配送、包装等，不能单独考虑某一功能要素；物流的计划、组织、执行与控制必须从供应链整体最优的角度进行，而不仅从某个企业最优的角度为出发点进行。这就要求通过电子商务的信息网络实施协同化运作，同时要求企业在制定物流管理的绩效考核指标时必须从系统角度出发。

2. 标准化原则

电子商务物流管理要进行系统化管理，必须首先实施物流标准化。电子商务物流管理涉及环节较多、范围较广、参与者较多，这就要求企业与企业之间的信息传递、物流作业、设施设备、物流作业流程、物流作业单证等进行标准化。只有在社会范围内建立一个系统的、大家都认可的标准，物流管理才能实现系统化管理，从而满足电子商务下物流管理的及时性、协同化、虚拟化、全球化等要求。

3. 服务化原则

服务化原则是指电子商务物流管理必须树立服务的理念，强调在合适的时间利用合适的方式把合适的产品以合适的数量、合适的质量和合适的成本送达到合适的客户手中。这就要求管理人员在制定服务策略的时候必须考虑客户要求、产品特性等，在满足客户要求的基本服务能力上，尽可能创造出更多的增值服务，从而不断提高服务水平。

第三节　电子商务环境下的现代物流信息技术

随着计算机网络技术的发展，物流信息技术在电子商务这种新的商务模式出现以后，已经得到发展和创新。本节着重对时下物流企业常用的电子商务物流信息技术进行介绍，如条码技术、无线射频技术、GPS、GIS 及 EDI 等。

一、条码技术

条码技术是以计算机、光电技术和通信技术的发展为基础的一项综合性技术，是信息数据自动识别、输入的重要方法和手段。它作为一种新型的技术，集编码、识别、数据采集和处理于一体，现已广泛应用于商业、图书馆、仓储、交通等领域。

20 世纪 40 年代，历史上第一个条码出现，并申请了美国专利。1973 年，美国统一编码协会（UCC）建立了 UPC 条码系统，并制定了相应的标准。

1977 年，欧洲成立欧洲物品编码中心（EAN），在 UPC 码的基础之上开发了 EAN 码。至 1981 年，EAN 发展成为一个国际性组织，并更名为"国际物品编码协会"（IAN）。1988 年，我国成立"中国物品编码中心"。这是一个统一组织、协调、管理我国商品条码、物品编码与自动识别技术的专门机构，隶属于国家质量监督检验检疫总局，1991 年 4 月代表我国加入国际物品编码协会（IAN），负责推广国际通用的、开放的、跨行业的全球统一编码标识系统和供应链管理标准，向社会提供公共服务平台和标准化解决方案。

1. 条码的概念

条码是利用光电扫描阅读设备来实现数据输入计算机的一种代码。它是由一组按一定编码规则排列的条、空符号，借以表示一定信息的代码——图形符号。条码中的条、空分别由宽度不同且满足一定光学对比度要求的黑、白两种颜色表示。条为黑色，空为白色。其中黑色的条对光的反射率低，白色的空对光的反射率高，再加上条与空的宽度不同，就能使扫描光线产生不同的反射效果，在光电转换设备上转换成不同的电脉冲，形成可以传输的电子信息。标准版商品条码标签如图9-1所示。

图9-1　条码实例——商品条码

2. 条码的特点

作为一种图形识别技术，条码技术与其他识别技术相比，具有以下特点：

(1) 灵活实用。条码标签简单、易于制作，可被印刷。条码标识既可以作为一种识别手段独立实用，也可以同其他相关识别设备组合成一个系统实现自动化识别与管理。

(2) 信息采集量大。利用条码扫描一次可以采集几十位字符的信息，而且可以通过选择不同码制的条码增加字符密度，使录入的信息量成倍增加，并有一定的自动纠错能力。

(3) 信息采集速度快。利用条码扫描录入信息的速度是键盘录入的20倍，并且能实现"即时数据输入"。

(4) 高可靠性。调查显示，从键盘录入数据，出错率为平均每300个字符中就有一个误码字符，利用光学字符识别技术，出错率约为万分之一，而采用条码扫描录入方式，误码率仅有百万分之一。

(5) 自由度大。识别装置与条码标签相对位置的自由度要比光学字符识别技术大得多。条码通常只在一维方向上表达信息，这样即使是标签有部分欠缺，仍可以从正常的部分输入正确的信息。

3. 条码技术在现代物流中的应用

在信息技术高度发达的今天，运用条码技术，可以极大地降低物流成本。下面介绍条码技术如何应用于物流过程。

(1) 生产企业原材料供应管理。

1) 对采购的原材料按行业及企业规则建立统一的物料编码。

2) 对需要进行标识的物料打印条码标识，以便在生产管理中对物料单件进行跟踪。

3) 利用条码技术，对仓库进行基本的进货、销售、存货管理，根据生产需要，及时进行原材料和部件的供应，并及时补充库存，控制库存数量，有效地降低库存成本。

4) 通过原材料和部件编码，建立质量检验档案，对档案进行管理，保证原材料和部件供应质量。

(2) 装卸搬运管理。装卸搬运是物流过程中一个比较重要的环节，这一系统对条码技术的要求较高。

1) 保证扫描仪每秒扫描的次数，能进行数据重组，保证得到完整的信息。

2) 鉴于装卸搬运的自然环境较差，务必保证扫描仪在较高和较低温度下都能够正常工作。

3) 根据条码显示的信息，将装卸搬运货物与作业单的信息进行进一步核对，提高装卸搬运的准确性。

（3）货物跟踪管理。物流企业在取货、装货时，货物在物流中心重新集装运输时，利用扫描仪自动读取货物包装或货物发票上的物流条码可获取货物信息，通过公共通信线路、专用通信线路或卫星通信线路把货物信息传送到总部的中心计算机进行汇总整理，集中处理所有被运送货物的信息。

（4）库存管理。条码技术可对仓库中的每一种货物、每一个库位给出书面报告，可定期对库区进行周期性盘存，并在最大限度地减少手工录入的基础上，确保出错率降至最低，通过实时采集录入库、出库、移库、盘库数据，使得仓库货物库存更加准确。

（5）配送中心管理。配送中心的主要功能是完成对商品的筛选、包装和分拣工作。在配送中心，大量的货物利用条码技术可进行自动分货筛选。

二、无线射频识别技术

无线射频识别技术起源于第二次世界大战的军事通信，尤其在军方后勤中有着举足轻重的作用。20世纪90年代，由于其非常适用于货物跟踪、运输工具、仓库货架以及其他识别等要求非接触数据采集和交换的场合，无线射频识别技术开始广泛用于商业领域。

1. 无线射频识别技术系统组成及工作原理

无线射频识别（Radio Frequency Identification，RFID）技术利用无线射频方式进行非接触双向数据传输，可达到商品识别和数据传递的目的。识别工作无须人工干预，适用于各种恶劣的环境。完整的RFID系统由标签、读写器和发射天线三部分组成（见图9-2），在实际应用中，还需其他软硬件的支持。

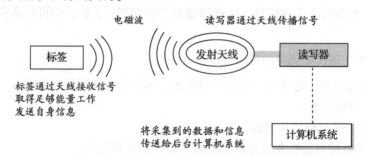

图9-2 RFID系统的组成及工作原理

RFID的工作原理是：标签进入磁场后，接收读写器发出的射频信号，凭借感应电流所获得的能量发送出存储在芯片中的产品信息（Passive Tag，无源标签或被动标签），或者主动发射出某一频率的信号（Active Tag，有源标签或主动标签）；读写器读取信息并解码后，传送至中央信息系统进行相关数据处理。

2. RFID技术与条码技术比较

尽管RFID技术与条码技术同属于自动识别技术，但两者也有很大的区别：

（1）RFID采用的是无线射频技术，可以透过外部材料读取数据；而条码必须靠激光照射来读取物品信息。

（2）RFID可以同时对多个物体进行识读；但是条码只能逐个地读。

（3）在存储信息量方面，RFID可以存储大量的信息，并且可以进行反复读写和资料更新；而条码技术容纳信息量较小，读写方面稍逊于 RFID。

（4）在物体快速移动的情况下，条码的读取受到很大限制；而 RFID 可以进行实时跟踪及高速移动读取信息。

3. RFID 技术的应用

RFID 技术作为现今较为成熟的自动识别技术，已被广泛应用于工业自动化、商业自动化、交通运输控制管理及医疗等领域。例如，高速公路的收费站口使用射频技术可以实现不停车收费，高铁系统使用 RFID 记录货车车厢编号的试点也已运行了很长时间。大部分物流公司已经将射频技术融合到物流管理中，与数据采集技术相结合，实现了物品跟踪与信息共享，极大地提高了现代物流业的运行效率，实现了可视化供应链管理。

三、全球定位系统

全球定位系统（GPS）在商业活动得到了大量应用，特别是在需求庞大、最有应用前景的现代物流业中得到了长足的发展。

1. GPS 简述

GPS（Global Positioning System）即全球定位系统。GPS 是利用导航卫星、地面监控和信号接收装置，对地面或接近地面的目标进行定位和导航的系统，是具有海、陆、空全方位实时三维导航与定位能力的卫星导航与定位系统。

GPS 起始于 1958 年美国军方的一个项目，1964 年投入使用，主要目的是为陆、海、空三大领域提供实时、全天候和全球性的导航服务，并用于情报搜集、核爆监测和应急通信等一些军事目的。经过 20 余年的研究实验，耗资 300 亿美元，到 1994 年，全球覆盖率高达 98% 的 24 颗 GPS 卫星星座已布设完成。

GPS 现归美国国防部管理和操作，只向外国提供低精度的卫星信号。我国于 2003 年开始建设拥有自主产权的全球卫星导航系统——北斗卫星导航系统，这是我国第一代卫星导航系统。这一导航系统的成功研发，使得我国的测绘部门在大地测量、工程测量、航空摄影、资源勘察、地球动力学等方面有了飞跃式的发展，赢得了广大测绘工作者的信赖。至 2013 年，北斗在军用及民用领域均已开展应用，对 GPS 形成了一定程度的冲击。根据《国家卫星导航产业中长期发展规划》，到 2020 年，我国卫星导航系统产值将超过 4000 亿元，国内以往由 GPS 垄断市场的局面将改变。

2. GPS 的构成

GPS 包含三大子系统：空间卫星系统、地面监控系统和用户接收系统。

（1）空间卫星系统。GPS 空间部分有 24 颗卫星，分布在 6 个轨道平面内，轨道高度为 2×10^4 km。这种分布可以保证全球任何一个地方在任何时刻都处于 4 颗卫星的覆盖之下。

（2）地面监控系统。地面监控部分由分布在全球的若干个跟踪站构成。它是由主控站、监控站及注入站组成。主控站根据各监控站的观测数据，计算出卫星的各种参数，并将这些数据通过注入站发送给卫星，同时主控站还对卫星的工作状态进行调度，并且监测整个地面监控系统的工作。监控站的任务是接收卫星信号，监测卫星的工作状态。注入站的作用是将主控站计算出的参数发送给卫星，同时向主控站发射信号，每分钟报告一次自己的工作状态。

（3）用户接收系统。它主要由以无线电传感和计算机技术为支撑的 GPS 接收机的数据处理软件构成。GPS 接收机可以捕获、跟踪卫星，接收并放大 GPS 信号，还原 GPS 卫星发送的电文，实时获得导航定位数据或采用滞后处理的方式，获得定位、测速、定时等数据。[○]

3. GPS 技术在物流领域的应用

GPS 在物流领域得到了广泛的运用，通过互联网实现信息的共享，使得物流企业和货主对物流中货车位置及运行情况等都能了如指掌。

（1）基于 GPS 技术的车辆运行管理系统。利用 GPS 和电子监控地图可以实时显示车辆的实际位置。指挥中心可对车辆的运输线路进行规划，驾驶员确定起点和终点，由计算机软件按照要求自动设计最佳行驶路线，路线规划完成后，系统能够在电子地图上设计路线，同时显示车辆运行途径和方向。

（2）基于 GPS 技术的运输货物跟踪管理。GPS 帮助物流企业对运输环节进行全程监控管理，可以对货物进行实时的跟踪、调度，及时了解货物运载情况，实现全方位安全物流。

（3）基于 GPS 技术的航路导航及监测。导航系统是一个以卫星导航技术为基础的航空通信和空中交通管理系统，可实现飞机航路、终端和进场的导航。该系统的使用可降低机场的飞机起降时间间隔，使起降路线灵活多变，保证飞机的飞行最佳状态，减少飞机误点，提高航空物流的安全系数。

四、地理信息系统

与 GPS 技术有着相同应用领域的 GIS 技术在物流行业中的应用，极大地提高了物流运输效率与仓储管理水平。

1. GIS 概述

GIS（Geographic Information System）即地理信息系统，又称地学信息系统。它是一种特定的空间信息系统。它是在计算机软硬件系统支持下，对整个或部分地球表层空间中的有关地理分布数据进行采集、储存、管理、运算、分析、显示和描述的技术系统。对 GIS 的定义可以从三个方面理解：

（1）GIS 使用的工具——计算机软硬件系统。

（2）GIS 的研究对象——空间物体的地理分布数据及属性。

（3）GIS 数据的建立过程——采取、存储、更新、操作、分析及显示。

GIS 把地图这种独特的视觉化效果和地理分析功能与一般的数据库操作集成在一起，将表格型数据转换成地理图形显示，然后对显示结果进行浏览、操作和分析。

2. GIS 技术的基本功能

在现代物流中，GIS 技术在物流企业中具有以下基本功能：

（1）数据采集与编辑功能，包括图形数据采集与编辑、属性数据编辑与分析。

○ 丁振凡，李卓群. 电子商务物流管理 [M]. 北京：中国铁道出版社，2009.

（2）地理数据库管理系统的基本功能，包含数据库定义、数据库的建立与维护、数据库操作、通信功能等。

（3）制图功能，根据 GIS 的数据结构及绘图仪的类型，使用者可获得矢量地图或栅格地图。GIS 不仅可以为使用者输出全要素地图，还可以根据用户需要分层输出各种专题地图，如道路交通图、行政区域规划图等，以及通过空间分析得到一些特殊的地学分析用图，如坡度图、坡向图、剖面图等。

（4）空间查询与分析功能，包括拓扑空间查询、缓冲区分析、叠置分析、空间集合分析、地学分析。

（5）地形分析功能，包含数字高程模型的建立、地形分析。[一]

3. GIS 技术在现代物流中的应用

GIS 主要应用在运输路线的选择、仓储位置的选择、装卸策略的合理化、运输车辆的调度和投递路线的选择。完整的 GIS 分析软件集成了以下几种模式：

（1）车辆路线模式：用于解决一个起点、多个终点的货物运输中如何降低物流业成本费用，并且保证服务质量的问题，包括决定使用车辆数、每辆车的路径选择等。

（2）网络物流模式：用于解决寻求最有效的分配货物路径、最小化的物流成本等问题。举个例子，假如货物从 N 个仓库运往到 M 个销售网点，每个网点都有固定的需求量，因此，需要确定从哪个仓库提货送给哪个网点，使得运输费用最低。

（3）设施定位模式：用于确定一个或多个设施的位置。在物流仓库中，仓库和运输线共同组成了物流网络，仓库处于网络的节点上，节点决定着线路。

（4）分配集合模式：可根据各个要素的相似点把同一层上的所有或部分要素分成几个组，用以解决确定服务范围和销售市场范围等问题。

五、物流 EDI

物流 EDI 使供应链之间的业务伙伴关系通过数据化、电子化的方式连接起来，利用最先进的技术，安全可靠地实现供应链伙伴间物流业务协作的端对端服务。

1. 物流 EDI 概述

利用 EDI 在网络化自动传输和自动处理方面的优势，将 EDI 应用于物流企业，建立和强化物流伙伴关系，有助于改善整个物流管理的效率，给物流企业带来长期的战略利益。这种新型的 EDI 技术，就是物流 EDI（物流电子化数据交换）。它是指买家、卖家及第三方物流公司之间，通过 EDI 系统进行物流和相关信息的电子数据交换，从而以此为基础开展物流作业活动的方法。通过多对多的企业间的物流数据互动，物流 EDI 实现了物流企业供应链之间的协调运作，使得在供应链过程中的隐含成本大幅度降低。

2. 物流 EDI 的特点及组成

（1）物流 EDI 的特点。与 EDI 相比，物流 EDI 覆盖了 EDI 的所有功能并能与 EDI 通信。它具有以下基本特点：

1）物流 EDI 不需要客户投入专门的软件及通信设备，初始投入远远低于 EDI。

[一] 胡燕灵. 电子商务物流管理 [M]. 北京：清华大学出版社，2009.

2）EDI 是一个国际通用的标准，各个国家的物流企业若要进行畅通的通信和数据交换，必须使用标准的报文与代码；而物流 EDI 没有对统一标准进行严格要求，而是通过客户化的接口实现不同系统数据间的统一。

3）物流 EDI 与 EDI 同样安全，但不是通过专有信道，而是通过基于互联网的公共信道，利用 VPN 及 VPDN 技术实现数据安全。

4）物流 EDI 基于 XML 技术能够支持多对多的信息互动，它属于一种端对端服务；而 EDI 是点对点的通信，仅仅是一个技术方法。

（2）物流 EDI 的组成。物流 EDI 可以把物流供应链上的各单位连接起来，这些单位有机组合成了物流 EDI 的整体。

1）发送货物业主，包括生产企业、销售商、批发商、零售商等。

2）物流运输业主，包括大企业自建的物流基地、独立的物流承运企业（第三方物流公司）、实际运送货物的交通运输企业等。

3）协助单位，包括政府相关部门、金融机构、海关、边检等。

4）物流相关单位，包括供应链服务商、仓库业者及专业报关业者等。

3．物流 EDI 的运作流程

假定由发送货物业主、物流运输业主和接收货物业主组成物流模型。此模型在实施 EDI 过程中的运作流程如下：

（1）发送货物业主（如生产厂家）在接到订货后制订货物运送计划，把运送货物的清单及运送时间安排等信息通过 EDI 发送给物流运输业主和接收货物业主（如零售商），以便物流运输业主预先制订车辆调配计划及接收货物业主制订货物接收计划。

（2）发送货物业主依据顾客订货要求和货物运送计划下达发货指令、分拣、配货、打印出物流条码的货物标签并贴在货物包装箱上，把运送货物品种、数量、包装等信息通过 EDI 发送给物流运输业主和接收货物业主，以便他们以此为依据请示下达车辆调配指令。

（3）物流运输业主在取运货物时，利用车载扫描读数仪读取货物标签的物流条码，并与先前收到的货物运输数据进行核对，确认运送货物。

（4）物流运输业主在物流中心对货物进行整理、集装，制作送货清单，并通过 EDI 向收货业主发送发货信息。在货物运送的同时进行货物跟踪管理，并在货物交纳给收货业主之后，通过 EDI 向发货物业主发送完成运送业务信息和运费请示信息。

（5）收货业主在货物到达时，利用扫描读数仪读取货物标签的条码，并与先前收到的货物运输数据进行核对确认，开出收货发票，货物入库。同时，通过 EDI 向物流运输业主和发送货物业主发送收货确认信息。

物流 EDI 的优点在于，供应链组成各方基于标准化的信息格式和处理方法，通过 EDI 共同分享信息、提高流通效率、降低物流成本。

第四节　电子商务下的物流外包方式

现代企业根据物流业的新发展及企业自身的实际，选择适合企业发展的物流外包方式，并在此基础上发挥物流的作用，极大地促进了电子商务的发展。本节对电子商务下的几种物流外包方式进行概述，这些物流外包方式并不是孤立的，企业要根据实际情况选择一种或多种外包方式。

一、第三方物流

第三方物流作为现代物流专业化的主要形式，打破了传统物流业务的束缚，近年来得到迅猛发展，被很多国家和地区列为新经济增长点。

1. 第三方物流概述

第三方物流（Third-Party Logistics，3PL）作为物流渠道的中间人，是指通过与供应方和需求方的合作来提供专业化的物流服务。它不拥有商品，不参与商品的买卖，而是为客户提供以合同为约束、以结盟为基础的，系列化、个性化、信息化的物流代理服务。

20世纪80年代后，现代市场经济的快速发展，使得企业只能专注于核心业务，因而将非核心物流业务外包给第三方物流提供商。第三方物流发挥着越来越重要的作用。进入21世纪，随着现代物流业的迅猛发展，第三方物流更专业化、综合成本更加低廉、配送效率更高，已经成为国际物流业的发展趋势和现代物流的发展方向。

如图9-3所示，第三方物流企业作为连接供应方与需求方及其他外协资源的纽带，通过对来自供应方的订单、仓储、配送等相关信息资源的处理，使得需求方能实时掌握货品的送达情况，减少不必要的损失。

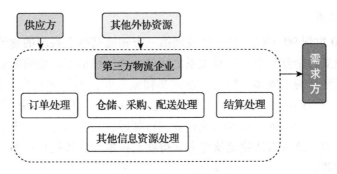

图9-3 第三方物流模式

2. 第三方物流的特点及作用

与其他服务相比，第三方物流服务具有以下特点及作用：

（1）第三方物流的特点

1）物流信息的电子化。信息技术实现了数据的电子化，是第三方物流发展的基础，能快速在互联网中准确传递，提高了物流企业的自动化水平，实现了物流管理的一体化。

2）关系的合同化。第三方物流有别于外包，它通过合同来规范物流经营者与消费者之间的关系。物流企业根据合同规定，提供一体化的物流服务，并以合同来管理所有提供的物流服务活动及其过程。

3）物流服务的个性化。物流需要根据不同物流消费企业在企业形象、业务流程、产品特征、客户需求特征、竞争需要等方面的不同要求，提供针对性强的个性化物流服务和增值服务。

4）功能的专业化。第三方物流企业从物流设计、物流操作过程、物流技术工具、物流设施到物流管理必须体现专门化和专业水平，这既是客户的需要，也是第三方物流自身发展的基本要求。

5）联盟关系。依靠现代电子信息技术的支撑，第三方物流企业与其客户之间只有相互信任，充分共享信息，才能达到比单独从事物流活动取得更好的效果。

（2）第三方物流的作用。发展第三方物流给企业客户带来了许多益处，其作用主要表现在以下几点：

1）优化整个物流供应链。第三方物流可以提供更为简单可靠的供应链。由单一的第三方物流服务供应商管理一条供应链，可以使物流更可靠，减少渠道库存中的安全库存量，提高流通速度。

2）增强企业竞争力。企业可以从自身的业务流程中剥离仓储、运输及分销功能，优化资本构成，增强在现代市场中的竞争力。

3）提升企业形象。专业化的物流服务可以提高企业的服务质量，提高企业对客户需求的反应速度，提高企业的运作效率，为企业塑造良好的品牌形象。

4）节省企业运作成本。专业的第三方物流企业利用规模生产专业优势和成本优势，通过提高物流各环节能力的利用率节约物流企业的运作成本，使物流企业从中获益。

二、物流联盟

1. 物流联盟概述

物流联盟是 20 世纪 90 年代后期，在发展第三方物流基础上兴起的物流外包方式的又一创新，它是介于独立的企业与市场交易关系之间的一种组织形态。物流联盟是以物流为合作基础的企业战略联盟，两个或多个物流企业或非物流企业，为了实现自己的物流战略目标，通过各种协议、契约而结成的优势互补、风险共担、利益共享的松散型网络组织。它属于物流外包方式的一种。电子商务企业与物流企业进行联盟，一方面有利于电子商务企业降低经营风险，提高竞争力，还可以从物流伙伴方获得物流技术和管理技巧；另一方面也使得物流企业有了稳定的货源。

利益的驱使导致物流联盟产生，企业之间有共享的利益是物流联盟形成的基础。企业为了保持核心竞争力，通过物流联盟方式把物流外包给一个或几个第三方物流公司；为了提高物流服务水平，企业通过联盟方式解决自身能力的不足。

发展中国家的物流企业应通过物流联盟形式来应对跨国物流公司的竞争压力。结成联盟，通过各个行业和从事各环节业务的企业之间的联合，能实现物流供应链全过程的有机融合，共同努力以抵御国外大型物流企业的入侵，增强自身的核心竞争力。

2. 物流联盟的特征

物流联盟的独特之处在于，在增强联盟企业总体核心竞争力的同时，并没有削弱每个企业原有的核心竞争力，可以在保持双方核心竞争力相对独立的基础上，实现优势互补、利益共享。

（1）客户至上。以客户为中心、满足客户需求，是物流联盟的优势所在。作为集众多物流企业资源与技术优势而形成的网络化的物流服务联合体，物流联盟必定能够在物流服务的内容与质量上赢得更多客户的青睐和市场的认可。

（2）共同学习。物流联盟中由于企业的形式多样性和资源的互补性，在整个物流运行及供应链管理的过程中，所涉及的业务流程同步、物流信息反馈与信息技术互联互用等都需要联盟各方进行互动学习，彼此了解、优势互补，才能在物流业的激烈竞争中立于不败之地。

（3）集约化运作。物流联盟所构筑的物流供应链整体优势，不仅体现在能够提供更加完善的综合物流服务，还体现在由于协同效应的产生而形成的成本优势，以及对客户需求能够做出快速高效的联动反应。

（4）共生经济效应。联盟的物流系统会趋向于一个功能复杂、完整的一体化系统，通过股权参与或契约联合而形成的物流联盟把多个企业的利益联系在一起，形成不可分割的利益共同体。

3. 物流联盟的作用

物流联盟为其他企业提供综合一体化的服务，满足企业的个性化物流需求。其作用如下：

（1）降低企业风险。单个物流企业的能力是有限的，提供的物流服务不可能满足各类消费企业的多样化需求，导致客户大量流失；如果几个物流企业联合起来，在不同领域各有所长，就会减少这种风险。

（2）节约物流成本。建立物流联盟，有助于物流合作伙伴之间在交易过程中减少相关物流费用；同时，物流合作伙伴之间经常交流与合作，可使得搜寻交易对象信息的费用大大降低。

（3）提高物流流通效率。随着互联网技术的迅速发展，物流企业之间利用互联网联盟，通过契约关系进行横向规模扩张，实现规模经济，从而合理调配物流资源；同时进行纵向物流渠道扩张，实现物流渠道作业的一体化，从而集约化调度物流资源，创造出"1＋1＞2"的效果。

（4）拓展业务范围。物流联盟可以弥补第三方物流企业服务能力的不足，为消费企业提供全方位、多功能的物流业务服务。

三、第四方物流

由于第三方物流存在一定的局限性，在整合社会所有的物流资源与达到最大效率方面力不从心，因而第三方物流企业很难为客户企业提供最优的一体化服务。为了改变这种窘境，第三方物流可通过与先进的物流服务提供商联盟来提高自身的物流水平。同时，随着提供全方位、整合供应链管理服务需求的增加，以及第三方物流企业竞争力的增强，出现了一种可实施内外物流运作整合并提供综合业务解决方案的专业供应链服务外包模式——第四方物流。

1. 第四方物流的概念

第四方物流（Fourth-Party Logistics，4PL）的定义最先是由美国著名的管理咨询机构埃森哲公司于1998提出的。它把4PL定义为"一个调配和管理组织自身的及具有互补性服务提供商的资源、能力与技术，来提供全面的供应链解决方案的供应链集成商"。

从概念上看，第四方物流是有领导力量的物流服务商通过对整个供应链的影响力，提供综合的供应链解决方案，也为其客户带来更大的价值。显然，第四方物流是在管理企业物流的基础上，整合社会资源，解决物流信息充分共享、社会物流资源充分利用等问题。

第四方物流不仅控制和管理特定的物流服务，还对整个物流过程提出供应链解决方案。发展第四方物流需要综合第三方物流的能力、技术及流通管理等，为客户提供一体化服务，并扩大营运自主性。

2. 第四方物流的特征

在电子商务环境下，4PL 更多地关注整个供应链的物流活动。与其他物流外包模式相比，这种差别主要体现在以下几个方面：

（1）4PL 提供一整套完善的供应链解决方案。4PL 集成了管理咨询和第三方物流服务商的能力，不仅能够降低实时操作的成本和改变传统外包模式的资产转换，还通过优秀的第三方物流、技术专家和管理顾问之间的联盟，为客户提供最佳供应链解决方案，通过对客户企业所处供应链的整个系统进行详细分析，提出具有指导意义的解决方案。

（2）供应链过程协作及再设计。4PL 最高层次的方案就是再造，它基于传统的供应链管理方法，使得企业的业务策略和供应链策略协调一致。同时，技术在这一过程中又起到了催化剂的作用，整合和优化了供应链内部和与之交叉的供应链的运作，提高了物流过程的整体效率。

（3）承担多个供应链职能和流程的运作。4PL 承担多个供应链职能和流程的运作责任，其工作范围远远超越了传统的第三方物流的运输管理和仓库管理。

（4）通过对整个供应链产生影响力来增加价值。4PL 通过物流运作的流程再造，使整个物流系统的流程更合理、高效，从而将产生的利益在供应链的各个环节之间进行平衡，使每个环节的客户企业都可以受益。4PL 具有与一系列服务供应商建立合作关系的能力，成功地影响了大批服务提供商、客户和供应链中伙伴的工作效率。

3. 第四方物流的运作模式

第四方物流结合自身的特征，有三种运作模式，虽然它们之间略有差别，但都是要突出第四方物流特殊地位和优势。

（1）协作模式。该模式是 4PL 和 3PL 共同开发市场的一种方式，如图 9-4 所示。4PL 为 3PL 提供缺少的资源和服务，包括技术、制定供应链策略及战略规划方案等。4PL 往往会在 3PL 企业内部工作，为 3PL 服务商提供供应链战略方案、技术等支持。同时，4PL 通过 3PL 为客户提供全面的物流服务。其特点为雄厚的物流配送实力和最优解决方案，业务范围多集中在物流配送管理方面，针对性强、灵活性大。

（2）方案集成模式。如图 9-5 所示，4PL 作为方案集成商除了提出供应链管理的可行性解决方案外，还要对 3PL 资源进行整合，统一规划为客户企业服务。4PL 对自身及 3PL 的资源、能力和技术进行综合管理，借助 3PL 为客户提供全面的、集成的供应链解决方案。4PL 作为一个枢纽，可以集成多个服务提供商和客户的能力。

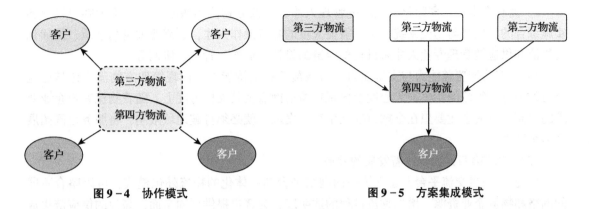

图9-4 协作模式　　　　　　　　　图9-5 方案集成模式

(3) 行业创新模式。如图9-6所示，4PL通过与具有各种资源、技术和能力的服务商协作，为多个行业的客户提供供应链解决方案；以整合供应链的资源为重点，以各个行业的特殊性为依据，领导整个行业供应链实现创新。这种模式以4PL为主导，联合其他3PL服务提供商，提供运输、仓储及配送等全方位的高端服务，给多个行业客户制定供应链解决方案。

4PL无论采取哪一种模式，都突破了单纯发展3PL的局限性，能真正降低运作成本，实现更大范围的资源整合。4PL可以不受约束地将每一个领域的最佳物流服务提供商组合起来，为客户提供最佳物流服务，进而形成最优物流方案或供应链管理方案。

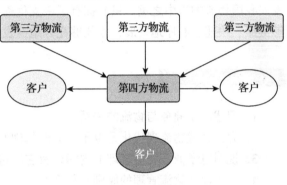

图9-6 行业创新模式

4. 我国第四方物流的发展思路

随着我国物流信息化进程的加快，创新物流的外包方式是我国物流业亟待解决的问题。把当前发展的电子商务和现代物流产业有机结合的最佳途径就是培育第四方物流，建立物流行业的公共平台。利用互联网优势将物流资源充分整合，可以使我国物流产业水平得到提高。

(1) 我国第四方物流企业必须具备的条件。要想进入第四方物流领域，企业必须在某几个方面具备独特的竞争优势，能够通过战略伙伴关系发挥自身的优势。为此，第四方物流企业应具备以下几个条件：

1) 具有完善的信息共享平台。4PL的特殊地位决定了它是客户与众多3PL企业的唯一接口。信息技术的进步和由此形成的信息流又成为提高物流服务水平的关键要素之一。作为4PL的主体，要整合社会物流资源，需要有各参与者都可以共享的信息平台，这样才能高效利用整个供应链各参与者的物流资源。

2) 具有高水平的供应链管理能力。要想成为第四方物流企业，就必须具有制定供应链策略和业务流程重组的能力。物流企业要具有以上能力，就必须掌握全程控制供应链的技术，同时又有使用这些技术的人力资源。

3）拥有高素质、国际化的供应链管理人才。第四方物流的核心业务在于为客户设计和实施综合的供应链与物流系统，不仅需要大量的物流操作人才，更需要大量高素质、国际化的物流和供应链管理专业人才来进行供应链的设计、运作、管理、协调等。

4）具有跨域覆盖能力与支持能力。跨域覆盖和支持能力是体现第四方物流主体核心竞争力的关键。物流的竞争很大程度上体现在覆盖网点及其支持力度上。随着物流客户企业要求的提高，物流企业要想在全球市场上生存和发展，就必须打破地域限制，将服务范围拓展到多个区域。

(2) 我国第四方物流急需发展的领域

1）创建信息交流平台。建立统一的网络平台和一体化的物流外包模式，可以整合不同的网络和物流企业资源，增加物流过程的透明度，为客户提供更加全面、高效的供应链集成服务。在现代信息技术的支持下，供应链各个节点的企业与上游或下游之间实现信息交换及各部分之间的光滑对接，保持了信息流的畅通。

2）培育物流和供应链管理专业人才。培养具有先进物流管理思想和技能的人才已成为发展我国物流的重中之重。只有拥有了一支优秀的物流和供应链管理队伍，第四方物流才能够健康、快速、有序地发展，才能够充分地开发、研究与利用市场资源。

复习思考题

1. 阐述电子商务与物流的关系。
2. 为什么说物流现代化是电子商务的基础？
3. 说明电子商务物流管理的内涵以及它所包含的主要内容。
4. 电子商务物流管理的原则是什么？
5. 归纳信息技术在现代物流中的主要作用。
6. 说明第三方物流的特点。
7. 解释第四方物流的几种运作模式。

案例分析

案例分析一　FANCL（芳柯）引进 RFID 实现先进物流管理

FANCL 是日本最大的"无添加"护肤及健康食品生产企业之一。它拥有世界尖端的科研和生产技术，研制出不含防腐剂、化学添加剂的美容产品及健康食品，杜绝了一般含防腐剂的护肤品所引起的肌肤问题。

2008 年 8 月，FANCL 启用了日本千叶县的最新物流基地——FANCL 株式会社关东物流中心。这里有先进的物料搬运设备，但是最引人瞩目的是多达 14000 枚 RFID 电子标签构筑的高性能、高精度的物流系统。通过启用此物流中心，FANCL 公司把接单当日的出货率提高到 90% 以上，并达到出货精度"错误基本为零"的水准。

FANCL 公司因为其业务发展和经营商品多样化，以前设有的物流中心无法满足生产需求。为此，FANCL 公司在日本的几个城市建立了不同业务和商品类别的八大物流基地。但是由于据点的分散，同一订单因发货地不同而要多次收发货，为了解决这种问题，FANCL建立了关东物流中心，对25000多种商品进行一体化管理。

在面向邮购的小件商品检查与拣选区内，从拣选周转箱处，FANCL公司就开始应用RFID技术，其包含的信息与每一件商品订单内的信息应是一一对应的。在15个工位上，工人将不同商品的订单放置在不同的周转箱内；同时，使用手持终端也起到确定订单信息是否正确的作用。这样，分拣订单的完全无纸化，大大降低了手工错误风险。

对于面向店铺、流通及海外大件商品检查拣选区内，按照商品品类设置了四条流水线。在起点读写器向RFID芯片写入可视化信息，插入周转箱。全部商品均采用数字式分拣方式，在进入包装工序前，不同商品会在RFID读取器的"判断"下，按照不同商品的分类进入不同的包装工位。通过使用RFID，FANCL实现了无纸化管理，每年节省纸张数约740万张，相当于30t，这大大削减了物流费用。

FANCL株式会社关东物流中心推进组经理永坂顺二总结：RFID标签的自动读取率相当出色，若条码的识别率为99.95%，那他们物流中心的RFID能达到99.99%，基本上没错误发生。RFID对于周转箱ID这样的小数据更能轻松应对，读取速度远远高于条码技术。物流中心的传送带流水线能够实现90m/min无停止标签读取，系统运行稳定正常。与条码相比，引进RFID之后，尽管整体投资会增加一倍，但一年半后即可收回投资。同时，由于RFID具有免维护功能特点，所节约的成本是相当可观的。

FANCL的案例对于当今物流业来说，具有很高的借鉴价值。现代物流企业只有应用了先进物流信息技术，才能在物流业务的操作中占据一定的优势，提高物流效率、准确率，大大降低自身的物流费用，同时更能及时地为客户提供更高质量的服务。一般企业可以凭借先进的物流信息技术来发展壮大自己，而品牌企业可以为客户带来更为人性化的服务，巩固自己的企业形象和品牌价值。RFID技术以其独特的优越性，受到了越来越多物流企业的重视，它的发展已是大势所趋。

案例思考题：

1. 结合上述案例，试分析RFID技术与条码技术的区别与联系。
2. 试说明RFID技术原理及适用场合。
3. 试论述现代物流企业如何应用RFID技术来获得自身竞争优势。㊀

案例分析二　天猫超市物流配送

天猫超市是阿里巴巴旗下的网上超市，依托于淘宝网强大的电子商务管理系统，为广大消费者提供丰富的商品，如食品饮料、粮油副食、美容洗护、家居用品、家庭清洁和母婴用品等各类生活必需品。天猫超市在系统平台、采购、仓储、配送和客户关系管理等方面做了大量的投入，打造了从"生产工厂到仓储中心到顾客家中"这样一个成本最低、速度最快、效率最高的流通链路，让消费者能够随时随地逛超市，享受不排队、送货上门的服务。

天猫超市为了保证消费者能够及时收到所购商品，建立了专业的仓储物流中心，通过整

㊀ 全面引进RFID实现正确高效的物流配送（RFID世界网），http://success.rfidworld.com.cn/2010_3/201031794101119.html.

合上海、广东和浙江等地的仓储资源和物流配送资源，采用统一的商品包装，已经实现次日送达，并将陆续实现每日三配、指定时间送达、指定日期送达等更多更好的配送服务。

消费者在天猫超市中采购后，订单将实时显示到天猫超市的仓库作业管理软件系统上，并打印出来。同时，系统将以打印的这张订单为对照，自动挑选类似的订单来优化组合，即将类似的订单优化成一张合并装箱单，通过择优组合、切单合单的方式来加快商品的处理。

同时，系统还会自动测算商品的体积和匹配度，以规划出商品需要的包装材料和包装箱的尺寸。这一系列的操作听起来复杂，实际完成过程却不到一分钟。

天猫超市的仓库中摆满了大大的货架，各种各样的商品陈列其中，方便分拣员挑选货物。与一般仓库按照商品种类分类的方式不同，天猫超市依托于自己研发的仓库作业管理软件系统（WMS），将仓库"切割"成无数个虚拟的格子，然后将各种商品按销量摆放进去。规则是越畅销的商品被分配到越靠近通道的位置，这样分拣员就能在最短时间内找到需要的商品，提高了配货的速度。商品分拣完成后还需进行验货、封箱和装车等流程，然后再被运送到消费者订单上的目的地。图9-7所示为天猫超市仓库。

图9-7　天猫超市仓库

天猫超市目前已开通绝大部分县级及以上城市主城区的配送服务，对边远地区的收货地址有一定的限制。未来天猫超市将会不断完善并升级配送范围，以满足更多消费者的需要。

案例思考题：

1. 天猫超市的物流配送属于哪种？
2. 天猫超市的物流配送有什么优势？还需要在哪些方面进行改进？

第十章

移动商务与移动支付

> **内容提要**
>
> ❶ 移动商务的特点。
> ❷ 移动商务的相关技术。
> ❸ 移动支付的概念。
> ❹ 移动支付的商业模式。

第一节 移动商务

移动商务（Mobile Business，MB；或 Mobile Commerce，MC；也称 Wireless Business，WB）是在无线平台上实现的电子商务。从互联网电子商务的角度看，移动商务是电子商务的一个新的分支；但是从应用的角度看，它的发展是对有线电子商务的整合与扩展，是电子商务发展的新形态，也可以说是一种新的电子商务。

一、移动商务及其发展

1. 移动通信技术的进步

移动通信技术的出现无疑是人类沟通手段的一次突破，它基本上消除了时间和空间的限制。只要拥有一个通信终端，则无论身处何时何地，都可以与任何人进行联系。因此，移动通信是人类通信发展史上的一个巨大的进步。但是，要实现随时随地沟通的梦想，还需要移动通信网络的普及。移动网络的普及提供了移动通信的基础设施，而移动通信终端的普及则为移动商务提供了与用户的接口。大量的、便宜的手机终端给移动商务带来了最重要的用户基础和商务活动的需求。过去的 20 年中，手机已经从少数人使用的奢侈品变成大众生活必需品和时尚的标志。移动终端也包括个人数字助理（PDA）、车载 GPS 等，这些移动终端都开始迅速普及。智能手机价格的下降和性能的提高促进了移动用户数量的飞速增长，显然，这种新型的沟通和商务模式与传统基于互联网的电子商务模式有所不同。为区别于传统基于互联网的电子商务，人们称这种新型的商务模式为移动商务。覆盖良好的通信网络和大量的移动用户群为移动电子商务的发展奠定了重要的技术基础和市场保证。

2. 移动商务的特点

（1）全天候。移动交易不受时间和地点的限制，因而移动商务具有无所不在的特点。手机便于携带，可以随时与人相伴，使得用户能够更有效地利用空余时间从事商务活动。因此，移动电子商务能在任何地方、任何时间真正解决交易的问题，从长远看具有超越传统电子商务规模的潜力。

（2）普及性。移动商务的用户与普通电子商务不同，中国互联网络信息中心（CNNIC）发布的《中国互联网络发展状况统计报告》报告显示，截至 2018 年 12 月，国内网民规模达 8.29 亿人，而据美国 Zenith 的研究报告，2018 年，中国智能手机用户数量达到 13 亿人，位居全球第一。传统电子商务的用户大部分是那些教育和收入水平较高、较早拥有个人计算机的人，而移动商务的用户有许多是那些从未有过个人计算机，收入处于中低层次的人。因此，移动商务将拥有更广泛的用户群。

（3）定位性。移动商务可以提供与位置相关的交易服务，从而充分体现出其特有价值。智能手机内置的 GPS 可以识别电话的所在地，从而为用户提供相应的个性化服务。虽然有的服务位置敏感，但是时间不紧迫，如自我定位服务等。这些移动商务的服务内容，根据其所处的环境不同，也都能体现出移动商务的价值。

（4）便利性。从应用的角度来看，由于借助移动网络，移动商务相对传统的互联网商务活动有着明显的优势。用户在排队和陷于交通堵塞时，可通过移动商务来处理日常事务，移动服务的便利性使客户更忠诚。传统的基于互联网的商务活动要通过一台计算机来完成，而移动商务可以为移动设备的拥有者随时随地提供商务信息，完成商务交易，将商务活动的市场目标定位到个人。

（5）安全性。尊重消费者隐私是移动商务的优势，由于移动电话具有内置的 ID，在提高安全性的同时，也增加了消费者对隐私保护问题的关注。定制化战略可以缓解移动交易中对安全及隐私问题的担忧，商家要在实现个性化和尊重消费者隐私之间进行权衡，为消费者列出尽可能详尽的选择清单，消费者可以通过改变安全及隐私的设定来满足其个人需求。

（6）个性化。由于移动终端的身份固定，商家完全可以根据消费者的个性化需求和喜好定制服务，设备的选择及提供服务与信息的方式完全由用户自己控制。移动商务将用户和商家紧密联系起来，而且这种联系将不受计算机或者连接线的限制，使电子商务走向个人。

（7）应急性。实践证明，移动通信和移动商务在我国紧急公共卫生事件、地震、冰雪、紧急社会事件中都发挥了巨大作用，其对完善的应急组织管理指挥、强有力的应急工程救援保障供应等都是必需的。

3. 移动商务与互联网电子商务的区别

（1）承载的网络不同。互联网电子商务是指基于互联网的商务活动，而移动商务的承载网络为无线网络。移动无线网络包括无线 ATM 网、无线令牌环网、无线广域网和无线区域网等。

（2）所使用的网络协议不同。互联网电子商务所使用的网络协议包括 TCP/IP 和 HTTP，而移动商务所使用的网络协议主要是无线应用协议（WAP）。

（3）所使用的安全协议不同。互联网电子商务所使用的安全协议有 SSL、SET、TLS（Transport Layer Security，传输层安全）；而移动商务所使用的是无线传输层安全协议

（Wireless Transport Layer Security，WTLS）等。WTLS 是 WAP 的通信协议下的四个层次之一，是根据工业标准 TLS 制定的安全协议。

（4）终端不同。互联网电子商务的终端一般为 PC，移动商务的终端一般为智能手机或 PDA。终端不同导致计算能力的差异，PC 计算速度快且屏幕大，计算一些复杂的加密算法时间短；智能手机或 PDA 计算能力差、速度慢，不适宜进行复杂的密码运算，且屏幕小。

（5）操作系统不同。互联网电子商务的终端 PC 采用的操作系统一般为 Windows、Linux 等通用桌面操作系统；移动商务的终端一般为手机、PDA 等手持设备，一般采用的是厂家自行研发的操作系统，通用程度不高，后来也出现了一些通用操作系统，比如微软公司的 Windows CE，给保障移动商务的安全提供了新的思路。

（6）移动商务的优势。移动商务是移动信息服务和电子商务融合的产物，而与传统电子商务相比，移动商务具有随时随地和个性化的优势。另外，从计算机和移动电话的普及程度来看，移动电话远远超过了计算机，同时，移动商务的手机号码具有唯一性，因此有较好的身份认证基础。移动商务还能有效规避传统电子商务出现的泡沫。

4．移动商务的相关技术

移动商务作为新兴的商务模式，既有巨大的市场增长潜力，又代表着当代最新技术的应用。除了先进的移动通信网络以外，各种新兴的无线技术的成熟应用，也为移动电子商务的发展奠定了坚实的基础。

（1）移动 IP 技术。移动 IP 提供了一种 IP 路由机制，它可以屏蔽不同网络接口层的差别，无论计算机终端连接到哪个网络接口层的接入点，它仍使用原来的 IP 地址，从而使得用户端可以用一个永久的 IP 地址连接到任何链路。移动 IP 技术实现了移动终端在互联网上的无缝漫游，这是它对移动商务的杰出贡献。移动 IP 的缺点是发送给移动节点的 IP 包需要经过本地代理转发，增加了网络负载。

（2）无线应用协议（WAP）。移动互联网是移动商务发展的技术基础，WAP 则是它的核心技术之一。它是一个由 WAP 论坛提出的语言、通信协议及工具的规范集。WAP 融合了移动通信与互联网这两种目前发展最为迅猛的技术，使手机等移动终端能方便地与互联网连接，用户使用移动设备很容易访问和获取以统一的内容格式表示的国际互联网或企业内部网的信息和各种服务，为无线增值服务业创造了一个巨大的全球性新市场。

（3）蓝牙（Bluetooth）技术。这是一种低成本、低功率的无线局域网技术。它可以使移动电话、个人计算机、打印机及其他设备在一定的范围内实现无线连接，并实现信息传输。可以传输的内容包括语音、数据、图像。在移动商务中应用的蓝牙技术实现了以移动电话为中心、把个人携带的移动设备连接成局域网，从而可以无线访问互联网。

（4）通用分组无线业务技术（General Packed Radio Service，GPRS）。GPRS 是一种无线广域网技术，它为用户提供端到端的分组交换，使用户可以做到随时在线。GPRS 还可以充分利用用户的现有网络资源，做到在小型的办公室内为用户提供无线局域网络的通信服务。GPRS 具有网络管理简单和能够充分利用现有网络等优点。

（5）移动定位系统（MPS）。移动定位技术是对手机终端进行实时位置捕捉的新型技术，只要用户的手机开机且能接收到网络信号，那么他所处的位置便随时能被掌握。移动定位技术在地理信息数据库的支持下，借助电子地图，可以实时地显示、跟踪、处理单个、多个、群组的人、车或物。它被广泛应用在大众无线数据信息娱乐服务等行业领域。

（6）WPKI（Wireless PKI）技术。WPKI 是无线网络中应用的 PKI 技术，用于保障移动电子商务的安全，即保证交易过程的保密性、交易文件的完整性和真实性及不可抵赖性，消除了用户在交易中的风险。WPKI 根据移动通信的特点，对互联网应用的 PKI 技术进行改进，使无线安全机制中同样可以应用身份认证和数字签名等技术保证商务活动的安全，使用户能够在移动中进行安全交易。

（7）移动通信技术。3G/4G 移动通信技术支持高质量的声音、数据、图像和多用户通信，为用户提供了高速的宽带多媒体业务。3G/4G 移动通信技术把手机变为集语音、图像和数据传输等诸多应用于一体的多功能多媒体通信终端。这一技术的出现和推广促进了全方位移动商务的实现和广泛开展。

作为 4G 通信技术的延伸，5G 是第五代移动通信技术的简称，将在全社会数字化转型进程中担负着不可替代的重要使命。5G 时代，所有的"人"和"物"都将存在于一个有机的数字生态系统里，数据或者信息将通过最优化的方式传递。从全球视角来看，目前 5G 无论是在技术、标准、产业生态还是网络部署等方面都取得了阶段性的成果。与前几代移动网络相比，5G 网络的能力将有飞跃性的提升。5G 除了带来更极致的体验和更大的容量，还将开启物联网时代——5G 将结合大数据、云计算、人工智能等诸多创新技术，并渗透到各个行业。

新一代的移动商务系统融合了移动技术、智能移动终端、虚拟专用网络（VPN）、数据库同步、身份认证和 Web Service 等多种移动通信、信息处理和计算机网络的最新前沿技术，以专网和无线通信技术为依托，为用户提供了一个安全高效的现代化移动商务环境。

5. 我国的移动商务

在我国，与通过互联网开展的电子商务相比，移动商务拥有更为广泛的用户基础。截至 2016 年 7 月，我国手机用户的数量已经达到 13.04 亿人，居全球第一，其中 6.46 亿人为 4G 用户。中国互联网络信息中心发布的《中国互联网络发展状况统计报告》显示，截至 2018 年 12 月，我国网民规模达 8.29 亿人，手机网民用户 8.17 亿人，网民通过手机接入互联网的比例高达 98.6%。

从 2013 年开始，智能手机以及 4G 网络的快速普及大大推动了移动支付市场的发展。一方面，部分互联网端的支付规模转移至移动端；另一方面，人们线下扫码支付、NFC 支付习惯的养成推动了移动支付规模大幅增长。移动支付在我国日渐普及，尤其是微信和支付宝，两者已经走向海外市场。《数字中国建设发展报告（2017 年）》显示，2017 年移动支付交易规模超过 200 万亿元，在全球位居第一。根据艾瑞咨询发布的《2018 年中国第三方支付行业研究报告》，2017 年银行卡收单业务规模占比为 32%，网络支付总规模占比 68%，其中移动支付的部分超过 80%；在全部第三方支付交易市场中，移动支付占比超过一半。

6. 移动商务服务

（1）无线理财。移动商务使用户能随时随地在网上安全地进行个人财务管理，进一步完善网上银行体系。用户可以使用其移动终端核查其账户、支付账单、进行转账及接收付款通知等。

（2）无线交易。移动商务具有即时性，因此非常适用于股票等的交易应用。移动设备可用于接收实时财务新闻和信息,也可确认订单并安全地在线管理股票交易。

(3) 无线订票。通过互联网预订机票、车票或入场券等已经成为电子商务的一项主要业务,其规模还在继续扩大。互联网有助于方便核查票证的有无,并进行购票和确认。移动商务使用户能在票价优惠或航班取消时立即得到通知,也可支付票款或在旅行途中临时更改航班或车次。借助移动设备,用户可以浏览电影剪辑、阅读评论,然后订购附近电影院的电影票。

(4) 无线购物。借助移动商务,用户能够通过其移动通信设备进行网上购物。即兴购物会是一大增长点,如订购鲜花、礼物、食品或快餐等。传统购物也可通过移动商务得到改进。例如,用户可以使用"无线电子钱包"等具有安全支付功能的移动设备,在商店里或自动售货机上进行购物。

(5) 无线娱乐。用户不仅可以从移动设备上收听音乐,还可以订购、下载或支付特定的曲目,并且可以在网上与朋友们玩交互式游戏,还可以参加快速、安全的博彩游戏。

(6) 无线医疗。借助无线技术,救护车可以在移动的情况下同医疗中心和病人家属建立快速、动态、实时的数据交换,这对每一秒钟都很宝贵的紧急情况来说至关重要。在无线医疗的商业模式中,病人、医生、保险公司都可以获益,也会愿意为这项服务付费。

(7) 移动应用服务。一些行业需要经常派遣技术人员到现场作业。在这些行业中,移动应用服务将发挥巨大的作用。移动应用服务将结合定位服务技术、短信息服务、WAP技术及呼叫中心,为用户提供更及时和更满意的服务。

二、移动商务的安全

1. 移动商务面临的安全威胁

移动商务在给人们的商务活动带来便捷的同时,也带来了许多移动安全方面的挑战。同时,与安全问题息息相关的另一个重要的问题就是隐私问题,由于移动商务的一些独特之处,其隐私问题比传统电子商务显得更加突出。

移动商务运用移动通信,而移动通信必须采用无线方式。无线信道是一个开放性信道,它在赋予无线用户通信自由的同时,也给无线通信网络带来了一些不安全因素,如通信内容容易被窃听、可以被更改以及通信双方身份可能被假冒等。

(1) 无线窃听。在无线通信网络中,所有网络通信内容(如移动用户的通话信息、身份信息、位置信息、数据信息以及移动站与网络控制中心之间的信令信息等)都是通过无线信道传送的。而无线信道是一个开放性信道,任何具有适当无线终端设备的人均可以通过窃听无线信道获得上述信息。虽然有线通信网络也可能会遭到搭线窃听,但这种搭线窃听要求窃听者能接触到被窃听的通信电缆,而且需要对通信电缆进行专门处理,这样就很容易被发现。而无线窃听相对来说就比较容易,只需要有适当的无线接收设备即可,而且很难被发现。

(2) 身份假冒攻击。在无线通信网络中,移动站必须通过无线信道传送其身份信息,以便于网络控制中心及其他移动站能够正确鉴别其身份。由于无线信道传送的任何信息都可能被窃听,当攻击者截获到一个合法用户的身份信息时,他就可以利用这个身份信息来假冒该合法用户,这就是所谓的身份假冒攻击。

另外,主动攻击者还可以假冒网络控制中心。如在移动通信网络中,主动攻击者可能假冒网络基站来欺骗移动用户,以此手段获得移动用户的身份信息,从而假冒该移动用户。

（3）信息篡改。信息篡改在一些"存储-转发"型有线通信网络（如互联网）中是很常见的，而在一些无线通信网络（如无线局域网）中，因为两个无线站之间的信息传递可能需要其他无线站或网络中心的转发，这些"中转站"就可能篡改转发的消息。

对于移动通信网络，当主动攻击者比移动用户更接近基站时，主动攻击者发射的信号功率要比移动用户的强很多倍，使得基站忽略移动用户发射的信号而只接收主动攻击者的信号。这样，主动攻击者就可以篡改移动用户的信息后再传给基站。

（4）服务后抵赖。这种威胁在电子商务中很常见，假设客户通过网上商店选购了一些商品，然后通过电子支付系统向网络商店付费，这个电子商务应用中就存在着两种服务后抵赖的威胁：①客户在选购了商品后否认他选择了某些或全部商品而拒绝付费；②商店收到了客户的货款却否认已收到货款而拒绝交付商品。

此外，无线通信网络与有线通信网络一样也面临着病毒攻击、拒绝服务等威胁，这些攻击的目的不在于窃取信息和非法访问网络，而是阻止网络的正常工作。

2. 移动商务的安全需求

解决移动商务的安全问题与解决互联网电子商务的安全问题类似。

（1）移动接入安全。移动接入是移动商务的一个重要特性，也是移动商务的基础。移动接入是移动用户使用移动终端设备通过移动网络访问互联网信息和服务的基本手段，移动商务应用必须首先解决好移动接入的安全问题。

（2）移动终端的 SIM/STK 卡具有加密和身份识别能力。SIM 卡的卡号是全球唯一的，并且根据我国移动开户的特点，每一个 SIM 卡对应且仅对应一个用户，这使得 SIM 卡成为移动用户天然的身份识别工具，利用可编程的 SIM 卡，还可以存储用户的银行账号、CA 证书等用于标识用户身份的有效凭证。不仅如此，可编程的 SIM 卡还可以用来实现数字签名、加密算法、公钥认证算法等电子商务领域必备的安全手段。在目前用户的电子身份证明还没有一个公共标准的情况下，SIM 卡已经成为移动商务标识用户身份的事实标准。

（3）移动支付。移动支付是指支付方为了购买实物或非实物形式的物品、缴纳费用或接受服务，以手机、PDA 等移动终端为工具，通过移动通信网络，实现资金由支付方转移到受付方的支付方式。移动支付是移动商务的一个重要目标，用户可以随时随地完成必要的电子支付业务。移动支付的分类方式有多种，但由于每一个移动终端中的 SIM 卡对应用户的唯一性，使移动支付的安全性要高于 PC 网上支付的安全性。

（4）信息安全。移动商务与互联网电子商务一样，需要具有四个基本特征（数据保密性、数据完整性、不可否认性及交易方的认证与授权）的信息安全性。由于无线传输的特殊性，现有有线网络安全技术不能完全满足移动商务的基本需求，市场需求的拉动促成了很多新安全技术和规范的研究与实施。移动商务的信息安全所涉及的新技术包括无线传输层安全（WTLS）、基于 WTLS 的端到端安全、基于 SAT 的 3DES 短信息加密安全、基于 SignText 的脚本数字签名安全、无线公钥基础设施（WPKI）安全、K-JAVA 安全、蓝牙/红外信息传输安全等。

3. 移动商务隐私问题

早在移动商务出现以前，隐私问题就已经是困扰电子商务发展的一个关键瓶颈问题。美国的一项调查指出，大约有 90% 的受调查者认为，隐私问题是影响电子商务发展的关键问题之一；79% 的被调查者不使用需要提供个人信息的网站，而使用者中又有 42% 提供虚假的个人信息。一般来说，人们普遍都比较担心通过互联网来提供个人电话、地址、信用卡号码等涉及个人隐私的信息，而电子商务要想得以进行和顺利发展又必须要用户通过网络来提供这些信息。移动商务作为电子商务的延续和拓展，也同样需要具备这样的条件才能得以发展，而且由于移动商务的一些独特的特性，隐私问题比传统的电子商务更显突出。

由于移动设备功能的提升和用户使用移动商务的日益频繁，人们已开始习惯将大量的隐私信息存储于移动设备中，而由于过去移动设备的功能有限，往往只有非常简单的安全措施来保护隐私。现在随着技术的发展，越来越多更可靠和更安全的保护措施已经开始在移动设备上得到应用，如生物识别技术和高级加密算法可以保护移动设备中的隐私，而移动设备防火墙技术将防止病毒引起的隐私泄露。

对于消费者的隐私保护，单从技术层面来保证是不够的，技术只是提供了隐私不被侵犯的可能，但并不能有效遏止侵犯隐私的行为，更不能彻底解决侵犯隐私的问题。隐私侵犯将涉及社会道德甚至法律问题，所以对于移动商务中可能出现的隐私侵犯问题，还需要有法律规范。随着传统电子商务的不断发展和消费者对隐私问题的日益重视，各国纷纷出台了众多与隐私相关的法律法规，这些法律法规也成为移动商务领域隐私保护的基础。

4．网络诈骗

网络诈骗是指以非法占有为目的，利用互联网采用虚构事实或者隐瞒真相的方法，骗取数额较大的公私财物的行为。网络诈骗与一般诈骗的主要区别在于，网络诈骗是利用互联网实施的诈骗行为，没有利用互联网实施的诈骗行为便不是网络诈骗。在近几年的实践中，通过手机等移动终端并结合无线网络的诈骗时有发生。

为有效打击电信诈骗犯罪，提高公安机关冻结诈骗资金效率，切实保护社会公众财产安全，中国人民银行、公安部会同工业和信息化部、工商总局、国务院法制办、中国银监会研究建立紧急止付和快速冻结机制。同时，中国人民银行、公安部联合建设了电信诈骗交易风险事件管理平台。该平台通过与公安部门、银行、获得网络支付业务许可的支付机构连接，实现通信信息诈骗犯罪涉案银行账户的紧急止付、快速冻结，涉案账户信息共享和涉案账户快速查询功能。电信诈骗犯罪涉案账户紧急止付快速冻结机制的建立，将为公安机关快速执法提供完整的资金监管追踪逻辑体系，对涉案诈骗账号进行拦截，提高公安机关冻结诈骗资金效率，减少案件发生和群众损失，为维护百姓的合法权益，营造和谐、稳定的社会局面发挥重要作用。下一步，中国人民银行还将及时总结经验，完善机制，利用现有资源实现法院、检察院等有权机关的账户查询、冻结功能。

第二节　移动支付

一、移动支付的概念

移动支付也称手机支付，是指允许用户使用其移动终端（通常是手机）对所消费的商品或服务进行账务支付的一种服务方式。支付方通过移动设备、互联网或者近距离传感直接或间接向银行金融机构发送支付指令产生货币支付与资金转移行为,从而实现支付功能。移动支付将终端设备、互联网、应用提供商及金融机构连接起来,为用户提供货币支付、缴费等金融业务。

移动支付是典型的 OTT 业务。OTT 是"Over The Top"的缩写,是指通过互联网向用户提供各种应用服务。这种应用和目前运营商所提供的通信业务不同,它仅利用运营商的网络,而服务由运营商之外的第三方提供。

移动支付主要分为近场支付和远程支付两种。所谓近场支付,就是用手机刷卡的方式坐车、购物等,十分便利。远程支付是指通过发送支付指令(如网银、电话银行、手机支付等)或借助支付工具(如通过邮寄、汇款)进行的支付方式。数据研究公司 IDC 的报告显示,2017 年全球移动支付的金额已突破 1 万亿美元。庞大的数据意味着今后几年,全球移动支付业务将呈现持续走强趋势。

二、移动支付的产业链成员

移动支付业务的产业链由标准制定者、移动设备制造商、移动运营商、金融机构、移动支付服务提供商、商家、用户等多个环节组成。其中,移动支付标准制定者是指国家独立机构、国际组织和政府,它们负责标准的制定和统一,来协调各个环节的利益。

(1)用户。用户即移动支付者。支付者必须首先注册成为某个移动支付网络的手机支付业务用户,获得经支付网络认可的数字证书,将手机或其他移动终端通过移动网络与商家或支付网关相连,就可以利用手机完成方便快捷的在线支付。用户的需求是推进移动支付系统发展的主要原动力。

(2)商家。参与移动支付的商家在商场和零售店安装了移动支付系统,能为客户提供移动支付服务。对商家来说,移动支付能在一定程度上减少支付的中间环节,降低经营、服务和管理成本,提高支付效率,获得更高的用户满意度。

(3)移动运营商。移动运营商的主要任务是搭建移动支付平台,为移动支付提供安全的通信渠道。它们是连接用户、金融机构和服务提供商的重要桥梁,在推动移动支付业务的发展中起着关键性作用。目前,移动运营商能提供语音、SMS、WAP 等多种通信手段,并能为不同级别的支付业务提供不同等级的安全服务。

(4)金融机构。移动支付系统中的金融机构包括银行、信用卡发行行(银联)等组织,主要为移动支付平台建立一套完整、灵活的安全体系,从而保证用户支付过程的安全、通畅。显然,与移动运营商相比,银行不仅拥有以现金、信用卡及支票为基础的支付系统,还拥有个人用户和商家资源。

(5)移动支付服务提供商。移动支付服务提供商也称作移动支付平台运营商,它作为金融机构和移动运营商之间的衔接环节,在移动支付业务的发展进程中发挥着十分重要的作用。独立的第三方移动支付服务提供商具有整合移动运营商和银行等各方面资源并协调各方面关系的能力,能为手机用户提供丰富的移动支付业务,吸引用户为应用支付各种费用。

(6)移动设备制造商。移动设备制造商在向移动运营商提供移动通信系统设备的同时,还推出了包括移动支付业务在内的数据业务平台和业务解决方案,这为移动运营商提供移动支付业务奠定了基础。从终端的角度来看,支持各种移动数据业务的手机不断推向市场,这也为移动支付业务的不断发展创造了条件。

三、移动支付的商业模式

只有正确的商业模式才有可能推动移动支付产业的成熟和发展。一个成功的移动支付商业模式，至少必须能为用户、商家、移动运营商和金融机构的利益共赢提供保证。

（1）根据移动商务的参与方划分。基于对移动支付参与方的角色和需求，移动支付可分为如图 10-1 所示的四种商业模式。

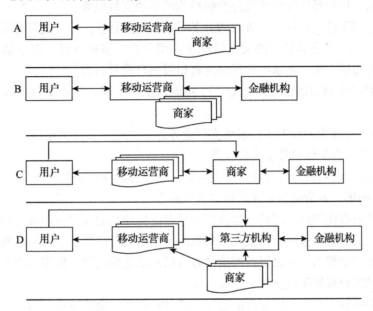

图 10-1　移动支付的四种商业模式

1）简单的封闭移动支付模式。模式 A 代表了最简单的封闭模式，被大多数移动运营商所接受。在此模式下，用户直接从移动运营商或以移动运营商作为前台的商家处购买交易额不大的内容服务（通常是数字内容，如铃声下载、小游戏、天气预报、小额点卡等）。移动运营商会以用户的手机费账户或专门的小额账户作为移动支付账户，用户所发生的移动支付交易费用全部从用户的手机费账户或小额账户中扣减。这种模式不需要银行参与，技术实现简便。移动运营商需要承担部分金融机构的责任，如果发生大额交易则不符合国家的有关政策，因为无法对正规的交易业务出具发票、税务处理复杂等。

2）有金融机构参与的移动支付模式。模式 B 中的移动运营商可以提供非数字内容业务，且交易额可以较大。在这种模式下，移动运营商需要与金融机构合作，支付是通过传统的银行账号（如银行卡）而不是移动话费账单来进行的，典型的应用如缴纳水、电、煤气费。虽然在这种模式下为用户提供了更多的支付选择，但移动运营商需要考虑用户的支付注册问题，并且要建立与金融机构的关系和支付业务接口。模式 B 可以被认为是模式 A 的自然扩展，其移动支付的内容比较受限，主要集中于缴费业务领域。

3）直接购买的移动支付模式。模式 C 类似于基于 PC 的在线商店支付，可以称之为"直接购买"的支付方式。在该模式下，用户与商家直接联系，由商家来处理与多个金融机构之间的支付接口。商家为向更多的用户提供服务，须能够接受多个移动运营商接入。如果采用这种模式，运营商将不能从支付中取得任何收益，就如同固定电话网的运营商在基于 PC 的互联网支付中扮演的角色一样。当然，随着参与的移动运营商和可能的支付选项的增加，这种模式也缺乏灵活性。

4）第三方机构参与的移动支付方式。模式 D 提供了一种由第三方机构参与的移动支付方式，可以称之为"中介"模式。移动支付平台提供商是独立于金融机构和移动运营商的第三方经济实体（同样也可以是由移动运营商或金融机构或移动运营商同金融机构合作创立的移动支付平台），同时也是连接移动运营商、金融机构和商家的桥梁和纽带。通过移动支付平台提供商，用户可以轻松实现跨金融机构的移动支付服务。

该模式具有如下特点：各参与方之间分工明确、责任到位；平台提供商发挥着中介的作用，将各利益群体之间错综复杂的关系简单化；用户有了多种选择；在市场推广、技术研发、资金运作能力等方面，要求平台提供商有很强的行业号召力。

（2）根据移动支付的运营主体划分。按照运营主体不同，移动支付可以分为以下四类商业模式：

1）以移动运营商为运营主体的移动支付业务。
2）以银行为运营主体的移动支付业务。
3）以移动运营商和银行合作成立的企业为运营主体的移动支付业务。
4）以独立的第三方为运营主体的移动支付业务。

这四类模式各有优缺点，以移动运营商为运营主体的移动支付可以说是移动支付的早期模式，类似于上述的封闭移动支付模式，只局限于小额支付。目前，以金融机构为运营主体的移动支付业务大量推出，各家银行都借助各自的网络优势提供手机银行业务服务，并采取优惠措施，鼓励用户采用手机支付。

事实上，在移动支付业务产业价值链中，移动运营商、金融机构、第三方服务提供商拥有各自不同的资源优势，只有彼此合理分工、密切合作，建立科学合理的移动支付业务的运作模式，才能推动移动支付业务的健康发展，实现各个环节之间的共赢。因此，以运营商和金融机构合作成立的企业为运营主体的移动支付业务和以独立的第三方为运营主体的移动支付业务将是未来移动支付业务的发展方向。

四、二维码支付

近几年推出的二维码移动支付具有良好的用户使用体验，并将线上线下连接起来。以微信二维码支付为例，线下购物时，扫描店家的二维码或出示自己的支付二维码，获取信息后输入支付密码即可完成购物流程。

二维码是用某种特定的几何图形按一定规律在平面（二维方向）上分布的、黑白相间的、记录信息的图形。最初它只是一个普通的信息载体，用相应的设备扫描它，就可以获取大量的信息。随着物联网产业的蓬勃发展，越来越多的二维码技术应用解决方案被开发出来，应用到各行各业的日常经营和生活中，使二维码成为移动互联网的入口。特别是二维码支付的出现和普及，极大地改变了人们的生活方式。

在电子商务场景下，商家可把商品信息、价格等交易信息汇编成一个二维码，并印刷在各种报纸、杂志、图书等纸质载体上发布，也可以在网络、电视、LED 屏等其他载体上发布。二维码支付手段在国内兴起并不是偶然,形成背景主要与我国 IT 技术的快速发展以及电子商务的快速推进有关。IT 技术的日渐成熟,推动了智能手机、平板电脑等移动终端的诞生,这使得人们的移动生活变得更加丰富多彩。与此同时,国内电商也与"移动"密切相关,尤其是 O2O 的发展。有了大批的移动设备,也有了大量的移动消费,支付成本就变得尤为关键,二维码支付解决方案便应运而生。

二维码打通了多种平台:首先是打通了各种商业平台,让线下实体商业、互联网商业、其他网络商业(如电视购物)无缝衔接,方便了消费者,挖掘出了巨大的市场空间,提升了商家的竞争能力;其次,它还打通了各种支付平台,如银行的电子支付、支付宝、微信等,催生了一批"第四方支付机构"。

五、互联网金融下移动支付的特点

移动支付是依靠移动通信技术和设备的发展,特别是智能手机和平板电脑的普及,互联网金融模式下的支付方式将以移动支付为基础。

随着 Wi-Fi、4G 等技术发展,互联网和移动通信网络的融合趋势非常明显,有线电话网络和广播电视网络也融合进来。移动支付将与银行卡、网上银行等电子支付方式进一步整合,真正做到随时随地、以任何方式进行支付。随着身份认证技术和数字签名技术等安全防范软件的发展,移动支付不仅能解决日常生活中的小额支付,还能解决企业间的大额支付,替代现金、支票等银行结算支付手段。

尽管移动通信设备的智能化程度提高,但受限于便携性和体积要求,存储能力和计算速度在短期内无法与个人计算机(PC)相比。云计算恰能弥补移动通信设备的这一短板。云计算可将存储和计算从移动通信终端转移到云计算的服务器,减少对移动通信设备的信息处理负担。这样,移动通信终端将融合手机和传统 PC 的功能,保障移动支付的效率。

以规模庞大的线下 POS 收单市场来说,越来越多的第三方支付企业对线下收单市场进行拓展,未来线下支付将给整个综合支付市场格局带来重要影响,许多支付系统在原有线下POS 收单业务的基础上加大金融增值服务端的创新力度。一站式财务管理应用和社会化营销工具正在相互融合,以手机刷卡器为切入点,满足中小微企业的线下收单需求。

互联网金融模式下,支付系统具有以下根本性特点:

(1)所有个人和机构都在中央银行的支付中心(超级网银)开账户(存款和证券登记)。

(2)证券、现金等金融资产的支付和转移通过移动互联网进行(具体工具是智能手机和平板电脑)。

(3)支付清算完全电子化,社会中无现钞流通。

(4)二级商业银行账户体系可能不再存在。

个人和企业的存款账户都在中央银行,将对货币供给和货币政策产生重大影响,同时也会促进货币政策理论和操作的重大变化。当然,这种支付系统不会颠覆由中央银行统一发行信用货币的制度。但是,一些社交网络已自行发行货币,用于支付网民间数据商品的购买,甚至实物商品的购买,并建立了内部支付系统。

复习思考题

1. 说明移动商务的特点。
2. 说明移动商务的相关技术。
3. 说明移动支付产业链的构成。
4. 移动支付的特点有哪些？

案例分析

微信支付

随着互联网应用的发展，第三方支付已经成为发展最快并且最具有生命力的支付方式，得到了广大消费者与商家的认可。其中最新发展起来一种第三方支付方式就是微信支付。可以说微信支付促进了第三方支付的进一步发展，让网民进一步接触到网上购物与支付的方便及高效。

1. 微信支付的产生与发展

微信是腾讯公司于 2011 年年初推出的一款移动互联网即时通信的工具，它融合了文字、表情、语音、图片、视频等沟通方式，只要是智能手机，都可以下载安装并使用。由于微信的用户体验良好、平台开放，微信的用户数量在短短两年之内就达到 4 亿人，创造了移动互联网的奇迹。

微信支付正是在这样的大环境下发展起来的。2013 年 8 月，微信在 5.0 版本中正式推出支付功能。2014 年 9 月 26 日，腾讯公司发布微信支付 5.1 版，其独创了"微信支付加密"功能，大大提高了微信支付的安全性。由于微信支付软件具有良好的兼容性且操作简单，能为用户提供安全、快捷、高效的支付服务，不断吸引着越来越多的用户使用。

2015 年，微信红包因其设计简单、流行迅速、私密机制的产品特色成了年夜饭的"主菜"，小小的红包甚至不小心抢了春晚的风头。微信支付特色项目如微信红包、AA 收款等掀起了新一波网络支付的热潮。微信支付的出现，对促进商家提高经营效益、提高用户对支付方式的满意度以及丰富第三方支付理论有着十分重要的意义。

2. 微信支付的方式

微信支付非常简单，用户只需要在微信中关联一张银行卡，并完成身份认证，即可将装有微信 App 的智能手机变成一个"全能钱包"，之后便可以购买合作商家的商品及服务，进而采用微信支付即可完成交易，整个过程简便流畅。微信支付正在以其方便、快捷、高效等诸多优势吸引着越来越多的用户使用。

（1）公众号支付。微信公众号是开发者或商家在微信公众平台上申请的应用账号，通过公众号，商家可在微信平台上实现和特定群体的文字、图片、语音、视频的全方位沟通、互动，形成了一种主流的线上线下微信互动营销方式。首先商家要注册公众平台账号，可以选择账号类型为服务号，然后填写相关资料并通过微信支付认证；在资料提交后，微信支付会向商家的结算账户中打一笔数额随机的验证款，进行商家验证；待资料审核通过后，查收款项，登录商家平台，填写款项额，数额正确即可通过验证；验证通过后，在线签署线上协议，开户完成之后，商家即可上线产品进行售卖。消费者就自己想购买的商品下单，再输入个人微信支付密码，就可以实现微信支付。

(2) App 支付。首先商家要注册微信开放平台账号，通过开发者资质认证；提交 App 基本信息，通过开放平台应用审核；然后填写相关资料，进行商家验证及签署线上协议，开户完成后就可以在 App 内调用微信支付，发起支付，例如现在比较广泛应用的滴滴出行 App。用户在相关的 App 内选择自己想要购买的商品，然后提交订单，进行商品信息的确认，再输入微信支付的密码，即支付成功。

(3) 微信扫描二维码支付。商家首先要注册公众平台，选择账号类型为服务号，填写相关资料并通过微信支付认证；然后填写自己的资料信息，进行商家验证，验证通过后在线签署线上协议，开户完成之后，即可上线产品进行售卖。消费者选好商品，然后扫描商品二维码，进行商品信息确认，再输入自己的微信支付密码，即支付成功。

(4) 刷卡支付。商家首先要注册公众号，然后填写相关企业资料，进行商家验证，验证通过后在线签署线上协议，即可上线产品进行售卖。消费者打开微信，找到向收银员出示自己的付款条码，刷码后即支付成功。

3. 微信支付的优势

微信支付带来了很多的便利：①微信支付在电子商务中可以起到担保作用；②微信支付与购物、旅游、投资等社会活动相连，具有社会性；③微信支付集成了众多银行，提高了支付清算的效率，降低了交易成本。由于支付是货币在不同账户之间的转移，其本身就蕴含移动的意思，而手机等移动终端最大的优势也是可移动性，二者不谋而合；加之交易与微信支付的融合，使得微信支付很快成为主要的支付方式之一。

微信支付诞生以后，用户与微信支付建立了联系，代替了与商业银行之间的联系。这时，微信支付成为用户与商业银行支付清算的枢纽，通过在不同银行开立的中间账户对大量交易资金实现轧差，少量的跨行支付则通过中央银行的支付清算系统来完成。微信支付通过采用二次结算的方式，实现了大量小额交易在微信支付公司的轧差后清算，在一定程度上承担了类似中央银行的支付清算功能，同时还能起到信用担保的作用。而在微信支付产生以前，用户与支付机构建立连接主要通过计算机端实现；有了微信支付以后，用户与微信支付公司的联系逐渐向手机端转移。

4. 微信支付模式风险规避策略

(1) 加强个人信息安全保障

1) 建立有效的实名认证体系。首先，建立数字证书等公钥为载体的认证体系，通过实名认证提升用户信息的准确性和用户的信用度。在填写注册信息时，新会员应被要求提供详尽的个人真实信息，包括姓名、手机号码、身份证号码等。实行实名注册有助于更加真实准确地对用户资料进行审核。其次，建立信息严格保密制度，有效保护用户的隐私和合法权益。查询用户资料必须获得相关部门的授权，以充分保护用户的信息安全。最后，加快信息化服务平台建设，建立统一的实名制身份认证体系，使公共服务信息更加安全有效。

2) 实施用户信息动态跟踪。首先，建立数据化信息管理平台，成立专门的服务部门，加强与用户的沟通和联系，以电话、邮件、QQ、短信等形式对用户的微信支付使用情况进行跟踪回访。其次，针对用户的微信购买意向和实时动态进行统计和分析，从而制定精准的销售策略。最后，针对不同用户推荐不同的意向产品，将用户需求放在第一位。

3) 建立用户信用评价体系。首先，构建用户信用数据库，进行合理有效的数据整合，有针对性地监测已经开通微信支付的账户，根据每个用户的操作习惯和资金交易记录对用户进行初步分类和信用等级评价。其次，根据用户的操作习惯将用户分为以聊天为主的用户和以交易为主的用户。在以交易为主的用户中，再根据用户个人资料完善度、资金交易情况和信用状况分级并进行分类监管，重点监测信用状况不好的账户，以避免信用诈骗。最后，结合运用定量分析与定性分析进行用户评级。要对用户过去和未来的信用情况进行全面的分析与预测。

(2) 建立科学支付模式

1) 改进支付流程。首先，微信官方需要严格把控支付第一关口，只授权通过认证的第三方购买链接，并在打开链接之前输入客户端登录密码。其次，在用户支付前增设支付确认环节，让用户再次确认所购买的商品种类、数量和金额等信息，并确认所使用的银行卡信息是否为本人的银行卡账户，确认无误后再提交订单。付款金额先转至微信中枢，成功下单后再转至第三方交易平台，用户收到货物并检查无误后最终在支付端确认付款，从而完成支付。

2) 完善售后服务。首先，在第一时间回复用户在使用微信支付过程中的投诉，并对相关联的资金加以保护。可以专门开设一个微信公众账号来处理用户资金问题，使用户能够尽快找到有效的投诉途径。其次，全部赔偿用户在使用微信支付过程中造成的资金被盗或者支付资金交易异常等损失。用户申请赔付时，需要出示真实的损失证明和有效信息，如身份信息、付款账号、购买商品、商家和发货情况。最后，根据用户提供的信息，对用户身份的真实性进行核实，对用户在支付过程中造成损失的情况进行查验。若存在因用户支付账号被盗而引起的支付损失，立即对相关业务进行冻结，并尽快赔偿用户损失。

3) 完善支付安全机制。首先，采用硬件锁、支付盾、数字证书等虚拟"钥匙"来保障微信账户的安全。采取技术措施和综合业务双重安全机制来保障网上支付的安全。在技术上，对服务端、客户端和通信信道进行安全控制，查验用户身份信息时要求用户远程输入注册身份信息与密码，身份认证得到唯一性验证后，还需第三方认证机构证书的远程认证。其次，在手机上进行技术监控，在用户支付时对支付链接进行检测，检查是否有木马病毒等入侵，形成全方位、多层次的安全保护。最后，不断提升对病毒的查杀和防御能力，保证支付数据信息安全。

(3) 构建安全保障体系

1) 提升密码安全级别。首先，在微信支付过程中，应将微信登录密码与支付密码相区分。登录密码仅用于登录微信支付平台，不能与支付密码相同；支付密码的设置必须更加规范，要求复杂程度相对更高。其次，支付密码根据支付额度的大小来分类设置。当超过用户设定的小额支付范畴时，支付密码就应由至少两种或两种以上字符构成，在基础密码后叠加字母等，而非采用简单的六位数字密码。最后，还可以借助外力设置密码，如利用网上的密码生成器，通过不同的组合来设置安全等级更高的密码。

2) 建立用户密保体系。首先，用户可以自己设置密保信息，可采用三个及以上问题来增强密保的安全性，并设置取回密码的邮件地址。因此，必须保证邮箱的安全性、准确性和稳定性。引导用户选择安全保护能力较强的邮箱专门用于找回密码、修改密码和设置其他密保,并确保仅由用户本人操作。其次,可以设置与账号一一对应的密保卡加以验证,或者绑定电话密保业务,通过绑定电话号码来获取验证码,通过验证。最后,将在银行预留的手机号码所收到的验证码输入交易过程中,或者输入与此银行卡对应的动态口令,增加多重验证来使密保体系更加完善。

3)实施有效的外部监管。首先,微信支付后台应该针对用户终端进行有效监管,如终端异常判断、交易异常实时监控等。这要求更先进的网络信息处理技术和网络监测设备,对关键的隐私信息进行多重加密,有效防止木马以及病毒劫取交易记录。其次,组建一支专业的网络监管团队,提高信息处理能力,加大监管力度。最后,加强各部门的密切合作、信息互通与资源共享,与公安、通信、文化等相关部门密切配合,及时对微信支付欺诈等不法行为进行投诉。

案例思考题:

结合本章知识,试比较微信支付与支付宝的异同。

第十一章

电子商务的新发展

> **内容提要**
> ❶ 跨境电子商务的概念及商业模式。
> ❷ 跨境电子商务的运营流程。
> ❸ 农村电子商务的参与主体及其关系。
> ❹ 农村电子商务的运营框架。

　　十几年来，我国电子商务的各个领域都发生了巨大的变化，从形式到内涵的各个方面都更加丰富和完善，在国民经济中的作用也逐渐增强。近年来，随着经济全球化的发展和信息技术的普及，跨境电子商务和农村电子商务在我国也逐渐发展起来。跨境电子商务作为网络化的新型经济活动，正以前所未有的速度迅猛发展，现已成为各国增强经济竞争力、赢得全球资源配置的有效手段。在"互联网+"时代的影响下，农村电子商务也逐渐成为今后我国电子商务行业发展的重点方向之一。什么是跨境电子商务？跨境电子商务的交易流程是什么？什么是农村电子商务？农村电子商务的主要模式有哪些？本章将帮助大家了解电子商务的这些新发展。

第一节　跨境电子商务

一、跨境电子商务概述

1. 跨境电子商务的概念

　　跨境电子商务是指分属于不同国家的交易主体，通过电子商务手段将传统进出口贸易中的展示、洽谈和成交环节电子化，并通过跨境物流及异地仓储送达商品、完成交易的一种国际商业活动。跨境电子商务常简称为跨境电商。

　　我国跨境电商主要分为跨境零售和跨境 B2B 贸易两种模式。

　　跨境零售包括 B2C 和 C2C 两种模式。跨境 B2C 是指分属不同关境的企业直接面向消费者个人开展在线销售产品和服务，通过电商平台达成交易、进行支付结算，并通过跨境物流送达商品、完成交易的一种国际商业活动。跨境 C2C 是指分属不同关境的个人卖方对个人买方开展在线销售产品和服务，由个人卖家通过第三方电商平台发布产品和服务信息、价格等内容，个人买方进行筛选，最终通过电商平台达成交易、进行支付结算，并通过跨境物流送达商品、完成交易的一种国际商业活动。在 B2C 模式下，我国企业直接面向国外消费者，以销售个人消费品为主，物流方面主要采用邮政物流、商业快递、专业及海外仓储等方式，其报关主体是邮政或者快递公司，目前大多还未纳入海关登记。

跨境 B2B 贸易是指分属不同关境的企业对企业，通过电商平台达成交易，进行支付结算，并通过跨境物流送达商品、完成交易的一种国际商业活动，现在已经纳入海关一般贸易统计。

2. 跨境电商的发展历程

我国跨境电商的发展总共经历了三个阶段，实现了从信息服务到在线交易、全产业链服务的跨境电子商务产业转型。

（1）第一阶段，跨境电商 1.0 阶段（1999—2003 年）。这个阶段主要的商业模式是网上展示、线下交易的外贸信息服务模式。这个时期跨境电商主要做两件事：一是网络渠道的搭建，二是网络营销的推广。跨境电商竞争的焦点集中在全网营销渠道搭建的效率，以及网络营销推广的力度。网站建设、搜索引擎、网络黄页成为企业应用网络的三大热点。对于外贸企业来说，网络的应用极大地降低了中小企业业务运营成本，提供了与大企业平等竞争的机会，同时也是面向国际市场的新通道。在跨境电商 1.0 阶段，阿里巴巴国际站平台及环球资源网是典型代表。平台为企业提供了向国外买家展示、推广企业和产品的机会，帮助它们拓展国际市场。

（2）第二阶段，跨境电商 2.0 阶段（2004—2012 年）。随着 2004 年敦煌网的上线，跨境电商 2.0 阶段拉开了帷幕。在这个阶段，虽然网络渠道和网络营销依然重要，但是已经不是企业要考虑的全部了，外贸企业开始借助电商平台，将服务、资源进行有效的整合，将线下交易、支付、物流等流程实现电子化，逐步实现在线交易平台。在跨境电商 2.0 阶段，平台对收费模式进行了颠覆，免收注册费，取而代之以收取佣金及增值服务费为主要的盈利模式。

（3）第三阶段，跨境电商 3.0 阶段（2013 年至今）。2013 年，随着大型工厂的上线、订单比例大幅度提升、大型服务商的加入和移动用户量的大爆发，以及跨境电商平台的全面升级，跨境电商 3.0"大时代"到来。在这个阶段，跨境电商开始呈现两个非常重要的特征：一是大外贸开始走上跨境电商平台；二是移动化趋势凸显。国内买家、国际采购商及整个产业链的供应链结构都在发生着变化：传统的外贸工厂、供应商、制造企业开始纷纷进入跨境电商行列，越来越多的网商开始谋求新作为，如建立海外平台、海外仓储等；大型服务商也开始进入跨境电商的产业链，整个供应链体系的中间环节呈现出多样化；支付、金融、保险、物流、仓储等环节也纷纷加入跨境电商领域，开始与平台进行紧密对接，共同推动线下的传统贸易、传统物流走到线上。而大型银行机构也不甘落后，如敦煌网与建设银行开发了一套自动化的基于商户在网上进行交易的订单系统，帮助中小企业解决微小融资的问题。跨境电商 3.0 阶段第二个特点就是移动化，移动化不仅仅是工具的变革，更是思维的变革；不仅仅是 PC 的延伸，更会颠覆甚至重新构造整个产业链格局。

3. 跨境电商的发展规模和趋势

（1）跨境电商的发展规模。2017年1月，全球领先的移动互联网第三方数据挖掘和分析机构艾媒咨询发布了《2016—2017中国跨境电商市场研究报告》。该报告显示，2016年中国进出口跨境电商（含零售及B2B）整体交易规模达到6.3万亿元，至2018年，中国进出口跨境电商整体交易规模预计将达到8.8万亿元。2013—2018年中国跨境电商交易规模（含预测部分）如图11-1所示。

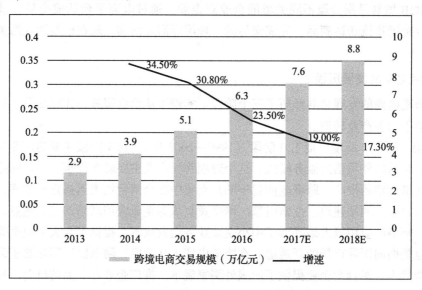

图11-1　2013—2018年中国跨境电商交易规模
（资料来源：商务部、海关总署、艾媒咨询）

据商务部预测，未来几年跨境电商占我国进出口贸易的比例将会提高20%，年增长率将超过30%，大大超过贸易总体增速。2013—2020年中国跨境电商交易额及进出口总额变化情况如图11-2所示。

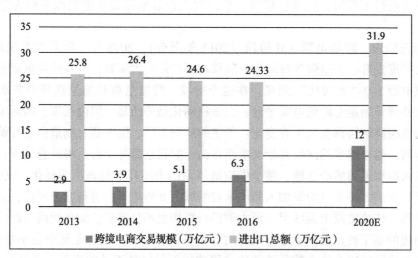

图11-2　2013—2020年中国跨境电商交易额及进出口总额变化情况
（资料来源：商务部、海关总署、艾媒咨询）

按照业务模式来分，我国跨境电商目前以 B2B 为主，2016 年 B2B 占跨境电商的84.6%，跨境电商零售仅占 15.4%，但跨境电商零售增长强劲，预计 2020 年跨境电商零售占比将超过 30%。2013—2020 年中国跨境电商零售及 B2B 交易额占比情况如图 11-3 所示。

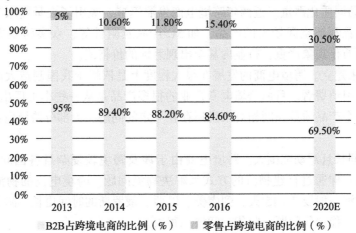

图 11-3　2013—2020 年中国跨境电商占比情况

（资料来源：商务部、海关总署、艾媒咨询、阿里研究院、易观）

从分国别的消费需求来看，目前，我国跨境电商零售出口增长最快的市场为新兴市场国家，其中，增长最快的是阿根廷和以色列，销售额增长最快的产品为家居园艺、汽配和时尚类产品。我国跨境电商零售出口交易额最高的 15 大目的地市场依次为美国、英国、澳大利亚、德国、加拿大、俄罗斯、法国、巴西、以色列、西班牙、挪威、阿根廷、意大利、希腊和瑞典。显然，凭借跨境网购观念普及、消费习惯成熟、整体商业文明规范程度较高、物流配套设施完善等优势，美国、英国、澳大利亚、德国等成熟市场依然是我国跨境电商卖家的业务重点。

跨境电商的业务模式从"海淘"到跨境电商进口再到跨境电商出口，从 B2C 到 B2B 再到 B2B2C，新的业务模式层出不穷。跨境电商出口使我国商家直接面对国外消费者，这种结构的改变将有效地提升我国相关行业的制造与服务水平。跨境电商进口也让我国消费者购买到更多物美价廉的国外商品。

（2）当前跨境电商发展出现的新特点。跨境电商经过 10 多年的发展，经历了信息发布平台的探索、交易平台运营和 B2C 兴起及快速发展三个阶段，各阶段的特点各不相同。近年来，呈现出以下新特点：

1）参与主体多元化。2012 年以前，跨境电商的参与者主要以小微的草根企业、个体商户及网商为主，2013 年以来，传统贸易中的主流参与跨境电商的队伍不断壮大，外贸企业、工厂和品牌商家也纷纷加入，并逐渐走向规模化运作。

2）支撑体系日益完善。我国已经初步建立起了跨境电商的支撑和配套服务体系，并出台了一系列促进跨境电商发展的配套政策。同时，跨境电商企业及服务企业不断向产业链其他环节延伸，提供一体化服务，产业链和生态系统的服务链日益完善。

3）交易模式多样化。目前跨境电商交易中 B2B 交易是主流，但随着跨境贸易主体越来越小，跨境交易订单趋向于碎片化和小额化，B2C 交易占比也会不断提升。随着越来越多的传统外贸企业展开跨境电商业务，将会有更多专业类细分跨境电商平台和新的交易模式出现。

（3）当前跨境电商发展中存在的问题。

1）出口产品同质化严重。近两年跨境电商发展迅速，吸引了大量商家涌入，行业竞争加剧。一些热销且利润空间较大的产品，如 3C 产品及附件等，众多跨境电商公司都在销售，出口产品同质化现象严重，行业内甚至出现恶性的价格战。

2）品牌尚未建立。跨境电商的发展在很大程度上是依赖于我国制造大国的优势，以价格低廉的产品吸引消费者。目前跨境电商行业的很多产品是从一些小工厂出货，包括 3C 产品、服装等，整个产品质量控制相对来说还存在一定的问题，大部分跨境电商企业还未进入品牌化建设阶段。

3）物流时间长且浮动范围大。跨境电商由于涉及跨境较复杂且各国间政策差异较大，很难像内贸电商一样通过自建物流的方式来解决物流问题。跨境电商的物流周期通常非常长，到美国和欧洲一般要 7~15 天，到南美、巴西、俄罗斯的时间更长。除了物流时间长之外，还存在投递不稳定的问题，收货时间波动很大。

4）通关结汇难。随着跨境贸易逐渐向小批量、碎片化发展，除了 B2C 以外，小额贸易 B2B 企业同样面临通关问题。由于小额 B2B 和 B2C 跨境贸易电商与一般出口贸易一样，所以在出口过程中存在如何快速通关、规范结汇、享受退税等问题。虽然目前国家针对跨境电商零售出口提出可"清单核放、汇总申报"的通关模式，但该政策仅针对 B2C 企业，大量从事小额 B2B 的外贸中小企业仍存在通关困难的问题。在进口过程中，存在以非法进口渠道逃避海关监管、进口商品品质难以鉴别、消费者权益得不到保障等问题。

5）跨境电商人才缺口大。跨境电商贸易在快速发展的同时，逐渐暴露出综合性外贸人才缺口大的问题。主要原因包括：①语种限制。目前做跨境电商的人才主要来自外贸行业，英语专业居多，一些小语种电子商务人才缺乏。但事实上，像巴西、印度、俄罗斯、蒙古等国家，跨境电商具有很大的发展潜力。②能力要求高。除了语种限制外，从事跨境电商业务的人才还要了解国外的市场、交易方式、消费习惯等；此外，还要了解各大平台的交易规则和交易特征。基于这两个原因，符合跨境电商要求的人才很少，跨境电商人才缺乏已经成为业界的常态。

（4）未来跨境电商的发展趋势。

1）产品品类和销售市场更加多元化。随着跨境电商的发展，跨境电商交易产品存在向多品类延伸、交易对象向多区域拓展的趋势。

从销售产品品类来看，跨境电商企业销售的产品品类从服装服饰、3C 电子、计算机配件、家居园艺、珠宝、汽车配件、食品药品等便捷运输产品向家居、汽车等大型产品拓展。不断拓展销售品类已经成为跨境电商企业业务扩张的重要手段。产品品类的不断拓展，不仅使得"中国产品"和全球消费者的日常生活联系得更加紧密，而且也有助于跨境电商企业抓住最具消费力的全球跨境网购群体。

从销售目标市场来看，以美国、英国、德国为代表的成熟市场，由于跨境网购观念普及、消费习惯成熟、整体商业文明规范程度较高、物流配套设施完善等优势，在未来仍是跨境电商零售出口产业的主要目标市场，且保持高速增长。与此同时，不断崛起的新兴市场也正在成为跨境电商零售出口产业的新动力。

2) 交易结构上，B2C 占比提升，B2B 和 B2C 协同发展。跨境电商 B2C 这种业务模式已经逐渐受到企业重视，近两年爆发增长。究其原因，主要是跨境电商 B2C 具有一些明显的优势。相对于传统跨境模式，B2C 模式可以跳过传统贸易的中间环节，打造从工厂到产品的最短路径，从而赚取高额利润。国内企业不再满足于做代工，中国品牌可以利用跨境电商开拓国外市场。在 B2C 模式下，企业直接面对终端消费者，有利于更好地把握市场需求，为消费者提供个性化的定制服务。与传统产品和市场单一的大额贸易相比，小额的 B2C 贸易更为灵活，产品销售不受地域限制，市场空间巨大。

3) 交易渠道上，移动端成为跨境电商发展的重要推动力。移动技术的进步使得线上和线下商务之间的界限逐渐模糊，以无缝、互联、多屏为核心的全渠道购物方式快速发展。从 B2C 方面来看，移动购物使消费者能够随时、随地、随心购物，极大地拉动市场需求，为跨境零售出口电商企业增加机会。从 B2B 方面看，全球贸易小额、碎片化发展趋势明显，移动端可以让跨国交易无缝完成，实现实时销售。

4) 行业生态更完善，各环节协同发展。跨境电商涵盖实物流、信息流、资金流、单证流，随着跨境电商的不断发展，软件公司、代运营公司、在线支付、物流公司等配套企业都开始围绕跨境电商企业进行集聚，服务内容涵盖网店装修、网站运营、营销、物流、退换货、金融服务、质检、保险等，整个行业生态体系越来越健全，分工更加明确，并逐渐呈现出生态系统的关联化特征。

二、跨境电商的特征

1. 跨境电商与国内电商的区别

(1) 业务环节的差异。较之国内电子商务，跨境电商的业务环节更加复杂，需要经过海关通关、检验检疫、外汇结算、出口退税、进口征税等环节。在货物运输上，跨境电商通过邮政小包、快递方式出境，货物从售出到国外消费者手中的时间更长，因路途遥远、货物容易损坏，且各国邮政派送的能力有限，急剧增长的邮包量也容易引起贸易摩擦。国内电商发生在国内，以快递方式将货物直接送达消费者，路途近、到货速度快、货物损坏率低。

(2) 交易主体差异。国内电商交易主体一般在国内，而跨境电商交易主体遍布全球，有不同的消费习惯、文化心理、生活习俗。这要求跨境电商对国际化的流量引入、网络营销、国外当地品牌认知等有更深入的了解，需要对国外贸易、互联网、分销体系、消费者行为有很深的了解，要有"本土化"思维。

(3) 交易风险差异。国内一些生产企业的知识产权意识比较薄弱，再加上 B2C 电商市场上的产品多为技术含量低和大规模生产的日用消费品，很多企业缺乏产品定位，什么热卖就卖什么，导致侵权现象时有发生。在商业环境和法律体系较为完善的国家，很容易引起知识产权纠纷，而后续的司法诉讼和赔偿十分麻烦。国内电商行为发生在自己国家，交易双方对商标、品牌等知识产权的认识比较一致，因侵权引起的纠纷相对较少，即使产生纠纷，处理起来也相对容易。

(4) 使用规则差异。跨境电商比一般国内电商所需要适用的规则更多、更细、更复杂。例如平台规则，跨境电商经营借助的平台除了国内平台，还可能在国外平台上开展交易，各个平台均有不同的操作规则。因此，跨境电商需要熟悉不同海内外平台的操作规则，具有针对不同需求和业务模式进行多平台运营的技能。

国内电商只需要遵循一般的电商规则,而跨境电商则要以国际通用的系列贸易协定或是双边贸易协定为基础。跨境电商需要具有很强的政策、法规敏感性,要及时了解国际贸易体系、规则、进出口管制、关税细则、政策变化,对进出口形式也要有更深的了解和分析能力。

2. 跨境电商与传统国际贸易的区别

跨境电商与传统国际贸易相比,受到地理范围的限制更少,受各国贸易保护措施影响较小,交易环节涉及中间商少,因而价格低廉、利润率高;但同时也存在明显的通关、结汇、退税的障碍,贸易争端处理不完善等劣势。通过对比两者,可以看出其中差异,如表 11-1 所示。

表 11-1 跨境电商与传统国际贸易的对比

比较项目	传统国际贸易	跨境电商
交易主体和交流方式	面对面,直接接触	通过互联网平台,间接接触
运作模式	基于商务合同的运作模式	需借助互联网平台
订单类型	大批量,少批次,订单集中,周期长	小批量,多批次,订单分散,周期相对较短
价格、利润率	价格高,利润率相对低	价格实惠,利润率高
产品类目	产品类目少,更新速度慢	产品类目多,更新速度快
规模、速度	市场规模大但受地域限制,增长速度相对缓慢	面向全球市场,规模大,增长速度快
交易环节	复杂(生产商—贸易商—进口商—批发商—零售商—消费者),涉及中间商众多	简单(生产商—销售商—消费者或生产商—消费者),涉及中间商较少
支付	正常贸易支付	需借助第三方支付
运输	多通过空运、集装箱海运完成,物流因素对交易主体影响不明显	通常借助第三方物流企业,一般以航空小包的形式完成,物流因素对交易主体影响明显
通关、结汇	按传统国际贸易程序,可以享受正常通关、结汇和退税政策	通关缓慢或有一定限制,无法享受退税和结汇政策(个别城市已尝试解决)
争端处理	比较健全的争端处理机制	争端处理不畅,效率低

三、跨境电商的商业模式

1. 跨境电商的常见模式

(1)根据交易主体类型划分。

1)B2B 跨境电商。B2B 跨境电商面对的最终客户为企业或者集团客户,提供企业、产品、服务等相关信息。目前,我国跨境电商市场交易规模中,B2B 跨境电商市场交易规模占总交易规模的 80% 以上。在跨境电商市场中,企业级市场始终处于主导地位,B2B 跨境电商的代表有敦煌网、中国制造网、阿里巴巴国际站、环球资源网等。

2）B2C 跨境电商。B2C 跨境电商所面对的最终客户为个人消费者，针对最终客户以网上零售的方式，将产品售卖给个人消费者。B2C 跨境电商平台在优势品类上有所不同，如兰亭集势在婚纱销售上有绝对优势，FocalPrice 主营 3C 数码电子产品。未来，3C 类跨境电商平台将会迎来大规模增长，代表平台有速卖通、亚马逊、DX、兰亭集势、米兰网、大龙网等。

3）C2C 跨境电商。C2C 跨境电商所面对的最终客户为个人消费者，商家也是个人卖方。由个人卖家发布售卖的产品和服务的信息、价格等内容，个人买方进行筛选，最终通过电商平台达成交易、进行支付结算，并通过跨境物流送达商品、完成交易。C2C 跨境电商平台有 eBay、速卖通等。

（2）根据服务类型分类。

1）信息服务平台。信息服务平台主要是为境内外会员商户提供网络营销平台，传递供应商或采购商等商家的商品或者服务信息，促成双方完成交易。代表企业有阿里巴巴国际站、环球资源网、中国制造网。

2）在线交易平台。在线交易平台不仅提供企业、产品、服务等多方面信息展示，而且可以通过平台完成搜索、咨询、对比、下单、支付、物流、评价等全购物链环节。目前，在线交易平台模式正逐渐成为跨境电商中的主流模式。代表企业有敦煌网、速卖通、米兰网、大米网等。

（3）根据平台运营方分类。

1）第三方开放平台。平台型电商通过线上搭建商城、并整合物流、支付、运营等服务资源，吸引商家入驻，为其提供跨境电商交易服务。同时，平台以收取商家佣金及增值服务佣金作为主要盈利模式。代表企业有速卖通、敦煌网、环球资源网等。

2）自营型平台。自营型电商通过在线搭建平台，整合供应商资源通过较低的进价采购商品，然后以较高的售价出售商品。自营型平台主要以赚取商品差价作为盈利模式。代表企业有兰亭集势、米兰网、大龙网等。

3）外贸电商代运营服务商模式。这种模式是服务提供商不直接或者间接参与任何电子商务的买卖过程，而是为从事跨境外贸电商的中小企业提供不同的服务模块，如市场研究模块、营销商务平台建设模块、海外营销解决方案模块等。服务提供商能够提供一站式电商解决方案，并能帮助外贸企业建立定制的个性化电商平台，其盈利模式是赚取企业支付的服务费用。代表企业有四海商舟、锐意企创等。

2. 典型跨境电商平台

截至 2016 年年底，我国跨境电商平台企业已超过 5000 家，境内通过各类平台开展跨境电商业务的企业已超过 20 万家。在众多国内国际跨境电商交易平台中，eBay、速卖通、亚马逊、敦煌网这四家市场份额占到 80% 以上；其他市场占有率和知名度比较高的跨境电商平台还有环球资源、兰亭集势和焦点科技（中国制造网）等。

阿里巴巴有 B2B 和 B2C 业务，敦煌网、环球资源网和中国制造网主营 B2B 业务，兰亭集势主营 B2C 业务。根据艾瑞咨询统计，2016 年，中国第三方 B2B 总营收市场份额中，阿里巴巴以 48% 独占鳌头，环球资源、金泉网、慧聪网等企业紧随其后。

3. 跨境电商平台的选择和使用

不同类型的跨境电商平台各有优势和劣势，外贸企业和个人需要根据自己的实力进行权衡，选择最适合自己的模式。

(1) 企业目标市场和产品定位。首先，外贸企业要明确目标市场，如美国市场、欧洲市场、非洲市场等；其次，明确企业产品类别、数量、特点等。电商平台分为综合型和垂直型两种，外贸企业应该根据自身特点进行合理选择。例如专业性较强的企业，就应该选择垂直型电商平台。

(2) 跨境电商平台的规模和影响力。起步早、规模和影响力大的跨境电商平台，具有丰富的平台运营经验，在会员管理、信息管理、网站宣传推广等方面拥有丰富资源，可以为卖家提供较好的服务。

(3) 跨境电商平台自身的宣传推广能力。跨境电商平台自身只有大力宣传和推广，才能被更多的海外卖家和采购商熟悉和了解，吸引海外卖家和采购商通过平台进行销售和采购。跨境电商平台主要通过参加国际著名展览、搜索引擎推广、广告投放、对外合作等方式进行宣传推广。外贸企业和个人在选择跨境电商平台时，要考虑平台推广的投放力度。

(4) 跨境电商平台提供的附加值。如果电商平台提供的附加值大和优惠多，外贸企业可以充分利用附加值和优惠降低成本，获取较大的收益。

(5) 跨境电商平台服务项目的收费情况。购买各类商品和服务，最后还要考虑价格。目前，各类跨境电商平台都提供各类收费服务，价格从一两万元到几十万元不等。尽管各类跨境电商平台都有免费的会员服务，但对照片、认证、排名等服务有各种限制，企业要根据是否需要和购买能力来选择合适的平台和服务项目。

四、跨境电商运营流程

跨境电商运营过程中，首先要做的是交易前的准备工作，包括明确目标市场、选择目标客户（通过发出询价盘与信息反馈，对潜在的客户进行筛选）；选定客户以后，建立客户关系，进而进行实质性的业务洽谈，即进入交易磋商和订立合同阶段；若交易双方对所洽谈的各项贸易条件达成一致意见，即为交易成立，可以签订合同。以上各项工作均主要通过互联网完成，接下来就是第三阶段工作，即履行合同。该阶段工作包括很多业务环节，按照工作落实的顺序，要求包括备货、落实信用证（在信用证支付方式下）、订舱、制单和结汇。这个阶段中一些环节的工作是通过互联网途径完成的。

以 CIF 价格成交、信用证支付的出口业务为例，其整个交易的全部环节按照各项工作的流程如图 11-4 所示。

进口贸易在交易准备阶段和交易磋商阶段中的各个环节与出口交易的程序大体相同。进入履行合同阶段，一方履行出口合同意味着另一方履行进口合同，履行进口合同与履行出口合同的程序相反，工作重点不一样。例如，按照 FOB 条件和信用证付款方式成交，买方履行合同的一般程序是开立信用证、派船接送货物、办理保险、审单付款、接货报关、检验、拨交、违约处理。这些环节的工作是由进出口公司、运输部门、商检部门、银行、保险公司及用货部门等各有关方面分工负责、紧密配合而共同完成的。

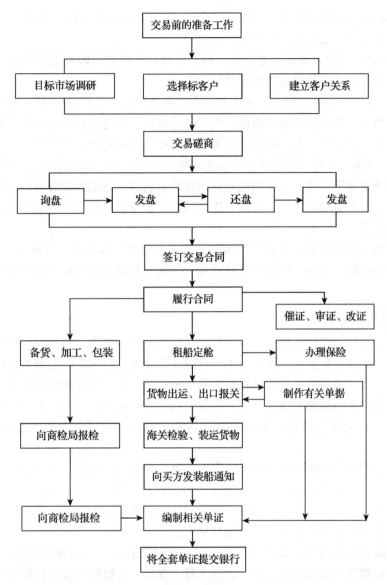

图 11-4 跨境电商出口交易流程

五、跨境电商物流与保险

1. 跨境电商物流

(1) 跨境物流的定义。跨境物流就是指把货物从一个国家通过海运或空运或者陆运到另外一个国家或地区，其实质是按照国际分工协作的原则，依照国际惯例和标准，利用国际化的物流网络、物流设施和物流技术，实现货物的国际流动和交换，以促进区域经济的协调发展和世界资源的优化配置。

(2) 运输方式的选择。国际运输一般采用多种运输方式相结合的混合运输方式。跨境电商企业在选择运输方式的时候，要考虑每种方式在运输时间、可预测性、成本和非经济因素。

1）运输时间。海洋运输从出发地到目的地的时间远远长于航空运输。如果转换成空运，45 天的海运时间可以直接减少到 12 小时。

2）可预测性。无论是海运还是空运，都会受到自然因素的影响而导致延误。准确预测有助于海外分销商为客户提供准确的到货时间。

3）成本。在选择国际运输时，成本是企业需要考虑的一个重要因素。国际运输价格通常取决于运输服务的成本和货物的价值。为了降低成本，货运企业可以结成联盟，协商合作运输；同时，为了减少总成本和时间，也可以选择性地使用混合运输的方式。

4）非经济因素。非经济因素通常会影响运输方式的选择。政府参与在协助运输业发展的同时也对企业造成了干扰。一些物流企业或被政府收购，或依赖政府补助。因此，其他企业不得不服从于政府施加的压力，即使有更好的选择，也必须使用国内运输公司。对政府物资运输有相关规定。

（3）主要跨境物流方式。目前，跨境物流方式主要有国际快递、邮政 EMS、国际专线、海洋运输、铁路运输、空运、国际多式联运等。传统对外贸易使用较多的方式是海洋运输和集装箱联运。

2. 跨境电商物流保险

跨境物流中的货物往往需要从出口国运至进口国，货物在漫长的运输途中可能会遇到难以预料的风险，导致发生损失。若货物由于运输风险而发生的损失问题得不到解决，国际贸易就很难开展。为了消除贸易商对运输风险的后顾之忧，货物运输保险业务应运而生了。

保险是指投保人与保险人订立合同，根据合同约定，投保人向保险人支付保险费，保险人对合同约定的可能发生的事故因其发生所造成的财产损失承担赔偿保险金责任的契约行为。

不同的险别意味着货物运输中受损后得到保险公司赔偿的结果是不同的。如果选择保险公司承保风险范围大的险别，投保人所要缴纳的保险费就多；反之，所缴纳的保险费就少。因此，卖方投保或者买方投保，各自对保险险别的选择或者要求是不一样的。所以，保险险别的选择应在合同中加以明确规定，以免日后产生争议。

选择保险险别的原则是：既要使货物的运输风险有保障，又要使保险费用的支出尽量少。因此，要根据货物及其包装特点、运输工具、方式、运输地区及港口等不同情况来选择保险险别。例如，粮食谷物类商品易受水分影响，经过长途运输，水分就可能蒸发，容易导致短量，而且也会吸收空气中的水分，容易引起霉变，因此，这类商品一般在水渍险的基础上，加保短量险和受潮受热险。

六、跨境电商支付与结汇

1. 国际货款结算方式

跨境电商中非常重要的一个环节就是支付，伴随着海淘的兴起以及跨境 B2B 出口的提速，多样化的结算方式为人们所用。国际货款结算方式有很多，如汇款、托收、信用证、银行保函、备用信用证等。

值得关注的是，国际货款结算方式在向小额化、电子化方向发展。这也反映了当前跨境电子商务发展的趋势：众多小型批发商在线通过跨境 B2B 平台进行订购和支付，销售渠道向扁平化方向发展。

2. 结汇

我国出口业务使用议付信用证比较多,这种信用证的出口结汇主要有以下三种方法:

(1) 受托结汇,又称收妥付款。议付行收到受益人提交的单据后,经审查确认与信用证条款的规定相符后,将单据寄交国外付款行索汇。待付款行将货款划给议付行后,即议付行从国外付款行收到该行账户的贷记通知书时,才按当日外汇牌价将货款折算成人民币拨入出口企业的指定账户。

(2) 定期结汇。议付行根据国外付款行索偿所需时间,预先确定一个固定的结汇期限,并与出口企业约定该期限到期后,无论是否已经收到国外付款行的货款,都主动将票款金额折算成人民币拨交出口企业。

(3) 买单结汇,又称押汇。议付行在审单无误的情况下,根据信用证条款买入出口企业的汇票和单据,从票面金额中扣除从议付日到估计收到票款之日的利息,将余款按议付日外汇牌价折成人民币,付给出口企业。议付行向受益人垫付资金买入跟单汇票后,即成汇票持有人,可凭票向付款行索取票款。银行做出口押汇,是为了给出口企业提供资金融通,有利于出口企业的资金周转。

3. 出口退税

出口货物退税,简称出口退税,其基本含义是对出口货物退还其在国内生产和流通环节实际缴纳的增值税、消费税。

出口退税的申请条件如下:

(1) 必须经营出口产品业务,这是企业申办出口退税登记最基本的条件。

(2) 必须持有工商行政管理部门核发的营业执照。营业执照是企业法人营业执照的简称,是企业或组织是合法经营权的凭证。

(3) 必须是实行独立经济核算的企业单位,具有法人地位,有完整的会计核算体系,独立编制财务收支计划和资金平衡表,并在银行开设独立账户,可以对外办理购销业务和货款结算。

第二节 农村电子商务

一、农村电子商务的界定

农村电子商务是将电子商务运营模式导入整个农产品生产与营销体系中,让农产品有更多的供销途径和多重选择进入市场,能给农产品的产前、产中和产后等各个阶段都带来好处。农村作为双向市场,农村商务市场涵盖了农村消费市场与农产品供给市场。

农村消费市场是指基于农村范围中各种产品消费关系的整体。农民的消费主要包括以下方面:①生产过程需要的农资产品;②食品、衣服、日用品等生活必需品。也就是说,农村消费市场为农民群众买东西提供了平台。

农产品供给市场是指农民对在农业活动中获得的农产品进行出售的平台。一般而言，农产品是指农作物、水果、生猪、渔业产品、畜牧业产品等初级产品。农产品供给市场满足了消费者对农产品的需求，也为农民买卖东西提供了交易场所。因此，广义的农村电子商务包括农村消费电子商务和农产品电子商务两个方面，后者往往是重点研究对象。

二、农村电子商务的作用

1. 农村电子商务对农业产业化具有极大的推动作用

当前，市场竞争越来越激烈，同时，信息技术发展迅猛，农业生产中农民对供求信息、农产品销售渠道以及农业生产技术服务等的要求不断提高。现代化农业的发展受到传统农业生产方式的制约，对于农村信息化发展而言，农村电子商务无疑是一个非常重要的途径。一方面，农村电子商务使得农民生产过程中生产信息不对称问题得到有效解决；另一方面，它也使得农产品销售渠道单一问题得到有效解决，使得农产品交易风险降低，并促进农业生产方式的转变。另外，农村电子商务的发展对农业产业结构的优化具有深远的影响，使得农产品的交易费用降低、市场竞争力提高，从而对农业产业化发展具有极大的促进作用。

2. 农村电子商务的开展使得"公司+农户"产业模式的弊端得到避免

部分公司在与农民进行合作的过程中，因为信息的不对称，刻意将农产品的价格压低，使农民的利益受到极大损害。通过农村电子商务，信息不对称问题得到有效解决；与此同时，利用网络使得农民能够与多家公司联系，基于公司间的竞争，能让农民利益得到保障。

3. 资金得到节省，为创业期的发展提供便利

当前很多农民都有技术，然而缺乏资金支持，难以创业。农村电子商务能使营销开支得到节省，同时，对于规模生产具有极大的带动作用。例如，江苏省沙集镇的农民就利用农村电子商务成功创业。沙集镇东风村孙寒在2006年开设了第一家网点，在网上经营简易家具，之后不断扩大生产规模，对整个村子家具产业的发展起到了带动作用。沙集镇在2010年年底有6家板材加工厂、2家五金配件厂、15家物流快递公司、7家计算机专卖店，形成了电商生态圈，实现了农民快速致富。

4. 对特色产业的发展具有极大的推动作用

当前人们的生活水平不断提高，休闲旅游成为人们的追求。可以基于农村电子商务对农家乐、特色经济、农村旅游进行推广，如通过自己入园采摘等特色项目推动农村旅游的发展。互联网产品展示对游客起到极大的吸引作用：一方面，为城市居民的出行旅游提供了更多选择；另一方面，使得"农家乐"等场所有了广大的客源，促进城市与农村的交流，对于农民增收有重要意义。

5. 基于网络进行招商引资

我国很多地方的农产品具有明显的优势与发展潜力，然而因为信息不畅通，使得产品的销售受到影响。电子商务可以吸引社会资本，使其加入农产品生产与经营，从而实现企业与农村的共同发展。

6. 利用网上营销与网上购物，使农民的素质及生活质量得以提高

网络与信息化的发展促进电子商务的发展。乡村文明是新农村建设的一个重要目标，而

现代化信息技术建设是其重要内容。农民通过网络获取各种信息，可以满足生产与学习的需求；另外，农民网上购物，可大大扩展购物范围，从而使生活质量与生活品位得到提升。

7. 城乡信息鸿沟缩小，城乡统筹水平提高

一直以来我国存在的二元经济在一定程度上导致城乡之间的差距拉大，而普及农村电子商务使得城乡差距大大缩小。农村电子商务的发展对于农村信息基础建设具有重要影响，拉动农村接入宽带率提高。同时，农村电子商务发展为农村培养了信息技术人才，传播信息技术知识，服务广大农民，提高农民的信息化水平，使得城乡之间存在的数字鸿沟不断缩小，城乡统筹水平得到提高。

三、农村电子商务的参与主体及其关系

农村电子商务主体包含农户、企业、生产资料供应商、网络平台和安全的支付平台。它们相互之间的关系如图 11-5 所示。

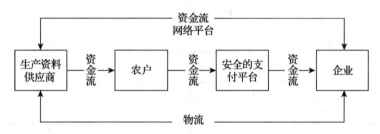

图 11-5 农村电子商务主体之间的关系

（1）农户。农户是农村电子商务的第一要素，如果没有农户供给农产品，就没有农村电子商务。

（2）企业。企业是农村电子商务必然的衍生物，农村电子商务发展的初始阶段，还没有企业的出现，有的只是农户个人的网上买卖行为，等这种单纯的个人或几个人的农户行为满足不了网络顾客的需求量时，企业就逐渐诞生了。

（3）生产资料供应商。生产资料是生产过程中劳动资料和劳动对象的总和，是任何社会进行物质生产所必备的条件，是未来商品质量的重要保障，所以生产资料供应商的角色在农产品电子商务领域里，重要程度不言而喻。

（4）网络平台。网络平台是能够搭载一切电子商务活动的虚拟场所，现在的第三方电子商务平台首先是成熟的零售网商平台，如村村通等可用于"农特鲜"产品交易平台；其次是综合类 B2B 电子商务平台，主要开展批发业务，对于希望产品可以快速打包出售的农业生产者来说，是一个不错的选择；最后是农业网站，在政府的号召和鼓励下，我国已经陆续建立起一批农业网站，包括农业专业网站和地方政府的农业信息门户。

（5）安全的支付平台。安全是保证电子商务过程顺利完成的必要条件，必须依靠技术手段、信用手段和法律手段来保障。电子支付是电子商务活动的关键环节，是电子商务发展到高级阶段的必然产物。在整个电子商务交易过程中，网上金融服务对安全环境的要求越来越高。

四、农村电子商务的运营框架

经济活动是社会中一般要素的流动所形成的,在一般商务活动中,交易是围绕商流、信息流、资金流和物流来实现的。其中,商流是目标,信息流是过程,资金流是前提,物流是归宿。作为基于网络信息技术的商务活动,电子商务同样需要经济要素的支撑,实践证明,支撑市场主体的人员流和信用流是农村电子商务完成交易的根本保障,所以,在此基础上,以宏观政策法规、必要的技术支持和标准化为基础,在合理的网站建设、安全的网络支付和完善的物流配送的共同作用下,才能有完整的电子商务活动。

基于农村电子商务的特殊性,除了上述必要的人员流、信用流、信息流、资金流、物流和商流外,还需要必要的网络平台建设作为农产品交易场所、安全的网上支付平台为必要的交易保障、完善的物流配送体系,从而打通农村的"最后一公里",同时,需要来自政府必要的宏观政策法规、技术支持和标准化建设作为支撑,如图 11-6 所示。

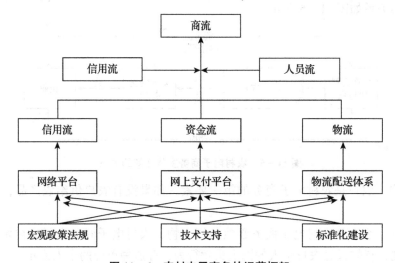

图 11-6 农村电子商务的运营框架

五、国内外农村电子商务的发展现状

1. 国内农村电子商务的发展现状

(1) 我国农村电子商务发展的基础条件。根据国家"十二五"及"十三五"规划和对农业产业化、信息化的有关方针政策,经过多年发展,我国农村电子商务已经初步具备了一定的硬件、软件、市场、技术等基础和条件。

1) 初步具备了农村电子商务发展所需的网络基础设施等硬件条件。21 世纪初以来,我国网络信息技术和基础设施发展迅速,互联网用户和网站数量快速增长。在国家的重视支持下,我国农村信息网络建设成效显著,目前国家、省市县各级都建立了农业信息化网站。"十二五"期间,我国陆续建设了一大批农业生产经营信息化示范基地、农业综合信息服务平台和信息服务支持系统,开展了农业物联网应用示范,为农村电子商务发展奠定了重要的网络基础条件。

2) 具备了相对完善的政策法规等软件保障。我国先后颁布了《互联网信息服务管理办法》《电子认证服务管理办法》《国家商业电子信息安全认证系统》《关于维护互联网安全的决定》等涉及电子商务的法规和技术标准,初步确立了电子商务法律框架。《合同法》专门为适应电子商务活动而增加了"数据电文"条款。近年来,国家关于电子商务的利好政策持续发酵,相关部门密集出台了《关于加快发展农村电子商务的指导意见》《网络交易管理办法》《推进农业电子商务发展行动计划》《关于协同推进农村物流健康发展》《关于跨境电子商务零售出口税收政策的通知》《加快服务农业现代化的若干意见》等各种意见、办法,为农村电子商务发展引领了方向,进一步促进或规范了农村电子商务的发展。

3)初步具备了供应充足农产品市场条件。随着我国现代化农业的发展,农副产品不断丰富,粮食产量实现"十二连增",人民生活所必需的农产品,如粮棉油、肉蛋奶、果药茶等,总体上满足需要,其中我国生产的肉类、禽蛋、水产品等总量居世界第一位。

目前,我国的粮、肉、菜、蛋和水产品人均占有量均超过世界平均水平,农产品市场供需两旺带动了国内农村电子商务市场的快速增长,激发了农业市场信息需求,我国农业信息方面的网站访问量不断攀升,在全球农业网站排名位列前三位,为农村电子商务发展奠定了坚实的市场条件。

4)基本具备了成熟便捷的电子支付手段。我国已基本形成了以人民银行跨行支付清算为核心、银行业金融机构行内系统为基础、专业清算机构和第三方支付机构为重要补充的支付服务市场体系和专业化分工格局。第三方支付机构在电子商务发展中发挥着越来越重要的作用,为农村电子商务发展提供了灵活多样的金融平台。

5)初步具备了较高水平的信息化服务平台。我国农业信息服务网站兴起于20世纪90年代,经过20多年的发展,涉农网站已由提供单一信息内容服务,进入多方式、多类型、多服务共同发展的局面,其服务内容基本涵盖了农业领域的各个方面。目前我国的农业类服务网站数量已经超过了4万家,其中政府主导的超过了4000家,在数量上超过了法国、加拿大等发达国家,位列世界前10位。这些农业网站充分收集和整合农业信息资源,扩大了网上宣传,打通了农业的信息渠道和流通渠道,为农业生产者提供了市场行情、预测分析等服务。农业网络平台的发展,表明了"互联网+"农业正在逐渐深入,这是转变农业发展方式、加快农业现代化的需要,也促进了农村电子商务的发展。

6)高等教育正在为我国农村电子商务发展提供急需的人才资源。截至2016年,全国已有400多所高校开设了电子商务本科专业,在校本科生达到10万人以上,另有职业技术学院、职业高中也培养了大量电子商务专业的专科生、职高生。同时,劳动人事、职业技能鉴定等部门机构开展了电子商务系列资格的认证工作。我国正在逐步建立高、中、低系列电子商务专业人才培养体系,为农村电子商务的发展提供了强大的智力支持。

7)物流配套服务的提升正在打通农村电子商务发展的"最后一公里"。国家"十三五"发展规划中明确提出,到2020年,快递市场规模稳居世界首位,基本实现乡乡有网点、村村通快递,快递年业务量达到500亿件,年业务收入达到8000亿元,为我国电子商务发展打通"最后一公里"明确了目标、创造了条件。

(2)我国农村电子商务消费市场。互联网信息中心数据显示,截至2016年12月,我国网民规模达7.31亿人,全年共计新增网民4299万人,互联网普及率为53.2%,较2015年年底提升2.9个百分点。在网民城乡结构方面,截至2016年12月,我国农村网民占比为27.4%,规模为2.01亿人,较2015年年底增加526万人,增幅为2.7%;城镇网民占比

72.6%，规模为 5.31 亿人，较 2015 年年底增加 3772 万人，增幅为 7.7%。

2016 年我国网络零售额达 5 万亿元，位居世界第一，农村网络消费占比不断提升。其中，2016 年我国农村地区网购交易额达到 8945 亿元，同比增长了 96%。在农村网络零售额中，实物型网络零售额 5792.4 亿元，服务型网络零售额 3153 亿元。同时，东部地区农村产业基础好、电子商务渗透率高，网络零售额达 5660.8 亿元，占全国的 63.3%。中西部地区发展迅速，平均季度增幅达 16.6%，高出东部地区 3.2%。目前，农村电子商务发展潜力巨大，蕴藏着巨大的商机。

为此，电子商务巨头，如阿里巴巴、京东、苏宁等纷纷抢占农村电子商务市场，如表 11-2 所示。

表 11-2 电子商务企业布局农村电子商务市场情况

企业	投资	体系	预计规模	优势	劣势
阿里巴巴	100 亿元	县有"运营中心+村有服务站+农村物流"的经营体系和服务体系	服务全国的 1000 个县、10 万个行政村、1000 家县级服务中心	资本优势 技术优势	城乡对接
苏宁	10 亿~12 亿美元	县级服务中心和"京东帮"服务店	全国约 1 万家农村信息服务站、10 万家农村代理	资本优势	城乡对接
京东	100 亿元	区域物流中心+城市配送中心+乡镇服务站	12 个自动化分拣中心、60 个区域物流中心、300 个城市配送中心、5000 个社区配送站、1 万个类似的乡镇服务站	资本优势 技术优势 实体店优势	城乡对接
供销社	预计 500 亿元	全国总社+省级社+县级社+基层社	1400 个县级社、2.1 万个基层社	实体店优势	体制制约

（3）我国农村电子商务发展的地域特色。自 2013 年农村电子商务兴起以来，农村电子商务经历了大概一年的初步发展，2014 年逐步形成了三种典型特色的农村电子商务：

1）浙江遂昌模式：以本地化电子商务的综合服务作为驱动，加速提升地方产业的发展，尤其是农产品加工业，形成"电子商务综合服务商+网商+传统产业"的新模式。

2）浙江临安模式：线上线下相互配合，力争成为我国坚果业网络销售的第一。

3）浙江丽水模式：政府将服务与市场有效结合，同时吸引大量外地人才和电子商务主体回流。

2014—2016 年，淘宝村呈井喷状爆发，在这期间又形成了七种典型特色的农村电子商务：

1）浙江桐庐模式：2014 年 10 月，阿里巴巴首个农村电子商务试点村落户桐庐。桐庐具有良好的产业基础，特别是在物流方面，既有村级单位物流全通的先天优势，也有良好的社会环境和政府部门的政策支持。

2）河北清河模式：①协会负责监管检测，维持良好的市场秩序；②创建新兴电子商务园区；③建立具有区域特色的门户网站；④实施品牌战略。

3）山东博兴模式：①传统外贸及时转型；②发挥人才的关键作用；③政府及时引导与提升。

4）浙江海宁模式：①致力于推动传统电子商务转型升级，引进高科技人才建设互联平台；②稳固国内市场的同时，加强跨境电子商务的建设；③加强监管；④保护品牌。

5）甘肃成县模式：将电子商务作为当前发展的重点和主导，集中全县力量打造区域优势品牌。

6）吉林通榆模式：政府出面整合大企业，完善企业的线上线下功能，做到既满足各方的价值需求，又能带动县域经济的发展。

7）陕西武功模式：政府出台统一的政策，统筹协调调度，搭建新型的、具有不同功能的电子商务平台。

2. 国外农村电子商务的发展现状

与国内相比，发达国家在农村电子商务领域的发展比较成熟，应用发展也比较快。农村电子商务发展排名靠前的国家有美国、加拿大、韩国、日本等。发达国家农村电子商务起步早，已具备一定的规模，成为农产品必不可少的流通方式。发达国家农村电子商务基本走向信息服务和交易平台两个方向，垂直类网络平台占据有利地位。

（1）美国农村电子商务发展概况。在美国，农村信息技术基础设施的建设一直都很受重视，互联网在加速农业信息技术传播中的重要作用更是备受关注。美国农民在互联网上主要进行信息收集、农产品销售、网上采购和财务管理等活动。2003年至今，美国农业电子商务交易额平均每年增长近25%，增速远高于同期零售额6.8%。20多年以来，美国政府一直都很注重农村地区网络基础设施的建设。在美国，高速上网逐步在农村得到普及，借助光缆、DSL、无线上网和卫星，互联网技术就像收割机一样，已成为农民生产和生活中必不可少的重要工具。

美国的农业流通较早采用了电子商务技术，农业流通模式不断创新升级。为提升产品安全溯源及定价能力，农产品电商与农资电商均构建了从生产者到需求者的网上直销渠道。其中，农产品电商通过企业对企业（B2B）与企业对消费者（B2C）双结合的模式对接种植、养殖主体及销售终端、消费者；农资电商则采用B2B模式，对接种植、养殖主体及农资企业，从而在根本上颠覆了传统的农业流通渠道体系。

美国的农产品在线销售平台不断创新，积极引入"私人定制"这一社会化电商的新思维，创造性地打造了"食物社区"（即由带头人将临近的消费者与当地中小农场连接起来）的团购型概念。以Farmigo网站为例，它为每一个"食物社区"制作专门的购物网页，是一个连接农场和消费者的在线平台。农场主通过它管理农产品的产销及配送，消费者通过它直接从农场购买优质新鲜的农产品，从而使农场及消费者都得到实惠，实现"双赢"。

美国农业电子商务平台发展迅速，涵盖了农产品、农机、肥料、农产品竞价和农业金融等各个方面。表11-3列举了部分美国农业电子商务平台。其中，农业电子商务平台Local

Harvest 成立于 2003 年，主要从事农产品的在线交易、农业超市和农场管理软件推广等业务，已为美国 30000 多个家庭农场和农场超市提供服务。

表 11-3 美国农业电子商务平台建设情况

机构	主营	简介
Local Harvest	农产品等	覆盖 30000 多个家庭农场和农场超市
Dairy	食品、奶类	2015 年 4 月上线，日交易额超过 200 万美元
Farm Machinery Locator	农机	农机销售
Farm-AG-loans	农业金融	网上农业贷款
Agriculture Products	农产品、材料	农产品、相关建材
Advanced Nutrients	肥料	营养素、化肥
Framhid	农产品竞价	注册用户 10 万人，10% 是美国以外的用户
Theseam	棉花交易	在线磋商及交易，分国内和国际交易两块

（2）加拿大农村电子商务发展概况。加拿大农业信息体系齐全，电子计算机、互联网等现代信息技术广泛应用于农业生产与农民生活中，政府、企业、协会和高等院校等部门共同参与建设，形成了多层次、多元化的信息服务体系。

加拿大农业信息采集渠道主要有以下几种：①组织农场主、协会和企业等召开研讨会，交流意见和建议；②从互联网上搜索信息；③从报刊上获取信息；④向政府相关部门采集信息；⑤向农业协会采集信息；⑥从专家库获取信息；⑦通过问卷调查收集信息。加拿大农业信息中心将收集到的信息进行整理、分类并入库。加拿大农业信息服务方式主要有以下几种：①创建农业网站，发布信息；②向农民发送电子邮件；③向农民传真或邮寄资料；④设立免费咨询电话，答复农民提出的问题；⑤指派专家解答农民咨询的问题；⑥组织农民进行培训，教会他们获取信息、整理信息和使用信息。

（3）日本农村电子商务发展概况。日本农村电子商务始于 21 世纪初，2000 年 12 月，日本实施了农业信息化战略，制定了农产品订货、发货、结算通用标准，以改造批发市场的电子交易系统，推动农产品流通方式的变革，促进农业电子商务的发展。日本农业电子商务有四种形式：农产品电子交易所、大型综合网上交易市场、农产品网上商店和综合性网上超市。其中，农产品网上商店直接连接交易双方，减少了交易环节，降低了交易成本，且能保证产品的新鲜度，因而最具竞争力也最受欢迎。

（4）韩国农村电子商务发展概况。韩国的网络基础设施非常发达，宽带普及率世界领先，农业信息化水平也很高。2000 年，韩国农林水产信息中心就开始建设电子商务平台，以推动农产品网上交易的发展，到 2004 年，已建成五个初具规模的农业电子商务平台。该中心还免费对农民进行电子商务知识培训，教会农民申请自己的主页，并在上面发布产品信息、与买方沟通，使农民逐步掌握交易的主动权。2006 年，韩国农业电子商务实现交易额 20 亿韩元。2009 年，韩国政府设立了农产品电子交易所，发展成韩国交易量最大的农产品 B2B 平台。Kgfarm 是韩国 B2C 农业电子商务平台的典型代表，最初有三种运营模式，即民营、政府运营和政府委托公共机构运营。Kgfarm 也在大型综合电子商务平台上开设网店，消费者在 Kgfarm 上可以获取农产品消息，进行网上交易。

六、农村电子商务的模式

1. 综合性第三方电子交易市场模式

综合性第三方电子交易市场的本质就是第三方组织在网络上构建服务于农民与农业企业的交易平台。综合性是指涵盖了农、林、牧、渔等各个农业部门的产品,因此具有丰富的种类。基于综合性第三方电子交易市场的模式,交易市场为供方提供产品目录、产品宣传、产品订购及支付等服务;为买方提供各种供应商与产品的信息,其内容非常可观,涵盖了供应商信誉等级、产品质量认证、交易反馈等。买方基于上述信息进行对比,然后做出选择。另外,网站也会发布买家的详细需求,从而使得供应商可以选择买家。

有两种构建综合性市场的途径:①对各地市与县级行政区域的官方农业网站进行充分利用,服务于农民、农产品经营企业及经营者;②通过网络技术企业对网上电子交易市场进行构建,为交易的双方提供各种服务,如价格谈判、信息交流、网上支付、生成电子合同、产品运输等,满足电子商务全方位发展的需求。基于官方网站的模式,信息收集的便捷性提高,信息发布的权威性提高,同时,就农民以及企业信息发布而言,其资料的真实性更高。另外,官方农业网站的维护费用充足,信息具有较强的实效性,其内容也相对广泛,并且对于电子平台中的交易,政府能够进行控制与监管。依靠网络技术企业构建的模式中,企业对市场信息、价格信息、贸易政策及需求趋势等和农产品交易有关的各种信息进行收集,促进交易双方网上交易的实现,同时提供支付、运输等服务。对农产品网络市场进行经营,促进交易服务的质量提高、获得广告利润,是网站企业的主要任务。

2. 专业性第三方电子市场模式

类似综合性第三方电子交易市场,专业性第三方电子交易市场同样给买卖双方构建交易平台,而相对于综合性第三方电子交易市场,专业性第三方电子交易市场的专业性更强、农产品更加专一,通常服务于单一农产品或者是一个农业生产部门的产品。例如,中国水果网、中国水产网、中国粮食网等,都是典型的专业性网站。专业性第三方电子交易市场模式在农产品特别是特色农产品的营销方面具有极大的优势。对专业性网站进行构建,销售特色产品,对农产品的种植、养殖技术进行介绍,对市场需求进行预测,对市场供应信息、市场需求信息、品种及品质、产品标准等进行介绍。基于专业性第三方电子交易市场模式,一方面能指导当地农民的生产,另一方面,对农产品进行网络宣传,使得人们加深对农产品的了解,增加贸易机会。

3. 电子拍卖第三方交易市场模式

农产品和人民生活紧密联系,无论是农产品的产量还是农产品的需求量都非常巨大。因此,农产品的交易一方面交易频繁,另一方面交易的数量非常大。在第三方交易市场中,大宗商品更适合拍卖的方式。

电子拍卖的优势非常明显。虽然在线拍卖和交易厅离线拍卖的程序是相同的,但是在线拍卖具有灵活、便捷的特点,并且其成本比传统拍卖方式更低。拍卖人员在电子拍卖的过程中,利用对电子拍卖车(移动式拍卖)或者电子拍卖控制台(固定式拍卖)对拍卖进行主持,使得由于环境嘈杂可能出现的失误得到了有效避免。竞买人员不需要在现场频频举手报价,当看中物品时,只需要按动竞价器。所以,除了技术人员对计算机进行控制之外,整个的拍卖交易都可以通过电子化手段实现,极大地提高了拍卖效率。

4. B2B 模式

就电子商务来说,当前在各个行业中,发展最快的电子商务交易模式就是 B2B,B2B 模式特别是对于在各地分散的农业企业而言,基于企业数字证书以及有关的管理部门的注册认证,能够使得其身份得以证实,使得交易双方对身份真实性的怀疑降低。同时,农业企业经营者接触到广泛的信息技术、电子商务知识以及网络技术,因此更加容易接受 B2B 模式。在未来发展中,B2B 模式的发展空间广阔。

5.(B+C)2B 模式

(B+C)2B 是指农户、农业加工企业及行业组织进行结合,实现共同生产,开展电子商务。(B+C)2B 模式也被称作龙头企业的带动模式。(B+C)2B 模式对于家庭分散经营更加适合,使得农产品集体竞争力提高。(B+C)2B 对于农业企业和农户之间的战略联盟关系的建立具有极大的促进作用。农产品加工企业、农产品经营企业作为龙头,利用比较固定的运营方式对农户的农产品生产、加工、运输及销售等进行带动,使得农产品与制成品的附加值提高。当前典型的(B+C)2B 模式包括"企业+农户""企业+基地+农户""企业+合作组织+农户"等模式。因为在资金、技术、运输、加工、销售等方面龙头企业的优势显著,所以,农民基于标准化的要求对产品进行生产,通过企业的加工,可提高产品质量与档次,再通过企业品牌战略,使得经济效益提高。(B+C)2B 模式要求农产品的标准化程度较高,并且要求农产品的种类相对集中。例如,在已经建立无公害绿色蔬菜基地的前提下,对当地原材料进行充分利用,通过加工企业的包装,对品牌进行构建,从而使得农产品的销售市场更加广阔。另外,在对外贸易中,企业相对于分散农户而言,在应对国外变化、反倾销等方面的优势显著。基于龙头企业带动的电子商务,可以使农民销售难的问题得到有效解决,保护农民的基本利益,供应链上的价值增值得以实现。

6. 各种模式的优劣势分析

(1)第三方电子交易市场模式的优势。

1)能够顾及整个范围中的全部农户,区域中的全部农户都是最初规划中的服务对象,对农户的经济水平及知识水平无要求。

2)加入信息员,能弥补农民在网络知识以及营销水平知识方面的不足,促进农村电子商务的发展。

3)加入平台企业,对代购与代销负责,并且满足集体运输的要求,使得农村电子商务物流问题得到有效解决。

4)各方具有一致的利益:农民"难买难卖"的问题得到解决,农民收入增加,并能购买到低价的生产和生活物资;信息员基于技术服务获取报酬;企业利用网上销售,获取良好声誉,使得企业服务收入以及广告收入提高;政府则能够对经济发展起到推动作用,实现农民增收。

(2)第三方电子交易市场模式的劣势。

1)环节比较多,监管比较困难。代理人实现了买方、卖方和交易平台的连接,但也使流程变长、环节增加,管理及监督的难度提高。

2）政府或者牵头企业决定了平台的构建、维护规则等，要求政府或者企业的综合能力比较强，因此，增加了第三方电子交易市场模式构建的难度。

3）服务于一定区域的农户或合作社，其相似性比较大，具有集中的需求或提供相似的农副产品，造成地域特征明显，产品种类比较单一，在与综合性电子商务模式竞争时处于不利地位。

（3）B2B 模式的优势

1）基于淘宝等第三方交易平台，交易规则比较成熟，支付手段及评价信用的机制比较完善，第三方交易平台重新建立以及维护的成本降低，并且其安全性与快捷性更高。

2）在全国范围内销售，能实现区域生产与全国市场的对接。

3）可以有效解决一部分农户不能上网参与电子商务的问题。

（4）B2B 模式的劣势。

1）存在中间环节。

2）利用代理人，农户和销售平台进行联系，农户和代理人存在的可能是一次交易联系，也可能是多次长久的联系，而这种关系既可能是口头约定，也可能是契约约束，双方的经营状况决定了双方关系，因此缺乏稳定性。

3）就农户来说属于单向销售，所以基于此模式，农户不能分享对电子商务在买入方面的好处。

4）代理人通常是自发形成的，其自身的实力及代理意愿决定了代理范围，通常代理范围比较小，不可能对全部产品及区域都有所顾及。

（5）B+C 电子商务的优势。

1）借助第三方电子商务平台，不需要对平台进行搭建，使得建立和维护平台的费用降低。同时，交易和信用评价机制比价完善，减少交易纠纷。

2）销售面向全国，使得部分农产品和全国市场的对接得以实现。

3）环节减少，实现生产者与消费者之间的联系，使得中间费用降低，从而确保生产者的利益最大化。

4）形式更加灵活多样。买家与卖家都可以是个人或企业，因此具有灵活的运营形式。

（6）B+C 电子商务的劣势。

1）不能解决农民由于不能上网而无法参与电子商务的问题。

2）农户兼顾生产与销售，无疑提高了对农户营销素质和电子商务操作能力的要求，无形中提高了农户涉足电子商务的门槛。

复习思考题

1. 简述跨境电商的主要模式。
2. 简述跨境电商的发展历程。
3. 简述跨境电商的运作流程。
4. 简单论述国内外农村电子商务的发展现状。
5. 简述农村电子商务的运营框架及主体关系。
6. 思考我国农村电子商务的发展趋势。

案例分析

案例分析一 跨境电子商务——敦煌网

1. 企业背景

敦煌网是全球领先的在线外贸交易平台。其 CEO 王树彤是我国最早的电子商务行动者之一,1999 年参与创立卓越网并出任第一任 CEO,2004 年创立敦煌网。敦煌网致力于帮助我国中小企业通过跨境电子商务平台走向全球市场,开辟一条全新的国际贸易通道,让在线交易变得更加简单、安全、高效。

创办之初,敦煌网的目标是打造一个全球贸易的专业化、便捷化平台,提供交易和其他服务。一开始,这样的模式并不被业内看好,当时的外贸企业仍然沉醉于我国刚加入 WTO 所带来的红利中。它们大多都是来料加工企业,也由于我国低廉的劳动力成本而完全不担心全球订单。这导致敦煌网在创建之初不被大多数外贸企业所关注,商户规模非常小,甚至有外贸企业还把他们的模式看成骗人的把戏。

敦煌网认为,这种缺乏品牌和技术支撑的繁荣是短暂的,要实现传统外贸企业转型升级、摆脱低附加值加工的困境,就必须建立起一条"网上丝绸之路"。要布局"网上丝绸之路",让传统外贸企业的产品能够通过互联网途径走出去,对于传统外贸企业来说,意味着它们必须改变被动等待订单的现状,借助敦煌网这类跨境电商平台,足不出户拿到全球采购订单。

2. 为成功付费

传统的跨境电商平台属于信息服务平台,以网络信息服务为主、线下会展交易为辅,通过提供一个让买卖双方发布自己意向的途径,减少双方信息搜寻的成本。但交易双方仍然是在线下达成交易,其交易的资金并没有流经平台,平台也没有提供更多的服务。而平台的主要盈利来自会员费,只有达到相应级别的会员才能获得相应的平台服务。阿里巴巴无疑是其中的佼佼者,2000 年时,阿里巴巴网站就拥有超过 210 万个中小企业用户,占据我国跨境电商市场份额的 90%。如果敦煌网和阿里巴巴做同样的事情,那无疑是行不通的。

在王树彤看来,阿里巴巴的模式并没有摆脱线下交易的影响,没有触及"跨境交易这个根本话题",更没有真正实现"网上丝绸之路"。王树彤选择将敦煌网打造成新时代的 B2B 跨境电商交易平台。因为有交易,平台上有资金流动,敦煌网得以降低门槛,不收会员费,开创了"为成功付费"的在线交易模式,采用佣金制,免费注册,只在交易成功后收取"交易佣金",佣金一般是交易额的 3%~12%(即动态佣金,总体平均水平大概是 7%)。佣金的收取比例,会根据行业、交易额的不同而有所变化。品类利润越大,佣金比例就越高。这也就是说,敦煌网必须集中大部分资源,用于促进买卖双方达成交易。这种与服务效果挂钩的收费模式无疑更能够适应中小型卖家企业的需求,也让中小企业更容易加入跨境电子商务的尝试中。另外,跨境电子商务交易平台核心在于通过平台来完成交易,这就使得交易平台很容易打通产业链,使得平台能够发展其他衍生服务,如能够为买卖双方提供金融服务、信息服务和物流服务,为买方提供一定的优惠以吸引更多的潜在客户。这些优势都是传统的信息服务跨境电子商务平台无法比拟的。

敦煌网的尝试无疑是成功的。据 2013 年 PayPal 交易平台数据显示,敦煌网是在线外贸交易额中亚太排名第一、全球排名第六的电子商务网站。而在 2016 年，敦煌网注册卖家 140 万人，注册买家 1000 万人，覆盖 230 个国家和地区，平台上的商品超过 4000 万种，每小时有 10 万名买家实时在线，每 3 秒产生一张订单。敦煌网全面布局，走上了"网上丝绸之路"快车道。

3. 助推创业创品牌

丝绸之路上，我国的丝绸与茶叶都是高档商品，深受西方贵族的喜爱。而敦煌网想要发展"网上丝绸之路"，就必须要打响中国品牌的名声，对外输出优质商品。其中最重要的途径就是协助传统优质企业创建自主品牌。Babyonlinedress 无疑是敦煌网协助自主品牌创建过程中最成功的例子之一。

苏州贝宝电子商务有限公司（Babyonlinedress 所属公司）创立于 2012 年，蝉联 2012—2015 年敦煌网十大卖家，连续四年荣膺"婚纱礼服最大卖家"。在这之前，他们和苏州虎丘婚纱一条街上很多做婚纱礼服的工厂一样，都只是给一些大品牌做供应商，完全没有自主品牌，即大客户大批量下订单，然后贴上客户的领标、吊牌，再拿出去销售。

Babyonlinedress 品牌创始人田昊麟 2005 年加入敦煌网，是敦煌网早期的创业团队成员之一。他观察到虎丘婚纱礼服市场存在的商机，毅然决定开设自己的工厂，创建自主品牌。Babyonlinedress 这个品牌之所以取得如此辉煌的成就，田昊麟认为与敦煌网的紧密协助是分不开的。

敦煌网紧跟国际市场流行趋势，这对品牌产品的创新起到了重要的作用，比如蕾丝元素爆款、缝珠产品的新品崛起、各大活动的明星礼服等，让 Babyonlinedress 品牌从陈旧的老款中脱颖而出，轻轻松松站在了行业前列。并且，敦煌网在全球 200 多个国家和地区的巨大流量推广，以及平台首页流量推广、单品类流量推广，促进了 Babyonlinedress 品牌的传播，再加上过硬的品质所带来的好评，使得品牌得以立足。

4. 培育批发买家

大额贸易是"网上丝绸之路"繁荣的关键，而 B2B 相对于 B2C 的重要优势正是大规模贸易。无论是从交易品类还是交易额来看，B2B 的发展前景都要远好于 B2C。在全球范围内，批发买家正在大规模进入跨境电商领域，越来越多的政府机构和企业单位延续了个人采购的习惯，把线下生意转到网上来采购商品。

敦煌网最核心的竞争力之一就是已经有上千万批发买家，拥有高效招募这些批发买家的经验以及对这些买家行为特征的大数据积累，知道批发买家关注哪些产品，了解他们的购买周期和购买需求。一个批发买家的招募成本是招募个人买家的 10 ~ 14 倍，远超个人。但即使这样，在 2015 年，敦煌网的批发买家招募数量年同比仍增加了 46.4%。敦煌网如此努力招募批发买家，主要是由于批发买家的特殊性。批发买家具有与一般买家不一样的购买特征，其单次购买金额为个人买家的 5 倍，年度贡献为个人买家的 45.5 倍，出现纠纷情况比个人买家少 11.3%，退款比个人买家低 34.4%。在敦煌网的批发买家中，90% 每月购买 1 次以上，58% 每月购买 4 次以上。这种稳定的购买需求是敦煌网销售额增长的重要基石。

为了帮助卖家稳、准、狠地识别平台潜在的大买家，敦煌网对有长期合作意向的海外零售商和公司批发买家打上了 B（Business Buyer）的标志，卖家可在订单列表页和详情页很容易看到此标志。2016 年，敦煌网宣布推出针对批发买家的 B 类商品池，并取部分行业的二级类目，筛出符合"B类商品池"标准的商品向下过单的批发用户进行展示，以此来帮助卖家更好地了解店铺是否符合B类商品池的标准。

5. 开发大数据潜力无限

"网上丝绸之路"不仅仅是对传统丝路的扩容，更是创新，拥有更为丰富、独特的全新内涵，关键在于整合物流、信息流、资金流的互联网平台积淀海量的大数据，大数据的丰富应用使生意有无限的空间。敦煌网利用来自商户、制造企业、买家、研究机构的数据建立起海外市场信息大数据库，通过分析询盘情况、订单指数、行业热度及关键词等数据，洞悉各阶段各类型数据的变化趋势，及时判断海外市场形势变化，使卖家及时了解最新海外信息和动态，合理调整经营规划。而在未来，这些数据将应用在征信、互联网金融、智能销售、风控模型、数据咨询等领域。敦煌网对大数据的把握将成为其掌握互联网时代信息的关键途径，也是其布局"网上丝绸之路"的必由之路。

6. 引领"网上丝绸之路"

"网上丝绸之路"是国家"互联网+"战略和"一带一路"倡议的交汇点。"互联网+"战略帮助工厂、外贸企业、产业链上的各类贸易服务商走上互联网；"一带一路"倡议的实施帮助企业更好地"走出去"，进一步融入全球市场。敦煌网早在2004年开始的布局决定了其引领"网上丝绸之路"的先行优势。

2015年11月15日，G20领导人峰会期间，在中国国家主席习近平、土耳其总统埃尔多安的共同见证下，中国发改委主任徐绍史与土耳其交通运输、海事和通信部部长联合签署《关于加强网上丝绸之路建设，务实开展电子商务合作谅解备忘录》，旨在共同推进中土跨境电子商务的合作的签约，开启了"网上丝绸之路"驿站全球建设的新时代。敦煌网创始人CEO王树彤作为APEC、G20工商咨询理事会中国代表，促成了这个签约的实现。2016年3月31日，重庆市与敦煌网就携手参与国家"一带一路""网上丝绸之路"综合实验区建设签署合作备忘录，敦煌网中国—土耳其跨境电商平台同时正式启动。在与土耳其达成相关协议后，中国方面将和土耳其方面共同建立跨境电商平台，并交由敦煌网承建。该平台除了能够迅速有效地帮助中国商品进入土耳其，还能有效帮助土耳其的相关企业走向世界。

不仅是在重庆，敦煌网还不断走访海内外各个国家和地区，谋求有关"网上丝绸之路"的合作。在国内，杭州经济技术开发区管委会与敦煌网签订项目投资协议书，敦煌网将在开发区投资建设"敦煌网跨境外贸综合3.0平台"项目，5年内实现服务外贸企业超过2000家。而在敦煌网进驻的杭州下沙跨贸园区，敦煌网将建设"新丝路"交易中心、"新丝路"互联网金融中心、"新丝路"企业孵化中心、"新丝路"物流集输中心等六大中心。这也意味着一直做网购保税进口业务的下沙跨贸园区，将正式转型为进口、出口业务"两条腿走路"。哈尔滨市政府也与敦煌网签署战略合作协议，双方将共同建设"哈尔滨对俄电子商务运营中心"，打通网上对俄"丝绸之路"。计划容纳8万家商户、近2000万种商品的"哈尔滨对俄电子商务运营中心"有望成为全球最有竞争力的对俄贸易电子商务交易中心之一，使中国商品通过最简洁高效的渠道走向俄罗斯。中国电子进出口珠海有限公司也与敦煌网签署了战略合作协议，二者将联手推出"跨境电商交易平台+外贸综合服务一体化平台"全新模式，助力传统外贸企业转型"互联网+"。

敦煌网的成功是建立在把握住时代的脉搏上的。自创始之初，敦煌网就已经开始布局

"网上丝绸之路",并选择抛开当时成熟的模式,打造新型跨境电商交易平台。在协助传统外贸企业转型升级、加入"网上丝绸之路"的过程中,敦煌网成功抓住了自主品牌发展和大数据应用等关键点。今天,敦煌网已经成为"网上丝绸之路"上的先行者与主导者。未来,敦煌网仍将重点建设"网上丝绸之路",对外加强与国外企业和政府的合作,对内利用信息化技术、全生态产业链服务平台用户,探索节约买卖双方交易成本的最优方法,让更多国家能够体会到"网上丝绸之路"带来的便利。古代丝绸之路上的敦煌,曾经是盛极一时的中西方文化和商贸交流的中心;信息时代的敦煌网,会继续借助互联网打造新时代的"网上丝绸之路",成为永不落幕的中西方文化和商贸交流的中心。

案例思考题:
1. 敦煌网的跨境电商主要是什么模式?
2. 分析当前跨境电商市场环境。

案例分析二 农村电子商务——沭阳县农村电子商务发展模式

1. 江苏省沭阳县简介

江苏省沭阳县域面积 2298 km^2,辖 33 个乡镇、1 个农场、6 个街道、1 个国家级经济技术开发区,户籍人口 195.37 万人,是全国文明县城、全国卫生县城、中国书法之乡、中国花木之乡。

花乡沭阳地处南北气候过渡地带,适合多种花木生长,是南花北移、北木南迁的理想中转站。沭阳现在已形成"两区""三带"花木产业布局。"两区"是指以新河镇、颜集镇、扎下镇、憧阳镇、庙头镇为主的老花区,主要进行分散种植,成为"无粮"镇,以及以耿坪镇、陇集镇、刘集镇为主的新花区,主要进行集中连片规模化种植;"三带"是指新 245 省道、新 205 国道、宿迁大道沿线花木产业集中发展产业带。

2. 沭阳县电子商务产业发展情况

沭阳县电子商务产业的发展过程可分为三个阶段:

第一阶段:2001—2006 年,萌芽期。沭阳县花木产业区在通信网络设施建设方面起步较早,自 2001 年开始建设 ADSL 宽带接入网。也就在这个时候,沭阳县一些农民就开始利用贴吧、论坛在网上展示、推销自己庄稼地里的花卉苗木。这是最原始的电子商务形式,只有信息发布和信息获取功能,因此对沭阳花木交易的实质性帮助十分有限。但是,在互联网还没有被广泛进行商业应用的这段萌芽期,沭阳县农户对接互联网的积极尝试是值得称赞的。

第二阶段:2007—2012 年,突破期。2007 年,沭阳县实现了宽带村村通,一些苗木农户又开始积极探索使用淘宝、天猫、1688 等第三方电子商务平台开展线上营销,由此掀开了沭阳县电子商务发展的新篇章。早期的农户借助具有多重功能的第三方电子商务平台后,发掘到了一个全新的广阔线上市场。在偶然尝试获得令人惊喜的成功之后,农村社会的熟人机制发挥了其天然的知识溢出作用。农户通过互帮、互带、互传,吸引了越来越多的亲朋好友陆续加入电子商务的创业行列。虽然这一时期,电子商务创业者的规模还未达到较高的级别,但是一个发展花木电子商务的窗口已经被打开了,沭阳县逐渐靠近电子商务快速发展的起跑线。

第三阶段：2013年至今，飞跃期。2013年首批中国淘宝村名单揭晓，颜集镇成功入选，这标志着沭阳县电子商务进入了一个新的阶段——一个跨越式发展的飞跃期，一个开始广受外部关注、知名度不断提升的时期。2014年，周圈村和堰下村入围第二批中国淘宝村，2015年，新河镇、庙头镇等22个村镇入围第三批中国淘宝村，并且三个乡镇入围中国淘宝镇，沭阳县成为全国最大的农产品淘宝村集群。在阿里研究院发布的《农产品电子商务白皮书》中，沭阳县连续两年在阿里零售平台农产品交易额的县域排名中稳居前三位。2015年，沭阳县还荣获"国家电子商务进农村综合示范县"称号。目前，沭阳县已有的22个淘宝村，平均每村拥有的网商规模、网店数量和交易总额呈现连年快速增长的态势，从2011年的46户网商、101个网店、760.2万元电子商务交易额，增长至2016年的193户网商、359个网店、5542.1万元电子商务交易额，年均增长率分别达到43.7%、37.4%与64.4%。目前，沭阳县已形成了一个拥有较大电子商务发展规模、优质产业基础、完善电子商务生态、良好发展前景、扎实基层网商基础的特色花木电子商务产业集群，同沭阳县特色花木产业集群相辅相成，共同促进沭阳县的经济社会发展。

3. 沭阳模式简介

概括地说，沭阳模式是一种以特色农业产业为依托、以保持农村原有机理和风貌为前提，由广大农民通过电子商务创业创新实现农业产业升级，并在政府的合理引导下形成农村电子商务生态体系，促进人与土地和谐发展，实现"农民富、农业强、农村美"的"互联网＋三农"的农村电子商务发展模式。

其中，由广大农民通过电子商务创业创新实现农业产业升级，并在政府的合理引导下形成农村电子商务生态体系，促进人与土地和谐发展，是沭阳模式的核心内容。换句话说，沭阳模式包含五个关键词："农民大规模创业创新""传统农业产业转型升级""政府合理引导与有效作为""农村电子商务的生态建设"和"人与土地的和谐发展"。这五个方面的内容环环相扣、层层递进、有序发展，成为一个有机整体。

沭阳模式本质上是一种"互联网＋三农"的县域电子商务发展模式。县域电子商务是以县域为基础单元发展电子商务，要求县级领导以县域的眼光布局电子商务发展路线，配置人力和财政资源，紧密结合本地实际情况，探索适合自己县域的电子商务发展模式。经过努力，沭阳县走出了一条既适合自己又值得推广的县域电子商务发展路子，一条充分体现互联网与农民、农业和农村三者全面融合、同步融合、深度融合的县域电子商务发展路子。从全国范围来看，实现"互联网＋三农"快速发展的县域为数不多，沭阳模式是"互联网＋三农"县域电子商务的典范之一。

4. 沭阳模式形成的关键要素

（1）良好的基础设施。沭阳县地处江苏北部，东部接壤连云港，南部毗邻淮安市，西部倚靠宿迁，北接徐州，是四市的接合部。县城距淮安涟水机场45分钟车程，距连云港白塔埠机场50分钟车程，距徐州观音国际机场1.5小时，南京禄口国际机场在沭阳设候机楼——全省唯一县级城市候机楼。京沪高速公路穿境而过，设有5个互通出入口（撞阳扎下、沭阳北、沭阳、钱集、胡集），205国道和324、326、245省道穿境而过。新长铁路在沭阳设有客运和货运站，穿越腹地直接联入陇海铁路、胶新铁路、宿淮铁路、宁启铁路。沭阳四通八达的交通布局，为区域物流的发展奠定了基础。

沭阳加快推进 4G 网络建设工程，截至 2015 年年底，完成 80 个行政村光纤到户工程，新增 4 万户宽带用户，实施数字地面传输覆盖工程，新增农村数字电视用户 1 万户以上。建立"一网两库一平台"（"诚信沭阳"网站、企业信用基础数据库、个人信用基础数据库和信用信息平台），全面推进信用体系建设，已归集数据 488 项，入库数据 1820 万条。

沭阳县的快递行业经历了从无到有、从小到大、从赤贫到巨无霸的发展历程。2007 年以前，快递网点只覆盖县城，平均日派件量、日发件量均少于 10 件；2010—2015 年，各大电子商务平台异军突起，沭阳快递飞速发展，以韵达快递、全一快递、速尔快递、天天快递等为代表的企业迅速扩张，快递网点逐步实现全覆盖，平均日派件量达到 1 万～5 万件，平均日发件量 3 万～10 万件；现在，沭阳已实现快递网点全覆盖。沭阳的快递发展史，就是浓缩的沭阳电子商务发展史。

（2）扎实的产业基础。沭阳花木种植历史悠久，至今已有 400 多年，花木生产有 200 多年的历史。花木种植面积 47 万亩，⊖花木品种 3000 多个，20 万人从事花木种植工作，形成以新河、颜集、耿圩等地为主的名优花木繁育基地。拥有绿化工程类企业 300 余家，其中拥有国家一级资质企业三家。沭阳国际花木城是苏北大型花木市场，于 2013 年 10 月 10 日正式开业，并拥有电子商务平台——"南北花木网"。

除了传统的花卉苗木产业外，沭阳还有其他一些支柱型产业。该地的纺织服装业发展始于 20 世纪 50 年代，截至 2012 年，全县纺织服装产业基地共有规模户 60 户，有 100 多种产品获省以上新产品称号，其中"宝娜斯"袜业产品为我国驰名商标。2015 年，沭阳县迈入"百亿级产业俱乐部"，实现工业销售收入 63.11 亿元，成为全省发展最快的纺织服装产业集群，总量稳居苏北县（市）前列。

（3）活跃的经营主体。回顾沭阳电子商务发展的三个阶段，可以发现沭阳的电子商务起源于民间，以全民"草根"创业为主，在市场需求和形势的推动下，凭借着良好的产业基础和配套设施，各类家庭作坊、个体网商纷纷"触网"，走出一条"自下而上"的电子商务发展之路。沭阳电子商务经营主体可分为三大类：第一类是以新河镇、颜集镇、庙头镇为核心，凭借花木产业自发形成的"家庭式电子商务小作坊"；第二类是凭借图书文化产业发展形成的"夫妻店电子商务小作坊"；第三类是"企业化电子商务"。沭阳有一批凭借"美腿袜"风潮发展起来的电子商务，凭借进入电子商务平台早，获得一定的资金积累后开始转型，注册企业、商标，开设线下门店，从"线上"做到"线下"，把企业做强做大，目前有些企业年销售额已经上亿元。

不同类型、不同阶段的网商发展层次鲜明，既有传统企业转型，又有网络原创品牌的中坚力量，也有民间个体网商源源不断进入电子商务市场，每个层级之间随着电子商务运营和资源整合能力的提升，逐步进阶。

（4）精准的政策扶持。沭阳县政府本着"到位不缺位、补位不越位"的原则，以"需求导向、市场机制、精准扶持、优化环境"为思路，针对"入门之前缺引导、起步阶段缺培训、发展阶段缺资金、升级阶段缺人才"的创业痛点，开展"创业引导、人才培训、资金扶持、载体建设、优化环境"等一系列工作，为沭阳电子商务的发展提供尽可能优越的

⊖ 1 亩 = 666.6 m²。

政策环境。

1）营造电子商务氛围，加强创业引导。沭阳县通过多媒体渠道进行电子商务创业相关信息的传播、开展各类鼓励创业的活动；宣传电子商务创业的优势，厚植电子商务发展的土壤。

2）创新服务理念，加强人才培训。政府购买服务，针对不同层次的电子商务人才分别进行初始培训、提升培训、精英培训；定时开展讨论活动，给网商创造一个充分交流、讨论的机会；在江苏省沭阳中等专业学校、宿迁经贸高等职业技术学校等职业院校开设电子商务专业，培养相关人才。

3）运用市场机制，加大资金扶持。江苏银行开设"淘贷"，江苏省首创网商信贷，网商可以凭流水，实现免抵押、低利率贷款；成立电子商务互助基金，获得社会资本扶持；政府出台红头文件，财政安排网络创业风险扶持资金，扶持网络创业项目、网络创业贷款风险补偿及贴息、网络创业先进典型奖励等。

4）运用互联网思维，加强载体建设。在加强建设线下载体方面，沭阳县建设了 4 万 m^2 的沭阳淘创基地、20 万 m^2 的苏奥电子商务产业园、2 万 m^2 的沭阳软件产业园以及乡镇电子商务公共服务中心，实现 40 个乡镇全覆盖；全县免费、低价提供 7 万 m^2 办公场所、4 万 m^2 仓储用房。在充分建设线上载体方面，沭阳县建设了花乡创业网，共 35 个类目、近万件单品，解决选择商品茫然、压货资金紧缺、议价能力较低等问题。花乡创业网给创业者提供货源、物流配送、售后服务，创业者通过注册会员，选择商品，参与分销，实现零门槛、零库存、零风险。

5）通过规范管理，优化发展环境。实现交易信息定期通报，交易纠纷协同处理，信用评定互相认可，优质商户政府背书；开展打击扰乱花卉苗木市场经营秩序等行动，处理交易纠纷事件；设置花木交易诚信专项资金，买家购买到假货，可先行获得赔付，政府核实后，处理卖家；加强行业自律，通过沭阳县电子商务协会及沭阳县网络创业者协会等加强管理和监督，走一条可持续发展道路。

案例思考题：
1. 沭阳农村电子商务主要有哪些模式？
2. 分析本案例中农村电子商务的发展前景，并给出建议。

第十二章

电子商务法律建设

> **内容提要**
> ❶ 国内外电子商务立法。
> ❷ 电子商务交易主体。
> ❸ 电子商务交易的法律规范。
> ❹ 电子商务中的知识产权法律问题。

第一节 国内外电子商务法律综述

一、联合国电子商务立法

1.《电子商务示范法》

联合国国际贸易法委员会在全球电子商务法的推广方面做出了很大贡献。1991 年，其下属的国际支付工作组开始负责制定一部世界性的电子数据交换（EDI）统一法。1993 年，该工作组全面审议了《电子数据交换及贸易数据通信手段有关法律方面的统一规则草案》。为切实解决全球电子商务所遇到的法律冲突，消除各国电子商务立法出现的新冲突和规则上的不统一，适应各国对 EDI 统一法的迫切要求，1996 年联合国国际贸易法委员会大会决定，将法案名称改为《联合国国际贸易法委员会电子商务示范法》（The United Nations Commission on International Trade Law Model Law on Electronic Commerce），简称《电子商务示范法》。该法是第一个世界范围内电子商务的统一法规，其目的是向各国提供一套国际公认的法律规则，以供各国法律部门在制定本国电子商务法律规范时参考，促进使用现代通信和信息存储手段，如电子数据互换、电子邮件和传真。其基础是建立"书写""签名"和"原件"等纸面化概念的等同功能。

《电子商务示范法》分两部分，共四章 17 条。其中，第一部分题为"电子商务总则"，系统地规定了关于电子商务的一般原则、数据电文适用的法律要求以及数据电文传递的规则等。具体涉及电子商务中数据电文、电子数据交换（EDI）的定义，数据电文的法律承认，电子合同、电子签字的效力，电子证据的原件、可接受性和证据力，数据电文的确认收讫、发出和收到数据电文的时间和地点等问题。第二部分以"特殊领域中的电子商务"为标题，规定了与货物运输合同及运输单证有关的电子商务规则。

《电子商务示范法》既不是国际条约，也不是国际惯例，仅仅是联合国国际贸易法委员会向各国推荐采用的示范性法律文本，其本身并不具有法律效力。但是，各个国家一旦以此法为蓝本制定了自己的法律，此法中的规则就会成为这些法律的组成部分。在这个意义上，《电子商务示范法》具有使世界各国的电子商务立法统一化的作用，有助于各国完善、健全有关传递和存储信息的现行法规和惯例，并为全球化的电子商务创造出统一的、良好的法律环境。

2. 联合国《电子签名示范法》

《电子商务示范法》的出台，加速了各国电子商务立法的进程。随着电子商务的大规模推广，交易安全问题越来越突出。电子签名作为保障电子商务交易安全的重要手段，受到国际社会和各国政府的高度重视。2001年，联合国国际贸易法委员会通过《电子签字示范法》，这是联合国国际贸易法委员会继《电子商务示范法》之后，又一部专门针对电子商务制定的示范法。

3.《联合国国际合同使用电子通信公约》

《联合国国际合同使用电子通信公约》（United Nations Convention on the Use of Electronic Communications in International Contracts）于2005年11月23日经联合国贸易法委员会第三十八届会议通过。该公约处理的国际合同使用电子通信问题包括：如何确定一方当事人在电子环境中的所在地；电子通信的收发时间和地点；使用自动信息系统订立合同；确立电子通信和纸面文件（包括原始纸面文件）以及电子认证方法和手写签名功能上等同所使用的标准。该公约共四章25条，公约的目的在于消除国际合同使用电子通信的障碍，消除已有国际贸易法律文件在执行中可能遇到的障碍，加强国际贸易合同的法律确定性和商业可预见性，促进国际贸易的稳定发展。

二、欧盟电子商务立法

由于欧盟各个成员国的法律存在很大的差异，为此，欧盟意图建立一个清晰的和概况性的法律框架，以协调欧盟统一市场内部的有关电子商务的法律问题。目前，欧盟与电子商务有关的立法主要是下面三个指令：《远程销售指令》《电子签名统一框架指令》和《电子商务指令》。欧盟的"指令"与一般的国家法律不完全相同，它们具有地区性国际条约的性质。从全球电子商务立法的角度来看，欧盟的电子商务立法无论在立法思想上、立法内容上还是立法技术上都是非常先进的。

1.《远程销售指令》

1997年5月，欧盟颁布了《远程销售指令》（EU Directive on the Protection of Consumers in Respect of Distant Contracts）。该指令的目的在于使成员国内规范消费者与服务或商品的提供者之间经由远程缔结合同的法律、法规能逐渐走向一致，而重点则是加强在远程销售中对消费者的保护。根据该指令，所谓"远程合同"，是指在供应商和消费者之间议定的关于商品或服务的合同。这份合同是在供应商制订的有组织的远程销售或服务计划下议定的，为了达成这份合同，供应商唯一地利用一种或多种远程通信方式直至合同议定，包括合同议定的时刻。该指令规定了在远程销售中消费者和供应商的权利义务，并为各成员国制定相应的规范提供了标准。

2.《电子签名统一框架指令》

欧盟委员会于 1999 年 12 月 13 日制定了《电子签名统一框架指令》（EU Directive on a Community Framework for Electronic Signatures），由 15 个条款和 4 个附件组成，明确规定了某一成员签订的电子商务合同，其效力应被其他任何一个成员承认等重要问题，主要用于指导和协调欧盟各国的电子签名立法。

其主要内容有电子认证服务的市场准入、电子认证服务管理的国际协调、认证中的数据保护、电子认证书内容的规范。

其主要目标是：①推动电子签名的使用，促进法律承认；②协调成员国之间的规范；③提高人们使用电子签名的信心；④营造一种弹性的、与国际的行动规则相容的、具有竞争性的跨境电子交易环境。

3.《电子商务指令》

2000 年 5 月，欧洲议会通过《电子商务指令》（The Electronic Commerce Directive）。该指令的主要目的是保证电子商务的在线服务能够在共同体内被自由地提供，全面规范了关于开放电子商务市场、电子交易、电子商务服务提供者的责任等关键问题。

其主要内容包括：①成员国开放在线服务的市场；②成员国不对电子商务合同的使用加以限制；③为仅作为第三方的信息传输渠道的中介创设了责任豁免；④要求标明属于电子形式的广告信息；⑤允许律师、会计师在线提供服务；⑥要将国籍法和来源国法作为适用于电子服务的法律；⑦允许成员国为了保护未成年人防止煽动种族仇恨，保卫国民的健康和安全，对来自他国的电子服务加以识别；⑧确定提供电子服务公司的所在地为其实际开展营业的固定场所，不论其网站设在何处。

《电子商务指令》确立了欧洲单一市场准则同样适用于电子商务的规范，其目的是防止出现因各国制度不同而导致欧洲电子商务发展受限的局面，从而推动泛欧在线服务的开展。它与《电子签名统一框架指令》一起构成了欧盟国家电子商务立法的核心和基础。

三、美国的电子商务立法

1. 立法背景

从全球范围看，美国的电子商务开展的时间最早，发展也最快。为了使电子商务在法律的保护和规范下健康发展，美国早在 20 世纪 90 年代中期就开始了有关电子商务的立法准备工作。由于美国是联邦制国家，联邦和州两级均有立法权。虽然美国国会有权规范跨州的商贸活动，但是传统上交易法的规则（尤其是《合同法》）一直属于各州立法的范围。为了避免各州立法之间的冲突和矛盾过大，影响正常的商业活动，美国司法研究所等联邦的政策咨询机构制定了一套交易法规则，作为协调各州合同法的模范法，推荐各州逐渐将这一套法律规则制定在本州的法律中。其中，最成功的一部就是《统一商法典》（UCC）。由于电子商务的发展呈现出与传统的商贸活动不同的特点，美国司法研究所等机构修订《统一商法典》，在其中增加有关调整电子商务的法律规则的内容，这就有了《统一商法典》第 2 条 B 项（UCC Article 2B）。美国各州都已经采用了《统一商法典》的内容，但又结合本州情况稍加修改。后来美国又在 UCC 基础上形成了 1999 年 7 月公布的《统一计算机信息交易法》。它与《统一商法典》一样属于模范法的性质，并没有直接的法律效力，能否转化为生效法律取决于各州是否通过立法途径对其予以采纳。

2. 各州立法特色

美国各州都有各自的电子商务立法，不仅名称多样化，而且其内容差别也很大。有些州的立法内容比较详细，涉及电子商务的各个主要方面，从对计算机网络通信记录的法律效力的确认，到电子签名的基本标准的确定，以及认证机构的建立等，都包括在内，如犹他州、伊利诺伊州；而有些州的电子商务法却规定得非常原则，具有对电子商务的宣言性认可的性质，如加利福尼亚州便采用了这种方式；另外，从调整范围上讲，美国有些州的电子商务法只限于调整与州政府相关的诸如公司注册、税务申报等商务活动，如马里兰州、阿拉斯加州等的电子商务法就是这样；而有些州的电子商务法则不仅调整与商务有关的政府管理活动，还调整司法主体之间的在线交易关系，其目的是为电子商务活动提供一个全方位的规范系统，如华盛顿州即属此类。

3. 联邦电子商务立法

美国联邦政府也积极推动电子商务方面的立法。1997 年，美国总统公布了《全球电子商务统一框架》。这是全球第一份官方正式发表关于电子商务立场的文件，提出了关于电子商务发展的一系列原则，系统地阐述了一系列政策，旨在为电子商务的国际讨论与签订国际协议建立框架。2000 年 6 月 30 日，美国总统签署了《电子签名法》，为在商贸活动中使用电子文件和电子签名扫清了法律障碍。该法案所要解决的是一些原则性和协调性的问题，较为特色地规定了电子签名使用的例外、当事人意思自治与保护等问题。

四、我国的电子商务立法

1. 电子商务相关法律

我国的电子商务立法有狭义和广义之分。

广义的电子商务立法包括一切有关和涉及电子商务的立法，包括电子商务交易的各环节以及当事人的实体权利义务。最典型的是 1999 年 3 月全国人民代表大会常务委员会通过的《中华人民共和国合同法》。该法对数据电文作为合法书面形式的确认、数据电文的到达时间和生效时间、以数据电文订立的合同的成立地等做出了相应规定。这是我国第一次以法律的形式确定了关于电子商务的法律调整，虽然直接相关的内容仅有四条，但它首次明确了电子合同的合法地位，为我国电子商务的发展奠定了法律基础。此外，更多的法律法规也伴随电子商务的深入不断修改完善。例如，2014 年 3 月，全国人大修订《消费者权益保护法》（简称《新消法》），进一步完善消费者权益保护制度，如强化经营者义务、规范网络购物等新的消费方式等；2017 年 6 月，全国人大通过了《民法总则》，第一次对网络虚拟财产这种全新的权利保护类型做出规定，意味着虚拟财产正式成为一种权利，展现了立法在权利保护理念上的进步。

狭义的电子商务立法是指适用于我国关于电子商务的基本法,就是要为各种实体性的电子商务关系提供一个基础法律环境,典型的有《中华人民共和国电子签名法》(简称《电子签名法》)、电子支付法规、《网络交易管理办法》及《电子商务法》等。

(1)《电子签名法》。《电子签名法》是我国第一部真正意义上的电子商务法。2004 年 4 月 2 日,第十届全国人民代表大会常务委员会第八次会议首次对电子签名法草案进行了审议,中间又经过两次修改和审议,最终于 8 月 28 日通过了《电子签名法》,并决定于 2005 年 4 月 1 日起实施。

我国《电子签名法》明确和规范了以下几个方面的问题:

1) 明确了电子签名的法律效力。
2) 明确了电子签名所需要的技术和法理条件。
3) 对电子商务认证机构和行为做了规定。
4) 明确了电子商务交易双方和认证机构在电子签名活动中的权利、义务和行为规范。
5) 增加了有关政府监管部门法律责任的条款。

《电子签名法》的出台为我国电子商务发展提供了基本的法律保障,解决了电子签名的法律效力这一基本问题,并对电子商务认证机构、电子签名的安全性、签名人的行为规范、电子交易中的纠纷认定等一系列问题做出了明确的规定。自此电子签名与传统手写签名和盖章具有同等的法律效力,电子商务发展中的许多问题有了解决的依据,真正的网上交易逐步发展起来。

(2) 电子支付法规。2005 年被称为中国的网上支付年,而相应的网上支付的法律问题也得到了人们更多的关注。中国人民银行于 2005 年 10 月 26 日公布实施的《电子支付指引(第一号)》,规定了支付安全的法律保障、风险责任的承担、网上支付服务的规范、电子货币的合法性、第三方支付平台的合法性等多个方面的问题,是我国第一部完整的有关电子支付的法规。

(3)《网络交易管理办法》。2010 年 5 月 31 日,《网络商品交易及有关服务行为管理暂行办法》(简称《暂行办法》)由中国国家工商行政管理总局发布,是我国首个规范网络上购物的管理办法。随着网络市场不断发展变化,《暂行办法》的一些规定也相对滞后,为此国家工商总局对其进行了修订,出台了《网络交易管理办法》,并于 2014 年 3 月 15 日正式施行。新办法适应网络发展变化的需要,对消费者各项合法权益的保护措施做出了明确规定,如 7 日无理由退货、卖家实名制、消费者个人信息保护及建立信用评价体系等。

(4)《电子商务法》。《电子商务法》是我国电子商务领域首部综合性和基础性的法律,对电子商务产业发展具有里程碑意义。该法主要明确了电子商务的经营主体、交易与服务、交易保障、跨境电商、监督管理和法律责任等内容,并对消费者关心的一些问题做了专门规定。2013 年 12 月 7 日,中国全国人民代表大会常务委员会正式启动了《中华人民共和国电子商务法》的立法进程。在起草过程中,认真研究梳理、充分借鉴国际组织和主要国家的经验做法,并广泛吸纳地方人大、院校专家、部分电商企业和行业协会,共同参与起草工作。经过多次修改完善和四次审议后,2018 年 8 月 31 日,第十三届全国人民代表大会常务委员会第五次会议正式通过《电子商务法》,并于 2019 年 1 月 1 日正式实施。

多年来,我国的电子商务持续保持高速发展的态势,同时也显现出一些新矛盾和新问题。我国制定《电子商务法》契合了电子商务迅速发展普及的现实需要,综合性地回应了电子商务发展中的突出问题，对保障电子商务各方主体权益、规范电子商务行为、维护网络市场秩序、促进电子商务持续健康发展具有重要作用。

2. 中国电子商务立法的意义

我国电子商务发展迅速，在转方式、调结构、稳增长、促就业、惠民生等方面发挥了重要作用。"十二五"期间，电子商务年均增长速度超过 30%。《中国电子商务发展报告 2017》显示，2017 年全国电子商务交易额达 29.16 万亿元，电子商务就业人员达 4250 万人，非银行支付机构发生网络支付金额达 143.26 万亿元，快递业务量累计完成 400.6 亿件。尽管电子商务的发展突飞猛进，但由于在我国总体起步较晚，仍面临着发展不平衡、不充分问题，地区差异、城乡差异明显，法律政策环境和市场治理模式有待完善。

近年来，国家出台了一系列政策法规。2005 年，国务院发布了《国务院办公厅关于加快电子商务发展的若干意见》，2015 年发布了《大力发展电子商务加快培育经济新动能的意见》；2005 年，银监会颁布了《电子银行业务管理办法》；2014 年，国家工商行政管理总局出台《网络交易管理办法》；2016 年，财务部、海关共同署名发布《关于跨境电子商务零售进口税收政策的通知》；2018 年，国务院颁布《快递暂行条例》等。这些规定对促进电子商务健康发展、规范电子商务市场秩序发挥了重要作用。但是，在《电子商务法》出台以前，相关规定比较分散，有的层级较低，难以充分满足促进电子商务发展和规范电子商务市场秩序的需要。

从电子商务发展的整体环境来说，电子商务发展涉及许多因素，如网络安全环境、市场信用制度、商业行为习惯等。因此，电子商务立法涉及的内容是非常庞大繁杂的。我国的电子商务法律虽然不断跟进，但在支持保障电子商务活动、规范相关行为、保障经营者和参与者利益等方面还相对滞后，建立一部关于电子商务的完善的法律是必要的。2018 年《电子商务法》的出台，使我国终于拥有了一部综合性、专门化的法律来化解电商发展中存在的矛盾，迈出了电子商务法制化的一大步。这部法律的实施有利于建立公平公正市场秩序，促进电商行业整体健康发展。但应该注意的是，它仅仅搭建了规范电子商务一般行为的大框架，各处细节仍需由后续的一系列立法工作予以完善。只有有法可依、有法可循，我国电子商务才能继续健康成长，从而进一步改进人民的生活质量，促进我国经济健康持续发展。

第二节　电子商务交易的法律规范

一、电子商务交易主体

电子商务交易主体是指利用 Web 借助互联网技术和通信技术等实施商事行为，享有权利和承担义务的自然人、法人和其他组织。与前面电子商务的概念相对应，电子商务交易主体也有狭义和广义之分。狭义的电子商务交易主体仅指电子商务交易中的商事主体，即电子商务企业。广义的电子商务交易主体，既包括生产企业、商贸企业、金融机构等商事主体，也包括政府机构、个人消费者等非商事主体。电子商务交易主体大致可以分为两类：网上交易当事人和网上交易服务提供者。

1. 网上交易当事人

网上交易当事人，具体是指具备从事商品和服务交易资格而利用互联网进行商品或服务交易的买卖双方。

在电子商务条件下，卖方应承担以下三项义务：按照合同的规定提交标的物及单据；对标的物的权利承担担保义务；应保障对其所出售的标的物享有合法的权利。买方应承担以下三项义务：按照网络交易规定方式支付价款的义务；按照合同规定的时间、地点和方式接受标的物的义务；应承担对标的物验收的义务。

2. 网上交易服务提供者

参照《商务部关于网上交易指导意见》，网上交易服务提供者根据其服务内容可以分为以下两类：

（1）网上交易平台服务提供者，从事网上交易平台运营并为买卖双方提供交易服务。

（2）网上交易辅助服务提供者，为优化网上交易环境和促进网上交易，为买卖双方提供身份认证、信用评估、网络广告发布、网络营销、网上支付、物流配送、交易保险等辅助服务。

在电子商务交易中，商事主体所采取的商事行为往往是综合的：生产企业可以自主开发网上交易平台，开展采购和销售活动，也视为网上交易服务提供者；网上交易平台服务者可以同时提供网上交易辅助服务。因此，应根据商事主体在具体的法律关系中所处的地位和作用，界定其义务和责任。目前，我国调整电子商务商事法律关系的法律法规已有很多，涉及电子商务交易主体关系的方方面面，基本法有《中华人民共和国民法总则》、新版《消费者权益保护法》《反不正当竞争法》等，专项法有《电子商务服务规范》和《电子商务模式规范》《网络商品交易管理办法》《电子商务示范企业创建规范（试行）》《移动联网应用程序信息服务管理规定》等。这些法律法规为解决网络交易纠纷、培育市场主体、规范交易行为提供了一定的指导。

二、电子商务交易过程中的法律保障

下面从电子商务交易过程中的重要环节着手，介绍已有的法律规范及保障机制。

1. 电子合同

（1）电子合同的效力。合同是平等主体的公民、法人、其他组织之间设立、变更、终止民事权利义务关系的协议。电子合同是指当事人之间通过电子法律行为达成的设立、变更、终止财产性民事权利义务关系的协议。也就是说，电子合同就是以"数据电文"形式订立的合同。我国《合同法》明确规定了"数据电文"可以作为合同的书面形式，我国《电子签名法》也对"数据电文"做了详细界定，并且联合国国际贸易法委员会制定的《电子商务示范法》规定"如使用了一项数据电文来订立合同，则不得仅仅以使用了数据电文为理由而否定该合同的有效性或可执行性"，赋予了电子合同与传统合同同等的法律效力。

（2）电子合同的订立。合同的订立是双方当事人缔结合同的过程。作为合同的一种特殊形式，电子合同的订立仍然遵循合同订立中要约和承诺这一基本程序。

1) 要约是希望与他人订立合同的意思表示，要约的意思表示应当内容具体确定，并表明经受要约人承诺，要约人即受该意思表示的约束。对于要约的生效，我国的《合同法》采取到达主义，并根据电子交易的特殊性，规定"采用数据电文形式订立合同，收件人指定特定系统接收数据电文的，该数据电文进入该特定系统的时间，视为到达时间；未指定特定系统的，该数据电文进入收件人的任何系统的首次时间，视为到达时间"。

2) 承诺是受要约人同意要约的意思表示，承诺生效时合同成立。我国的《合同法》同样采取到达主义，规定"采用数据电文形式订立合同，收件人指定特定系统接收数据电文的，该数据电文进入该特定系统的时间，视为承诺到达时间；未指定特定系统的，该数据电文进入收件人的任何系统的首次时间，视为承诺到达时间"。

(3) 电子合同的履行。电子合同的履行基本有三种方式：在线付款，在线交货；在线付款，离线交货；离线付款，离线交货。其中，电子合同的线下履行和传统合同履行少有区别，需要重点了解的是电子合同的在线履行。

1) 电子合同的信息交付。它主要有以下两种形式：

以电子传输的方式交付信息的方式与地点：它与数据电信的传输方式是一致的，以信息系统作为其参照标准。美国《统一计算机信息交易法》第606条第1款规定："副本的电子交付地，是许可人指定或使用的信息处理系统。"

以有形媒介为载体的电子信息合同的交付方式与地点：电子信息合同的标的是信息，在确定其交付时可参照传统民法关于动产的规定。

2) 电子信息交付的附随义务。电子信息交付的随附义务是指为了使所交付的信息达到"商业适用性"，交付方所承担的是为完成合同义务而必须履行的、不是出于合同规定的义务；接收方负有的是合理提供适合的设施的义务。电子信息交付的随附义务是法定义务。

3) 电子合同的验收。电子合同的验收包括检验和接收两个方面：

① 电子信息的检验。检验方式可以分为两种：一种是属于大众市场许可交易的电子信息检验，其方式通常是从包装、标识等方面检验是否正版；另一种是特定电子信息的检验，特定电子信息是按接受方要求制作并提供的软件。

② 电子信息的接收。其一般条件原则是保留了副本或实现了信息的利益即为接收。如果电子信息由多个副本构成，则只有整体的接收才构成有效的接收。

2. 电子签名

(1) 电子签名的法律效力。电子签名是交易信息网络化、数字化的产物。电子签名的法律定义，是指数据电文中以电子形式所含、所附用于识别签名人身份并表明签名人认可其中内容的数据。它可用于鉴别与数据电文有关的签字人，并表明此人认可数据电文所含信息。签名，一般是具有法律意义的行为。我国《电子签名法》的颁布实施，赋予了电子签名与传统手写签名和盖章同等的法律效力，并规定"当事人约定使用电子签名、数据电文的文书，不得仅因为其采用电子签名、数据电文的形式而否定其法律效力"。值得注意的是，电子签名的法律效力是在一定前提下才产生的。当文书涉及婚姻、收养、继承等人身关系，土地、房屋等不动产权益转让，停止供水供热、供气、供电等公用事业服务的，以及法律、行政法规规定的不适用电子文书的其他情形，电子签名是不适用的。同时，法律规定"可靠的电子签名与手写签名和盖章具有同等的法律效力"。电子签名同时符合下列条件的，

视为可靠的电子签名:
1) 电子签名制作数据用于电子签名时,属于电子签名人专有。
2) 签署时电子签名制作数据仅由电子签名人控制。
3) 签署后对电子签名的任何改动能够被发现。
4) 签署后对数据电文内容和形式的任何改动能够被发现。

(2) 我国对电子签名的法律保障。为了规范电子签名行为,确立电子签名的法律效力,维护有关各方的合法权益,我国于 2005 年 4 月 1 日实施《中华人民共和国电子签名法》,明确了有关各方在电子签名活动中的权利、义务。

其中,电子签名人应当妥善保管电子签名制作数据,当其知悉电子签名制作数据已经失密或者可能已经失密时,应当及时告知有关各方,并终止使用该电子签名制作数据。当向电子认证服务提供者申请电子签名认证证书,其应当提供真实、完整和准确的信息。

电子认证服务提供者收到电子签名认证证书申请后,应当对申请人的身份进行查验,并对有关材料进行审查,保证电子签名认证证书内容在有效期内完整、准确,并保证电子签名依赖方能够证实或者了解电子签名认证证书所载内容及其他有关事项。

3. 电子认证

(1) 认证机构与数字证书。电子认证服务是指为电子签名相关各方提供真实性、可靠性验证的公众服务活动。电子认证服务中的认证机构与数字证书,在我国《电子签名法》中分别被称为"电子认证服务提供者"与"电子签名认证证书"。我国于 2005 年 4 月 1 日实施的《电子认证服务管理办法》,作为电子签名法的具体执行细则,对电子认证的法律规定做了具体细化。

电子认证服务机构的设立,根据《电子认证服务管理办法》第五条规定,需要满足的设立条件是:①具有独立的企业法人资格;②具有与提供电子认证服务相适应的人员,从事电子认证服务的专业技术人员、运营管理人员、安全管理人员和客户服务人员不少于 30 名,并且应当符合相应岗位技能要求;③注册资本不低于人民币 3000 万元;④具有固定的经营场所和满足电子认证服务要求的物理环境;⑤具有符合国家有关安全标准的技术和设备;⑥具有国家密码管理机构同意使用密码的证明文件;⑦法律、行政法规规定的其他条件。在满足设立条件下,申请人需要遵循设立程序完成电子认证服务机构的设立。同时,为了防止认证机构擅自停止经营,造成证书失效,使电子签名人和交易对方遭受损失,《电子签名法》还规定了认证机构暂停、终止认证服务的业务承接制度。

数字证书,根据我国《电子签名法》规定应具有的主要内容有:电子认证服务提供者名称、证书持有人名称、证书序列号、证书有效期、证书持有人的电子签名验证数据、电子认证服务提供者的电子签名,以及国务院信息产业主管部门规定的其他内容。

(2) 认证机构的法律责任。认证机构作为为电子签名使用者提供认证服务的第三方认证机构,是独立的法律实体,它被交易各方所接受,旨在提供公正的交易环境,并承担一定责任。我国的《电子签名法》对认证机构的责任做出了明确规定。

第二十八条规定:电子签名人或者电子签名依赖方因依据电子认证服务提供者提供的电子签名认证服务从事民事活动遭受损失,电子认证服务提供者不能证明自己无过错的,承担赔偿责任。

第二十九条规定：未经许可提供电子认证服务的，由国务院信息产业主管部门责令停止违法行为；有违法所得的，没收违法所得；违法所得 30 万元以上的，处违法所得 1 倍以上 3 倍以下的罚款；没有违法所得或者违法所得不足 30 万元的，处 10 万元以上 30 万元以下的罚款。

第三十条规定：电子认证服务提供者暂停或者终止电子认证服务，未在暂停或者终止服务 60 日前向国务院信息产业主管部门报告的，由国务院信息产业主管部门对其直接负责的主管人员处 1 万元以上 5 万元以下的罚款。

第三十一条规定：电子认证服务提供者不遵守认证业务规则、未妥善保存与认证相关的信息，或者有其他违法行为的，由国务院信息产业主管部门责令限期改正；逾期未改正的，吊销电子认证许可证书，其直接负责的主管人员和其他直接责任人员 10 年内不得从事电子认证服务。吊销电子认证许可证书的，应当予以公告并通知工商行政管理部门。

从上面规定可以看出，认证机构由于具有中立性、可靠性，一旦交易出现因认证机构在电子认证服务中存在的过错而导致的问题，造成的损失均由认证机构承担赔偿责任。

4．信用体系

信用是电子商务发展的重要基础。由于电子商务具有交易的电子化、信息不对称、时间差、匿名等特点，参与网络交易的双方相比传统商务会更具有防范意识，相互之间的信任很难建立。2013 年 5 月，中国电子商务协会与北京师范大学电子商务研究中心就我国电子商务的诚信状况做了一次调查报告，报告显示：曾对一些网站的合法性和真实性等持有过怀疑态度的被调查者占 71.1%；曾遇到网上商品信息失实失真的被调查者占 56.4%；曾遇到在线服务所承诺的不能兑现等问题的被调查者占 40.9%。诚信和信任缺失会严重制约电子商务的发展，这要求我们务必重视电子商务领域信用体系的建设，建立并提升电子商务交易各方的信任，促进电子商务健康快速发展。

早在 2014 年，国务院印发的《社会信用体系建设规划纲要（2014—2020 年）》就对电子商务领域信用建设提出明确要求，阿里巴巴、腾讯、京东、顺丰速运及滴滴出行等多家互联网高新企业承诺将积极参与由国家发改委主导的电商信用体系建设。2016 年 10 月，国家发展改革委、中国人民银行等八部门，指导八家企业共同签署《反"炒信"信息共享协议书》。所谓"炒信"，通常是指利用虚构的网络交易以炒作卖家信用。虚假的交易记录可能给消费者的购买决策带来恶劣影响。除了"炒信"之外，恶意差评、滥用倒卖个人信息等均是电商信用体系需要解决的问题。2017 年 1 月，国家发改委公布《关于全面加强电子商务领域诚信建设的指导意见》，对信用体系建设各个环节、电子商务活动各个环节都做了明确部署，明确要加强电子商务全流程信用建设，建立实名登记和认证制度，完善网络交易信用评价体系，加强网络支付管理，建立寄递物流信用体系，强化消费者权益保障措施。

经过多年探索创新，我国电子商务领域信用体系建设确实取得了一定进展，但目前失信问题仍然比较严重。这是由于电子商务在我国的发展正处于上升阶段，各种新问题也不断涌现。原中国电子商务投诉与维权公共服务平台（现更名为"电子商务消费纠纷调解平台"）监测数据显示，2017 年，网络零售成为消费者投诉"重灾区"，投诉占比创新高。针对 2017 年全国零售电商十大热点被投诉问题，与 2016 年同期相比，发货问题投诉占比上涨 57.35%，成为头号投诉问题；网络售假情况并未好转，投诉占比上涨 39.02%；退款难、退款慢成为零售电商的第二大痛点，投诉占比上涨 45.67%；订单取消问题有所好转，未入选；平台电商的保证金不退问题新上榜，占比 3.47%。目前，发货、退款等基础服务依然是电商普遍存在的问题，而网络欺诈、售假、虚假宣传等涉及诚信的问题也较为突出。

这些数据表明，电子商务领域信用建设的法律规范还不够完备，仍需要政府、企业等相关部门的共同努力，及早解决制度完善问题。当然，除了相关立法要跟上信息时代的步伐以外，更需要网络服务提供者重视服务信任与信誉的提升，让信誉技术不断提高并走向成熟，使整个电子商务领域的信用体系逐步得到完善。网络服务提供者有责任对每个卖家进行身份认证，并对恶意卖家进行定期审查。例如淘宝推出的每周质量报告，一旦出现恶意卖家行为，则采取一系列措施，如终止服务。而作为买家，应该提高自己的防范意识，自觉按照交易规则进行交易，如果发生交易纠纷而造成损失，可以向网络服务提供者寻求法律援助。

第三节 我国电子支付相关法律

电子支付又称电子资金划拨（Electronic Funds Transfer，EFT），是指以计算机及网络为手段，以负载有特定信息的电子数据取代传统的支付工具用于资金流转，并具有实时支付效力的支付方式。其主要特征包括：通过电子数据流转来完成信息传输；是开放的系统平台；具有低成本性和高效性；涉及多方参与人。电子支付是电子商务活动中最核心、最关键的环节，是电子商务得以进行的基本条件。然而，新的支付工具和支付系统在给人们带来高效的同时，也对传统法律制度形成了强烈的冲击。世界各国和国际组织对电子货币和电子支付系统予以密切关注，并颁布相应的法律。

一、电子货币的法律问题

电子货币的使用者以一定的现金和存款，从发行者处兑换并获得代表相同金额的数据，并以读写的电子信息方式储存起来，须偿清债务时，使用者可以通过某些电子化媒介和方法，将该电子数据直接转移给支付对象，此种电子数据便称为电子货币。

现阶段，电子货币的使用通常以银行卡为媒体。关于电子货币的详细介绍，可参见本书第七章。

1. 电子货币的法律效力

我国《合同法》第十一条规定，数据电文为书面形式的一种。据此，以电子数据为物质载体的电子货币与以纸面为物质载体的纸币具有同等的效力。但是，此种"功能等同"模式的立法只是过渡性质的立法。承认电子数据的效力固然重要，但解决电子数据的认证问题则更具重大意义。2005 年 4 月 1 日实施的《电子签名法》不但正式赋予了电子签章和数据电文以法律效力，防止了数据电文在传输过程中被他人篡改、增删等，也避免了数据电文发送者不承认或随意处理文件，逃避应当履行义务的行为；它还以法律形式对直接关系公共利益的电子认证服务业设定行政许可，并授权信息产业部作为实施机关，对电子认证服务提供者实施监督管理。

《合同法》和《电子签名法》的规定给予具有电子签章的数据电文与传统纸质文章同等效力，使网上交易安全性增强。但有国内学者认为，各国对相关问题的法律规定不统一甚至相冲突，如果不能很好地解决这个问题，《电子签名法》在国际电子商务活动中就可能达不到其目的。因此，应该建立《电子签名法》的冲突规范援引制度，以解决即将面临的国际问题。

2. 电子货币的发行主体

当今各国在电子货币的发行主体问题上并无统一的解决方案，而是根据具体国情而定。

在我国，1996年4月1日起实行的《信用卡业务管理办法》中规定了信用卡的发行者仅限于商业银行，对于信用卡之外的其他电子货币种类，尚无法律规定。随着社会发展和消费需要，许多非银行的电子货币发行主体也正快速成长，越来越多的非金融机构借助互联网、手机等信息技术广泛参与支付业务。2004年颁布的《中华人民共和国电子签名法》虽涉及电子货币，但其中的规定仅着重于概念的解释，未起到规制的作用。因此，对非银行的电子货币发行主体的法律规范很有必要进行一定的研究。2010年6月14日，根据《中华人民共和国中国人民银行法》等法律法规，中国人民银行颁布了《非金融机构支付服务管理办法》，明确对非金融机构支付服务实行业务许可制度，并规定了准入条件、责任与义务。未经中国人民银行批准，任何非金融机构和个人不得从事或变相从事支付业务。

3. 电子货币的监管主体

如果广义理解《中国人民银行法》第4条第3项和第9项"发行人民币，管理人民币流通"和"维护支付、清算系统的正常运行"的含义，监管非银行电子货币的发行和使用，应属中国人民银行法定职责，应该成为中国人民银行各级分支机构的日常工作内容。由中央银行监管电子货币也是世界各国的通行做法。1996年起，部分欧洲国家央行开始将"电子货币"纳入本国货币统计中；1998年，欧洲央行（ECB）发布了《电子货币报告》；2002年，欧洲议会发布了《电子货币指令》，2004年起被欧盟国家转译为各国的法律并实施。因此，我国由中国人民银行监管电子货币的发行和使用符合国际惯例。

目前，我国还没有一套完整的电子货币监管体系，在整个电子货币运行过程中，除了发行机构和所有权人之外，还涉及分销、结算和清算等中间机构。这些机构之间、机构和所有权人之间的权利、义务往往是靠一对一的双边协议来界定的，一旦发生争议或纠纷，只能沿用《合同法》来进行调整和裁决，而没有相应电子货币方面的专门法律法规。这与电子货币快速发展的形势是不相适应的。另外，由于匿名性和容易远距离转移，电子货币很容易被犯罪分子当成洗钱等犯罪的工具。因此，要想保证电子货币的健康发展，亟须加强这方面的立法。电子货币的监管框架如何搭建，主要取决于电子货币带来的风险，以及如何评估这种风险，并在控制这种风险与保证电子货币健康发展之间取得平衡。

二、网上银行支付的法律问题

网上银行的产品和服务包括提存款服务、信贷服务、账户服务、理财服务、电子单据支付以及电子支付工具服务。它没有银行大厅，没有营业网点，客户只要通过与国际互联网连接的计算机进入网上银行的网站，可以在任何时间、任何地点办理网上银行提供的各种银行业务。

1. 我国网上银行的监管

在银监会成立之前,中国人民银行负责商业银行的集中监管。2001年6月,中国人民银行制定并颁布了《网上银行业务管理暂行办法》(以下简称《办法》),为我国网上银行业务的发展提供了基本的管理依据。

《办法》规定,中国人民银行对银行机构开办网上银行业务的市场准入,实行"一级管制"的原则,即各类银行机构首次开办银行业务,应由其总行向中国人民银行总行、分行或营业管理部申请。

在2003年银监会成立之后,开业审查和批准的权限已经明确规定转移到银监会。中国人民银行内的有关监管机构也已经转移到银监会。2005年5月9日,银监会针对我国电子银行业务发展和监管的客观需求和风险特征,制定了《电子银行业务管理办法(征求意见稿)》,有效地提高了我国电子银行的监管水平。依据此法,金融机构在中华人民共和国境内开办电子银行业务,应当依据有关法律法规的规定,报经中国银监会审查批准。中国银监会统一负责对境内及跨境电子银行业务实施管理。未经中国银监会批准,任何单位或者个人不得在境内开办电子银行业务或者利用公共电子网络从事银行业金融机构的业务活动。

2. 网上支付服务及其风险

网上支付是电子支付的一种形式,是指客户、商家、网上银行之间使用安全的电子手段,利用电子现金、银行卡、电子支票等支付工具,通过互联网传送到银行或相应的处理机构,从而完成支付的整个过程。网上支付是网上银行服务的主要业务,在支付业务中,涉及的当事人大体有三类:客户、银行及认证机构。客户通常包括消费者、生产企业和商家,在网上银行的支付结算活动中,一般分为付款人和收款人。认证机构是指以从事数字签名为目的,颁发与密码相关的身份证书,以此证明网上活动的合法性、有效性的机构。认证机构本身不从事商业活动,具有独立法人地位,接受国家政府部门的监管。应该指出的是,目前国内各家商业银行推出的网上银行服务中,商业银行是一身两任,既是电子商务的参与者,又是从事数字签名、颁发证书的认证机构,这无疑增大了银行产生法律风险的概率。

网上支付信息在开放的互联网上运行,和网上账户查询业务相比,网上支付可直接导致资金被盗用。消费者最担心的问题是:机密的交易资料被盗用或篡改,账户资金被挪用,甚至被非法侵入的黑客盗窃。电子支付系统在整个运作过程中所包含的风险主要来自以下两方面:

(1) 系统风险。系统风险主要包括系统故障、系统遭遇外来攻击、伪币和欺诈等。不适当的操作和内部控制程序、信息系统失败和人工操作失误都可能引起电子支付系统故障;系统容易遭受内部员工或外来黑客的恶意或非恶意攻击,一旦遭到攻击将可能造成难以估量的损失。就目前的技术而言,电子货币只能通过加密、数字签名等手段加以防伪,而无法使用物理手段防伪。如果关键技术被窃取或通过其他手段被掌握,伪造起来就非常容易。电子伪币的大量出现将会带来电子支付系统和发行机构的重大损失,从而威胁到电子支付系统的稳定性,并可能导致金融危机。

(2) 非系统性风险。在通常情况下,电子货币发行机构不需要也不可能保持用于赎回电子货币的100%的传统货币的准备,一旦由于某种原因电子货币发行机构陷入财务危机或破产时，其发行的电子货币会发生信用危机，发行机构可能就无法满足对货币的赎回要求而形成危机。此外，在现代科技高度发展的今天，伪币和欺诈的出现难以避免，消费者的信用卡和密码等身份数据也可能被盗用，从而引发财产损失或透支纠纷等。

3. 网上银行支付的安全控制

中国人民银行于 2005 年 10 月 26 日公布实施了《电子支付指引（第一号）》，系统全面地规定了网上银行支付的安全控制措施。

（1）银行应根据审慎性原则并针对不同客户，在电子支付类型、单笔支付金额和每日累计支付金额等方面做出合理限制。银行通过互联网为个人客户办理电子支付业务，除采用数字证书、电子签名等安全认证方式外，单笔金额不应超过 1000 元人民币，每日累计金额不应超过 5000 元人民币。银行为客户办理电子支付业务，单位客户从其银行结算账户支付给个人银行结算账户的款项，其单笔金额不得超过 5 万元人民币，但银行与客户通过协议约定，能够事先提供有效付款依据的除外。银行应在客户的信用卡授信额度内，设定用于网上支付交易的额度供客户选择，但该额度不得超过信用卡的预借现金额度。

（2）银行应采取必要措施保护电子支付交易数据的完整性和可靠性：①制定相应的风险控制策略，防止电子支付业务处理系统发生有意或无意的危害数据完整性和可靠性的变化，并具备有效的业务容量、业务连续性计划和应急计划；②保证电子支付交易与数据记录程序的设计发生擅自变更时能被有效侦测；③有效防止电子支付交易数据在传送、处理、存储、使用和修改过程中被篡改，任何对电子支付交易数据的篡改能通过交易处理、监测和数据记录功能被侦测；④按照会计档案管理的要求，对电子支付交易数据，以纸介质或磁性介质的方式进行妥善保存，保存期限为 5 年，并方便调阅。

（3）银行应采取必要措施为电子支付交易数据保密：①对电子支付交易数据的访问须经合理授权和确认；②电子支付交易数据须以安全方式保存，并防止其在公共、私人或内部网络上传输时被擅自查看或非法截取；③第三方获取电子支付交易数据必须符合有关法律法规的规定以及银行关于数据使用和保护的标准与控制制度；④对电子支付交易数据的访问均须登记，并确保该登记不被篡改。

三、第三方支付的法律问题

第三方支付是指以互联网为基础，通过与各家商业银行之间签订有关协议，使得其与商业银行之间可以进行某种形式的数据交换和相关信息确认，实现在持卡人或消费者与各个银行，以及最终的收款人或者商家之间建立一个支付的流程。第三方支付通过整合多种银行卡等卡基支付工具，或者借助新兴的第三方网上支付工具（虚拟账户、虚拟货币），为买卖双方进行交易资金的代管、支付指令的转换，并提供增值服务的网络支付中介渠道。

1. 第三方支付的监管主体

第三方支付的监管问题一直是学术界与企业界争论的焦点问题。2010 年 6 月 21 日，中国人民银行对外发布《非金融机构支付服务管理办法》，明确了人民银行及其分支机构对支付机构监管的法定地位，赋予对支付机构的业务活动、公司治理、风险状况等方面进行定期或不定期现场检查及非现场检查的权利，并可根据检查结果给予行政处分或追究刑事责任。该办法规定非金融机构提供支付服务，应当依据本办法规定取得"支付业务许可证"，成为支付机构，依法接受中国人民银行的监督管理。这里的非金融机构就是人们所称的第三方支付机构，其监管主体是中国人民银行。

作为监管框架核心的《非金融支付机构服务管理办法》法律层级较低，对非金融支付机构的处罚措施主要包括限期改正、警告及3万元以下罚款，惩戒力度有限，相关的刑事、民事立法尚待完善。为进一步规范非银行支付机构网络支付业务，防范支付风险，保护当事人合法权益，2015年，中国人民银行又根据《中华人民共和国中国人民银行法》和《非金融机构支付服务管理办法》制定了《非银行支付机构网络支付业务管理办法》，主要对从事网络支付业务的非银行机构进行了业务管理、客户风险管理与客户权益保护、监督管理、法律责任等方面的详细规定。

2. 第三方支付风险分析

（1）资金沉淀风险。根据《商业银行法》第十一条的规定，"未经中国人民银行批准，任何单位和个人不得从事吸收公众存款等商业银行业务"；而由该法的第3条可知，支付结算业务属于商业银行的中间业务，第三方支付平台普遍具有跨银行转账功能，已突破了这种特许经营限制。

第三方支付平台利用资金的暂时停留，在交易过程中约束和监督买家和卖家。但是，当买方把资金划入第三方的账户，第三方就起到了资金保管人的作用。资金的所有权并没有发生转移，买方仍然是资金的所有人，直到买方收到商品，确认接受付款后，所有权才转移到卖家。可以看到，第三方作为款项的保管人，始终不具备对资金的所有权，只有保管的义务。随着用户数量的增加，这个资金沉淀量将会非常巨大。根据结算周期不同，第三方支付公司将可以取得一笔定期存款或短期存款的利息，而利息的分配就成为一大问题。我国《合同法》对保管人的规定为"保管期间届满或者寄存人提前领取保管物的，保管人应当将原物及其孳息归还寄存人"，而大多数第三方支付公司在服务协议中的规定均与我国《合同法》有所违背。

（2）网络安全风险。虽然第三方网上支付平台设计有多层安全系统，并不断开发和应用具有更高安全性的技术及方案，以保护支付平台的平稳运行，但是从总体来说，其安全系统仍然是第三方网上支付业务中最为薄弱的环节。这种风险可来自计算机内部，如系统停机、磁盘损坏等不确定因素，也会来自网络外部的黑客攻击，以及计算机病毒破坏等因素。网络安全风险主要体现在三个方面：①数据传输过程中遭到攻击，威胁用户资金安全；②网上支付应用系统本身存在的安全设计上的缺陷可能被黑客利用，危害整个系统的安全，造成重大损失；③计算机病毒可能突破网络防范，入侵网上支付的主机系统，造成数据丢失等严重后果。

（3）金融风险。在目前所有的第三方支付平台中，除支付宝等少数几个支付平台并不直接经手和管理来往资金，而是将其存在专用账户外，其他公司大多代行银行职能，可直接支配交易款项，这就可能出现不受有关部门的监管而越权调用交易资金的情况，一旦缺乏有效的流动性管理，则可能存在资金安全隐患，并引发支付风险和道德风险。

第三方支付平台很难辨别资金的真实来源和去向，使得利用第三方平台进行资金的非法转移、洗钱、贿赂、诈骗、赌博及逃税漏税等活动有了可乘之机。第三方支付可能成为某些人通过制造虚假交易来实现资金非法转移套现，以及洗钱等违法犯罪活动的工具。

第四节　电子商务中的知识产权法律问题

知识产权是人们基于自己的智力活动创造的成果和经营管理活动中的标记、信誉依法享有的权利。知识产权法律制度已成为技术创新、发展知识经济的法律保障，知识产权保护的水平已成为反映和衡量经济发展水平的重要标志。同样，网络知识产权保护的水平也成为反映和衡量电子商务发展水平的重要标志。

互联网的出现，既给信息的传播提供了更迅捷、更便利的高速公路，也给盗版者、侵权者提供了更简单、更隐蔽的作案手段，知识产权的保护面临着前所未有的、更加严峻的挑战。因此，自从电子商务在我国萌芽，我国参照世界各国对网络知识产权的法律制度的完善，并根据我国的国情，不断对现有法律进行修订，为网络知识产权提供有效的法律保护，以保证我国电子商务的健康发展。电子商务中的知识产权问题主要包括网络著作权、专利权、域名和商标权等方面问题，其中最为常见的是网络著作权的保护问题和"域名抢注"的法律问题。

一、网络著作权的法律保护

1. 作品的数字化形式和数字化作品的著作权问题

作品的数字化形式是指传统作品依靠数字技术转换成数字编码形式；数字化作品则是指从一开始就以数字化形式存在于网络上的作品，典型的是计算机软件。由最高人民法院颁布的《关于审理涉及计算机网络著作权纠纷案件适用法律若干问题的解释》（简称《解释》）规定了作品的数字化形式和数字化作品受著作权法同等保护。在网络环境下，只要符合独创性和可复制性这两个标准就属著作权法所称的作品，理应受到法律保护。

网络作品是指在计算机网络上出现的作品。根据我国《著作权法》的规定，受该法保护的作品应当具备四个条件：①必须是作者自己创作，即具有独创性的作品；②必须是属于文学、艺术或科学领域的作品；③必须以一定的形式或载体表现出来或固定下来的作品；④作品的内容不得违反宪法和法律，不得损害社会公共利益。只要在计算机网络上出现的、传播的作品符合上述四个条件，就是人们所称的网络作品。当前网络上传输的主要为文字表现形式的作品，也有计算机程序，以及较为特殊的声、图、文等并茂的多媒体作品。

鉴于数字化作品极易被复制和传播，难以保证著作权人的权利，针对网络作品的传播，我国在《著作权法》中增加了一项新的著作权——信息网络传播权，并将计算机软件纳入了受著作权法保护的作品范围，还相继出台了《信息网络传播权保护条例》《计算机软件保护条例》等计算机软件、信息网络传播权的保护办法。

2. 网络著作权人及其权利与义务

依据我国《著作权法》，著作权包括下列人身权和财产权：发表权、署名权、修改权、保护作品完整权、复制权、发行权、出租权、展览权、表演权、放映权、广播权、信息网络传播权、摄制权、改编权、翻译权、汇编权，以及应当由著作权人享有的其他权利。针对网络著作权人的权利、义务和责任，《解释》做了详细规定。著作权人在发现侵权信息后，可以控告侵权人，这也是著作权人最基本的权利。著作权人还可以要求网络服务提供者对侵权信息予以删除，以达到维护自身合法权益的目的。但著作权人需要出示身份证明、著作权权属证明及侵权情况证明，才有权向网络服务提供者提出警告或者索要侵权行为人网络注册资料以追究行为人的侵权责任。如果著作权人未能出示上述证明的，视为未提出警告或者未提出索要请求。著作权人出示上述证明后网络服务提供者仍不采取措施的，著作权人可以在诉前申请人民法院做出停止有关行为和财产保全、证据保全的裁定，也可以在提起诉讼时申请人民法院先行裁定停止侵害、排除妨碍、消除影响。

《著作权法》还规定了著作权人权利的保护期和权利限制。《著作权法》第二十二条规定了在特定情况下使用作品（情况较多，此处不加以罗列），可以不经著作权人许可，不向其支付报酬，但应当指明作者姓名、作品名称，并且不得侵犯著作权人依法享有的其他权利。

在充分保证网络著作权人利益的同时，法律也规定了著作权人要承担的责任。《解释》中明确规定："著作权人指控侵权不实，被控侵权人因网络服务提供者采取措施遭受损失而请求赔偿的，人民法院应当判令由提出警告的人承担赔偿责任。"《信息网络传播权保护条例》中也规定："因权利人的通知导致网络服务提供者错误删除作品、表演、录音录像制品，或者错误断开与作品、表演、录音录像制品的链接，给服务对象造成损失的，权利人应当承担赔偿责任。"

二、网络服务提供者的法律责任

电子商务网络服务提供者是电子商务的侵权主体，对于它的法律责任认定尤为重要。根据《解释》规定，网络服务提供者，明知专门用于故意避开或者破坏他人著作权技术保护措施的方法、设备或者材料，而上载、传播、提供的，承担民事侵权责任；明知网络用户通过网络实施侵犯他人著作权的行为，或者经著作权人提出确有证据的警告，但仍不采取移除侵权内容等措施以消除侵权后果的，应承担与该网络用户的共同侵权责任。

在《信息网络传播权保护条例》中，对网络服务提供者的法律责任做了更加细致的规定。该条例第十八条规定，网络服务提供者有下列侵权行为之一的，根据情况承担停止侵害、消除影响、赔礼道歉、赔偿损失等民事责任；同时损害公共利益的，可以由著作权行政管理部门责令停止侵权行为，没收违法所得，并可处以 10 万元以下的罚款；情节严重的，著作权行政管理部门可以没收主要用于提供网络服务的计算机等设备；构成犯罪的，依法追究刑事责任：

（1）通过信息网络擅自向公众提供他人的作品、表演、录音录像制品的。

（2）故意避开或者破坏技术措施的。

（3）故意删除或者改变通过信息网络向公众提供的作品、表演、录音录像制品的权利管理电子信息，或者通过信息网络向公众提供明知或者应知未经权利人许可而被删除或者改变权利管理电子信息的作品、表演、录音录像制品的。

（4）为扶助贫困通过信息网络向农村地区提供作品、表演、录音录像制品超过规定范围，或者未按照公告的标准支付报酬，或者在权利人不同意提供其作品、表演、录音录像制品后未立即删除的。

（5）通过信息网络提供他人的作品、表演、录音录像制品，未指明作品、表演、录音录像制品的名称或者作者、表演者、录音录像制作者的姓名（名称），或者未支付报酬，或者未依照本条例规定采取技术措施防止服务对象以外的其他人获得他人的作品、表演、录音录像制品，或者未防止服务对象的复制行为对权利人利益造成实质性损害的。

此外，该条例第二十三条还规定，网络服务提供者为服务对象提供搜索或者链接服务，在接到权利人的通知书后，根据条例规定断开与侵权的作品、表演、录音录像制品的链接的，不承担赔偿责任；但是，明知或者应知所链接的作品、表演、录音录像制品侵权的，应当承担共同侵权责任。

网络信息传播快而且覆盖面大、影响面广，迫切需要以法律的方式充分保护网络上的知识产权，不能放任侵权行为。但对网络信息传播的保护措施过于严格，将会阻碍信息的交流和公众对信息的接收，影响信息的传播和公众获得信息的权利。这就决定了提出法律保护知识产权的目的一方面是保护网络的正常健康发展，另一方面则是鼓励传播、繁荣创作。

三、商标权与域名的法律问题

1. 商标与域名的法律冲突及其原因

商标权是侵权法保护的一项重要内容，电子商务对商标权保护提出了更多的挑战，典型的就是商标（尤其是驰名商标）与域名的法律冲突。域名本来只是用于解决互联网中地址对应问题的一种方法，随着电子商务的发展，域名已成为企业的"网上商标"，具有了区别域名持有人及其所提供的产品和服务的标识性功能。随之而来的是域名抢注现象的越来越多，从而引起了商标与域名的冲突。

商标与域名冲突的主要表现形式有两种：一种是恶意抢注域名；另一种是非恶意造成的域名注册者与商标权人的冲突。恶意抢注域名的企图有两个：①抢注者有目的地寻找并抢注企业尤其是知名企业的商标名称为域名，然后通过向这些企业转让抢注域名获取利润；②利用驰名商标的广告效应和良好信誉，在相对短的时间内使网站得到相当多的点击量，实现网上交易的盈利。商标所具有的无形财产价值与域名的商业价值之间存在冲突，导致了恶意抢注域名和商标之间的潜在冲突，而域名注册和商标注册在制度上的差异使得域名和商标的潜在冲突成为现实。《中国互联网络域名管理办法》对域名注册的要求，并没有规定申请人所申请的域名不得使用他人的注册商标名称，也没有规定域名注册管理机构的相关核查程序。而且，我国现行的制度中没有对注册人可注册域名数量进行限制，这就给了专门从事恶意抢注域名再加以转让、出卖并谋取利益的人可乘之机。

2. 商标与域名的法律保护

为调和商标与域名之间的冲突，保障电子商务合理、有序地健康发展，国际组织出台并及时调整各种相应的法律规范。互联网名称与数字地址分配机构（ICANN）于1999年3月公布《关于委任域名注册机构规则的声明》，并开始着手建立防止域名纠纷的机制；同年8月公布《统一域名争议解决政策》以及实施细则，后来又指定世界知识产权组织等机构为"纠纷仲裁机构"，自此构建起了全球统一的域名纠纷处理机制。我国也在不断修改或制定相关法律，最有针对性的是《最高人民法院关于审理涉及计算机网络域名民事纠纷案件适用法律若干问题的解释》（简称《域名纠纷问题的解释》）和《中国互联网络域名管理办法》。为了规范域名注册服务和管理,解决互联网络域名争议,中国互联网信息中心(CNNIC)根据《中国互联网络域名管理办法》,分别制定了《中国互联网络信息中心域名注册实施细则》和《中国互联网信息中心域名争议解决办法》。

域名与商标的冲突,通过界定恶意注册域名的方式而将冲突域名清除出市场交易场所,才能得以解决。因为并非所有的域名抢注行为都是违法行为,域名注册采用"先申请先注册"原则,所以单纯的"抢注域名"并不违法,只有为了不法目的恶意抢先注册他人商标为域名的行为是违法行为。域名注册者违反了诚实信用原则而恶意抢注域名,但其实施行为时主观上"恶意"与否,往往不易证明。国际上通用办法是,规定了若干个"恶意"情形,行为人所实施的行为有情形之一者,就推定其具有恶意。《域名纠纷问题的解释》明确具体地规定了行为人注册、使用域名等行为构成侵权或者不正当竞争的四个条件:原告请求保护的民事权益合法有效;被告域名或其主要部分构成对原告驰名商标的复制、模仿、翻译或音译,或者与原告的注册商标、域名等相同或近似,足以造成相关公众的误认;被告对该域名或其主要部分不享有权益,也无注册、使用该域名的正当理由;被告对该域名的注册、使用具有恶意。

各国法律统一地为驰名商标所有者禁止他人将其商标抢注或加以盗用提供了法律依据。对于普通商标,我国同样做出了对商标所有人的相关权利保护措施。在此类案件中,法院一般认为抢注行为违反诚实信用原则,可以沿用《民法通则》《反不正当竞争法》等相关规定予以解决。我国将采取的应该是更为科学和合理的做法,即根据具体案情认定侵权是否成立,继而判断域名归属,而不是对法律条文的生搬硬套。

复习思考题

1. 我国电子商务相关法律有哪些?
2. 电子商务交易主体是什么?它主要包含什么内容?
3. 简述电子合同的概念,以及电子合同的效力、订立和履行程序。
4. 请谈谈对电子商务信用体系的认识。
5. 请谈谈对第三方支付风险分析的理解。
6. 简述知识产权法律问题在电子商务发展中的重要性。

案例分析

腾讯诉"今日头条"侵权案

2017年4月,深圳市腾讯计算机系统有限公司(简称腾讯公司)认为"今日头条"提供的百余篇文章侵害了自身所属作品的信息网络传播权,将"今日头条"经营者北京字节跳动科技有限公司(简称字节跳动公司)诉至法院。同年6月,北京市海淀区人民法院宣判了这批287件系列案,法院认定字节跳动公司构成侵权,判决其赔偿腾讯公司经济损失及合理开支每案810～1980元不等。

腾讯公司在上述案件中诉称,其享有涉案200余篇体育、娱乐等报道文章的独家信息网络传播权,主要分为职务作品及约稿作品两种。字节跳动公司未经许可,在其经营的"今日头条"网站或"今日头条"手机客户端提供了涉案文章（部分文章在两个端口均提供），侵害了其信息网络传播权，故诉至法院，每案主张经济损失及合理支出共计 1 万~2 万元不等。

字节跳动公司在上述案件中辩称，部分涉案文章为时事新闻或忠实记录访谈类节目内容的文章，不构成作品。字节跳动公司不认可约稿作品的权利由腾讯公司享有。对于涉及"今日头条"网站的案件，字节跳动公司系基于授权协议从第三方处转载涉案文章，有合法的来源；对于涉及今日头条手机客户端的案件，字节跳动公司提供的是链接的导流服务，涉案文章并不存储于其服务器上。综上，字节跳动公司不同意腾讯公司的诉讼请求。

法院经过审理后认为，涉案文章体现了作者的独创性，故对于字节跳动公司提出的部分文章不构成作品的抗辩不予支持。证据显示腾讯公司经合法授权，获得了涉案文章的独家信息网络传播权，有权提起诉讼。字节跳动公司在"今日头条"网站或"今日头条"手机客户端上向公众提供涉案文章，使公众可以在其个人选定的时间和地点获得涉案文章，侵害了腾讯公司享有的信息网络传播权。对于字节跳动公司对涉及今日头条网站案件的抗辩，法院认为其未提交相应的证据予以证明，故对其辩称不予支持。对于字节跳动公司抗辩其提供导流服务的问题，法院认为，其提交的证据与案件无关联性，故未予以采信。最后，法院在综合考虑涉案文章的类型、知名度、字节跳动公司的侵权情节等因素，依法酌定赔偿金额，并支持了腾讯公司的部分合理开支费用请求。

案例思考题：
1. 腾讯公司认为字节跳动公司侵犯了它的什么权利？
2. 你如何看待网络版权问题？

参 考 文 献

[1] 詹玉宣, 卞保武, 徐丽娟. 电子商务系统设计 [M]. 南京：东南大学出版社, 2002.
[2] 陈德人. 电子商务系统结构 [M]. 2版. 北京：高等教育出版社, 2002.
[3] 蒲晓磊. 为电子商务持续健康发展提供保障 [N]. 法制日报, 2018 - 09 - 04.
[4] 徐天宇. 电子商务系统规划与设计 [M]. 北京：清华大学出版社, 2005.
[5] 刘卫东. 规划电子商务的战略途径 [J]. 市场周刊. 管理探索, 2005 (2)：15 - 17.
[6] 贺礼智, 王剑锋. 传统企业电子商务化的实施战略 [J]. 经济论坛, 2004 (16)：58 - 59.
[7] 李琪. 电子商务概论 [M]. 北京：高等教育出版社, 2004.
[8] 姚国章. 新编电子商务案例 [M]. 北京：北京大学出版社, 2004.
[9] 方美琪, 等. 电子商务理论与实践 [M]. 北京：中国人民大学出版社, 2005.
[10] 奥佛尔, 等. 互联网商务模式与战略：理论和案例 [M]. 李明志, 等译. 北京：清华大学出版社, 2005.
[11] 李洪心. 电子商务概论 [M]. 5版. 大连：东北财经大学出版社, 2017.
[12] 陈月波. 电子商务概论 [M]. 北京：北京交通大学出版社, 2004.
[13] 宾晟, 周峰, 孙更新. ASP. NET 网络程序开发原理与实践教程 [M]. 北京：电子工业出版社, 2007.
[14] 张卓其, 史明坤. 网上支付与网上金融服务 [M]. 大连：东北财经大学出版社, 2002.
[15] 张宽海, 李良华. 网上支付与结算 [M]. 北京：高等教育出版社, 2007.
[16] 查菲, 等. 网络营销战略、实施与实践：原书第3版 [M]. 马连福, 等译. 北京：机械工业出版社, 2008.
[17] 冯英健. 网络营销基础与实践 [M]. 2版. 北京：清华大学出版社, 2004.
[18] 陈大志, 曾新锋. 电子商务实务 [M]. 北京：清华大学出版社, 2008.
[19] 戴建中. 电子商务概论 [M]. 北京：清华大学出版社, 2009.
[20] 梁金萍. 现代物流学 [M]. 大连：东北财经大学出版社, 2003.
[21] 吴清一. 现代物流概论 [M]. 2版. 北京：中国物资出版社, 2005.
[22] 苏丽琴, 陈月华. 电子商务物流管理 [M]. 北京：中国铁道出版社, 2008.
[23] 胡燕灵. 电子商务物流管理 [M]. 北京：清华大学出版社, 2009.
[24] 周云霞. 电子商务物流 [M]. 北京：电子工业出版社, 2008.
[25] 王忠诚. 电子商务物流 [M]. 2版. 大连：大连理工大学出版社, 2003.
[26] 秦成德. 电子商务法律与实务 [M]. 北京：人民邮电出版社, 2008.
[27] 齐爱民, 徐亮. 电子商务法原理与实务 [M]. 2版. 武汉：武汉大学出版社, 2009.
[28] 杨立新. 电子商务侵权法 [M]. 北京：知识产权出版社, 2005.
[29] 李双元, 王海浪. 电子商务法若干问题研究 [M]. 北京：北京大学出版社, 2003.
[30] 杨军. 中央银行对电子货币监管的问题研究 [J]. 金融与经济, 2009 (12)：17 - 19.
[31] 宋燕妮. 电子商务法的立法过程与立法思路 [EB/OL]. (2018 - 10 - 23). https://www.sohu.com/a/270892799_221481.

[32] 艾瑞咨询. 中国网络经济年度监测报告（2017 年） [R/OL]. http://report.iresearch.cn/report_pdf.aspx?id=3000.

[33] 中国电子商务研究中心. 2017 年度中国跨境出口电商报告 [R/OL]. http://www.100ec.cn/zt/17zgfz/.

[34] 刘涛. "支付宝"商业模式与发展战略浅析 [D/OL]. 天津：天津大学, https://max.book118.com/html/2017/0623/117455865.shtm.

[35] 张轶群. 高通携手三星推首款支持北斗卫星定位手机：定位精度提升 [N]. 中国电子报, 2013-11-25.

[36] 陈德人. 中国电子商务案例精选：2008 版 [M]. 北京：高等教育出版社, 2008.

[37] 杨路明, 等, 电子商务概论 [M]. 2 版. 北京：中国人民大学出版社, 2015.

[38] 邵必林, 段中兴, 边根庆. 计算机网络与通信 [M]. 北京：国防工业出版社, 2009.

[39] 谢希仁. 计算机网络 [M]. 7 版. 北京：电子工业出版社, 2017.

[40] 蔡皖东. 计算机网络 [M]. 北京：清华大学出版社, 2015.

[41] 兰少华, 杨余旺, 吕建勇. TCP/IP 网络与协议 [M]. 2 版. 北京：清华大学出版社, 2017.

[42] 刘军, 阎芳, 杨玺. 物联网技术 [M]. 2 版. 北京：机械工业出版社, 2017.

[43] CHABANNE H, URIEN P, SUSINI J. RFID 与物联网 [M]. 宋廷强, 译. 北京：清华大学出版社, 2016.

[44] 高功步. 电子商务概论 [M]. 北京：机械工业出版社, 2011

[45] 张炜森, 陈涛, 李康. Nginx 高并发负载均衡原理与策略比较研究 [J]. 工业控制计算机, 2018, 31 (1)：85-86, 89.

[46] 李君君. HTML5+CSS3 在电子商务网站建设中的优势 [J]. 信息与电脑（理论版）, 2018 (3)：27-29.

[47] 李正翔. 电子商务网站的安全防护策略分析：以某图书出版企业电子商务网站为例 [D]. 南昌：南昌大学, 2018.

[48] 何人海. 数据加密技术在计算机网络通信安全中的应用 [J]. 中国新通信, 2017, 19 (1)：93.

[49] 车生宗. 支付宝公司移动支付风险控制研究 [D]. 兰州：兰州财经大学, 2016.

[50] 王影. 基于 NFC 的移动支付安全技术研究 [D]. 广州：广东工业大学, 2016.

[51] 何进. 基于云计算网络安全研究 [D]. 成都：电子科技大学, 2016.

[52] 李超. 互联网时代银行零售业务渠道的发展策略 [J]. 新金融, 2018 (5)：40-44.

[53] 胡娟. 第三方支付技术与监管 [M]. 北京：北京邮电大学出版社, 2016.

[54] 王晓. 2015 年银行移动支付增长 379.06% 支付牌照诱惑资本竞逐 [N]. 21 世纪经济报道, 2016-05-20.

[55] 罗昆, 高郦梅. 电子商务立法视野下的微商传销界定问题研究 [J]. 时代法学, 2017, 15 (4)：50-58.

[56] 王明信. 我国微商发展现状、问题及可持续发展建议 [J]. 全国流通经济, 2017, 32 (15)：7-8.

[57] 叶蕾. 我国微商行政监管法律问题研究 [D]. 合肥：安徽大学, 2017.

[58] 于斯文. 大数据时代计算机电子商务安全问题研究 [J]. 科技创新与应用, 2018 (10)：189-190.

[59] 张恒. 非金融支付机构监管的国际经验与启示 [J]. 青海金融, 2017 (3)：25-28.

[60] 中国电子商务研究中心. 2017 年（上）中国电子商务市场数据监测报告 [R/OL]. http://www.100ec.cn/zt/17jcbg1.

[61] 黄海滨. 电子商务概论 [M]. 杭州：浙江大学出版社, 2017.

[62] 柯丽敏, 王怀周. 跨境电商基础、策略与实践 [M]. 北京：电子工业出版社, 2016.

[63] 关继超. 跨境电商 [M]. 广州：广东人民出版社，2016.

[64] 速卖通大学. 跨境电商：阿里巴巴速卖通宝典 [M]. 北京：电子工业出版社，2016.

[65] 陈祎民. 跨境电商运营实战：思路、方法、策略 [M]. 北京：中国铁道出版社，2016.

[66] 井然哲. 跨境电商运营与案例 [M]. 北京：电子工业出版社，2016.

[67] 林俊锋. 跨境电商实务 [M]. 广州：暨南大学出版社，2016.

[68] 肖旭. 跨境电商实务 [M]. 北京：中国人民大学出版社，2015.

[69] 魏延安. 农村电商：互联网+三农案例与模式 [M]. 北京：电子工业出版社，2015.

[70] 陈虎东. 互联网+农村：农村电商的现状、发展和未来 [M]. 北京：清华大学出版社，2017.

[71] 崔丽丽. 农村电商新生态：互联网+带来的机遇与挑战 [M]. 北京：电子工业出版社，2016.

[72] 文丹枫，徐小波. 再战农村电商"互联网+"时代的下一个新战场 [M]. 北京：人民邮电出版社，2016.

[73] 新华社. 我国将构建全链条电子商务信用体系 [R/OL]. (2017-01-06). http://www.xinhuanet.com/fortune/2017-01/16/c_1120323267.htm.

[74] 王玉珍. 电子商务概论 [M]. 北京：清华大学出版社，2017.

[75] 郭鹏. 电子商务法 [M]. 北京：北京大学出版社，2013.